LA THÉOLOGIE
DE
SAINT THOMAS

OU

EXPOSITION DE LA SOMME THÉOLOGIQUE

EN FRANÇAIS.

PROPRIÉTE.

CORBEIL, TYPOGRAPHIE DE CRÉTÉ.

LA THÉOLOGIE
DE
SAINT THOMAS

OU

EXPOSITION DE LA SOMME THÉOLOGIQUE

EN FRANÇAIS,

PAR

L'ABBÉ GEORGES MALÉ.

OUVRAGE APPROUVÉ PAR MONSEIGNEUR L'ARCHEVÊQUE DE PARIS.

TOME SECOND

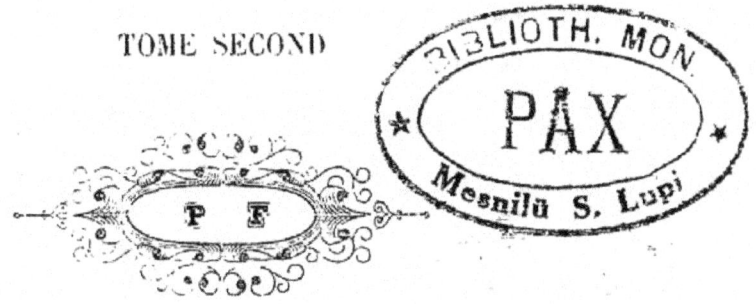

LIBRAIRIE CATHOLIQUE DE PERISSE FRÈRES.

PARIS	LYON
NOUVELLE MAISON	ANCIENNE MAISON
RUE SAINT-SULPICE, 38,	RUE MERCIÈRE, 49,
Angle de la place.	et rue Centrale, 60.

1852

APPROBATION.

Marie-Dominique-Auguste SIBOUR, par la miséricorde Divine et la grâce du Saint-Siége Apostolique, Archevêque de Paris,

Sur le rapport de l'Examinateur par nous désigné et les conclusions de notre *Commission des Études*, nous avons approuvé et approuvons par les présentes un livre intitulé : *Théologie de saint Thomas, ou Exposition de la Somme théologique en français*, par M. l'abbé Malé.

Donné à Paris, sous le sceau de nos armes, le seing de notre Vicaire général, Président, et le contre-seing du membre Secrétaire de notre *Commission des Études*, le 9 août 1856.

Le Président de la Commission des Études,

L. BAUTAIN, Vicaire général.

Le Secrétaire de la Commission des Études.

Jul. FLANDRIN, Chanoine honoraire.

LA THÉOLOGIE DE SAINT THOMAS

DEUXIÈME DIVISION DE LA SECONDE PARTIE.

CHAPITRE PREMIER.

LA FOI.

Nous avons vu la première partie de la morale qui traite, d'une manière générale, des vertus et des vices. Il nous reste à parler de chaque vertu en particulier ; nous verrons aussi les vices opposés, les dons de l'Esprit-Saint qui y correspondent.

Toutes les vertus, avons-nous dit, peuvent se rapporter à sept principales, qui sont : la Foi, l'Espérance et la Charité, la Prudence, la Justice, la Force, la Tempérance.

QUEST. I. *De la foi.* — 1. L'objet de la foi est la Vérité première. L'objet de toute habitude qui connaît, renferme deux choses distinctes : le matériel et le formel. Ce que nous appelons le matériel d'une habitude, c'est son objet considéré en lui-même, par exemple, en géométrie, les conclusions ; le formel de cette science, ce sont les raisonnements qui y conduisent. Quel est le matériel de la foi ? Dieu, la vérité première, car l'intelligence n'acquiesce à une vérité de foi, que parce qu'elle vient directement de Dieu ; il nous l'a révélée et nous la croyons, certains que sa parole prononcée dans le temps est conforme à sa parole éternelle, la vérité même. Le formel de la foi, ce sont les différents motifs qui nous décident à croire, mais qui ne tombent dans le domaine de la foi que considérés relativement à Dieu. Ainsi l'objet de la médecine, c'est la santé des malades ; les moyens d'y arriver ne sont l'objet de cette science qu'autant qu'ils ont rapport à la santé et sont propres à y conduire.

2. L'erreur peut-elle être l'objet de la foi?

Rien n'est dans une puissance, une habitude ou un acte que par sa raison formelle. La raison formelle des couleurs étant la lumière, et celle d'une conclusion le raisonnement qui y conduit, sans lumière, point de couleurs, sans raisonnement, point de conclusion. Quelle est la raison formelle de la foi? La vérité première, ou toute vérité qui s'y rapporte directement. Donc l'erreur ne peut se mêler à la foi, pas plus que le bien au mal, le néant à l'être.

3. Peut-on avoir la *science* de ce qui est de foi?

On a la science d'une chose quand on la connaît à l'aide de principes évidents. Or l'objet de notre foi habite une lumière inaccessible à la raison : *Fides est argumentum non apparentium.* Dès que l'on voit, la foi cesse ; nous ne voyons maintenant qu'en énigme, au ciel seulement nous verrons face à face. (1 Cor. XIII, 12.) Ainsi, le même homme ne saurait avoir, touchant la même vérité envisagée sous le même rapport, la science et la foi. Néanmoins il peut se faire que ce qui est de foi pour l'un de nous ne le soit pas pour un autre, même durant cette vie, à plus forte raison dans la gloire. Les anges et les saints *savent* ce que nous croyons ; ils ont la claire vue de ce que nous ne voyons qu'à travers les voiles de la foi.

Cependant les Pères de l'Église et tous les philosophes chrétiens disent qu'il n'est rien de plus conforme à la raison que la foi, et ils ne l'affirment pas sans le prouver?

Leurs preuves montrent la possibilité de ce que nous croyons et nous offrent, dans le domaine de la raison, d'ingénieuses analogies qui nous sollicitent à croire, mais elles présupposent toujours la réponse à cette question : Dieu a-t-il parlé, oui ou non? La réponse étant affirmative, les vérités révélées sont d'un autre ordre que celles de la raison, et nous ne pouvons en avoir la science proprement dite. Néanmoins elles sont autant de principes d'où la raison tire des conclusions rigoureuses. C'est de cette manière, avons-nous dit, que la théologie est une science.

4. Pourquoi a-t-on divisé en articles les vérités qui sont de foi?

Le mot article vient du mot grec ἄρθρον, qui veut dire liaison, jonction de parties distinctes. On appelle articles d'un discours, les divisions liées entre elles par des transitions ou les divers membres d'une phrase : « Votre véhémence, votre voix, votre visage, a épouvanté vos adversaires. » (Cicéron.) Les liaisons de nos membres sont appelées dans le même sens *articuli membrorum*. Ainsi nous appelons articles les principales vérités qui forment le corps, l'ensemble de notre foi. Il faut, pour qu'une vérité compose un article, qu'elle soit distincte de toutes les autres, et que sa croyance suppose une difficulté particulière. Ces trois vérités : Jésus-Christ a souffert, il est mort, il a été enseveli, ne forment qu'un seul article. Admettant qu'il a souffert, vous croirez sans peine sa mort et sa sépulture. Sa mort et sa résurrection sont deux articles distincts, parce que la croyance de chacune de ces vérités a une difficulté qui lui est propre.

5. Les articles de foi peuvent-ils changer?

Il n'est pas une science qui ne soit contenue tout entière dans quelques principes; quatre ou cinq axiomes renferment la substance de toute la géométrie, dont les démonstrations ultérieures ne sont que le développement. De même tous les articles de foi sont contenus en substance dans ces trois vérités : l'existence de Dieu, la Providence, la vie future. Dieu, dans le cours des siècles, n'a fait que les développer. Il a révélé successivement ses attributs : la trinité des personnes dans l'unité de l'essence, les moyens par lesquels il gouverne le monde et procure le salut du genre humain; quelle sera dans l'autre vie la récompense des bons, la punition des méchants. La foi ne change pas, elle se développe. C'est un jour qui a son aurore au paradis terrestre, son accroissement au Sinaï; les prophètes en augmentent l'éclat, il brille dans toute sa splendeur en Jésus-Christ, le soleil de toute vérité. Aussi Dieu dit-il à Moïse : « Je suis le Seigneur qui ai apparu à Abraham, à Isaac et à Jacob, comme le Tout-Puissant, mais je ne me suis pas fait connaître à eux sous ce nom. (Exode, VI, 2 et 3.) Au temps de David, la révélation jetait encore de plus vives lumières, et le roi-prophète, faisant allusion aux patriarches, disait : « J'ai été plus intelligent que les vieillards. » (Ps. CXVIII, 100.) Mais ce n'était pas encore le jour à son midi. « Le mystère de Jésus-Christ, dit saint Paul, n'a pas été découvert dans les autres temps aux enfants des hommes comme il est révélé maintenant par l'Esprit-Saint à ses apôtres et aux prophètes qui sont dans l'Église. » (Éphés., III, 5.) Ainsi les patriarches et les prophètes de l'ancienne loi ont cru implicitement ce que nous croyons aujourd'hui d'une manière explicite. Leur foi était la substance de la nôtre ; la nôtre en est l'épanouissement, et la claire vue dans le ciel en sera la pleine floraison.

6. Nous comptons douze articles de foi. On peut donner comme il suit la raison de ce nombre. Tout ce que renferme la foi regarde Dieu, l'auteur de notre éternelle félicité, et Jésus-Christ qui nous conduit à Dieu : *Hæc est vita æterna, ut cognoscant te Deum verum, et quem misisti, Jesum Christum.* (S. Jean, XVII, 3.) Quand Dieu nous sera-t-il connu? Quand nous verrons dans son unité ses trois personnes et les œuvres propres à chacune d'elles. C'est la raison de ces six articles : Je crois en Dieu (son unité), en Dieu le Père, en Jésus-Christ son Fils unique ; je crois au Saint-Esprit (Trinité). L'œuvre attribuée au Père en vertu de l'appropriation, c'est l'œuvre de la création ; au Fils, l'œuvre de la rédemption ; au Saint-Esprit, l'œuvre de la sanctification. C'est ce que nous confessons par ces paroles : En Dieu le Père, créateur du ciel et de la terre ; en Jésus-Christ notre Seigneur ; au Saint-

Esprit. Après l'œuvre de la nature et de la grâce, vient l'œuvre de la gloire. Nous attestons que c'est notre croyance, en disant : Je crois la résurrection de la chair, la vie éternelle.

Les six autres articles renferment tout ce qui concerne l'humanité de Jésus-Christ, sa conception et sa naissance d'une vierge ; sa passion, sa mort et sa sépulture ; sa descente aux enfers, sa résurrection, son ascension, enfin sa venue à la fin du monde pour juger tous les hommes (1).

7. A quoi bon résumer la foi en un symbole ou abrégé ? Ne valait-il pas mieux s'en tenir à l'Écriture ?

L'Église universelle a fait et accepté le symbole. Infaillible comme Dieu dont elle est l'organe, elle n'a pas agi ainsi sans motif.

Qui est-ce qui, n'ayant pas reçu d'une autorité infaillible la règle de sa foi, serait sûr de savoir enseigner tout ce qui est nécessaire au salut, et de ne mêler aucune erreur à la vérité révélée ? Quels sont ceux qui réunissent toutes les conditions requises pour aller chercher et trouver sûrement dans l'Écriture ce qu'il faut croire, ce qu'il faut rejeter ? Aux uns, il manque le temps ; à d'autres, l'intelligence ; cependant la foi est imposée à tous sans exception (2).

QUEST. II. *Acte de foi. Il est intérieur ou extérieur.* — 1. Qu'est-ce que croire intérieurement ? C'est penser en donnant son assentiment.

(1) Il y a trois principaux symboles : ceux des apôtres, de Nicée et de Constantinople. L'Église en a composé plusieurs et les met dans la bouche des fidèles, afin de développer, selon l'opportunité, les symboles précédents et de répondre aux hérétiques qui se sont succédé dans la suite des temps. Le symbole de Nicée développa celui des apôtres contre Arius ; le symbole de Constantinople, celui de Nicée, contre Macédonius. Le symbole des apôtres se récite à voix basse, à Prime et à Complies, parce qu'il fut composé au temps de la persécution, lorsque la foi proscrite se cachait. Celui de Nicée se chante publiquement à la messe, parce qu'il fut composé en un temps où la foi se montrait au grand jour et où la paix était enfin rendue à l'Église.

(2) Le code civil suffit-il sans des magistrats qui l'expliquent ? Non ; à plus forte raison le *code religieux*. L'Église, en vertu du pouvoir et de l'infaillibilité dont Jésus-Christ l'a revêtue, l'interprète, nous l'offre sous forme de symbole, et accessible à toutes les intelligences.

Le mot penser peut se prendre en trois sens. Il signifie : 1° Un acte de la puissance qui connaît ; ainsi entendu, il ne suffit pas pour exprimer l'acte de foi tout entier ; — 2° Une simple considération, un regard de l'intelligence : ce n'est point encore l'acte de foi, son objet étant invisible ; — 3° Un regard de l'intelligence, joint au désir d'arriver à la vision de ce qu'on ne voit pas. Là se trouvent réunis tous les caractères de la foi. Celui qui pense et cherche à étendre plus loin ses regards parvient-il au but de ses efforts? Il accorde à ce qu'il perçoit, un assentiment ferme et inébranlable. La foi a quelque chose de semblable ; elle connaît la révélation et acquiesce, sans crainte de se tromper, à la vérité première.

D'autres fois celui qui pense et cherche de nouvelles lumières, n'en trouve pas. Il n'incline ni d'un côté ni de l'autre, il doute. D'autres fois, il penche un peu, il soupçonne de quel côté est la vérité. Enfin, il prend quelquefois un parti, mais non sans crainte de se tromper, il opine. La foi a, jusqu'à un certain point, ces trois caractères, en ce qu'elle ne voit pas à découvert l'objet de sa croyance. Mais malgré les nuages qui lui en dérobent la vue, elle y adhère sans crainte de se tromper, fondant sa certitude sur la véracité de Dieu même.

Ainsi l'acte de foi diffère de tous les actes de l'intelligence touchant le faux et le vrai.

2. Cet acte intérieur ne peut-il se considérer sous plusieurs aspects?

L'acte d'une puissance peut se considérer sous autant de rapports que cette puissance relativement à son objet. Or l'objet de la foi se présente à l'égard de sa puissance sous trois aspects différents. Croire est un mouvement de l'intelligence sollicitée par la volonté. En accordant son acquiescement, *l'intelligence croit Dieu*, l'objet de sa pensée. En cédant au motif qui la sollicite, *elle croit à Dieu*, la vérité même. Lorsqu'en suivant l'impulsion de la volonté l'intelligence se porte vers Dieu, *elle croit en lui*. Mais croire en Dieu, croire à Dieu, croire Dieu, ne sont que trois aspects sous lesquels on considère le même acte.

3. Est-il nécessaire au salut de croire des vérités surnaturelles?

Les créatures sans raison sont incapables de rien d'universel. Elles tiennent, il est vrai, quelque chose de la bonté divine, mais les unes ne possèdent que l'être, comme les créatures inanimées. D'autres ont de plus la vie, comme les plantes, et la connaissance du particulier, comme les animaux. Les créatures raisonnables sont seules capables de l'universel. Elles connaissent le vrai, aiment le bon et l'être, et ont ainsi un rapport direct avec le principe universel de toutes choses. Ce rapport suffirait pour faire notre perfection naturelle, mais nous sommes appelés à une perfection, à un bonheur surnaturels, la vision intuitive de Dieu. Pour y arriver, il faut commencer par croire : *Omnis qui audivit a Patre et didicit, venit ad me.* (S. Jean, VI, 45.) Nous n'y sommes pas admis du premier pas, mais conduits peu à peu, successivement, selon le mode de notre nature. Il est de la nature de l'homme, dit le Philosophe, de s'initier à toute science par la foi : *oportet addiscentem credere* (1). Dieu étant le maître qui nous enseigne la vision intuitive, il faut commencer par croire à sa parole comme l'élève croit à celle du maître qui l'instruit.

4. Est-il nécessaire d'avoir la foi touchant les choses que l'on peut connaître par les seules lumières de la raison?

Oui ; la connaissance de Dieu, qu'il est possible d'avoir naturellement, suppose l'acquisition de beaucoup d'autres sciences. Si l'on attendait, pour croire, l'usage de la raison, il s'écoulerait une partie notable de notre vie avant que nous fussions croyants.

Sans la foi, que la connaissance de Dieu serait rare dans le monde ! Les uns ne veulent pas s'occuper de cette science, d'autres ne le peuvent, soit par défaut d'intelligence, soit à cause des nécessités temporelles auxquelles ils sont obligés de pourvoir.

Les philosophes, quelle connaissance auraient-ils eux-mêmes

(1) On ne saurait trop insister sur l'importance de ce principe.

des choses divines? Ils sont souvent en contradiction avec eux-mêmes, en guerre les uns avec les autres quand ils parlent de la nature humaine. A plus forte raison n'auraient-ils, sans la foi, que des opinions plus ou moins fondées, l'incertitude et la crainte de se tromper.

5. Sommes-nous obligés à croire quelque chose d'une manière explicite?

Le but des préceptes, c'est de nous conduire au salut en nous imposant des actes de vertu. Mais il faut distinguer dans tout acte vertueux l'essentiel et l'accessoire. L'essentiel dans la vertu de force, c'est que j'attaque courageusement l'ennemi, et que j'affronte sans hésiter le danger de la mort. L'accessoire, c'est que je marche à la rencontre de l'ennemi avec telle arme plutôt qu'avec telle autre. De même, l'essentiel dans les préceptes qui nous conduisent à notre fin, ce sont les articles de foi. Ils déterminent d'une manière précise ce qui est nécessaire au salut. Sans leur croyance explicite, il n'y a pas en nous de foi, comme il n'y a pas de force dans le soldat qui cède à la crainte de la mort. L'accessoire, ce sont les vérités éparses dans les saints livres; par exemple, Abraham eut deux fils, David était fils d'Isaï. Il suffit de croire ces vérités d'une manière implicite, c'est-à-dire de croire en général tout ce que dit l'Écriture, et d'être disposé à l'accepter comme vérité surnaturelle quand ceux auxquels a été confié le dépôt de la foi l'auront déclaré vérité surnaturelle.

6. Tous les fidèles sont-ils tenus à la même foi explicite?

Nous avons vu, en parlant des anges, l'ordre que Dieu suit dans la diffusion de sa lumière. Il la révèle d'abord aux anges supérieurs, qui la font rayonner sur les anges inférieurs; mais les premiers y participent plus abondamment que les autres. Il en est de même des vérités révélées. Les hommes éminents que Dieu charge d'instruire les autres sont obligés d'en avoir une connaissance plus étendue et plus explicite.

Les fidèles sont obligés de croire d'une manière explicite les articles de foi et les vérités renfermées dans l'Écriture, quand l'Église les propose comme révélés de Dieu. Mais les infidèles qui, habitant des contrées reculées aux extrémités de la terre, n'auraient jamais entendu parler de la révélation, à quelle croyance seraient-ils obligés pour arriver au salut ?

Qu'un infidèle accomplisse de tout point la loi naturelle et meure sans avoir reçu la grâce de sa conversion, Dieu, assurément, ne le punira point pour une ignorance tout à fait involontaire. Les vérités de la foi étant inaccessibles à notre nature, comment les connaître si l'on ne nous les enseigne ? *Fides ex auditu*. Il serait absurde de dire que Dieu nous punisse parce que nous avons ignoré des vérités qu'il nous était impossible de connaître. C'est pourquoi les théologiens admettent deux hypothèses en faveur de l'infidèle qui aurait fait de la loi naturelle sa règle de conduite constante, invariable. Ou bien son sort éternel serait celui des enfants morts sans baptême, c'est-à-dire, il n'éprouverait jamais ni les tourments des damnés ni les joies des élus, car si Dieu ne punit point l'homme qui n'a pas erré par sa faute, il ne donne pas non plus, à des vertus purement naturelles, la récompense attachée aux seules vertus surnaturelles.

L'autre hypothèse, celle de la plupart des théologiens après saint Thomas, est plus vraisemblable et plus conforme à la bonté divine. Appuyés sur ce principe : *Facienti quod in se est Deus non denegat gratiam*, les théologiens pensent que l'infidèle disposé à suivre la grâce du salut, ne manquerait pas d'attirer sur lui la miséricorde divine, et que Dieu, usant de l'un des mille moyens dont dispose sa toute-puissance, sanctifierait son âme soit en l'éclairant intérieurement et en la touchant lui-même, soit, s'il le fallait, en lui envoyant du ciel un ange pour lui enseigner les vérités du salut. Quoi qu'il en soit, toujours et partout il faut, pour arriver au salut, c'est-à-dire à la vision intuitive de Dieu, la croyance surnaturelle en Jésus-Christ, parce que Jésus-Christ *est la voie*, et que l'on ne peut aller d'un terme à un autre, sans connaître le chemin qui y conduit. La foi à l'Incarnation est inséparable de la foi à la Trinité, Jésus-Christ étant le Fils de Dieu, incarné et sauvant le monde par la vertu de l'Esprit-Saint. Il n'y a pas de salut possible sans la croyance surnaturelle à ces deux mystères, et de plus la charité ou la contrition parfaite si l'on n'a pas recours à la grâce des sacrements.

Suivant une opinion récente, il suffirait à l'infidèle de connaître trois vérités que ne saurait ignorer tout homme intelligent : l'existence de Dieu, la Providence, la vie future ; « pour s'approcher de Dieu, il faut croire qu'il existe, et qu'il récompense ceux qui le cherchent. » (Hébr., xi, 6.) L'infidèle, en croyant à la Providence, croit implicitement en Jésus-Christ. Il sait que Dieu veille sur ses créatures et les conduit au bonheur selon les desseins de sa Providence. L'incarnation et la rédemption rentrant dans ses desseins, il croit implicitement ces deux mystères. Il en est de même de la Trinité. Outre le défaut de ne pas assez montrer la nécessité d'une croyance surnaturelle, que suppose l'Apôtre dans le texte cité, et sans laquelle on ne saurait admettre la possibilité du salut, cette opinion a l'inconvénient d'être en contradiction avec l'enseignement des plus grands docteurs catholiques touchant le salut des infidèles. La mission miraculeuse d'un ange, que les partisans de cette opinion ont traitée avec une ironie renouvelée de Jean-Jacques, n'est pas une hypothèse aussi arbitraire et aussi chimérique qu'ils le supposent. Les *Annales de la propagation de la foi* nous apprennent qu'en plus d'une rencontre, des païens qui avaient vécu honnêtement ont reçu, au moment de la mort, la visite de missionnaires, véritables anges de paix qui, après les avoir instruits, leur ont procuré les moyens de salut que l'Église offre à ses enfants.

7. La connaissance que nous pouvons avoir des motifs de crédibilité diminue-t-elle le mérite de la foi ?

Saint Pierre ne nous dirait pas : « Soyons toujours prêts à rendre compte de notre foi à ceux qui le demandent. » (I Petr., iii, 15.)

Quand, aux lumières surnaturelles s'ajoutent celles de la raison, l'acquiescement aux premières est plus volontaire, par conséquent plus méritoire. Mais il faut pour cela que la raison suive la foi ; ce serait le contraire, si elle la précédait, c'est-à-dire si la science était la cause, non l'effet de la foi. Ainsi la passion qui suit l'acte vertueux, le rendant plus volontaire, en augmente le mérite ; c'est le contraire quand elle le précède.

QUEST. III. *Acte extérieur de la foi.* — Sommes-nous obligés de confesser extérieurement notre foi?

Si nous avons au fond de nos cœurs une foi réelle, il est impossible qu'elle ne rayonne pas au dehors. L'animal sans raison agit suivant sa nature ; l'homme doit agir comme une créature raisonnable, usant de ses organes pour manifester les vérités que connaît son intelligence.

Mais quand sommes-nous obligés de faire un acte extérieur de foi? Toutes les fois que l'exige l'honneur dû à Dieu, ou le bien que le prochain a droit d'attendre de nous. « Celui qui rougira de moi devant les hommes, je rougirai de lui devant mon père qui est au ciel. » (S. Matth., x.) Dieu nous défend d'être aux autres une occasion de péché. S'il ne nous permet pas de leur ôter la vie du corps, à plus forte raison de leur faire perdre la vie de l'âme. Ainsi je suis obligé, même au péril de ma vie, de confesser hautement ma foi, quand mon silence priverait Dieu de l'honneur que je lui dois, ou porterait préjudice au bien spirituel de mon prochain.

QUEST. IV. *Vertu de foi.* — 1. Selon saint Paul, la foi est le fondement des choses que l'on doit espérer, une pleine conviction de celles que l'on ne voit point. (Hébr., xi, 1.)

Ces paroles n'ont pas la forme d'une définition, mais renferment cependant tout ce qui est de l'essence de la foi. Si l'on voulait la ramener à la forme de l'École, on pourrait dire : La foi est une habitude de l'esprit, qui commence en nous la vie éternelle, en faisant adhérer l'intelligence à des vérités qu'elle ne voit pas.

Une habitude se connaît par son acte, l'acte par son objet. Croire, voilà l'acte de la foi, et il a pour objet la vérité première. De toutes nos facultés, l'intelligence est donc celle qui joue le rôle principal dans la foi. C'est pourquoi je dis : une habitude de l'intelligence.

La part de la volonté n'est pas oubliée : c'est, dis-je, une habitude qui fait acquiescer notre intelligence. L'intelligence de l'homme ne produit jamais un acte sans le concours de la volonté qui la sollicite et la commande.

La vertu de foi commence en nous la vie éternelle.

Elle est, suivant l'Apôtre, la substance de tout ce que voient les bienheureux. La substance d'une science est tout entière dans ses principes ; car toute science n'est autre chose que ses principes développés. De même ce que nous espérons, ce que nous verrons au ciel, ne sera que le développement de ce que nous croyons, la manifestation de ce qui est ici-bas dans l'ombre.

2. La charité en est la forme, c'est-à-dire, son principe d'activité, sa force et sa vie.

Tout acte volontaire tire sa forme de ce qui est l'objet de la volonté. Quel est l'objet de la volonté humaine ? Le bien divin. Quand un homme agit sous l'inspiration de la foi, sa volonté sollicite vers ce bien toutes ses puissances intellectuelles, mais la *charité* seule peut consommer leur union, parce que seule elle a pour objet le bien divin. Sans elle, la foi est morte, incapable de produire un acte qui nous unisse à Dieu. « Celui qui n'aime pas, demeure dans la mort. » (S. Jean.)

3. La foi vivifiée par la charité, est une vertu véritable. Qu'est-ce qu'une vertu ?

C'est ce qui rend bons les actes de l'homme. Si la foi procure la bonté aux actes de l'intelligence et de la volonté, nous serons en droit de dire : la foi est une vertu. En est-il ainsi ? L'intelligence éclairée par la foi est sûre de ne s'attacher qu'au vrai, le faux ne pouvant être l'objet de la foi.

La volonté aspire aussi au bien suprême qui est son objet, puisque nous la supposons vivifiée par la charité. Mais sans la charité la foi n'est pas une vertu réelle, comme la tempérance lorsqu'elle n'est pas modérée par la raison.

4. Quelle place doit-elle occuper parmi les vertus?

La foi tient le premier rang dans l'ordre généalogique. Il n'est pas difficile de le comprendre. Elle a son siége dans l'intelligence, l'espérance et la charité, dans la volonté. Or l'intelligence est la lumière de la volonté. Celle-ci n'aspire et ne s'attache jamais qu'à un objet perçu par l'intelligence (1).

Cependant d'autres vertus peuvent être accidentellement antérieures à la foi, la préparant, éloignant les obstacles qui s'y opposent : ainsi la force, qui bannit la crainte, et l'humilité qui éloigne l'orgueil incompatible avec la docilité de la foi.

5. La foi a-t-elle une aussi grande certitude que la science et les autres vertus intellectuelles ?

On peut considérer la certitude dans sa cause ou dans le sujet qui la reçoit. Quelle est la cause de la foi? C'est Dieu, vérité première et source de toute vérité. Vous voyez s'il y a de ce côté, une certitude comparable à celle de la foi. Mais considérée dans leur sujet, la certitude de la foi est inférieure à celle de la science. Celui qui sait, voit mieux que celui qui croit. S'ensuit-il que la science l'emporte sur la foi? non, car une chose doit s'estimer plutôt par sa cause que par la disposition de celui qui la reçoit.

La certitude de la foi est supérieure aussi aux autres vertus intellectuelles. La prudence et l'art ne s'occupent que de choses contingentes : la foi a pour objet des vérités éternelles et nécessaires. La sagesse, l'intelligence nous viennent de la raison; la foi, de l'Esprit-Saint.

On fait cette objection : *Fides ex auditu* : or, je suis moins sûr de ce que j'entends que de ce que je vois?

La vue, toutes choses égales d'ailleurs, est un sens plus sûr que l'ouïe, mais si celui qui me parle m'offre plus de garantie que

---

(1) « La foi est le commencement du salut de l'homme, le fondement et la racine de toute justification. (Conc. de Tr., sess. VI, c. 7.)

le meilleur de mes sens, il sera plus sûr pour moi de croire sa parole que mes yeux. L'homme qui a peu de science ne préfère-t-il pas à toutes ses observations le témoignage d'un savant dont le nom fait autorité ? De même, qui est-ce qui me fait entendre la parole de la foi ?. Dieu, vérité suprême et infaillible. Mes sens et ma raison pouvant faillir, la foi me donne une plus grande certitude.

QUEST. V. *Quels sont ceux qui peuvent avoir la foi.* — 1. Les anges avant leur confirmation en grâce, l'homme avant son péché, croyaient-ils ?

Ils avaient assurément la connaissance de Dieu. Ils le voyaient, ils contemplaient ses infinies perfections. Si cette contemplation avait été la vision béatifique, ils n'auraient pu avoir la foi : la vision exclut la foi ; qui voit ne croit plus. Mais ce n'était pas la vision béatifique, car elle ôte la triste liberté du mal, et un grand nombre d'anges succombèrent, entraînant l'homme dans leur chute.

Ils eurent la foi dès le premier moment de leur existence, si, suivant l'opinion que nous avons embrassée, ils furent créés dans l'état surnaturel. Si l'on admet, et on le peut, que les anges et l'homme furent créés *in naturalibus*, la foi étant une vertu surnaturelle, ils ne l'eurent qu'après leur élévation à l'état de grâce.

2. Les démons ont-ils la foi ?

« Ils croient et tremblent. » (S. Jacques, II, 19.)

Celui qui croit véritablement ne donne pas son assentiment à cause de l'évidence de la vérité crue, ni conduit par le raisonnement, des conclusions aux principes. Il ne peut croire que pour ces motifs ; ou il juge qu'il est bon de croire. Attirée par l'amour du bien, sa volonté sollicite son intelligence vers une vérité surnaturelle ; ou il est persuadé par ce que ses sens lui révèlent. Un prédicateur annonce de la part de Dieu un événement futur, et pour preuve de la divinité de sa mission, par conséquent, de la vérité de ce qu'il prédit, il ressuscite un mort. Témoin de ce prodige, je crois à sa parole, bien que je ne sache point comment elle s'accomplira. C'est ainsi que les démons croient. Ils sont convaincus que la doctrine de l'Église vient de Dieu, qu'il y a trois personnes dans l'unité de l'essence divine, que Jésus-Christ était Dieu, mais leur foi contrainte par l'évidence des preuves, ne diminue en rien leur malice.

3. Celui qui rejette un seul article de foi a-t-il encore la foi touchant les articles auxquels il adhère ?

Un seul article rejeté suffit pour détruire la foi, comme un seul péché pour détruire la charité.

La foi est une habitude vertueuse. Une habitude tire son espèce de ce qui est son objet formel. Quel est l'objet formel de la foi ? La vérité révélée dans la sainte Écriture et proposée à notre croyance par l'Église. Croire, ce n'est pas seulement recevoir les saints livres, les révérer comme l'œuvre de Dieu ; c'est de plus se soumettre à l'autorité de l'Église, chargée de les expliquer. Celui qui méprise cette autorité ne peut conserver la foi, en ayant perdu l'objet formel. Je ne croirais pas, disait saint Augustin, je ne serais pas un vrai croyant, si je ne me soumettais à l'autorité de l'Église. Celui qui rejette un seul article renfermé dans la doctrine de l'Église, respecte-t-il la règle de sa foi ? s'il conserve des vérités surnaturelles, comme il les fait dépendre de son propre jugement, ce ne sont plus que de simples opinions. Vous admettez, je suppose, les conclusions d'un théorème sans en connaître la démonstration. Avez-vous la science de ce théorème ? Non, la démonstration est la règle à laquelle votre intelligence doit se conformer pour avoir la science. De même la règle de la foi, c'est l'autorité de l'Église : hors de l'Église il n'y a pas de foi.

4. La foi peut-elle être plus grande dans l'un que dans l'autre ?

Notre-Seigneur dit un jour à Pierre : « O homme de peu de foi, pourquoi as-tu douté ? » Et à la Chananéenne : « Femme, votre foi est grande. » (Matth., xv, 28.)

Considérée dans son objet, qui est la vérité première, la foi est toujours la même ; mais elle diffère, considérée dans les sujets qui la reçoivent. Notre intelligence peut connaître plus ou moins explicitement la vérité révélée : notre volonté peut aspirer à son bien avec plus d'empressement, de confiance et d'amour.

QUEST. VI. *Cause de la foi.* — Il faut, pour que nous croyions, qu'on nous propose les vérités à croire : *fides ex auditu*. Ces vérités étant d'un ordre surnaturel, Dieu seul peut les faire connaître à l'homme. Quelquefois il les révèle lui-même, comme il le fit aux prophètes et aux apôtres. Le plus communément, c'est par l'intermédiaire de ses ministres, qu'il éclaire et envoie revêtus de son autorité : *Quomodo prædicabunt, nisi mittantur.* (Rom., x, 15.)

Il faut aussi une cause intérieure, celle qui est extérieure ne suffisant pas. Parmi ceux qui entendent un missionnaire, les uns se rendent à sa parole, les autres n'y croient pas. Cette cause, nous élevant au-dessus de nous-mêmes, ne peut être que l'auteur de notre nature, Dieu sollicitant notre libre arbitre. Nous avons besoin du secours de Dieu, non-seulement, comme le prétendaient les Pélagiens, pour atteindre la perfection de la foi, mais aussi pour commencer à croire. L'assentiment donné aux choses de la foi nous élevant au-dessus de notre nature, il faut qu'il nous soit inspiré par un principe surnaturel.

QUEST. VII. *Effets de la foi.* — 1. La crainte et la pureté du cœur sont des effets de la foi.

La crainte est un mouvement de puissances appétitives. Le principe de leur mouvement est toujours un bien que l'on désire, ou un mal que l'on veut éviter. La foi produit la crainte en nous faisant entrevoir les maux réservés aux méchants : c'est la crainte servile ; en nous montrant la bonté de Dieu, en nous retraçant le bonheur de lui être éternellement unis, et en nous faisant craindre d'en être à jamais séparés : c'est la crainte filiale.

La foi produit un autre effet : « Dieu a purifié leurs cœurs par la foi. » (Actes, xv, 9.) On dit qu'une chose est impure par son alliage avec une matière qui lui est inférieure : ainsi l'or mêlé au cuivre, l'argent mêlé à l'étain. Mais elle n'est pas impure; au contraire, sa pureté reçoit un nouvel éclat, si on l'unit à une matière plus précieuse qu'elle. La créature raisonnable étant plus excellente que tous les biens de ce monde, ne peut s'y attacher sans contracter une souillure ; mais sa pureté naturelle emprunte un plus vif éclat, si elle s'unit à des biens surnaturels. N'est-ce pas ce que fait la foi? Elle purifie l'intelligence en éloignant la souillure de l'erreur, elle purifie le cœur, lorsqu'elle est vivifiée par la charité.

QUEST. VIII. *Dons de l'Esprit-Saint qui correspondent à la foi, l'intelligence et la science.* — 1. Comment l'intelligence est-elle un don de l'Esprit-Saint ?

Les sens ne nous montrent des créatures que la surface, mais il est bien des choses qui se dérobent à la perception des sens, par exemple, la substance sous les accidents, l'idée dans la parole, la cause dans l'effet et l'effet dans la cause. Les sens sont impuissants à les saisir ; l'intelligence seule nous fait pénétrer et lire au fond des choses (*intus legere*). Mais comment lire dans les choses élevées au-dessus de la nature ? Il nous faut une lumière surnaturelle, et c'est le Saint-Esprit qui nous en fait présent, en nous donnant l'intelligence. Sans doute, ce don ne nous apporte pas l'intuition des mystères, mais une lumière qui nous montre ce qu'il y a en eux d'accessible à notre intelligence : « Le Seigneur ouvrit l'intelligence à ses disciples afin qu'ils comprissent les Écritures. » (S. Luc.)

2. Tous ceux qui ont la grâce ont-ils le don d'intelligence?

La grâce suppose la rectitude de la volonté tendant vers le bien surnaturel. Or, la volonté n'agit qu'éclairée par l'intelligence. Il est impossible d'aspirer au bien surnaturel sans une lumière du même ordre qui nous le montre, sans le don d'intelligence.

3. La grâce est-elle nécessaire pour avoir le don d'intelligence?

Il y a une grâce qui nous est donnée uniquement pour le bien des autres et une grâce qui rend nos âmes agréables à Dieu. Cette dernière seule est nécessaire.

En effet, comment les dons du Saint-Esprit perfectionnent-ils nos âmes ? En en faisant des mobiles qui se prêtent sans résistance aux mouvements surnaturels. La grâce qui habite en elles et les rend agréables à Dieu peut seule leur donner cette docilité. L'autre grâce donnée pour le bien des autres ne fait qu'éclairer l'intelligence, laissant la volonté sans mouvement.

4. Comment ce don d'intelligence diffère-t-il des autres dons de l'Esprit-Saint ?

Il n'est pas difficile de voir sa différence avec la piété, la force et la crainte. Il règle la partie intellectuelle de l'âme ; ces autres dons, la partie appétitive.

Il faut une considération plus attentive pour voir sa différence avec la sagesse, la science et le conseil. Voici comment je le comprends. Le don d'intelligence procure à nos âmes la force de saisir, de pénétrer, sans toutefois les comprendre, les vérités qui sont du domaine de la foi. La foi venant de l'ouïe, la sagesse nous fait juger qu'il est bon de suivre les vérités entendues, d'éviter ce qui leur est contraire. La science nous découvre les rapports qui existent entre les vérités révélées et les choses créées. Le don de conseil préside à notre conduite et nous dirige dans chacune de nos actions.

QUEST. IX. *Don de science.* — 1. La grâce étant la perfection de la nature, la première possède tout ce qu'a la seconde. Que fait celle-ci dans les choses naturelles ? Elle cherche à les connaître, puis elle porte un jugement. De même la grâce fait connaître, et beaucoup mieux que la nature, les choses divines ; c'est par le don d'intelligence. Puis elle porte un jugement, discerne ce qu'il faut admettre de ce qu'il faut rejeter : elle le fait par le don de science.

2. Cette science est-elle spéculative ou pratique ?

Elle concourt avec l'intelligence à augmenter la certitude de la foi. Or, la foi regarde la spéculation et la pratique : *Fides per dilectionem operatur* (Gal., v, 6) ; la spéculation, en acquiesçant à la vérité première ; la pratique, en nous portant vers cette vérité, qui est l'objet de notre fin. Donc la science est spéculative, en nous montrant ce qu'il faut croire ou rejeter ; pratique, en nous manifestant la lumière qui doit éclairer nos pas : *Justum deduxit per vias rectas..... et dedit illi scientiam sanctorum.* (Sap., x, 10.)

3. La béatitude de l'Évangile, qui correspond à la science, est celle-ci : Bienheureux ceux qui pleurent. Il semble d'abord étrange que la science produise la tristesse : cependant rien de plus vrai.

La science nous fait apprécier à leur juste valeur les choses de ce monde. Que sont-elles aux yeux de la foi ? Depuis le péché, elles sont un sujet de tentation pour les hommes, un filet où les pieds des insensés se sont pris. (Sap., xiv, 10.) Que sont-elles aux yeux de la raison ? C'est un lieu commun, de dire qu'elles ne sont que cendres et poussière. La science même naturelle ne manque pas d'en découvrir la vanité et le néant ; de là, ce fond de tristesse dont toutes les œuvres des grands esprits portent l'empreinte ; de là la tristesse des âmes saintes qui se rappellent leurs années dans l'amertume de leur âme, mais tristesse méritoire qui aura sa récompense : *Beati qui lugent.*

A la sagesse, au contraire, correspond la joie spirituelle, même en ce monde, parce qu'elle produit dans l'âme la tranquillité de l'ordre.

QUEST. X. *Péchés opposés à la foi. L'infidélité est opposée à la foi intérieure.* Qu'est-ce que l'infidélité ?

La vertu consistant dans l'observation d'une règle imposée à l'intelligence et à la volonté, est toujours une. Le vice est multiple, car il est une déviation, et l'on peut sortir de la voie de mille manières. Considérée sous ce rapport, l'infidélité, comme l'erreur, varie presque à l'infini. Mais si l'on considère son opposition avec la vertu de foi, elle ne revêt que deux formes principales, et s'appelle infidélité négative, ou infidélité positive. La première est l'infidélité de ceux qui n'ont jamais eu le bienfait de la révélation : tels sont les idolâtres. La seconde, c'est l'infidélité de ceux qui, connaissant d'une manière générale les vérités révélées, y résistent volontairement : tels sont les hérétiques et les apostats.

2. L'infidélité est-elle un péché ?

Celle des peuples idolâtres qui n'ont jamais entendu parler de la foi n'étant qu'une simple privation, n'est pas un péché ; c'est plutôt une peine, la peine du péché originel. Les peines éternelles, s'ils les encourent, sont la punition d'autres péchés et non de l'infidélité. Si je n'étais pas venu, disait Jésus-Christ, et si je ne leur avais parlé, ils ne seraient pas coupables. Mais l'infidélité positive, qui répond au bienfait de la révélation par la contradiction et le mépris, est un péché et le plus grave de tous.

Il suffit, pour le voir, de vous rappeler en quoi consiste surtout le péché : c'est une aversion, un mouvement loin de Dieu. Le péché le plus grave, c'est évidemment celui qui met la plus grande distance entre Dieu et nous. N'est-ce pas ce que fait l'infidélité positive ? Mon intelligence égarée perd la vraie notion de Dieu ; ma volonté la suit hors du chemin de la vérité : de sorte que chacun de mes pas dans l'infidélité ajoute à la distance qui me sépare de Dieu. Le retour n'est pas possible, si auparavant je ne renonce à mon infidélité. L'intelligence étant dans le faux, la volonté dans le mal, tous les liens qui peuvent nous unir à Dieu sont rompus.

3. Les actions des infidèles sont-elles toujours des péchés (1) ?

Cornélius était païen : néanmoins nous lisons dans les Actes des apôtres que ses aumônes étaient agréables à Dieu.

Le péché, il est vrai, détruit la grâce et empêche toute action de mériter le ciel : il blesse, affaiblit la nature, il ne la détruit pas. Il laisse encore en elle assez de bien pour produire des œuvres naturellement bonnes et dignes d'une récompense temporelle.

---

(1) Baïus, Luther, Calvin et les jansénistes l'affirmaient : plusieurs décrets dogmatiques les ont condamnés.

Saint Augustin pensait que ce fut en récompense de leurs vertus naturelles que Dieu accorda aux Romains l'empire du monde.

On fait cette objection : L'homme agit suivant son intelligence, et l'intelligence étant faussée, comment faire quelque chose de bon?

Je réponds : L'infidèle n'agit pas toujours conduit par son infidélité, comme le fidèle n'agit pas toujours sous l'inspiration de la foi.

4. Est-il bon de discuter publiquement sur des matières de foi ?

On peut considérer dans toute discussion, celui qui parle et ceux qui écoutent. Quant à celui qui parle, il faut voir quelle est son intention. Prenez-vous publiquement la parole, parce que votre foi est chancelante et que vous voulez l'éprouver par des arguments? la discussion vous est défendue, comme à un infidèle, car il n'est pas permis de révoquer en doute la foi qu'on a reçue. Ce serait différent, si vous étiez fort dans la foi, et si votre but était de confondre l'erreur, ou si, n'ayant jamais cru, vous cherchiez sincèrement à vous éclairer par la discussion.

Les auditeurs sont-ils faibles, peu instruits dans la foi, en butte aux suggestions perfides des juifs et des hérétiques? c'est une œuvre louable de discuter publiquement, pourvu que vous ayez la science et l'autorité requises. Dans le cas contraire, il vaudrait mieux dissimuler, et garder le silence. « Ne vous livrez pas à des disputes de mots, elles ne sont bonnes qu'à pervertir ceux qui les entendent. » (II Tim., II, 14.)

Saint Grégoire fait à ce sujet une réflexion qu'il ne faudrait jamais perdre de vue : « Comme une parole imprudente favorise les intérêts de l'erreur, ainsi un silence indiscret laisse dans l'erreur ceux qui, étant enseignés, auraient ouvert les yeux à la lumière de la vérité. » « Saul se fortifiait de plus en plus et confondait les Juifs. Il parlait aux Juifs et disputait avec les hérétiques. » (Actes, IX, 22.)

5. Peut-on forcer les infidèles à accepter la foi?

L'Église a toujours distingué entre ceux qui n'ont jamais reçu la foi, et ceux qui, l'ayant reçue, l'ont rejetée. Elle a toujours usé envers les premiers, de la plus grande indulgence. Il ne faut en aucune manière recourir à la force matérielle pour leur imposer la foi, parce que croire est un acte de la volonté et que la volonté ne saurait être forcée. Si cependant ils suscitaient des obstacles à la foi, s'ils l'outrageaient publiquement, s'ils persécutaient les fidèles, il est évident qu'on aurait le droit de recourir contre eux à la force des armes. C'est pourquoi les croisades furent des guerres justes et saintes. Les infidèles faisant souffrir aux chrétiens les tourments les plus affreux, c'était notre droit et notre devoir de marcher au secours de nos frères opprimés. Mais le but de ces guerres n'était pas de faire embrasser la foi aux infidèles. On les laissait libres, même après la victoire, parce que croire est un acte de la volonté et que la volonté habite un sanctuaire inviolable.

Quant à ceux qui rejettent la foi après l'avoir acceptée, l'Église n'a pas perdu ses droits sur eux. Un fils a beau lever l'étendard de la révolte contre l'auteur de ses jours, il ne portera jamais aucune atteinte aux droits paternels. De même, l'Église qui a donné la vie de la foi aux hérétiques et aux apostats, l'Église que Jésus-Christ a investie du pouvoir judiciaire, *a le droit* d'user contre eux de la force matérielle, et de les contraindre à accomplir ce qu'ils ont promis. L'Église n'use pas toujours de son droit et laisse quelquefois dormir la sévérité de la discipline, *de peur qu'en arrachant la zizanie, elle ne déracine le bon grain*; mais il ne faut pas confondre le fait avec le droit.

6. Est-il permis aux fidèles d'avoir des rapports avec les infidèles?

Une défense peut être une peine ou une mesure de précaution. L'Église n'a pas le droit d'infliger une peine à ceux qui sont hors de son sein, parce qu'elle n'a pas de juridiction sur eux. Mais la rébellion des hérétiques et des apostats ne les ayant pas soustraits à sa juridiction, elle peut, pour les punir, défendre aux fidèles de communiquer avec eux. Et de fait elle a porté maintes fois cette défense.

La défense est-elle une mesure de précaution ? l'Église, chargée de veiller au bien spirituel de ses enfants, a le droit de prendre à cet effet les moyens qu'elle juge convenables. Elle en use avec prudence, ayant égard aux circonstances de temps, de lieux, de personnes. Si elle voit que la fréquentation d'un hérétique offre à ses enfants des dangers de séduction, elle peut leur interdire tout rapport avec lui. Où est la société qui n'ait pas le pouvoir de prendre les mesures nécessaires au bien commun ?

7. Les infidèles peuvent-ils avoir puissance et juridiction sur les fidèles? S'il s'agit d'une juridiction et d'une puissance nouvelles, on ne doit en aucune manière la permettre. Ce serait exposer les fidèles à des scandales et à des périls certains. Car l'homme qui relève de l'autorité d'un autre en subit facilement l'influence bonne ou mauvaise, et la suit, à moins qu'il ne soit d'une rare vertu. D'un autre côté, ce serait exposer la foi au mépris des infidèles, qui ne manqueraient pas de remarquer dans les fidèles et d'exagérer les défauts inséparables de la faiblesse humaine. C'est pourquoi l'Église défendit aux premiers chrétiens de porter leurs causes devant les tribunaux des païens (I Cor., vi), et ne permet pas que les infidèles aient juridiction sur les fidèles ou soient élevés au-dessus d'eux en exerçant telle ou telle fonction. S'il s'agit d'une puissance déjà existante, la distinction de fidèle et d'infidèle, fondée sur le droit divin, ne la détruit pas. Le droit divin ne porte pas préjudice au droit humain qui découle du droit naturel : « Les saints vous saluent, surtout ceux qui sont de la maison de César. » Ainsi, suivant l'Apôtre, des fidèles étaient de la famille ou de la suite de Néron, prince infidèle, et restaient ses sujets légitimes. Cependant une sentence de l'Église, dont l'autorité est celle de Dieu, peut légitimement faire cesser cette puissance ; ces infidèles, par le fait de leur infidélité, méritent de perdre l'empire qu'ils avaient sur

leurs sujets convertis. L'Église use ou non de ce droit, selon qu'elle le juge opportun pour le salut des âmes.

8. Doit-on, dans un pays chrétien, tolérer les rites et coutumes des infidèles ?

Les gouvernements humains ne sauraient mieux faire que d'imiter le gouvernement divin. Or, Dieu tolère certains maux pour en éviter de plus grands, et aussi parce que de cette tolérance résulte le bien commun. C'est ce que font les gouvernements humains en permettant les maisons de débauche. Saint Augustin a dit : « Otez les femmes publiques, vous verrez les adultères troubler une quantité de familles : restant secrets, ils ne portent pas le désordre hors des lieux où ils sont commis. » Ainsi l'Église, même au temps de sa plus grande splendeur, a toujours toléré les cérémonies des juifs et des païens. Elle ne le fait point par indifférence, mais pour éviter les scandales, la division, pour attirer ses ennemis par sa douceur et sa condescendance.

9. Est-il permis de baptiser, malgré leurs parents, les enfants des infidèles ?

Non, ce serait contraire à la pratique constante de l'Église. Elle ne l'a jamais voulu, quand même elle l'aurait pu, comme sous les empereurs catholiques Constantin et Théodose qui avaient pour amis de très-saints évêques : le premier saint Silvestre, le second saint Ambroise. Au moyen âge, lorsque les juifs, chassés de tous les pays, eurent trouvé un asile à Rome, les souverains pontifes, fidèles à la tradition des premiers siècles, défendirent qu'on baptisât leurs enfants malgré eux.

La raison nous montre assez la sagesse de cette conduite. Les baptiser contre le gré de leurs parents, ne serait-ce pas exposer la foi au danger de la profanation? Des enfants résisteront-ils longtemps à des parents qu'ils aiment et qui ont sur eux une autorité légitime ?

D'ailleurs, l'enfant, tant qu'il n'a pas l'usage de la raison, est la propriété de ses parents. Il leur appartient comme leur maison, leur bœuf, leur cheval. Bien plus, il ne fait qu'un avec eux. Sa mère, après l'avoir porté dans son sein maternel, le porte dans une sorte de sein spirituel, jusqu'à ce qu'il ait l'usage de la raison : alors seulement il s'appartient, et peut recevoir le baptême contre le gré de ses parents. Avant cette époque, on ne pourrait le baptiser, ni en disposer de quelque manière que ce fût, sans une véritable injustice (1).

QUEST. XI. *Vice opposé à la foi extérieure, l'hérésie.* — 1. L'hérésie est une infidélité. La foi en quelqu'un consiste dans l'assentiment donné à sa parole et à tout ce qu'il enseigne. La foi chrétienne, c'est la croyance en Jésus-Christ et à sa doctrine tout entière. Les païens, les juifs, niant sa divinité, sont des infidèles proprement dits. Que fait l'hérétique ? S'érigeant juge de la doctrine, il choisit, parmi les vérités chrétiennes, celles qui lui plaisent, rejette celles qui ne lui vont pas. Le corps de doctrine qui lui reste est un corps mutilé, ce n'est plus la doctrine de Jésus-Christ *telle qu'il nous l'a donnée*. Donc les hérétiques ressemblent d'un côté aux juifs et aux païens.

2. Quelles sont les matières touchant lesquelles l'erreur peut être une hérésie ?

L'hérésie est une corruption de la foi. On peut la corrompre soit en altérant les vérités qui en sont les principaux articles, soit en attaquant des vérités qui en sont la conséquence. Mais l'erreur qui laisse intact le dépôt de la foi n'est pas une hérésie ; telle est l'erreur du géomètre, du physicien, etc. Et quand même j'embrasserais une erreur contraire à la foi, je ne serais un hérétique que si je la soutenais opiniâtrément, refusant de me soumettre à l'autorité de l'Église.

3. Doit-on tolérer les hérétiques dans un pays ?

---

(1) Il faut entendre ceci avec certaines restrictions. Si l'enfant était dans un péril certain et imminent de mort, on pourrait le baptiser contre la volonté connue de ses parents, supposé qu'il ne dût pas y avoir de scandale : c'est ce que font toujours les missionnaires.

On n'accuserait pas d'injustice le prince qui punirait de mort les faussaires, et ceux qui altèrent la monnaie. Cependant l'argent et les affaires commerciales ne regardent que les avantages de la vie matérielle. Est-il moins coupable, celui qui altère la foi, qui sème dans les cœurs le poison de l'hérésie ? L'âme n'est-elle pas plus que le corps, le ciel plus que la terre, la société spirituelle plus que la société temporelle ? C'est pourquoi les hérétiques méritent d'être mis hors de l'Église par l'excommunication, hors du monde par la mort.

Quant à l'Église, elle ne les condamne pas immédiatement. Elle les avertit, les invite au repentir, une première et une seconde fois, suivant la parole de l'Apôtre. Puis, s'ils se montrent obstinés, son droit est de les déclarer excommuniés ou retranchés de la société des fidèles, afin de pourvoir au salut des autres. Elle leur impose telle peine qu'elle juge à propos, et les livre comme hérétiques au bras séculier. Voilà un principe général qu'il ne faut jamais perdre de vue, si l'on veut éviter des abîmes. Saint Jérôme dit à ce sujet des paroles bien remarquables : « Quand un ulcère dévore le corps d'un malade, le médecin se hâte de couper les chairs corrompues. On chasse du bercail la brebis galeuse. Arius dogmatisant à Alexandrie, n'avait allumé qu'une étincelle ; parce qu'on ne l'étouffa pas sur-le-champ, elle produisit un incendie qui promena ses ravages dans le monde entier. » Tel est le droit, mais pour en user sagement, il faut, comme je le disais en parlant de l'infidélité, avoir égard à bien des circonstances, car le but constant et unique de l'Église, c'est le salut des âmes. Tel moyen, efficace en un temps, ne l'étant plus dans un autre, il appartient à l'Église d'en user ou de s'en abstenir, selon qu'elle le juge opportun.

QUEST. XII. *Autre vice opposé à la foi extérieure, l'apostasie.* — 1. Qui dit apostasie, dit mouvement rétrograde, qui nous éloigne d'un but. On peut se retirer loin de Dieu, comme on peut s'y unir. Or on s'unit à Dieu de trois manières : par la foi, par l'observance des préceptes, par des liens particuliers, tels que la profession religieuse, la cléricature, la réception d'un ordre sacré. Les liens communs à tous les fidèles peuvent encore subsister après la dissolution des liens particuliers : vous pouvez avoir la foi, tout en violant les préceptes ou en brisant le lien des vœux particuliers que vous avez faits ; mais la perte de la foi entraîne la dissolution de tous les liens, l'abjuration établit entre Dieu et nous une séparation totale, et c'est là, à proprement parler, ce qu'on appelle apostasie. L'homme coupable de cette perfidie n'a plus rien en lui qui puisse mériter le salut éternel. Car la foi est la vie de l'âme : « Le juste vit de la foi. » (Rom., I, 17.) Comme on voit, après la destruction de la vie physique, toutes les parties du corps se dissoudre, les membres s'écarter de leur disposition naturelle ; ainsi la vie de la foi étant détruite, le désordre moral apparaît dans tous les membres du corps qui sont les instruments de l'âme.

2. L'Église peut-elle priver de son domaine temporel un prince qui vient d'apostasier ?

L'Église a le droit de lui imposer cette peine, de telle sorte que ses sujets ne sont plus tenus à lui obéir.

Chargée de conserver intact le dépôt de la foi et de veiller au bien spirituel de ses enfants, elle peut prendre les mesures qu'elle juge nécessaires pour éloigner d'eux le danger de la séduction. Or l'apostat médite le mal dans son cœur et sème des guerres en tout temps. (Prov., VI, 12.) On conçoit le danger que court la foi d'un peuple lorsque la puissance est au service de la perversité. L'Église peut punir un prince de l'apostasie, comme elle le punirait de l'homicide, de l'adultère ; elle peut le déposséder de ses États, si elle juge cette peine utile au bien spirituel de ses enfants. En effet, elle a dépossédé des empereurs d'Allemagne et des rois de France. Lui dénier ce droit, ce serait lui contester le pouvoir judiciaire ; or ce pouvoir n'est qu'une conséquence du pouvoir législatif. Qu'est-ce que le pouvoir de faire des lois, s'il n'est uni au pouvoir de les sanctionner ?

Julien l'Apostat avait dans son armée des soldats chrétiens auxquels il commandait de marcher à la défense de la république. Ils ne se croyaient pas déliés du serment de fidélité, puisqu'ils obéissaient ?

Il ne faut jamais confondre le droit avec le fait. Je puis, pour des raisons dont je suis juge, ne pas user de mon droit, mais ce droit n'en est pas moins réel. L'Église, au temps de Julien l'Apostat, n'étant pas assez forte pour user de tous ses droits, permettait à ses enfants d'obéir au prince apostat, en ce qui n'était pas contraire à la foi. Elle le faisait pour éviter un plus grand mal, mais sa prudence ne détruisait pas des droits imprescriptibles.

*Saint Thomas vient de prouver que le pouvoir de déposer les princes en punition du crime d'apostasie appartient, de droit divin, au souverain pontife ; il peut, en vertu du même droit, porter la même peine contre le prince coupable d'hérésie, de schisme ou de tout autre crime qui a entraîné l'excommunication. Et, de fait, les souverains Pontifes en ont usé plusieurs fois durant le cours du moyen âge.

Le droit public était, à cette époque, en harmonie avec le pouvoir que les chefs de l'Église tiennent de Jésus-Christ. Il suffit pour le voir de se rappeler quels étaient, dès les premiers siècles, les effets de l'excommunication. Depuis le quatrième siècle jusqu'au septième, cette sentence de l'Église eut des effets spirituels et civils à la fois. Dans les premiers temps, l'Église, pour infliger une punition exemplaire et éloigner des fidèles le danger de séduction, sépara les excommuniés, défendit de manger, de converser familièrement avec eux, même de les saluer. Après la conversion de Constantin, presque toutes les peines canoniques furent sanctionnées par le droit romain et eurent des effets civils; ainsi la perte des emplois séculiers fut attachée à la pénitence publique. Au septième siècle, cette sorte de pénitence tombant en désuétude, les princes, de concert avec le Pape et les évêques, attachèrent une peine temporelle à la peine, devenue purement spirituelle, de l'excommunication. Pépin ratifia le décret du concile de Verneuil (755) et prononça la peine de l'exil contre ceux qui ne se conformeraient pas à la sentence des évêques. Ainsi les rois, loin d'élever aucune réclamation, prêtèrent leur concours à la puissance ecclésiastique ; ils ne procédaient pas, cependant, aussitôt l'excommunication lancée, à l'exécution de la sentence ; on laissait au coupable le temps de se reconnaître, de revenir à des sentiments meilleurs ; on ne sévissait que s'il persévérait dans son opiniâtreté, et après un temps plus ou moins long, suivant les lois ou la coutume de chaque pays. La peine civile de l'excommunication avait déjà reçu plusieurs adoucissements, lorsqu'au concile de Constance le pape Martin V la restreignit aux excommuniés publiquement et nommément dénoncés.

On dira peut-être : L'excommunication avait des effets civils en vertu de l'autorité des princes, qui voulaient bien prêter l'appui de leur bras à l'Église et sanctionner ses lois ; mais ils n'entendirent pas armer l'Église contre eux, étendre sur leurs têtes royales le pouvoir qu'ils lui donnaient sur leurs sujets? L'histoire montre que les rois se croyaient soumis, comme le dernier de leurs sujets, aux peines temporelles de l'excommunication ; c'était une opinion universellement reçue au moyen âge, que l'Église pouvait dépouiller les rois de leurs couronnes, comme elle privait les citoyens de leurs droits civils, et que l'excommunication lancée contre un prince déliait les peuples du serment de fidélité. Nous citerons entre autres les exemples suivants : Urbain II confirme, au concile de Clermont, l'excommunication dont son légat avait frappé Philippe Ier en punition du crime de simonie, de la dépravation de ses mœurs, et, surtout, de son mariage scandaleux avec Bertrade. Le pape écrit aux archevêques et évêques du royaume pour leur faire savoir la condamnation du roi. Yves de Chartres obtint qu'elle restât quelque temps secrète, *afin d'empêcher, autant qu'il le pourrait, le soulèvement du royaume.* (Yvonis epist. xxiii.) Philippe ne fut pas, en effet, déposé. Pendant le délai que la discipline accordait au coupable, le roi sollicita et obtint du pape l'absolution (1096). Le quatorzième article des *Lois de saint Édouard* déclare qu'un roi rebelle à l'Église perd son titre de roi. Henri VI, empereur d'Allemagne, jette perfidement en prison Richard qui revenait de la croisade (1192). Éléonore, sa mère, reine d'Angleterre, écrit au pape Célestin III, et le prie de lui rendre son fils, *en faisant usage de l'autorité que Dieu lui a donnée sur tous les royaumes et sur toutes les puissances de la terre.* Frédéric Barberousse, excommunié et déposé par Alexandre III (1160), demande humblement une sentence d'absolution. Ainsi la jurisprudence, universellement suivie à cette époque, mettait la déchéance des rois entre les mains des souverains pontifes, et ce n'étaient pas seulement les hommes pieux et éclairés, mais les rois eux-mêmes qui leur reconnaissaient ce droit.

Tous étaient persuadés que la puissance temporelle est subordonnée à la puissance spirituelle, et que les princes ne portent le sceptre que pour protéger la religion catholique en obéissant à son chef. Ajoutons que depuis le dixième siècle plusieurs souverains, ceux de Sicile, d'Espagne, d'Angleterre, firent hommage de leurs domaines aux souverains pontifes, et se déclarèrent librement les feudataires du saint-siége, ce qui éleva encore sa puissance temporelle. Ainsi le pape, usant de son droit de suzeraineté, donna la Sicile au duc d'Anjou, frère de saint Louis, l'Aragon à un fils de Philippe le Hardi et déposa Pierre III, qu'il avait excommunié. On pourrait multiplier les exemples et citer bien d'autres faits incontestables, aux yeux de quiconque n'est pas tout à fait étranger à l'histoire du moyen âge. En vertu de ce principe de jurisprudence, qu'on connaît le droit public d'une époque par les lois écrites et par les coutumes, si elles n'ont rien de contraire au droit naturel et au droit divin, nous pouvons conclure que le droit public au moyen âge avait investi les papes du pouvoir de déposer les rois.

Le pouvoir temporel des papes, au point de vue du droit humain, étant mis hors de question, quelle cause peut-on raisonnablement lui assigner? Certains écrivains n'en voient pas d'autre que l'ambition des souverains pontifes. Mais si l'ambition avait été le mobile de leur conduite, n'auraient-ils pas cherché, lorsqu'ils étaient les maîtres du monde, à reculer les limites de leurs États? Pouvant étendre leur domination sur les royaumes les plus vastes et les plus florissants, se seraient-ils contentés de quelques villes au centre de l'Italie? Si l'on dit que leur pouvoir s'est établi par la force, quelles batailles ont-ils livrées, quelles victoires ont-ils remportées? Avaient-ils à leur service des armées qui pussent marcher contre les armées des empereurs d'Allemagne, des rois de France et d'Angleterre? On ne peut assigner que deux causes au pouvoir temporel des papes, la nature des gouvernements de l'Europe et l'État de la société au moyen âge. La monarchie, dans la plupart des États, était élective, tempérée par des assemblées générales, qui réglaient avec le roi les affaires publiques. Le clergé étant, par ses vertus et par ses lumières, le premier corps de l'État, y exerçait un ascendant irrésistible. Or les souverains pontifes étaient naturellement les dépositaires de la puissance du clergé et la tenaient tout entière entre leurs mains.

L'état de la société devait aussi leur assurer nécessairement la même suprématie; c'est le clergé qui avait recueilli les débris de la civilisation romaine. Les peuples barbares, étrangers aux lettres, aux sciences et aux arts, ne savaient que manier le fer, chasser et guerroyer. Les évêques, les prêtres et les moines, sachant seuls écrire, étaient chargés des affaires publiques et de la rédaction des lois; l'éducation leur était exclusivement confiée, ils avaient pour ainsi dire un droit sur celle des familles royales. N'oublions pas la principale cause de leur prestige, la charité dont ils étaient les seules et vivantes images, le droit d'asile dans l'enceinte des églises, et la persuasion qu'avaient les faibles et les opprimés, peuples ou rois, de trouver en eux une protection puissante et assurée; de sorte que les souverains pontifes se virent, par la nature même des choses, les arbitres des nations, investis du pouvoir suprême dans l'ordre temporel aussi bien que dans l'ordre spirituel.

QUEST. XIII. *Le blasphème, autre vice opposé à la foi extérieure.* — 1. Est-il toujours péché mortel ?

Un péché est mortel quand il nous sépare du principe de la vie spirituelle. N'est-ce pas ce que fait le blasphème, puisqu'il outrage la bonté divine, objet de la charité, en niant ce qui lui appartient, ou en affirmant ce qui ne lui convient pas?

Mais si le blasphème se glisse sur nos lèvres par inadvertance ; si un homme passionné ne remarque pas qu'il profère un blasphème, son péché peut n'être que véniel. Ce serait différent si, malgré la violence de la passion, il remarquait que ce qu'il dit est un blasphème ; son péché serait mortel, comme le péché de celui qui, dans un accès de colère, tue son voisin assis à côté de lui.

2. Les damnés blasphèment-ils ?

Blasphémer, c'est dire une parole injurieuse à Dieu. Les damnés la murmurent sans cesse au fond de leur cœur. Leur volonté, fixée dans le mal, hait et outrage la justice qui les punit. Il est vraisemblable qu'au jugement général, quand les justes exalteront à haute voix le Dieu qui les a sauvés, les damnés le blasphèmeront de même.

QUEST. XIV. *Péché contre l'Esprit-Saint.* — 1. Qu'est-ce que le péché contre l'Esprit-Saint, ce péché pour lequel il n'y a pas de pardon en ce monde ni en l'autre?

C'est le péché de malice. L'homme s'en rend coupable lorsqu'il répond à l'amour de Dieu par la froideur et le mépris : *Impius cum in profundum venerit, contemnit.* Nous l'appelons un péché contre le Saint-Esprit, parce qu'en vertu de l'appropriation l'amour est attribué à la troisième personne. Ce péché peut revêtir sept formes différentes.

Il consiste dans le mépris de tout ce qui nous éloigne du péché. D'où tirons-nous les motifs qui nous portent à fuir le mal ?
1° De la considération des jugements de Dieu, jugements qui réunissent la justice à la miséricorde. La justice bien comprise fait naître en nous la crainte ; on la méprise par la présomption. La miséricorde divine est le fondement de nos espérances ; nous la méprisons par le désespoir.

2° Ce qui nous porte à fuir le péché, ce sont les dons de Dieu, comme la connaissance de la vérité, la grâce répandue et fructifiant dans l'âme de nos frères. On méprise ces dons en attaquant la vérité connue, afin de pouvoir pécher plus librement, en regardant d'un œil d'envie les progrès que fait la grâce dans le monde.

3° Un puissant motif d'éviter le péché, c'est la considération de sa laideur, le regret d'avoir commis une chose si affreuse, la brièveté de cette vie. On méprise ces pensées par l'impénitence et l'obstination.

2. En quel sens ce péché est-il irrémissible ?

Nous pouvons considérer, dans cette irrémissibilité, la peine et la faute.

Le péché de malice est si odieux, qu'il mérite une peine éternelle. Avant que Jésus-Christ n'eût révélé d'une manière éclatante sa divinité, les Juifs étaient, jusqu'à un certain point, excusables de ne pas y croire. Leur incrédulité n'était qu'un péché de faiblesse ou d'ignorance. Mais lorsque, témoins de ses miracles, ils les attribuèrent au démon, ils blasphémèrent contre l'Esprit-Saint. C'était un péché de malice, et Dieu ne le leur pardonna ni en ce monde ni en l'autre. Les soldats romains furent les premiers ministres de sa vengeance. Jérusalem révoltée tomba en leur pouvoir, plusieurs millions de Juifs furent passés au fil de l'épée, la peste, la famine firent une multitude de victimes, et les flammes réduisirent en cendres ce que le fer, la peste et la famine avaient épargné.

La punition de ces blasphèmes en l'autre monde, c'est la damnation éternelle.

Dieu, dit saint Athanase, avait infligé à leurs pères une punition semblable. Lorsque, manquant d'eau et de pain, ils murmurèrent contre Moïse, Dieu ne punit point ce péché parce qu'il venait plutôt de la fragilité de la chair que de la malice du cœur. Mais lorsqu'ils attribuèrent leur délivrance aux dieux des idolâtres, disant : « Voilà, Israël, les dieux qui t'ont tiré de la terre d'Égypte, » Dieu punit ce blasphème par la mort subite de vingt-trois mille d'entre eux, et les avertit de la peine qui leur était réservée en l'autre monde : « Je visiterai, au jour de la vengeance, ce péché qu'ils viennent de commettre. »

Quant à la faute, elle est d'une telle nature qu'elle rend le pardon impossible sans un miracle de la puissance et de la miséricorde divines. Elle est à l'âme ce que sont au corps ces maladies qui épuisent totalement les forces de la nature et la mettent dans l'impuissance d'agir. Dieu seul peut guérir le malade par un miracle de sa toute-puissance.

QUEST. XV. *Vices opposés aux dons d'intelligence et de science.* — Nous avons parlé de l'ignorance lorsqu'il s'agissait des actes humains. Les autres vices sont l'aveuglement de l'esprit et l'affaiblissement du sens.

1. Cet aveuglement est-il un péché ?

Il suffit, pour le voir, de s'en faire une idée exacte.

Cet aveuglement n'est pas la cécité de la raison, ou la privation de la lumière naturelle. Notre âme ayant en elle-même sa forme spécifique, ne peut la perdre sans cesser d'exister. La lumière néanmoins peut s'affaiblir, si l'exercice des puissances inférieures, dont la raison a besoin pour comprendre, est suspendu. C'est ce que produit souvent la folie, la frénésie, la sensibilité, l'imagination exaltée.

Cet aveuglement n'est pas non plus l'absence de la lumière surnaturelle ; cette privation est plutôt une peine qu'un péché.

Voici ce que c'est que l'aveuglement de l'esprit. Il y a dans notre âme un principe intelligible par lequel nous pensons et nous comprenons. L'esprit peut se tourner vers lui ou s'en détourner. S'il en détourne volontairement les regards, *noluit intelligere ut bene ageret*, il en résulte un aveuglement, comme quand je ferme les yeux à la lumière. L'esprit n'eût-il qu'une volonté indirecte de s'en détourner, s'attachant à ce qui obscurcit l'éclat de ce principe intelligible, l'aveuglement en est la conséquence inévitable : *Super cecidit ignis (concupiscentiæ), et non viderunt solem.* Dans ces deux cas, l'aveuglement est un péché, parce qu'il est une aversion volontaire.

2. L'affaiblissement du sens est-il autre chose que l'aveuglement de l'esprit ?

L'un est une privation totale, l'autre n'est qu'une diminution. Nous allons le comprendre par la comparaison du sens physique.

On dit qu'un sens a de la pénétration, quand un objet étant placé à une grande distance, nous le saisissons par la vue, l'ouïe ou l'odorat. Nous pénétrons, comme à l'aide d'une pointe, jusqu'à la substance même de l'objet. Au contraire, notre sens est affaibli, émoussé, quand il faut, pour que nous saisissions l'objet, qu'il soit placé près de nous ; ou, s'il est loin, qu'il soit de grande dimension. De même le sens de l'esprit est émoussé lorsqu'il ne comprend qu'avec peine et lenteur la valeur des biens spirituels. Il a de la *pointe*, lorsque nous allons rapidement des propriétés à la substance, de l'effet à la cause, et réciproquement. Comment cet émoussement peut-il être un péché ? Lorsqu'il est volontaire. L'homme plongé dans la matière perd le goût des biens spirituels, les néglige, et bientôt ne comprend plus rien aux choses de l'esprit.

3. Quelle est communément la cause de ces deux vices?

Les péchés de la chair, la luxure et la gourmandise.

Le corps humain a deux fonctions dangereuses à remplir, la nutrition et la génération. Le danger qui les accompagne vient des délectations qu'elles produisent et dont la violence entraîne facilement au désordre. C'est pourquoi le philosophe a dit : « On fait bien ce qui plaît, on s'abstient ou on agit mollement dans le cas contraire. » (*Morale*, l. X, c. iv.) Comment l'homme, qui a besoin, pour l'opération intellectuelle, d'abstraire les images des choses sensibles, qui doit dominer les sens afin de les mouvoir et de les commander, comment, dis-je, pourrait-il examiner les choses sensibles, quand son âme est absorbée, noyée dans les délectations charnelles? Sans une vigilance continuelle, elles donnent bientôt à la partie inférieure de l'âme l'empire sur la partie supérieure, dont elles empêchent l'action : je parle surtout des délectations de la luxure. L'esprit, captif de la chair, perd son activité et n'aperçoit plus la lumière du principe intelligible.

Il est facile par là de voir combien l'abstinence et la chasteté favorisent les travaux de l'esprit : *Deus dedit his pueris (abstinentibus et continentibus) scientiam et disciplinam.* (Daniel, i, 17.)

QUEST. XVI. *Précepte de foi.* — Il n'y avait pas, sous l'ancienne *loi*, de précepte concernant la foi, parce que ses mystères ne devaient pas être dévoilés au peuple ; il n'en connaissait que les vérités principales et les figures, et on lui *rappelait* de les méditer souvent.

CHAPITRE II.

L'ESPÉRANCE.

QUEST. XVII. — 1. *L'espérance est une vertu.* La vertu rend bon celui qui la possède et lui donne l'aptitude à bien s'acquitter des fonctions auxquelles il se livre. Toute bonne action que fait l'homme répond donc à une vertu humaine. Or le bien, dans ce qui est réglé et mesuré, s'apprécie selon la perfection avec laquelle on atteint la règle : un habit est bien quand il atteint, sans l'excéder, la mesure qu'il doit avoir. Deux sortes de mesures doivent présider aux actes humains : la raison et Dieu. Donc mon action sera bonne toutes les fois qu'elle s'élèvera jusqu'à la raison ou jusqu'à Dieu, la règle suprême. Telle est l'espérance, car elle atteint Dieu même. Nous avons dit, en parlant de l'espérance comme passion, qu'elle a pour objet un bien futur, difficile, mais possible. Ce que nous propose l'espérance est aussi un bien futur, difficile, possible avec l'aide de Dieu. L'espérance mettant en nous le bien et rendant nos actes conformes à notre règle, réunit donc les conditions essentielles à une vertu.

2. *Elle a pour objet le bonheur éternel et les moyens d'y arriver.* « Nous avons une espérance qui pénètre jusqu'au dedans du voile » (Hébr., VI, 19), c'est-à-dire, qui nous fait pénétrer jusqu'à la béatitude céleste, encore voilée par les ombres de la foi. Le chrétien fonde son espérance sur le secours de Dieu et marche appuyé sur son bras tout-puissant. Or, c'est le propre d'une cause d'agir selon l'étendue de sa puissance. La bonté qui la porte à

produire un acte suit les limites de son être. Dieu s'étant fait le gage de nos espérances, doit les réaliser d'une manière digne de lui, et nous donner un bonheur sans limite. Ainsi ce que j'espère n'est rien moins que le bonheur de Dieu. « Serviteur bon et fidèle, *entrez dans la joie de votre maître.* » Dieu veut vous associer à sa vie, vous faire partager l'acte par lequel il est heureux. Sa béatitude sera la nôtre, avec cette différence qu'il la possède par lui-même ; la nôtre n'en sera qu'un écoulement, une participation. Ainsi l'objet de notre espérance, ce n'est rien moins que le bonheur même de Dieu.

3. L'espérance est une vertu théologale.

La vertu théologale est celle dont Dieu est l'objet immédiat. Telle est l'espérance, parce que, s'appuyant sur Dieu pour aller à lui, elle fait de Dieu son principe et sa fin, et attend de Dieu les autres biens qu'elle a pour objet.

4. Comment se distingue-t-elle des autres vertus théologales ?

Ces trois vertus nous attachent à Dieu comme à notre objet direct et immédiat. Cette union peut s'accomplir de plusieurs manières. Ne recherchons-nous en Dieu que lui-même et ses divins attributs ? C'est la charité qui est le lien de notre union. Nous attachons-nous à lui comme principe et fin des biens répandus en nous ? La foi nous unit à lui par la connaissance de la vérité surnaturelle ; l'espérance, par le secours qu'il nous prête afin que nous puissions arriver à la possession de son propre bonheur. En d'autres termes, la charité nous unit à Dieu comme bon en lui-même, l'espérance considère sa bonté envers nous, la foi ne voit que sa vérité.

5. Quel rang occupe l'espérance parmi les vertus théologales ?

La foi la précède. L'objet de l'espérance est la béatitude éternelle et les moyens de l'obtenir. Or, pour espérer, il faut connaître le bien qu'on nous propose et qui est l'objet de cette vertu. Abraham, le patriarche de la foi, engendra Isaac, le patriarche de l'espérance. L'espérance précède la charité imparfaite, ou l'amour de concupiscence que nous avons pour Dieu. Espérant qu'un jour Dieu couronnera mes mérites, je m'excite à son amour et à l'observance de ses préceptes. Mais, dans l'ordre de perfection, la charité précède l'espérance. Plus nos amis sont puissants, plus nous espérons de bien. Nos espérances s'élèvent à mesure que leur puissance grandit.

* Les théologiens postérieurs au dix-septième siècle ne parlent jamais de la vertu d'espérance sans dire un mot de la controverse du quiétisme, qui fit autrefois tant de bruit dans l'Église.

L'âme chrétienne, disaient les quiétistes, peut arriver à une si haute perfection, même en cette vie, qu'elle ne voit plus que Dieu, n'en détourne jamais les regards. Elle est absorbée dans une contemplation perpétuelle qui remplace tous les autres actes, toutes les autres vertus, fait cesser tous les préceptes. Lorsque l'âme, prenant son essor sur les ailes de la charité, s'est élevée jusqu'à Dieu, que contemple-t-elle dans la Divinité? Ce ne sont pas les créatures, ni l'humanité de Jésus-Christ, ni la trinité des personnes : cette multiplicité entraînerait la distraction. Elle ne contemple pas non plus ses divers attributs ; ils troubleraient la quiétude de l'âme. C'est peut-être l'Être divin, mais dites-le doucement, afin de ne pas éveiller l'âme endormie dans le sein de son Dieu. Laissez-la se fondre dans cet abîme et s'y perdre sans que personne puisse la retrouver. Mais il faut vivre et agir? N'importe ; en vertu de la première intention, l'acte de pure contemplation persévère et l'union avec Dieu continue sans que vous ayez besoin de produire un acte nouveau. La foi est voilée de trop de nuages; l'espérance n'est pas assez noble ni assez digne d'une âme qui possède le pur amour. Il est inutile de rien donner, de rien demander. Hors la contemplation de l'essence divine, tout vous est indifférent, le bien et le mal, la prospérité et l'adversité, même votre salut. Il faut éviter les retours sur soi, parce que les actes réflexes détournent les regards de l'âme et la font descendre des sphères célestes, mais aller toujours droit, suivant la grande voie de la contemplation (1).

Voilà, en résumé, la doctrine du quiétisme. Elle apparut dans les *Maximes des Saints*, parée de toutes les grâces du langage. L'Église, qui ne tolère pas l'erreur, si séduisante qu'elle soit, condamna le livre de Fénelon et en particulier les propositions dont voici le sens : l'âme peut arriver à un amour si pur et si désintéressé, que l'espérance pour elle est une imperfection. Elle peut arriver parmi les épreuves de la vie à un tel état de résignation, qu'elle est indifférente à tout progrès spirituel, même à son salut. La médiation de Jésus-Christ ne lui est pas nécessaire. Tous les fidèles ne sont pas appelés à la perfection. Les âmes avancées dans la vie spirituelle ne prient et n'adorent que par la contemplation ; l'oraison ordinaire ne convient qu'aux imparfaits.

On a peine à concevoir comment un esprit aussi élevé que Fénelon n'a pas aperçu tout d'abord le vice d'une doctrine si manifestement contraire à l'Écriture, à la tradition et à plusieurs décisions de l'Église. « Sans la foi il est impossible de plaire à Dieu. Sans l'espérance nous sommes les plus infortunés des hommes. » (Saint Paul.) Comment être indifférent à notre avancement spirituel, quand Dieu nous dit : « Efforcez-vous d'entrer par la voie étroite de la perfection ? » Comment avoir cette sécurité touchant notre salut, après avoir lu ces paroles : « Faites votre salut avec crainte et tremblement. Veillez et priez. » Comment les œuvres seraient-elles inutiles, puisque nous recevrons dans l'autre vie la récompense de ce que *nous aurons fait* ? Comment arriver à Dieu sans la médiation de celui qui est la voie, la vérité et la vie ?

Bossuet, qui avait été l'oracle de l'Église dans la cause du protestantisme, usa, dans celle du quiétisme, d'une autorité si grande et si légitimement acquise. On lui a reproché de s'être livré à

---

(1) V. les *Instructions sur les états d'oraison*, par Bossuet, 1er traité.

cette controverse avec beaucoup de fiel, conduit par un esprit d'intrigue et d'ambition. Il est difficile de nier qu'il ne soit parfois tombé dans l'exagération et qu'il n'ait trop suivi les inspirations d'un indigne neveu. Mais où est le grand homme qui n'ait été petit une fois dans sa vie? Quant au soupçon d'intrigue et d'ambition, il ne saurait entrer dans l'esprit de celui qui a lu une seule fois les œuvres de Bossuet. Il avait l'âme trop grande, trop sacerdotale pour descendre aux étroits calculs de l'ambition. Si dans la chaleur d'une controverse avec un homme *qui avait de l'esprit à faire peur*, il lui est échappé des exagérations, ne doit-on pas les attribuer à son zèle pour la vérité compromise, à la gravité et à l'imminence du péril qui menaçait la foi? L'erreur empruntant les charmes les plus dangereux aux talents, au prestige de ses défenseurs, avait déjà fait bien des victimes. Ces amoureuses extravagances parcouraient la France, l'Espagne, l'Italie, accueillies partout et rencontrant à peine de timides contradicteurs. Comme l'a dit Bossuet, il y allait de toute l'Église. Que de victimes cette hérésie n'aurait-elle pas faites avant d'être étouffée, si Bossuet l'avait attaquée mollement, poursuivie avec moins d'autorité et de génie! Je ne dis pas que sa victoire brille d'un éclat sans nuage, mais ce que personne ne saurait contester, c'est qu'il a été le défenseur de la vérité, qu'il a beaucoup servi à son triomphe et à la ruine d'une dangereuse et séduisante erreur.

Laissant aux quiétistes l'amour pur et désintéressé, « aimons Dieu dans l'espérance de participer un jour à son bonheur. Ne perdons jamais l'espérance : qu'elle soit à notre âme, au milieu du trouble et des agitations de la vie, ce qu'est l'ancre au vaisseau battu par la tempête. » (Hébr., VI, 19.)

QUEST. XVIII. *Sujet ou siège de cette vertu.* — 1. Quelle faculté de l'âme est le siège de l'espérance ?

L'espérance est un mouvement de la partie appétitive de l'âme, qui comprend l'appétit sensitif et l'appétit intellectuel. Auquel des deux appartient l'espérance? A l'appétit intellectuel, ou à la volonté, car le bien qui est son objet c'est le bien divin, et l'appétit sensitif ne connaît que le bien sensible.

2. Les saints n'ont pas la vertu d'espérance.

Comment espérer ce que l'on voit? Or, les saints voient Dieu, ils en jouissent comme d'un bien présent, et l'objet de l'espérance est un bien futur. Ils n'espèrent pas même la continuation de leur béatitude ; participants de l'éternité divine, pour eux comme pour Dieu, il n'y a plus d'avenir.

3. L'espérance est-elle possible aux damnés?

Il est de l'essence du bonheur qu'il procure à la volonté le repos, la sécurité et la satisfaction de tous ses désirs légitimes. Les anges ne furent pas heureux tant que dura le temps de leur épreuve, parce qu'ils n'étaient pas sans crainte. De même, il est de l'essence de la peine qu'elle répugne à la volonté, qu'elle l'agite et la tourmente. La perpétuité est un des caractères de la peine que souffrent les damnés; mais comment ferait-elle le supplice de leur volonté, s'ils ne la connaissaient? Et comment, sachant d'une manière certaine que leur peine est éternelle, pourraient-ils espérer en voir un jour la fin? On n'espère que ce qui est possible. « Le damné ne croit pas qu'il puisse revenir des ténèbres à la lumière (1). » (Job, xv, 22.)

QUEST. XIX. *La crainte est le don de l'Esprit-Saint qui correspond à l'espérance.* — 1. Quelles sont les différentes sortes de crainte ?

Nous la considérons ici en ce sens qu'elle nous éloigne ou nous rapproche de Dieu. Lorsque, n'osant braver les regards et les jugements des hommes, nous cédons à la crainte qu'ils nous inspirent, notre crainte est appelée *mondaine :* telle était celle de Pierre lorsqu'il renia son maître. Nous pouvons nous unir à Dieu, craignant le mal qui suit le péché, le mal de la peine ou

---

(1) Dante a été aussi bon théologien que poëte inspiré quand il a mis au-dessus de la porte de l'enfer, ces terribles paroles : « Vous qui entrez, laissez ici l'espérance. »

celui de la faute. Fuyez-vous le péché, parce que Dieu le punit de châtiments éternels ? Vous cédez à une *crainte servile*. Vous abstenez-vous du péché à cause de sa laideur et de l'offense qu'il fait à Dieu ? Vous avez une crainte *filiale*. Un enfant bien né craint d'offenser son père.

Les théologiens distinguent une autre sorte de crainte, qu'ils appellent *initiale*. Elle ressemble d'un côté à la crainte filiale ; de l'autre, à la crainte servile. On lui a donné ce nom, parce que c'est sous son empire qu'agissent ceux en qui commence la charité.

2. Toutes ces craintes sont-elles également bonnes et utiles au salut ?

La crainte mondaine est toujours mauvaise. Les habitudes et les actes de l'homme tirent leur nom et leur espèce de leur objet, qui est en même temps leur fin. Si vous vous livrez par avarice à un travail excessif, on n'appellera pas votre travail de la cupidité : le travail n'est pas la fin que vous vous proposez. Votre fin, c'est l'argent : voilà pourquoi on définit la cupidité, un amour déréglé des richesses. Pourquoi craignez-vous les jugements du monde ? Parce que vous l'aimez ; toujours la crainte naît de l'amour. Vous commettez le mal, craignant de perdre ce que vous aimez comme votre fin dernière. L'amour du monde a été en vous une mauvaise racine, il ne pouvait produire qu'un mauvais fruit.

La crainte servile *en elle-même* est bonne : *timor Domini sanctus*. Celui qui n'a pas le domaine de ses actes, qui n'agit point par lui-même, mais conduit par un principe étranger, est un esclave. L'amour nous faisant agir selon notre propre inclination et puiser en nous-mêmes le principe de notre activité, produit la liberté. Si vous ne considérez dans la crainte servile que la servitude, elle est mauvaise, car elle est contraire à l'amour, et tout ce qui s'oppose à l'amour est mauvais. Mais la servitude ne tient pas à l'essence de cette crainte. Qu'est-ce qui donne à une habitude, à un acte, sa moralité ? C'est son objet. L'objet de la crainte servile, c'est le mal de la peine, joint au bien qu'elle nous fait perdre ; bien souverain, si vous avez la charité ; bien secondaire, si vous avez mis ailleurs qu'en Dieu votre fin dernière. Votre crainte est bonne, se rapportant, dans l'un et l'autre cas, à Dieu comme à son objet, mais sa servilité est mauvaise.

3. La crainte servile n'est-elle pas incompatible avec la charité ?

Elles viennent toutes deux de l'Esprit-Saint. Comment voulez-vous qu'elles s'excluent ?

Cette crainte naît de l'amour de nous-mêmes ; de sorte qu'elle a avec la charité les mêmes rapports que l'amour-propre. Quels sont les rapports de l'amour-propre avec la charité ?

Je puis m'aimer jusqu'à mettre ma fin dans mon propre bien ; cet amour, évidemment, exclut la charité.

Je puis m'aimer en vue de Dieu et pour Dieu ; mon amour alors est très-conforme avec la charité.

Je puis m'aimer, ne mettant pas en moi mais en Dieu ma fin dernière : la charité est encore compatible avec cet amour-propre.

Il en est de même de la crainte servile. Si je crains la peine par le seul motif qu'elle est contraire à mon bien naturel, en qui j'ai mis ma fin, la charité n'habite plus en moi, la crainte servile l'a bannie de mon cœur.

Si je crains la peine, parce qu'elle me priverait de Dieu, il est évident que la crainte n'exclut pas la charité.

Si je crains la peine comme privation d'un bien que j'aime, tout en conservant pour Dieu un amour souverain, ma crainte est encore compatible avec la charité. En un mot, la charité exclut la servilité : elle peut facilement se concilier avec la crainte proprement dite.

4. Comment la crainte est-elle le commencement de la sagesse ?

Une chose peut être le commencement de la sagesse, ou en en réunissant les principes constitutifs, ou en disposant à ce qui en est l'effet. Qu'est-ce que la sagesse? La connaissance des choses divines. Elle diffère aux yeux du philosophe et aux yeux du théologien, l'un n'ayant pour l'éclairer que les lumières de la raison ; l'autre ayant de plus celles de la foi. Dans le premier, c'est une connaissance spéculative ; dans le second, elle est aussi une connaissance pratique, car nous tendons vers Dieu, et il nous faut une vertu qui préside à notre conduite, un guide qui nous conduise dans le droit chemin : c'est l'effet de la sagesse.

Les articles de foi sont les principes constitutifs de cette vertu ; la crainte nous dispose à son effet, et voici comment : la crainte servile nous montrant le mal de la peine, faisant sans cesse retentir à nos oreilles une voix menaçante, nous préserve des égarements du péché: *timor Domini expellit peccatum.* (Eccli., I, 27.)

La crainte filiale nous inspire la soumission, le respect dus à Dieu et donne à nos actions une règle surnaturelle. C'est pourquoi la crainte de Dieu est la sagesse même, comme la racine est l'arbre tout entier.

5. La crainte filiale est un don de l'Esprit-Saint.

Les dons de l'Esprit-Saint, avons-nous dit, sont des grâces qui rendent nos âmes dociles aux inspirations de Dieu, et la mettent entre ses mains comme des mobiles pleins de souplesse, obéissant sans résistance au moindre de ses mouvements.

N'est-ce pas ce que fait la crainte filiale, puisqu'elle nous pénètre de respect pour Dieu, éloigne de notre esprit et de notre cœur jusqu'à la pensée de nous soustraire à son empire (1)?

6. La crainte croît-elle dans la même proportion que la charité ?

Crescente causâ, crescit effectus. La crainte filiale étant un effet de la charité, croît dans la même proportion. Plus je vous aime, plus je crains d'être séparé de vous.

(1) Il en est ainsi de la crainte servile, supposé qu'elle renferme un commencement d'amour de Dieu comme source de toute justice. Le concile de Trente déclare qu'elle est alors un don et une impulsion de l'Esprit-Saint. (Sess. XIV.)

La crainte servile, au contraire, diminue à mesure que la charité augmente. Plus on aime, moins on fait attention à soi, l'objet aimé attirant tous les regards de l'esprit et du cœur.

D'ailleurs, plus j'aime Dieu, plus j'espère le posséder, et l'espérance diminue la crainte.

Au ciel, la sécurité que donne un bonheur inamissible exclut la crainte servile. La crainte filiale ne cessera jamais, *timor Domini... permanens in sæculum sæculi* (Ps. xviii, 10); mais son acte sera modifié. Les anges et les saints contemplent Dieu en tremblant, mais leur crainte est tout autre qu'ici-bas. Ils craignaient, connaissant la flexibilité de leur libre arbitre, et pouvant perdre l'objet de leur amour. Leur crainte dans le ciel naît de l'admiration qui les transporte lorsqu'ils contemplent l'Infini et voient leur faiblesse. Mais c'est une crainte douce et pleine de sécurité.

QUEST. XX. *Vices opposés à l'espérance : le désespoir et la présomption.* — 1. Cette vertu soutient nos cœurs, en nous tenant appuyés sur la miséricorde et la justice de Dieu. On peut désespérer en méconnaissant l'un de ces deux attributs. Si c'est la miséricorde, vous tombez dans le désespoir; si c'est la justice, vous vous laissez aller à la présomption.

2. Le désespoir peut-il entrer dans une âme qui a la foi?

La foi est une vertu de la puissance intellective, qui perçoit l'universel; l'espérance, une vertu de la puissance appétitive, qui saisit le particulier. Il peut se faire que la vérité éclairant l'intelligence, l'appétit se porte malgré elle vers un bien particulier. Je sais, d'une manière générale, que c'est un mal de voler. Cette connaissance ne m'empêchera pas, tel cas donné, de l'oublier et de regarder un vol comme mon bien. De même, la foi me dit qu'il y a dans l'Église un tribunal où le pénitent bien disposé reçoit le pardon de ses crimes; il peut néanmoins se présenter un cas particulier où, perdant de vue le principe général de la foi, je désespère et dise comme Judas : Mon péché est trop grand pour que j'en obtienne le pardon. Si Judas n'avait pas eu la foi, sa trahison lui aurait-elle paru un si grand crime ? Donc la foi ne rend pas le désespoir impossible.

3. Le désespoir est-il un grand péché ?

Les péchés opposés aux vertus théologales sont les plus graves, parce qu'ils outragent directement la souveraine majesté. Le mouvement d'aversion, qui est le caractère de tout péché, s'accomplit en eux d'une manière directe et immédiate. Cependant le désespoir offense Dieu moins que l'infidélité et la haine. La première rejette la vérité de Dieu ; la seconde voudrait l'anéantir. Il est évident que j'offense Dieu moins grièvement, si je désespère de partager sa gloire et son bonheur. Mais le désespoir est le plus dangereux de tous les péchés, celui dont les conséquences nous sont les plus funestes. L'espérance nous stimule au bien, nous éloigne du mal, oppose une digue au torrent des passions. Le désespoir nous précipite dans toutes sortes de vices et nous éloigne des bonnes œuvres. « Commettre un péché, dit saint Isidore, c'est donner la mort à l'âme ; désespérer, c'est descendre tout vivant dans l'enfer. »

4. Quelle est la cause du désespoir ?

La luxure, et plus encore l'apathie spirituelle.

L'objet de l'espérance, c'est un bien difficile, mais possible. On pèche contre cette vertu : 1° quand on ne regarde pas les biens spirituels comme des biens précieux, et dont l'acquisition coûte beaucoup d'efforts. C'est ce que fait l'homme plongé dans les sens. Abruti par la matière, il n'entend plus rien aux biens de l'esprit et les croit faciles à acquérir quand on le veut, mais il les dédaigne.

2° On pèche contre l'espérance en tombant dans l'excès opposé, lorsqu'on regarde ces biens non-seulement comme difficiles, mais même comme impossibles. Ce jugement est l'inspiration d'une paresse indolente ou d'une tristesse qui abat les forces de l'esprit. Il peut venir aussi de la luxure.

QUEST. XXI. *Présomption.* — 1. Sur quoi le présomptueux appuie-t-il ses folles espérances ?

Sur sa propre puissance ou sur celle de Dieu. La présomption n'est autre chose qu'une espérance immodérée. Qu'est-ce qui la fait naître en moi, sinon le sentiment de mes forces, la pensée de la puissance, de la bonté et de la miséricorde divines? Le présomptueux plein de lui-même commence une œuvre et prétend l'accomplir, quelles qu'en soient les difficultés. Dieu est si bon, dit-il, que j'en obtiendrai mon pardon sans pénitence, le ciel sans mérite.

Cette dernière présomption est la plus coupable. En attendant de Dieu ce qui est incompatible avec ses attributs, vous l'offensez bien plus qu'en comptant démesurément sur vos propres forces.

2. La présomption est-elle toujours un péché?

Tout mouvement de l'appétit qui suit une intelligence fausse, est en lui-même mauvais et coupable. Telle est la présomption. Comme il est impie de désespérer que Dieu pardonne au pécheur converti, il est faux d'espérer qu'il pardonne au pécheur impénitent.

Cependant ce péché est moins grave que le désespoir, parce que c'est bien plus le propre de la nature divine d'avoir pitié et de pardonner, que de punir.

3. Quelle est la cause de la présomption?

La vaine gloire et l'orgueil. Voyez l'homme ébloui par la vaine gloire. Il entreprend une foule de choses qui sont au-dessus de ses forces, surtout des choses nouvelles, afin d'attirer sur lui l'attention des hommes. C'est pourquoi saint Grégoire appelle la présomption qui porte aux nouveautés, une fille de la vaine gloire.

Enflé d'orgueil, je m'estime tant que je conçois et nourris l'espérance du pardon, quand même je persévérerais dans le péché. Dieu livrerait-il aux supplices des réprouvés, un homme qui a tant de mérites?

QUEST. XXII. — *Précepte de l'espérance.* — 1. Pourquoi la religion commande-t-elle l'espérance? — L'Écriture renferme deux sortes de préceptes : les uns ne sont que les préliminaires de la loi, les autres en sont la substance même. La loi ne saurait subsister sans les premiers ; ainsi, il lui faut pour fondement la foi et l'espérance. Elle ne peut prendre racine si les sujets ne croient le législateur, et n'ont pas, pour les exciter à observer ses préceptes, les attraits de l'espérance. Voilà pourquoi la loi ancienne ne faisait d'abord que les énoncer sous forme de récit et de mémorial. La loi une fois établie et reçue, le législateur prend soin non-seulement de ce qui en est le fondement, mais aussi de ce qui en assure l'observance. C'est pourquoi l'Écriture commanda bientôt l'espérance et la présente sous forme de précepte : « Espérez en lui, vous tous qui composez l'assemblée de son peuple (Ps. LXIX, 9), espérez en cette grâce qui vous est offerte. » (II S. Pierre, I.)

* N'est-il pas surprenant de voir l'espérance, qu'il est si doux de garder et qui semble un mouvement naturel de l'âme, de la voir se transformer, pour le chrétien, en une vertu rigoureusement exigée ? En sorte que, quoi qu'il fasse, on l'oblige de boire à longs traits à cette coupe enchanteresse où tant de misérables s'estimeraient heureux de tremper un instant leurs lèvres. Il y a plus (et c'est ici la merveille), il sera récompensé d'avoir espéré, autrement, d'avoir fait son bonheur. Le fidèle, toujours militant dans la vie, toujours aux prises avec l'ennemi, est traité par la religion, dans sa défaite, comme ces généraux vaincus que le sénat romain recevait en triomphe, par la seule raison qu'ils n'avaient pas désespéré du salut final. (*Génie du Christianisme.*)

CHAPITRE III.

LA CHARITÉ.

QUEST. XXIII. — 1. La charité est une sorte d'amitié : « Je ne vous dirai plus mes serviteurs, je vous appellerai désormais mes amis. » (S. Jean, xv, 15.) — Tout amour n'est pas de l'amitié, il faut, pour mériter ce nom, que l'amour soit accompagné de bienveillance et de réciprocité. Deux personnes liées d'amitié se veulent du bien l'une à l'autre, font des vœux réciproques pour l'accroissement du bien qui est en elles, et en conçoivent une joie commune. Si l'une désire pour elle-même ce que l'autre a de bon, il n'y a plus entre elles d'amitié, mais seulement un amour de concupiscence, semblable à celui que nous avons pour tout ce qui nous est utile ou agréable : on n'a pas d'amitié pour le vin, pour les animaux, etc. Ce principe établi, comment la charité réunit-elle les deux conditions de l'amitié, la bienveillance et la réciprocité ? Nous ne pouvons, il est vrai, souhaiter à Dieu un bien qu'il n'ait pas, mais nous pouvons nous plaire dans la contemplation de ses attributs, nous réjouir de ce qu'il est le beau, le bien parfait.

Où est la réciprocité, de la part de Dieu ? Il nous appelle à la participation de son bonheur, et comme il est heureux par l'amour qu'il a pour son Fils, la charité est une participation à l'amour qui existe entre Dieu le Père et le Verbe éternel. L'amour de Dieu est la charité incréée, notre participation à cet amour, la charité créée.

2. La charité est donc une vertu bien excellente ?

Elle est la reine de toutes les vertus, morales, intellectuelles, théologales.

On appelle vertueux un acte conforme à la règle qui doit le régir, Dieu ou la raison. Dieu en est la règle suprême, à laquelle la raison même doit se soumettre. Les vertus théologales sont les plus excellentes des vertus, parce qu'elles établissent entre notre règle suprême et nous, une conformité directe et immédiate. Les autres vertus ne se rapportent directement qu'à la raison, notre règle secondaire.

Élevées au-dessus de toutes les autres, les vertus théologales ont aussi entre elles un ordre de perfection. La foi nous unit à Dieu, parce qu'il est l'auteur de nos connaissances surnaturelles; l'espérance, parce qu'il est l'auteur de notre bonheur. *Major horum charitas* : la charité est plus grande. Elle ne considère pas la vérité et la beauté s'épanchant du sein de Dieu et se communiquant à des créatures, mais elle élève plus haut ses regards et contemple la Divinité même. Elle voit dans leur principe, le beau, le bon, le vrai, et se repose avec délices dans cette contemplation.

Ne dites pas que, d'après ces paroles, la charité n'est autre chose qu'un amour platonique. C'est une vertu surnaturelle, provenant d'un principe supérieur à notre nature, et nous élevant à une sphère qui nous serait naturellement inaccessible.

3. Des vertus peuvent-elles exister sans la charité ?

« Je distribuerais tous mes biens aux pauvres, je souffrirais le martyre, si je n'avais la charité, tout cela ne me servirait à rien. » (I Cor. xiii, 3.) Or la vertu sert à quelque chose. Elle a pour objet le bien de l'homme, qui peut être le bien universel et final, ou un bien particulier et prochain. Le bien final de l'homme c'est l'union avec Dieu : *Mihi adhærere Deo bonum est.* (Ps. lxxii, 27.) Nous ne pouvons, cela est évident, accomplir cette union sans la charité. Le bien particulier et prochain peut être pour l'homme un bien réel, mais il faut que nous le rapportions à notre bien principal, la vraie vertu, dit Aristote, étant la disposition d'un être parfait à ce qu'il y a de mieux. Nous ne pouvons non plus atteindre ce but, si la charité n'habite en nous. Rapporté à une autre fin, le bien particulier ne produit en nous qu'une vertu imparfaite, comme celle des païens et de tous ceux qui ne sont pas en état de grâce.

Si le bien particulier n'était qu'apparent, il ne pourrait donner lieu à aucune vertu : telle est la fausse prudence des avares, leur justice, leur tempérance, la force qui leur fait braver toutes sortes de périls : *Per mare pauperiem fugiunt, per saxa, per ignes.* (Horace, *Lettres*.) L'avare ne se proposant dans la pratique de ces vertus qu'un bien apparent et faux, ce sont plutôt des vices sordides que des vertus.

QUEST. XXIV. *Siège de la charité.* — 1. C'est une vertu de la partie appétitive, mais appartient-elle à l'appétit sensitif ou à l'appétit intellectuel, que nous appelons volonté? L'un et l'autre aspire au bien ; l'appétit sensitif, au bien saisi par les sens ; l'appétit intellectuel, au bien qu'a perçu l'intelligence. Or les sens sont impuissants à percevoir l'objet de la charité. L'intelligence seule le peut, puisque c'est le bien universel et divin. Ainsi la charité a son siège dans l'appétit intellectuel, et secondairement dans la raison, à cause de l'affinité de cette faculté avec la volonté.

2. Elle est produite en nous par une effusion de l'Esprit-Saint. « La charité a été répandue dans nos cœurs par l'Esprit-Saint qui nous a été donné. » (Rom., v, 5.)

La charité est une amitié qui a pour fondement le bonheur éternel communiqué à des créatures. Ce bonheur est une grâce surnaturelle : *Gratia Dei vita æterna.* (Rom., vi, 23.) Les dons naturels si précieux qu'ils soient ne sauraient nous y conduire, car un effet ne surpasse point sa cause. Il est produit en nous par l'Esprit-Saint, qui est l'amour du Père et du Fils, et nous fait participer à la substance même de Dieu.

3. La charité est susceptible d'augmentation et de diminution, tant que nous sommes dans la voie.

On a souvent comparé les hommes à des voyageurs, parce que nous ne faisons que passer en ce monde, allant à Dieu, notre fin dernière et notre bonheur. Nous avançons d'autant plus, que nous approchons du terme de notre voyage. Qu'est-ce qui en diminue la distance? Ce n'est pas le mouvement des pieds, ce sont les affections de l'âme plus ou moins vives, selon la charité qui les inspire. (S. Aug.)

* Si nous cherchons dans la nature une image de l'accroissement spirituel ou du progrès dans la charité, l'expérience du mouvement uniformément accéléré nous en offre une bien sensible. La vitesse d'un corps grave croît à mesure qu'il s'éloigne du point de départ et s'approche du centre de la terre, le terme de son mouvement. Les vitesses s'ajoutent aux vitesses et lui donnent, au bout de quelques secondes, une rapidité que l'œil suit à peine. Il en est de même du progrès de la charité. Plus elle nous rapproche de Dieu, plus elle augmente, non pas qu'une charité s'ajoute à une charité, mais en ce sens que nos sentiments deviennent plus affectueux, nos aspirations plus ardentes et plus vives.

Si elle peut augmenter, elle peut aussi diminuer. Examinant les causes qui peuvent l'affaiblir, je ne trouve que celles-ci : la cessation d'un acte vertueux, Dieu ou le péché.

Une chose se conserve par l'union avec sa cause. Les actes humains étant la cause des vertus acquises, leur cessation peut détruire ou diminuer ces vertus. C'est ce qui fait dire au Philosophe que l'absence ou le défaut de relation détruit beaucoup d'amitiés. Mais la cessation d'un acte humain n'affaiblit pas les vertus infuses, dont Dieu seul est la cause.

Si Dieu produit la charité, il peut donc l'affaiblir? Oui ; mais comme il est juste, il n'en permet la diminution que comme une peine, et une peine suppose toujours une faute. De sorte que si la charité éprouve quelque affaiblissement, le péché seul l'a causé.

Le peut-il? Non. Si le péché est mortel, il n'affaiblit pas seulement, il détruit la charité. S'il est véniel, ne nous empêchant pas de conserver pour Dieu un amour souverain, il ne porte directement aucune atteinte à notre charité. Il ne nous fait pas perdre de vue notre fin dernière, nous y laisse attachés d'esprit et de cœur. Un malade peut fort bien aimer la santé et manquer un peu à la diète qui lui est commandée. Un logicien qui a une connaissance parfaite des principes peut se tromper sur une conclusion.

Cependant le péché véniel peut amener la ruine de la charité, et voici comment. Nous faisant perdre le goût des biens spirituels, négliger la pratique des actes qui entretiennent la charité, il conduit peu à peu au péché mortel, qui la détruit totalement.

4. La charité peut-elle être parfaite en cette vie?

Cette perfection peut se considérer du côté de Dieu et du côté de l'homme. Du côté de Dieu, il faudrait, pour que la charité fût parfaite, aimer Dieu autant qu'il est aimable, d'un amour infini. Comment la créature pourrait-elle produire un acte qui y répondît, puisque toute puissance créée est finie?

La perfection de la charité, du côté des créatures, consiste à aimer Dieu de tout l'amour dont des créatures sont capables.

Il est possible que notre esprit et notre cœur tout entiers en Dieu, lui appartiennent sans partage. Cette charité ne se trouve que dans le ciel, car ici-bas, à cause des nécessités de la vie, nous ne pouvons avoir l'esprit et le cœur constamment élevés vers Dieu.

Nous pouvons appartenir à Dieu autant que le permettent les soins de la vie présente, ne leur accordant que le moins possible, pour servir Dieu et nous occuper des choses divines. C'est l'état des parfaits.

Nous pouvons avoir seulement l'intention habituelle de donner notre cœur à Dieu, décidés à ne jamais rien penser, ni faire de contraire à son amour. Cette disposition est commune à tous ceux qui ont la charité, et sans elle cette vertu n'habite plus en nous.

5. Quels sont les principaux degrés de la charité?

Elle suit dans ses développements, la même voie que le corps humain. Celui-ci a trois époques principales : l'enfance, qui précède l'usage de la raison; la jeunesse, où nous commençons à jouir de nos facultés intellectuelles et physiques; l'âge mûr, où nous en avons le plein usage, le libre exercice. De même le premier degré de la charité est celui où, sans faire aucun acte de cette vertu, nous commençons à fuir le péché, et tout ce qui est incompatible avec l'amour dû à Dieu. Le second degré est celui où nous cherchons à la fortifier, à la nourrir dans nos cœurs, car elle s'éteint faute d'aliment, c'est l'état du progrès. Nous sommes élevés au troisième degré, quand nous cherchons avant toutes choses l'union avec Dieu, désirant la ruine de tout ce qui en empêche l'accomplissement, et disant avec saint Paul : *Cupio dissolvi et esse cum Christo.*

Un corps qui se meut nous offre successivement ces trois périodes. Il s'éloigne du point de départ, s'approche du terme de son mouvement, et enfin s'y repose.

6. Suffit-il d'un seul péché mortel pour nous faire perdre la charité?

Dieu nous dit dans la sainte Écriture que le péché et la charité sont opposés comme la mort et la vie. La solde du péché c'est la mort. (Rom., vi, 23.) Si quelqu'un m'aime, il sera aimé de mon Père, et je l'aimerai, et je me manifesterai à lui. (S. Jean, xiv, 21.) Or, c'est dans la manifestation de Jésus-Christ que consiste la vie éternelle, selon ces autres paroles de saint Jean : La vie éternelle consiste à vous connaître, vous qui êtes le vrai Dieu, et celui que vous avez envoyé, Jésus-Christ. La mort n'est-elle pas la négation de la vie? De même, le péché est la négation de la charité.

Il est de l'essence de la charité qu'elle nous fasse aimer Dieu comme le bien souverain, et accepter ses préceptes comme la règle suprême de nos actions. En commettant l'acte du péché, je méconnais cette règle. Je préfère à Dieu un bien créé et je fais de ma volonté la seule règle de ma conduite.

Si la charité était une vertu acquise naturellement, il ne suffirait pas d'un seul acte pour la détruire : une habitude naturelle peut subsister nonobstant un acte contraire. Mais la charité a une cause surnaturelle, indépendante de nous. Un seul acte de péché nous séparant de cette cause, elle ne peut plus rayonner sur nous et produire son effet dans nos âmes. L'acte commis, Dieu se retire et la charité disparaît. Ainsi l'air s'obscurcit quand un obstacle empêche sa communication avec les rayons solaires. « L'homme est dans la lumière quand Dieu est présent, il est dans les ténèbres aussitôt que Dieu est absent, non pas que ce soit la distance des lieux qui le sépare de nous, mais les égarements de notre volonté. » (S. Aug.)

QUEST. XXV. *Objet de la charité, ou ce que nous devons aimer après Dieu.* — 1. La charité doit s'étendre au prochain. « Nous avons reçu de Dieu ce commandement, que celui qui aime Dieu, aime aussi son frère. » (I S. Jean, IV, 21.) Les habitudes se diversifient quand elles doivent produire des actes différents. Si les actes sont semblables, il suffit pour les produire, d'une seule et même puissance, d'une seule et même habitude. Tel est l'acte par lequel nous aimons Dieu et le prochain. Aimant Dieu, comment n'aimerions-nous pas ceux en qui brillent les dons de Dieu, soit naturels, soit surnaturels ? La charité les revêt à nos yeux d'une beauté divine, nous les fait aimer à travers Dieu, et ces deux amours n'en font qu'un, comme je vois par le même acte de la puissance visuelle, la lumière et les couleurs.

2. La charité peut-elle être aimée d'un amour de charité ?

La charité est un amour ; l'amour, un mouvement spontané de la volonté vers le bien universel ou vers tout ce qui est bien. La volonté est d'une nature telle qu'elle peut se réfléchir sur elle-même, et comme elle suit les attraits de tout ce qui est bon, elle peut aimer l'acte par lequel elle aime Dieu ; car il est bon de l'aimer. L'intelligence pouvant connaître tout ce qui est vrai, peut aussi se réfléchir sur ses propres actes. Je sais que Scipion vainquit Annibal. Je puis savoir que je le sais, parce que le fait de ma connaissance est vrai et que toute vérité est l'objet de mon intelligence. Ainsi, je puis avoir de la charité pour ma charité, c'est-à-dire aimer cet acte ou ce bien par lequel ma volonté ou celle des autres tend vers Dieu.

3. L'homme doit s'aimer lui-même par charité. C'est une conséquence du précepte qui nous commande d'avoir pour les autres le même amour que pour nous.

Notre amitié envers nous n'est pas l'amitié proprement dite, c'est quelque chose de plus. L'amitié étant, suivant saint Denis, une vertu unitive, produit toujours une certaine union. De nous à nous-mêmes il y a plus qu'une union avec autrui, c'est l'unité parfaite. Comme l'unité est le principe et la racine de l'union, ainsi l'amour qu'on a pour soi est le principe, la racine de l'amitié; nous avons de l'amitié pour les autres lorsque nous sommes à leur égard ce que nous sommes pour nous-mêmes. Aristote a dit dans le même sens : Les sentiments d'amitié qu'on éprouve pour les autres, viennent de ceux qu'on a pour soi. (*Morale*, l. II, c. VIII.) C'est ainsi que nous n'avons pas la science des premiers principes, mais quelque chose de plus, l'intelligence et la claire vue.

La charité doit commencer à Dieu et s'étendre à tout ce qui porte le reflet de la Divinité. Or, nous sommes les créatures de Dieu, ses dons rayonnent en nous. Nous pouvons donc, en les aimant, nous aimer par charité.

4. L'homme doit-il avoir de la charité pour son corps?

Nous pouvons considérer dans le corps de l'homme la nature et le mal soit de la faute, soit de la peine. La nature du corps humain ne vient pas d'un mauvais principe, comme prétendaient les Manichéens, mais elle vient de Dieu et peut servir à sa gloire. « Consacrez-lui vos membres pour être des instruments de justice. » (Rom., vi, 13.) A ce point de vue, le corps est digne de notre charité. Mais la souillure et la corruption qui sont des suites du péché, nous devons les détester et appeler de tous nos vœux le jour où nous en serons délivrés : *Quis me liberabit de corporre mortis hujus?* (S. Paul.)

5. La charité doit-elle s'étendre aux pécheurs? La négative paraît vraisemblable, puisque la charité fait dire aux saints : « Que les pécheurs soient précipités dans l'enfer ! » (Ps. ix, 18.)

Il faut distinguer en eux le pécheur et l'homme. Nous devons poursuivre de nos haines le pécheur, puisqu'il est l'ennemi de Dieu. Nous devons aimer l'homme, parce qu'en cette qualité il est capable du bonheur éternel.

Ces paroles du psaume ne sont qu'une prédiction, non un vœu; ou si les saints souhaitent la punition des méchants, c'est pour voir éclater plus tôt la justice de Dieu : *Lætabitur justus cum viderit vindictam.* (Ps. lvii, 11.) C'est dans ce sens que les martyrs disent à Dieu : « Jusques à quand, Seigneur, tarderez-vous à venger notre mort ? » (Apocalypse.)

6. Les méchants ont-ils pour eux-mêmes un amour réel?

« Celui qui aime le péché hait son âme. » (Ps. x, 6.) Il y a un amour commun à tout ce qui vit, c'est l'amour de la conservation. Un autre amour est particulier aux bons, c'est celui par lequel nous aimons non plus seulement la conservation de notre être, mais ce que nous estimons la portion la plus noble, la partie principale de nous-mêmes. Quand nous avons fixé sur elle un choix de préférence, elle nous représente, elle agit en notre nom : ainsi le prince étant la partie principale de l'État, l'Etat est représenté et agit par le prince. Quelle est la partie principale de l'homme? Si vous le demandez au méchant, prenant ce qu'il y a en lui de secondaire pour ce qu'il y a de principal, il vous dira : C'est le corps, l'homme extérieur. (II Cor., ix.) Victime d'une erreur si grossière, il ne peut vraiment s'aimer : la fausse idée qu'il a de lui-même égare et pervertit son amour. Si vous interrogez l'homme vertueux, il répondra que ce qu'il y a en lui de principal, c'est l'âme, c'est l'homme intérieur. Celui-ci a seul de la charité pour lui, et je le prouve en montrant qu'il remplit à l'égard de lui-même l'office d'un ami à l'égard de son ami. Quand vous aimez quelqu'un, vous lui souhaitez de longs jours, vous lui voulez du bien, vous lui en faites, sa société vous plaît, vous vous accordez ensemble, partageant les mêmes idées, et vos joies et vos tristesses. De même le juste désire la conservation de l'homme intérieur, lui souhaite du bien, le bien spirituel, agit en conséquence, rentre volontiers dans son cœur, parce qu'il y trouve de bonnes pensées, de doux souvenirs et l'espérance. La paix, l'harmonie règne en lui, parce que toutes les puissances de son âme tendent de concert vers un seul et même but.

Mais le méchant dont la vie est toute au dehors n'a pas souci de l'homme intérieur, ne lui fait, ne lui veut aucun bien, ne rentre pas en lui, parce qu'il n'y trouve rien d'agréable : le présent, le passé et l'avenir, tout lui offre un affreux spectacle. Nuit et jour il s'agite en proie à des dissensions intestines, car les remords de la conscience ne lui laissent aucun repos.

7. Notre charité doit-elle s'étendre à nos ennemis ?

Notre-Seigneur nous l'ordonne : Aimez vos ennemis. (S. Matth., v, 44.) Ce qu'il faut aimer en eux, ce n'est pas leur hostilité, qui est un mal, mais la nature humaine et les dons surnaturels qu'ils peuvent avoir. Cela est d'obligation rigoureuse, sinon nous n'avons plus la charité.

Sommes-nous obligés d'avoir pour un ennemi les sentiments d'une vive affection ? Non, il ne dépend pas de nous de les éprouver. Ces sentiments sont la perfection, non le précepte de la charité.

Quoique nos ennemis, ils sont les enfants de Dieu, peut-être l'objet de sa miséricorde et de ses complaisances. Si nous sommes liés d'amitié avec une personne, nous aimerons aussi ses enfants et ses amis, quand même ils seraient nos ennemis (1).

(1) Mon frère, disait saint François de Sales à un de ses ennemis, vous m'ar-

La charité nous oblige-t-elle à leur donner des signes d'estime et d'affection? Nous ne leur devons que ce qui est dû à tout le monde : la bienveillance et la disposition à leur en donner des témoignages particuliers, si nous les savions dans la nécessité. Le précepte ne va pas plus loin : hors le cas de besoin pressant, c'est la perfection de la charité.

8. Sommes-nous obligés d'aimer les anges et les démons?

Oui, parce que les premiers sont les créatures et les amis de Dieu, et que nous sommes appelés à partager avec eux le bonheur éternel. C'est, avons-nous dit, la communication de ce bonheur qui est le fondement de la charité.

Nous ne pouvons vouloir du bien aux démons, nos vœux seraient contraires à la charité, qui doit toujours se concilier avec la justice de Dieu. Mais nous pouvons les aimer comme nous aimons les créatures sans raison, désirant qu'elles vivent afin de procurer la gloire de Dieu et l'utilité des hommes.

QUEST. XXVI. *Ordre de la charité.* — Après avoir vu les différents objets que nous devons aimer, examinons l'ordre qui doit présider à notre amour. Et d'abord : 1. La charité doit être ordonnée. Partout où il y a un principe, il doit y avoir de l'ordre. La priorité est à l'objet qui se rapproche le plus du principe; celui qui en est le plus loin occupe le rang inférieur. Quel est le principe de la charité? Dieu communiquant son bonheur. Donc, l'ordre veut que les objets occupent dans notre charité un rang plus ou moins élevé, selon qu'ils se rapprochent de Dieu, et il faut les aimer selon leur excellence pour pouvoir dire avec l'épouse des Cantiques : *Ordinavit in me charitatem.*

2. Quel est l'objet le plus digne de notre charité?

L'amour le plus grand est dû à celui qui occupe dans l'amitié la place principale. S'il s'agit de l'amitié politique, c'est le prince qu'on doit le plus aimer, parce qu'il est le fondement de notre

racheriez un œil que cela ne m'empêcherait pas de vous regarder de l'autre avec autant d'amour.

amitié. Or, Dieu est le fondement sur lequel repose notre charité. Nous n'aimons le prochain que parce que nous voyons en lui une participation à la Divinité, des rayons partis de Dieu, qui brillent en lui. Dieu étant la source de ce que nous devons aimer dans les créatures, est le premier, le plus digne objet de notre charité.

3. Devons-nous aimer Dieu plus que nous-mêmes ?

Il est le bien universel ; les dons soit naturels, soit surnaturels que nous pouvons avoir, ne sont que des biens particuliers venus de Dieu. Nous voyons en observant la nature, que la partie a plus d'affection et de sympathie pour le tout que pour elle-même : tels sont la main à l'égard du corps, le citoyen à l'égard de sa patrie. Il expose pour elle ses biens, même sa vie, si le sacrifice de ses jours est nécessaire. Il doit en être ainsi de la charité, puisque la grâce est la perfection, non la ruine de la nature.

4. Un homme doit-il s'aimer plus que le prochain ?

« Charité bien ordonnée commence par soi-même. » C'est un adage justifié par l'Écriture et l'instinct naturel. « Vous aimerez le prochain comme vous-même. » (S. Matth., xxii, 39.) L'amour que je me dois à moi-même est donc la règle de celui que je dois au prochain. Or, la règle est avant ce qui est réglé, le type avant l'image.

Il faut remarquer que l'homme étant composé d'un corps et d'une âme, et celle-ci étant en nous la partie principale, quand je dis que vous devez vous aimer plus que le prochain, le sens de ma proposition est celle-ci : vous devez aimer votre âme plus que son âme, votre corps plus que son corps, mais non votre corps plus que son âme ; il y aurait désordre dans votre charité.

S'ensuit-il que la charité vous oblige, en toute circonstance, à sacrifier votre corps pour sauver l'âme du prochain ? Non, vous n'y êtes rigoureusement tenu que dans le cas de nécessité, c'est-à-dire dans le cas où vous êtes moralement sûr que sans le sacrifice de votre corps le prochain perd son âme, et que vous la sauvez en mourant pour lui. Hors ce cas, se vouer à la mort, c'est la perfection, non le précepte de la charité.

5. Nous devons aimer tout le monde, mais devons-nous avoir pour tous une égale charité?

Il doit régner au moins autant d'ordre dans l'amour de la grâce que dans celui de la nature; elles sont l'une et l'autre l'œuvre de la sagesse divine. Or, une chose est toujours douée d'une inclination proportionnée à l'acte et au mouvement qui lui est naturel. La terre va au fond de l'eau, entraînée par une inclination de la nature qui la porte sous cet élément : le principe de notre charité, c'est Dieu, et nous qui aimons. Elle doit donc nous faire tendre à un objet et nous incliner plus ou moins vers lui, selon qu'il est près de Dieu et de nous.

6. Nous devons un amour de préférence aux plus grands saints et à nos plus proches parents ; les premiers ne sont-ils pas, après Dieu, dignes du plus grand amour?

Il faut garder, dans tout acte, une juste proportion entre l'objet et l'agent. L'acte tire de l'objet son espèce, bonne ou mauvaise ; de l'agent, ce que les théologiens appellent l'intensité. Ainsi un mouvement reçoit son espèce de l'objet vers lequel il tend ; sa rapidité, de la disposition du mobile et de la force du moteur.

Ce principe établi, quel est l'objet de la charité? Dieu se communiquant à des créatures. Les plus grands saints participant aux dons de Dieu plus que nos parents qui leur sont inférieurs en sainteté, méritent de notre part plus de charité. Nous devons leur souhaiter plus de bien, car si nous aimons Dieu, nous désirons que sa justice soit satisfaite, et elle donne davantage à ceux qui sont plus près de lui. La charité due aux saints est donc d'une espèce plus parfaite et plus excellente que la charité due aux parents.

Mais l'intensité ou l'ardeur de celle-ci est plus grande. La grâce, comme la nature, nous donne plus de sympathie pour eux.

Les liens qui nous unissent à nos parents ne sont pas seulement plus étroits, ils sont aussi plus forts ; la mort seule peut les rompre. Les justes, en cette vie, peuvent perdre les dons surnaturels qui sont le fondement de notre charité, et privés de cet éclat, ils n'ont plus droit au même amour.

Enfin, nos parents peuvent être aussi des personnes justes et saintes, s'approcher de Dieu par une abondante participation à ses bienfaits. Ayant plus de motifs de les aimer, et rapportant tous nos amours à notre fin dernière, il est évident que nous devons avoir pour eux une plus vive et plus ardente charité.

7. Devons-nous plus aimer ceux qui nous sont unis par les liens du sang, que ceux qui nous sont unis par d'autres liens naturels ?

L'ardeur de la charité que nous devons au prochain dépend de l'union plus ou moins étroite entre celui qui aime et l'objet aimé. Quelle union plus étroite que celle du sang ? Ceux entre qui elle existe tiennent la vie du même principe et il y a entre eux communauté d'origine. Voyez la fragilité des autres unions : celle du concitoyen n'a pas d'autre lien que la cité ; celle du soldat avec son compagnon d'armes n'a pour lien que le camp ou la caserne. Aussi, rien de plus fragile que de pareils liens, rien de moins durable que l'amitié née sous de pareils auspices. Les liens du sang, au contraire, sont le principe de la famille, de la cité et de l'Etat. Ils survivent à la dissolution de tous les autres et ne périssent qu'avec le corps. Mais si l'on doit aux parents un amour de préférence en ce qui concerne les choses de la nature, il ne leur est pas dû à d'autres égards. L'amour à l'égard d'objets divers quels qu'ils soient doit se mesurer suivant la nature de leur union avec celui qui les aime, de telle sorte que nous aimions davantage un homme, en ce qui concerne l'union pour laquelle nous devons l'aimer. En ce qui regarde les intérêts de l'Etat, nous devons moins aimer nos parents que nos concitoyens ; en ce qui regarde les choses militaires, nous devons placer avant eux nos compagnons d'armes.

8. La charité dans le ciel sera-t-elle ordonnée comme elle l'est sur la terre ?

L'ordre de la charité est celui de la nature, qui conserve dans le ciel ses inclinations compatibles avec la gloire. Ainsi, Dieu par-dessus toutes choses, puis les saints, à mesure qu'ils s'approchent de Dieu ; tel est l'ordre qui règne dans la charité des bienheureux. Notre volonté, en conformité parfaite avec la justice de Dieu, aimera les saints selon l'excellence des dons que cette justice leur aura faits, suivant l'abondance avec laquelle elle les fera participer au bonheur de Dieu.

Nous n'éprouverons plus cette inclination qui nous inspire une affection particulière pour nos parents, nos concitoyens, etc. Cette inclination n'aura plus dans le ciel sa raison d'être, car nous ne pourrons plus exercer la bienfaisance envers qui que ce soit. Notre parenté sera la proximité de Dieu, et celui-là sera notre plus proche parent, que la gloire élèvera le plus haut.

Cependant la gloire du ciel n'effacera pas les sentiments qui font ici-bas notre félicité et notre grandeur. Si je reconnais dans un saint, mon père, mon compagnon d'armes, etc., il me sera permis de l'aimer à ce titre, mais le motif qui dominera tous les autres, sera son accès auprès de Dieu, sa proximité avec le principe de ma charité.

QUEST. XXVII. *Actes de la charité. Le premier est la dilection.* — 1. Doit-on aimer Dieu pour lui-même ? Le mot *pour* indique ici le rapport d'une cause. On en distingue de quatre sortes : les causes finale, formelle, efficiente, matérielle, d'après lesquelles on peut aimer une chose pour une autre. Dieu ne se rapportant à aucune cause ultérieure, nous devons l'aimer comme sa cause finale. Quelle est sa cause formelle, c'est-à-dire celle qui constitue ses attributs divins, sa beauté, sa bonté, etc. ? Rien n'*informe* Dieu : sa beauté, sa bonté, c'est sa substance considérée sous un point de vue particulier. Nous pouvons en dire autant de sa cause efficiente : il est lui-même sa raison d'être. Ajoutez que Dieu est la cause finale, formelle, efficiente de tout ce qui a l'être, le mouvement et la vie, vous aurez une idée de ce qu'est l'acte de charité, vous comprendrez ce que c'est qu'aimer Dieu pour lui-même.

Il est aussi la cause matérielle qui donne à mon âme certaines dispositions au bien, mais de ce côté je puis l'aimer pour d'autres motifs que pour lui-même, à cause de ses bienfaits en ce monde, des espérances qu'il me donne en l'autre.

2. Pouvons-nous, en cette vie, faire de Dieu l'objet direct et immédiat de notre amour? La volonté suit les lois de l'intelligence. Or celle-ci ne connaît Dieu que par ses œuvres, ou bien éclairée des lumières de la foi, elle ne le voit qu'à travers un voile. Donc il nous faut un intermédiaire, et notre volonté ne peut se porter directement vers Dieu?

La connaissance que nous avons maintenant cessera dans le ciel, dit saint Paul, mais notre charité restera. (I Cor., XIII, 12.) L'amour qui unit les saints à Dieu a-t-il besoin d'un intermédiaire fragile et impuissant comme la créature?

Nous n'aimons, il est vrai, que comme nous connaissons. Mais l'acte de l'intelligence et celui de la volonté s'accomplissent ici-bas d'une manière bien différente. L'intelligence produit son acte quand l'objet connu vient et apparaît en elle; la volonté, en se portant vers la chose à laquelle elle aspire. Or, un objet n'a point accès dans notre intelligence s'il ne passe par la voie des sens; nous ne pouvons nous élever à Dieu, l'intelligible pur, sans le secours d'images sensibles, et les êtres que notre intelligence perçoit les premiers sont ceux que leur nature matérielle rapproche le plus de nos sens. C'est pourquoi l'acte de la puissance cognitive est toujours conforme à la nature du sujet qui connaît; celui de la volonté prend la nature de l'objet auquel elle tend. Or, il règne dans les êtres un ordre tel que Dieu, source du Vrai, du Beau et du Bien, doit être aimé pour lui-même, et que les créatures ne sont dignes d'amour qu'en raison de leur participation à l'Être divin. Notre amour doit donc, suivant un mouvement circulaire, avoir en Dieu son point de départ, se répandre de Dieu sur les créatures, et ramener tout à Dieu. La charité nous fait aimer Dieu immédiatement, et le reste des êtres par l'intermédiaire de Dieu. Quant à la manière de le connaître, nous suivons une voie contraire ; nous ne pouvons arriver à lui que par l'intermédiaire des créatures ou à travers les voiles de la foi.

3. Quelle doit être la mesure de notre amour pour Dieu ?

Une mesure est la règle qui détermine le bien ou le mal de la chose mesurée. Celle-ci est bonne ou mauvaise selon qu'elle est, ou non, conforme à sa mesure.

Quelle est la mesure qui détermine la rectitude de nos appétits, la règle qui doit présider à toutes nos actions ? C'est la fin que l'on se propose. L'excès et le défaut peuvent vicier les moyens, ils ne se trouvent jamais dans la fin. Par exemple, la santé du malade étant la fin que se propose le médecin, elle est sa règle, la mesure des moyens qu'il doit employer, et il ne pourra jamais trop s'y conformer : « Le désir de la fin est sans fin. » (Aristote.) De même Dieu est notre fin dernière, la règle suprême qui doit présider à toute notre vie, et que nous ne devons jamais perdre de vue. Peut-on atteindre trop bien un but que l'on se propose ? Donc notre dilection sera d'autant meilleure que Dieu sera plus aimé, et saint Bernard avait raison de dire : « La mesure de notre amour c'est de l'aimer sans mesure. »

QUEST. XXVIII. *Effets de la charité. Ils sont intérieurs ou extérieurs. On compte au nombre des premiers la joie, la paix, la miséricorde.* — 1. Comment la joie est-elle un effet de la charité ?

L'amour peut nous apporter la joie et la tristesse. La joie qu'il nous cause est produite par la présence de l'objet aimé, ou, s'il est absent, par l'acquisition et la conservation du bien qu'on lui souhaiterait. La tristesse qui est une suite de l'amour peut venir de l'absence de l'objet aimé, de la privation du bien que nous lui voudrions, de la souffrance d'un mal qu'il éprouve. Quel est l'objet de la charité ? Dieu qui est immuable, dont la bonté n'est autre chose que lui-même, et dont la présence se fait sentir à nos âmes : *Qui manet in charitate, in Deo manet et Deus in eo.* (I S. Jean., ép. iv, 16.)

2. Ne souffre-t-elle aucun mélange de tristesse ?

Si nous considérons cette joie comme un effet de la contemplation du bien qui est en Dieu, rien ne saurait l'altérer, car le bien qui la cause est immuable ; il est incompatible avec le mal le plus léger : « Réjouissez-vous toujours dans le Seigneur (Philipp., iv, 4), son commerce n'a point d'amertume. » (Sag., viii.)

Mais si elle est un effet de la participation au bien divin, elle peut être mêlée de quelque tristesse. L'âme s'afflige, voyant en elle ou dans le prochain des obstacles à une plus grande effusion du bien divin, des délais qui retardent le jour de la gloire.

QUEST. XXIX. *La paix, autre effet de la charité.* — 1. La concorde, comme le mot l'indique, est l'accord de plusieurs volontés, l'union de cœurs différents. Elle peut exister entre les méchants s'ils tendent unanimement vers le même but. La paix suppose de plus l'union entre tous les appétits du même individu, et leur satisfaction légitime. Vous auriez beau posséder une des choses que vous désirez, s'il vous en manquait une seule, vous n'auriez pas la paix. L'esprit et la chair étant dans une lutte continuelle, il faut, pour avoir la paix, donner à l'un et l'autre le rang qu'il doit occuper. En un mot vous aurez la paix quand vous aurez établi l'ordre, l'harmonie au dedans et au dehors, car la paix c'est la tranquillité de l'ordre.

Il n'est aucun être qui ne la désire. Toute chose aspire à son union avec ce qui est son bien, et tend à la ruine de ce qui en empêche l'acquisition. Mais l'impie s'épuise en vains désirs : « Il n'y a pas de paix pour l'impie. » (Is., xlviii, 22.) Un bien qu'il atteint est incompatible avec un bien qu'il cherche, et laisse toujours le vide dans son cœur. D'ailleurs, ce qu'il possède, un autre en est privé ; de là, la dissension. Mais le bien de la charité ne s'épuise jamais, et sa possession n'appauvrit personne. Comme ce bien réunit tous les attraits possibles, il captive tous nos appétits, et établit ainsi au dedans de nous une harmonie parfaite. Il l'établit aussi au dehors, nous faisant aimer le prochain comme nous-mêmes, et désirer l'accomplissement de sa volonté comme de la nôtre. *Pax multa diligentibus legem tuam.* (Ps. CXVIII, 14.)

QUEST. XXX. *La miséricorde.* — 1. Quel motif rend l'homme naturellement miséricordieux ?

C'est un défaut que l'homme sent en lui-même.

La miséricorde est une compassion pour les misères d'autrui, que nous regardons comme les nôtres. C'est le propre de l'amitié, en unissant les cœurs, d'établir entre eux une communauté de joie et de peines : « Réjouissez-vous avec ceux qui sont dans la joie, pleurez avec ceux qui pleurent. » (Rom., XII, 15.)

Nous pouvons aussi prendre part aux peines d'autrui, parce que nous nous voyons exposés aux mêmes infortunes. C'est pourquoi, dit le Philosophe, les vieillards, les gens qui souffrent, les hommes sages qui savent l'inconstance de la fortune, sont très-accessibles à la miséricorde. Au contraire, les revers d'autrui touchent peu les gens heureux, les puissants de la terre qui se croient à l'abri du malheur. Donc le motif qui porte à la miséricorde est un défaut que nous éprouvons, et l'homme est d'autant plus miséricordieux, qu'il est plus malheureux.

Dieu est miséricordieux : *Miserationes ejus super omnia opera ejus.* (Ps. CXLIV, 9.) Cependant il n'a pas de défaut et ne craint aucune vicissitude ?

C'est que Dieu nous aime et compatit à nos souffrances comme un ami aux souffrances de son ami.

Les Stoïciens prétendaient que la miséricorde est un défaut, et plaçaient l'insensibilité parmi les qualités de l'homme sage. Ils ne voyaient dans la miséricorde qu'une passion de l'appétit sensitif, mais la raison peut la régler, et réglée, spiritualisée par la raison, une passion, nous l'avons montré, est une vertu.

QUEST. XXXI. *Effets extérieurs de la charité. Ce sont la bienfaisance, l'amour, qui fait partie de la bienfaisance, et la correction fraternelle, qui est une sorte d'amour.* — 1. Sommes-nous obligés de faire du bien à tous ?

Il faut que notre charité s'étende à tous les hommes, aucun ne doit être exclu de notre cœur. Or, l'amour porte ce qui est supérieur à secourir ce qui est inférieur, et que d'infortunes viennent solliciter notre bienfaisance ! La condition des hommes n'est pas immuable comme celle des Anges. Ils sont exposés à une foule de vicissitudes qui les précipitent du sommet de la fortune dans l'abîme de l'indigence, à des misères sans nombre, du côté du corps et du côté de l'âme. Nous devons être disposés à exercer envers tous la bienfaisance, c'est-à-dire à leur venir en aide dans le cas de nécessité, mais en observant néanmoins les circonstances de temps, de lieux, de personnes.

Il m'est impossible d'exercer la bienfaisance envers tout le monde. Or, la vertu n'oblige pas à l'impossible ? « Donnez à l'homme de bien, n'accueillez pas le pécheur. » (Eccli., xii, 5.)

Nous ne pouvons, il est vrai, faire du bien à chacun en particulier, mais nous pouvons y être disposés d'esprit et de cœur ; c'est tout ce que nous commande la charité. D'ailleurs, il est un moyen facile d'exercer la bienfaisance envers tous les hommes, c'est de prier pour eux.

Le sens du texte sacré est celui-ci : « Ne donnez rien au pécheur pour nourrir ses vices, mais secourez en lui la nature, qui est l'œuvre de Dieu. »

2. Devons-nous faire plus de bien à ceux qui nous sont unis par des liens particuliers ?

La grâce et la vertu doivent imiter l'ordre qui règne dans la nature, et qui est, lui aussi, l'œuvre de la sagesse divine. Que voyons-nous dans l'ordre de la nature ? L'agent se répand avec plus d'abondance sur les objets les plus rapprochés de lui : par exemple, un foyer, une fontaine. Dieu se communique plus aussi aux substances que leurs qualités élèvent plus près de la Divinité. De même, nous devons faire plus de bien à ceux qui nous sont unis par des liens plus étroits.

Ces liens sont de différentes sortes : ceux du sang, de la patrie, de la religion. Ils déterminent la nature du bien que nous devons au prochain.

Cependant les liens qui nous unissent aux autres ne doivent pas être la seule considération qui nous porte à leur faire du bien. Nous devons avoir égard aussi aux besoins plus ou moins pressants qu'ils éprouvent ; je dois plus à l'étranger qui est dans la nécessité extrême, qu'à mon père dans la nécessité grave ou dans la nécessité ordinaire.

QUEST. XXXII. *De l'aumône.* — 1. Existe-t-il un précepte de l'aumône ?

* Il faut, en toutes choses, éviter l'excès et le défaut. Ne perdons jamais de vue le juste milieu de la vertu et de la vérité. C'est pour avoir méconnu ce grand principe, que les uns ont fait de l'aumône un précepte de justice, disant que le pauvre a un droit strict et rigoureux au superflu du riche. D'autres, au contraire, ont nié que l'aumône imposât à qui que ce fût une obligation rigoureuse ; par conséquent, qu'elle fût de précepte.

Les premiers, cela est évident, détruisaient le droit de propriété. Ne serait-ce pas une dérision d'attribuer un droit particulier à ce que le premier venu peut me prendre sans me consulter ? Aussi ne dissimulent-ils pas leurs attaques contre la propriété et disent-ils qu'elle est un vol. Ceux d'entre les partisans de ces doctrines, qui veulent bien employer au triomphe de leurs idées d'autres armes que le fer, raisonnent ainsi : la société a établi le droit de propriété, donc elle peut l'abolir si elle le juge à propos.

Elle le pourrait si elle l'avait établi, mais ce droit est antérieur à la société. Il existe même dans l'état de nature, chez les peuples sauvages comme chez les peuples civilisés. Donc la société ne crée pas, elle ne fait que modifier le droit de propriété.

Deux éléments constituent ce droit : l'élément physique, qui comprend l'occupation et la possession ; l'élément moral, qui est l'intention de m'approprier tel bien et d'étendre mon être jusqu'à lui, en sorte que celui qui y portera la main la portera sur moi-même. Voilà les deux colonnes sur lesquelles repose le droit de propriété. Ébranler l'une ou l'autre, c'est nier la propriété, vouloir, si on est conséquent avec soi-même, que les biens soient communs à tous. N'est-ce pas ce que font, depuis soixante ans, une foule d'hommes pervers ou aveugles? Ils attaquent tour à tour l'élément moral et l'élément physique. C'est, disent-ils, le prolétaire qui touche, qui occupe, qui façonne la propriété, qui l'arrose de ses sueurs et la rend féconde. Donc elle doit lui appartenir, ou au moins il y a autant de titres que celui qui ne travaille pas. Pour eux, l'élément moral n'est rien. D'autres nient l'élément physique et donnent tout à l'élément moral. Chacun, disent-ils, doit posséder selon ses facultés et son mérite. Vous avez beau alléguer l'occupation et la possession : c'est un vol, non un droit.

Il est facile de voir, d'après ces théories, que l'obligation de secourir le pauvre, soit par l'aumône, soit en lui donnant du travail, est imposée par la justice. Le riche, en donnant du pain ou du travail, ne fait que payer une dette. Le pauvre, aux jours d'abondance, n'a pas besoin de songer aux jours où la disette se fera sentir. Il pourra, sans scrupule, prendre ce qu'il trouvera dans le pré, le champ, la vigne de son voisin.

Ce n'est pas ici le lieu de réfuter au long ces perverses doctrines. La meilleure preuve de leur fausseté, c'est la réprobation universelle qu'elles ont encourue et le ridicule qui est retombé sur leurs auteurs, qui s'est attaché jusqu'à leurs noms.

Ces grands réformateurs ont un autre grief contre l'aumône.

Elle humilie le pauvre, disent-ils, et déprave le riche, parce qu'elle le remplit d'orgueil.

Parler ainsi, c'est montrer qu'on ne sait ce que c'est que la charité chrétienne. A mes yeux, le pauvre auquel je fais l'aumône est mon frère, un enfant de Dieu, en qui brillent des dons célestes. C'est un membre souffrant de Jésus-Christ, que dis-je? Jésus-Christ lui-même, puisqu'il revit dans la personne des pauvres. Est-il rien qui élève, qui ennoblisse le pauvre autant que l'aumône?

Le riche qui fait l'aumône participe à la puissance de créer, qui semblait n'appartenir qu'à Dieu. Comme Dieu, libre et par amour il crée un heureux. De plus, il transforme une matière pesante et terrestre, lui donne des ailes, et l'élève jusqu'au ciel, où elle est changée en trésors de vie et d'immortalité. Mais s'il est chrétien, loin de concevoir des pensées d'orgueil, le riche sait que, sans une faveur spéciale de celui à qui appartient le ciel et la terre, il aurait sa part de privation, et que s'il est à l'abri de la misère physique, il est peut-être en proie à une grande misère morale.

La doctrine qui exagérait le devoir de l'aumône a provoqué des adversaires qui n'ont pas su éviter l'écueil opposé. Ils ont soutenu que non-seulement la justice, mais même la charité ne fait pas de l'aumône un précepte rigoureux. Suivant eux, l'aumône est une œuvre de surérogation, elle n'impose aucune obligation réelle, et le riche qui ne donne rien n'est pas coupable devant Dieu. Je ne sais comment ils prouvent leur thèse. J'ignore aussi leur manière d'interpréter d'innombrables passages de l'Écriture, et en particulier celui-ci de l'Évangile : « Jésus-Christ dira aux damnés : Allez, maudits, au feu éternel. » Pourquoi cette terrible sentence? Est-ce parce qu'ils n'auront pas été assidus à la prière, fidèles à s'approcher des sacrements, à sanctifier les jours consacrés au Seigneur? Sans doute ce sera pour tous ces péchés, si on les a commis, mais l'Evangile n'en parle pas, comme pour nous faire entendre qu'il existe un précepte plus rigoureux, sans lequel l'accomplissement de tous les autres ne saurait nous mériter l'entrée du ciel. « J'ai eu faim, dira Jésus-Christ aux réprouvés, et vous ne m'avez pas donné à manger ; j'ai eu soif, vous ne m'avez pas donné à boire ; j'ai été nu, vous ne m'avez pas habillé ; malade, vous ne m'avez pas visité ; en prison, vous n'êtes pas venu me voir ; sans logement, vous ne m'avez pas donné l'hospitalité. Alors ils lui diront : Quand est-ce que nous vous avons vu éprouver tous ces besoins et que nous avons refusé de vous secourir ? Jésus-Christ leur répondra : « Toutes les fois que vous avez manqué d'assister le plus petit de vos frères, c'est moi-même que vous n'avez pas assisté. Allez, maudits, au feu éternel. » Je vous le demande, peut-on supposer que Dieu punisse d'un châtiment si terrible, l'omission d'une œuvre qui ne serait pas rigoureusement commandée ?

Mais ce n'est pas tout. Dieu, en nous imposant un précepte, nous ordonne toutes les œuvres sans lesquelles il nous est impossible de l'accomplir. Sommes-nous obligés d'aimer le prochain ? personne ne le nie. Or, dit saint Jean, aime-t-il son frère celui qui, le voyant dans la nécessité, lui ferme ses entrailles et refuse de l'assister ? Ne l'aimons pas seulement en paroles et du bout des lèvres, mais en œuvre et en vérité. (I Ép., III, 18.)

Si nous ouvrons les écrits des Docteurs, il n'en est pas un qui ne regarde l'aumône comme étant d'obligation stricte et rigoureuse. Les Pères sont unanimes. Ils ne trouvent pas d'expressions trop vives pour faire sentir la nécessité de ce précepte. Nos socialistes prétendent même s'autoriser de leur témoignage. Mais ou ils altèrent leurs écrits sans les avoir lus, ou ils n'en comprennent pas l'esprit et le sens. Pour comprendre les ouvrages des Pères, il faut se reporter aux temps malheureux où ils vivaient. La chute de l'empire romain, l'invasion des Barbares, des catastrophes qui menaçaient d'anéantir l'ancien monde, tout concourait à refroidir la charité des riches, à augmenter le nombre des pauvres. L'Église, qui a été dans tous les temps l'asile de l'infortune, les accueillait dans son sein et leur donnait, avec le pain du corps, le pain plus précieux de l'âme, mais quels trésors ne fallait-il pas pour faire face à tant de misères ? Quand un saint Chrysostome, un saint Ambroise, le cœur déchiré de voir les milliers de pauvres qui encombraient tous les jours leurs maisons et leurs églises, sollicitait la charité des riches, on conçoit qu'il lui soit échappé des reproches amers, même exagérés, mais tout en faisant la part des circonstances, il est une chose qu'on ne peut nier, c'est qu'à leur avis l'aumône était obligatoire, sans que rien pût en dispenser le riche.

Une question plus difficile et plus épineuse est celle-ci : quelle quantité de mon bien dois-je donner en aumône, et dois-je donner à tous les pauvres ? Voici à ce sujet la règle communément admise : pour que le précepte vous oblige sous peine de péché, il faut, d'un côté, que vous ayez du superflu, et de l'autre, que le prochain soit dans la nécessité.

L'Évangile ne vous demande que votre superflu : *Quod superest, date eleemosynam.* (S. Luc, II, 14.) Vous n'êtes pas obligé de vous dépouiller de ce qui convient à votre condition, car la différence des conditions entre dans les desseins de la Providence et vous avez droit de garder celle dans laquelle Dieu vous a fait naître, ou à laquelle il vous a élevé. Si vous avez pris sur vous le soin d'entretenir certaines personnes, la somme nécessaire à l'accomplissement de vos promesses n'est pas non plus ce qu'on appelle votre superflu. Vos biens superflus sont ceux dont vous n'avez pas besoin pour soutenir votre condition et accomplir vos engagements. Le précepte n'atteint que ces biens ; l'aumône des autres n'est pas obligatoire, mais seulement conseillée.

On dit : mais il y a des personnes qui n'ont jamais de superflu, soit parce que leurs grandes richesses suffisent à peine pour satisfaire leur folle vanité et leurs insatiables passions, soit parce que l'avenir est incertain, et qu'ayant aujourd'hui le superflu, je manquerai peut-être demain du nécessaire. A cela je réponds :

les personnes qui se mettent dans l'impuissance de faire l'aumône, parce qu'elles nourrissent des passions dont la satisfaction coûte plus que l'entretien d'une famille pauvre, ces personnes sont doublement coupables. Elles le sont d'abord de manquer au précepte de l'aumône, ensuite, de s'abandonner à des passions désordonnées. — D'un autre côté, Jésus-Christ nous défend de nous inquiéter du lendemain, et même d'y songer. Il ne faut voir dans l'avenir que ce qui arrive le plus communément et suivant le cours ordinaire des choses humaines.

Que faut-il de la part du pauvre? Il faut la nécessité, sinon le précepte de l'aumône n'aurait plus sa raison d'être. Mais, est-ce la nécessité extrême, ou suffit-il de la nécessité commune? saint Thomas pense qu'il faut la première, c'est-à-dire une nécessité si pressante que mon refus de secourir le prochain entraînera probablement sa mort. La plupart des théologiens pensent qu'il suffit de la nécessité ordinaire. La raison qu'ils en donnent paraît fort juste : le cas de nécessité extrême est si rare que le précepte de l'aumône ne nous obligerait presque à rien. D'ailleurs, le pauvre réduit à cette nécessité pouvant prendre si on lui refuse, le précepte de lui donner serait inutile.

2. Quelles sont les différentes manières de faire l'aumône?

Vous le voyez par le but de l'aumône, qui est de subvenir aux besoins du malheureux. Il peut les éprouver, ces besoins, dans son corps ou dans son âme. Est-ce son corps qui souffre? Il peut avoir faim ou soif, manquer de l'aliment sec ou de l'aliment humide. Il peut aussi être sans habit, sans logement, malade ou captif. Mort, il peut manquer de sépulture. Conformément à ces sept besoins que peut éprouver notre corps, il y a sept sortes d'aumônes corporelles : donner à manger, à boire, vêtir, loger, visiter dans la maladie ou dans la captivité, ensevelir les morts.

Quels besoins peut éprouver son âme? Elle peut manquer du secours de Dieu; je lui fais l'aumône par la prière. Son intelligence manque-t-elle de doctrine? je l'instruis; de prudence? je le conseille. Ses puissances appétitives peuvent éprouver des défauts. Le plus grand est la tristesse. J'y subviens en faisant au prochain l'aumône de la consolation. Enfin, il éprouve peut-être un défaut dans ses actes qui sont désordonnés. Je l'assiste en lui donnant l'aumône de la correction fraternelle, le pardon de ses fautes. De là, sept sortes d'aumônes spirituelles : la prière, l'instruction, le conseil, la consolation, la correction fraternelle, la douceur à l'égard du prochain dont nous supportons les défauts.

3. Laquelle vaut le mieux, l'aumône corporelle ou l'aumône spirituelle ?

On peut les comparer sous deux rapports différents. Au point de vue général, l'aumône spirituelle est plus excellente que l'aumône corporelle. Le bien qu'elle donne est plus précieux ; l'âme qu'elle assiste est plus que le corps ; l'acte matériel par lequel je procure au prochain un soulagement physique, est un acte d'esclave, puisque le corps n'est qu'un serviteur, tandis que l'esprit est le maître, le souverain qui domine dans l'homme ; ses actes, par conséquent, sont d'un plus grand prix que ceux du corps.

Cependant il peut se trouver des cas particuliers où l'aumône corporelle soit préférable à l'aumône spirituelle : si je meurs de faim, un morceau de pain me vaudra mieux qu'un beau discours ou de sages conseils.

QUEST. XXXIII. *Correction fraternelle. Comment est-elle un acte de charité?* — 1. Le péché du prochain peut être considéré ou comme son propre mal, ou comme cause du mal d'autrui. Dans le premier cas, la correction fraternelle est un acte de charité, puisque, tendant à éloigner le mal, elle se propose le bien, et que la charité pour les autres consiste à leur vouloir et à leur faire du bien. Elle est à plus juste titre que l'aumône un acte de charité, car la pauvreté morale qu'elle soulage est souvent une plus triste chose que la pauvreté physique.

Si le mal du prochain nuit aux autres, surtout à un bien public, il appartient à la justice de le réprimer, car elle doit faire régner autant que possible, l'ordre et l'équité ; la correction est alors appelée judiciaire.

2. La correction fraternelle est-elle de précepte?

« Si votre frère pèche en votre présence, allez et reprenez-le. » (S. Matth.). C'est une conséquence de la charité. Si nous aimons véritablement le prochain, le laisserons-nous s'éloigner de sa fin et se perdre sans l'avertir?

Ce précepte ne nous oblige pas toujours, mais seulement quand nous pouvons raisonnablement espérer le but de la correction fraternelle, qui est l'amendement du pécheur. Si nous n'avons pas l'espérance bien fondée qu'il suive nos conseils et rentre dans la droite voie, nous ne sommes pas obligés de l'avertir.

3. Supposez réunies toutes les circonstances qui permettent d'espérer l'amendement du pécheur, la correction fraternelle oblige-t-elle tout le monde?

Il appartient à tous ceux qui ont la charité, supérieurs et inférieurs, de donner au prochain la correction fraternelle s'il s'agit d'un péché qui nuit à son propre bien. S'il nuit au bien public et que la correction soit un acte de justice, elle ne regarde que les supérieurs, chargés des intérêts de la communauté.

4. Un inférieur peut-il se permettre de donner la correction fraternelle à son supérieur?

Un acte s'étend à tout ce qui est l'objet de sa puissance : la vision embrasse tout ce qui est visible. La charité nous ordonnant d'aimer tous les hommes, nos supérieurs et nos inférieurs, nous commande ce qui est essentiel à cet amour, la correction fraternelle à l'égard d'un supérieur que nous voyons faillir. Mais un acte, pour être bon, doit être fait avec mesure et discrétion. Il ne faut jamais, en reprenant un supérieur, oublier la douceur et le respect qui lui est dû : *Seniorem ne increpaveris, sed obsecra ut patrem.* (I Tim., v, 1.)

5. Un pécheur peut-il se permettre de reprendre un autre pécheur?

Il suffit, pour avoir le droit de la correction fraternelle, de posséder l'usage de la raison. Le plus grand coupable peut remplir cette condition, puisque le péché ne détruit pas les dons naturels.

Néanmoins, avant de corriger les autres, le pécheur doit considérer qu'il est peut-être aussi coupable qu'eux, qu'on ne le supposera guère conduit par un motif de charité, qu'il ne doit pas juger les autres avec sévérité, ayant besoin lui-même d'indulgence. Mais s'il agit avec humilité et dans le désir de procurer le bien du prochain, la correction fraternelle lui est permise.

6. Que faire si je prévois que la correction ne profitera pas au coupable, mais au contraire ne fera que l'irriter et l'obstiner dans le mal?

Si son péché nuit au bien commun, le supérieur doit l'avertir, même sévir contre lui nonobstant ses récriminations. Un juge ne fait pas difficulté de condamner un coupable, malgré ses emportements et le trouble de sa famille.

Si le but de la correction est l'amendement du pécheur, il faut s'en abstenir. Les moyens doivent être proportionnés à la fin.

7. L'admonition secrète doit-elle précéder la dénonciation publique?

Si le péché est public, vous n'avez pas besoin de faire un mystère de la correction que vous donnez au coupable : *Peccantes coram omnibus argue, ut et cæteri timorem habeant.* (I Tim., v, 20.)

Le péché est-il secret? Vous ne pouvez le dénoncer publiquement que dans le cas où il s'agirait d'une intrigue ourdie contre le prochain, ou d'un complot formé contre l'État.

Si le péché ne nuit qu'à son auteur et à vous, ou à vous seul, vous devez imiter le médecin qui cherche à guérir un blessé sans l'amputer, ou, si l'amputation est nécessaire, coupe le membre qui sert le moins.

D'ailleurs, le pécheur secret a droit à sa réputation et personne ne peut le diffamer sans injustice.

L'admonition secrète est souvent un moyen très-efficace d'obtenir un retour au bien.

Enfin, en gardant le secret, vous évitez le scandale, ce qui est un bien. Ainsi, si un supérieur de communauté ordonne qu'on lui désigne ceux qui méritent la correction fraternelle, il faut toujours supposer : sauf l'admonition particulière. Tant que les choses occultes ne transpirent pas au dehors, il n'en est pas le juge, elles ne relèvent que de Dieu.

QUEST. XXXIV. *Vices contraires à la charité. A l'amour est opposée la haine ; à la joie, la paresse et l'envie ; à la paix, la discorde et le schisme ; à la bienfaisance et à la correction fraternelle, l'offense et le scandale.* — 1. Et d'abord, est-il possible de haïr Dieu, le souverain bien ?

La haine est un mouvement de la puissance appétitive se portant vers un objet que lui a montré l'intelligence. Celle-ci peut nous représenter Dieu sous deux rapports : en lui-même, dans ses effets. Étant la beauté, la bonté et l'essence de toute beauté, de toute bonté qui rayonne dans les créatures, il ne saurait être haï en lui-même ; car il est de la nature du beau et du bon d'être aimable. Mais la haine peut s'attacher à Dieu, considéré dans ses effets. Je ne puis, il est vrai, haïr l'être, la vie, l'intelligence comme dons de Dieu, mais je puis haïr Dieu lorsque je le vois lancer ses foudres contre le péché, et le punir du dernier supplice.

2. La haine de Dieu est-elle un grand péché ?

Il n'est pas de plus grand péché que la haine de Dieu. Qu'est-ce que le péché ? une aversion volontaire loin de Dieu. En commettant, par exemple, la fornication, l'homme ne se sépare de Dieu que d'une manière médiate ; sa séparation n'est qu'une conséquence de sa jouissance illégitime et de son adhésion désordonnée à la créature. En haïssant Dieu, sa volonté s'en sépare absolument et par un acte directement volontaire.

3. Ne peut-on quelquefois haïr le prochain sans pécher?

La haine est le contraire de l'amour. Autant l'amour d'une chose est bon, autant la haine en est mauvaise. Pourquoi aimons-nous le prochain? Le fondement de notre affection, ce sont les rayons divins qui éclatent en lui, soit qu'ils viennent de la nature, soit qu'ils viennent de la grâce. C'est donc un devoir pour nous d'aimer dans le prochain la grâce et la nature : nous ne pouvons haïr que ce qui vient de lui ou des démons. Donc, on ne peut, à proprement parler, haïr le prochain sans pécher.

QUEST. XXXV. *Vice opposé à la joie que la charité produit en nous. Cette joie vient du bien divin que nous possédons ou qui est dans le prochain. A la joie du premier est opposée la paresse ou le dégoût des choses divines; à la joie du second, l'envie.* — 1. La paresse est-elle un péché?

La paresse dont nous parlons est une tristesse qui accable l'esprit et le dégoûte de toute œuvre spirituelle. L'âme atteinte de ce mal n'éprouve plus d'attraits pour la vertu, d'horreur pour le vice. Cette paresse est un mal en elle-même et dans ses suites, car elle paralyse et réduit l'âme à l'inaction. C'est pourquoi saint Paul veut qu'on traite avec indulgence l'incestueux de Corinthe et qu'on le console de peur qu'il ne soit accablé par un excès de tristesse. (II Cor., II.) Cette tristesse excessive n'est-elle pas un mal, puisque le mal n'est autre chose qu'un désordre dans les mouvements de l'appétit?

2. La paresse peut-elle être un péché mortel?

Un péché est mortel quand il nous fait perdre la vie spirituelle, qui consiste dans notre union avec Dieu. N'est-ce pas ce que fait la paresse, puisqu'elle exclut la joie, qui est un effet de la charité?

Mais pour qu'elle donne à notre âme la mort spirituelle, il faut qu'elle réunisse la connaissance de l'esprit et le consentement de la volonté. Si elle n'est que dans la partie inférieure, comme conséquence de la lutte qui existe entre l'esprit et la chair, elle peut même n'avoir pas l'ombre de péché.

Si elle réunit toutes les conditions du volontaire, elle est avec raison comptée au nombre des péchés capitaux. Comme nous agissons beaucoup, attirés par le plaisir, nous faisons de fréquentes omissions, accablés par la tristesse.

QUEST. XXXVI. *L'envie.* — 1. C'est une tristesse du bien d'autrui, que nous regardons comme notre mal. Je ne mérite pas le nom d'envieux lorsque, voyant mon ennemi acquérir de grands biens, j'en conçois de la tristesse : c'est plutôt un effet de la crainte. L'envieux, c'est celui qui, dévoré du désir de dominer, de planer sur tous, s'attriste en leur voyant arriver du bien. Il s'afflige, à la pensée d'une puissance rivale qui va lui disputer la primauté. Celui-là a de l'esprit ? quel malheur ! on le placera avant moi, il m'effacera et je ne paraîtrai plus ! Il est vertueux, il vient de faire une bonne œuvre dont je suis parfaitement incapable ? Nouveau malheur ! on parlera de lui, je serai oublié. Vous le voyez, l'envie est un vice condamné par la raison aussi bien que par la foi.

Saint Thomas dit qu'elle n'existe qu'entre les hommes vivants dans les mêmes temps, les mêmes lieux, et qui sont de condition semblable ou peu différente. Où est en effet l'insensé qui s'attristera en apprenant la prospérité d'un homme qui vécut au moyen âge, ou qui vit aujourd'hui, mais habite l'Asie, l'Océanie ? Où est le manant qui envie la couronne d'un roi ?

2. L'envie est-elle un péché ?

Voyant le bien d'autrui, nous pouvons en concevoir de la tristesse de plusieurs manières. Il arrive souvent, dit saint Grégoire, que sans nous faire perdre la charité, la ruine du prochain nous réjouisse, que son exaltation nous attriste, parce que nous savons que c'est un méchant, et que sa puissance fera des victimes.

Je puis m'attrister de son bien, non parce qu'il le possède, mais parce que j'en suis privé : c'est une émulation louable, recommandée par l'Apôtre : *Æmulamini spiritualia.* (I Cor., xiv, 1.) Je puis m'attrister en voyant les biens de ce monde affluer dans des mains indignes : ce n'est pas de l'envie, mais une indignation permise.

Enfin, et c'est principalement le caractère de l'envie, je m'attriste de ce qui devrait me réjouir, du vrai bien que Dieu fait aux autres. Cette tristesse est un péché, car c'est un désordre. Ce péché est mortel, étant incompatible avec la charité due au prochain ; c'est un des sept péchés capitaux, parce que l'envieux use de tout pour satisfaire sa passion.

QUEST. XXXVII. *Vice opposé à la paix, la discorde.* — *Elle peut être dans le cœur seulement, et c'est la discorde proprement dite; dans la bouche, c'est la contention; dans les œuvres, c'est le schisme, la rixe, la guerre ou la sédition.* — 1. La discorde, si elle ne se produit ni dans les œuvres ni dans les paroles, est-elle un péché mortel?

Tout en restant au fond du cœur, la discorde est un péché mortel quand elle est incompatible avec la charité. L'Apôtre la met au nombre des péchés qui nous ferment l'entrée du ciel, et le péché mortel seul nous exclut du royaume des bienheureux.

Je ferai ici une remarque : la charité unit les cœurs et procure, en consommant cette union, le bien de Dieu et celui du prochain. La discorde les divise, et ce n'est que comme divisant ce que la charité a uni, détruisant le bien de Dieu, que la discorde est un péché. La divergence d'opinion n'est pas la discorde. Des savants qui ont sur la même question des sentiments contraires, peuvent s'aimer de la plus tendre charité.

QUEST. XXXVIII. *Discorde dans les paroles, contention.* — 1. C'est aussi un péché mortel, car l'Apôtre la met, comme la discorde, au nombre des péchés qui ferment l'entrée du ciel.

La discorde est dans les volontés; la contention dans les paroles.

Si vous attaquez sûrement la vérité, vous commettez un désordre qui est mortel de sa nature, c'est-à-dire qui peut, sans changer d'espèce, donner la mort à l'âme. Attaquez-vous l'erreur? La contention est une œuvre louable, pourvu que vous conserviez les égards dus aux personnes et aux matières que vous traitez. Mais le fiel, l'acrimonie dans la dispute, le persiflage sont toujours des désordres.

En général, les disputes ne sont bonnes à rien, sinon à pervertir ceux qui les entendent. (II Tim., II.) Où est l'homme que la dispute ait amené à des sentiments meilleurs? L'irritation et l'opiniâtreté de part et d'autre ne sont-elles pas les plus communs résultats de la dispute? Si nous étions sincères, nous n'aurions en vue que le triomphe de la vérité, et nous nous réjouirions autant de voir notre adversaire vainqueur, que si nous eussions nous-mêmes remporté la victoire.

QUEST. XXXIX. *Discorde dans les actes. La discorde dans les actes s'appelle le schisme, la rixe, la guerre, ou la sédition.* — 1. Le schisme est-il un péché différent des autres péchés, même de l'hérésie et de l'infidélité?

Le mot *schisme* veut dire une scission des esprits. Ce péché attaque le corps de la vérité révélée, nous sépare des hommes qui en sont les membres, de Jésus-Christ qui en est, dans la personne du Souverain Pontife, le principe vital et la tête. Le schismatique, dit saint Paul, enflé par les vaines imaginations d'un esprit charnel, ne demeure pas attaché à Jésus-Christ qui est la tête et le chef du corps de l'Église. (Col., II, 18.)

Il diffère des autres péchés, car ceux-ci n'ont pas pour effet immédiat la séparation d'avec Dieu. Souvent même le pécheur n'y songe pas. L'infidélité est opposée à la foi, qui est une vertu de l'intelligence, le schisme est opposé à la charité, dont le siége est la volonté. Ces deux péchés diffèrent donc comme ces deux vertus. Tout hérétique, il est vrai, est schismatique, mais la proposition réciproque serait fausse.

2. Quel pouvoir spirituel peut encore avoir un prêtre schismatique ?

Il y a dans l'Église deux sortes de pouvoir spirituel : le pouvoir du sacrement reçu, et le pouvoir de juridiction. Le premier est essentiellement inamissible ; un prêtre ne le perd qu'avec la vie. Ce qui est une fois consacré à Dieu l'est toujours, tant qu'il reste ce qu'il était au moment de sa consécration : ainsi une église, un autel consacrés ne peuvent plus désormais servir à des usages profanes. Un prêtre légitimement ordonné le sera toujours et conservera jusqu'à la mort le pouvoir de consacrer le pain et le vin, pouvoir inhérent au sacrement de l'Ordre. La preuve c'est que si, après avoir été exclu du sein de l'Église, il y rentre, on ne l'ordonnera pas de nouveau. S'ensuit-il qu'il puisse sans pécher, user du pouvoir sacramentel ? Non ; une puissance subordonnée ne peut légitimement passer en acte sans l'ordre ou la permission de la puissance supérieure. Celle-ci liant les pouvoirs sacramentels du schismatique, il n'a pas le droit d'en user.

Quant au pouvoir de juridiction, dépendant totalement du supérieur qui peut à son gré le donner et le reprendre, les schismatiques déclarés ne l'ont pas. Ils ne peuvent donner l'absolution, et il est défendu de la leur demander, puisque ce serait coopérer au péché. J'excepte le cas de nécessité, où l'Église supplée la juridiction qui leur manque. S'ils la donnent hors ce cas, elle n'a pas plus de valeur que la sentence d'un juge révoqué, ou l'ordre d'un général déchu de son commandement.

QUEST. XL. *La guerre. Une autre sorte de discorde dans les actions, c'est la guerre.* — 1. La guerre est-elle permise aux chrétiens ? Jésus-Christ nous dit : Ne résistez pas au méchant (S. Matth., v, 39), et saint Paul : Ne vous défendez pas, mais donnez lieu à la colère de Dieu, laissez-lui le soin de vous venger. Comment, après une défense aussi formelle, soutenir que la guerre est permise ?

Ces paroles veulent dire que nous devons être dans la disposition de ne pas résister, si la résistance n'est pas nécessaire. Mais elle peut être un devoir imposé à ceux qui sont chargés des intérêts communs, et alors la guerre est permise.

* Si elle ne l'était jamais, Dieu s'appellerait-il le Dieu des armées ? Les anges chanteraient-ils au plus haut des cieux : Saint est le Seigneur, le Dieu des armées? Dieu lui-même donna à son peuple des lois à suivre en temps de guerre. (Deut., xxiii.) — Des soldats viennent trouver Jean-Baptiste et lui demandent ce qu'ils ont à faire pour sauver leurs âmes. Le saint précurseur ne leur dit pas de quitter le métier des armes, mais seulement d'éviter les concussions.

Ouvrez l'histoire, vous verrez que depuis le commencement du monde jusqu'à nos jours, il y a toujours eu des guerres. La perpétuité et l'universalité de ce fait n'annonce-t-il pas une loi de la Providence, ou plutôt, une suite nécessaire du péché?

Si la guerre était toujours un crime, d'où viendrait le prestige que la gloire militaire a exercé sur tous les peuples, civilisés ou barbares? D'où vient l'auréole qui resplendit au front de tous les guerriers? Un peuple, plusieurs peuples peuvent se tromper, il n'y a pas d'erreur universelle et constante. C'est que sans la guerre il n'y aurait pas de société possible ; c'est que sans la guerre les droits les plus chers et les plus sacrés seraient tous les jours foulés aux pieds. Mais si je vante la guerre, comment est-elle un vice opposé à la charité? Pour que la guerre soit ce que je dis, il faut qu'elle réunisse trois conditions. Elle doit être déclarée par le prince et faite en son nom, car c'est à lui qu'a été confié le soin des intérêts communs, c'est à lui qu'il appartient de repousser les ennemis du dedans et ceux du dehors. Elle doit être faite pour une cause juste, avec une intention droite, et non dans des desseins d'ambitions, dans le désir de faire couler le sang et les larmes, de satisfaire une vengeance personnelle. Toute autre guerre est un vice condamné par la charité, et celui qui en est l'auteur est responsable devant Dieu et devant les hommes, des malheurs qu'elle entraîne toujours après elle.

2. Pourquoi défendre aux ecclésiastiques de faire la guerre, même quand elle est juste ?

Parmi les choses humaines, il en est de tellement opposées les unes aux autres qu'on ne saurait convenablement les confier aux mêmes personnes : c'est pour cette raison que le négoce est interdit aux soldats, la guerre aux ecclésiastiques. Elle cause le trouble, l'agitation ; l'état ecclésiastique demande le calme, le repos de l'esprit : *Nemo militans Deo implicat se sœcularibus negotiis.* (I Cor., XI, 16.)

La principale fonction des ecclésiastiques est de servir à l'autel où Jésus-Christ offre le sacrifice de son sang. Ils doivent à son exemple verser le leur, s'il le faut, jamais celui des autres. S'il leur arrive de le verser, n'y eût-il de leur part aucune faute, ils sont par le fait même, irréguliers.

QUEST. XLI. *Rixe, ou guerre entre personnes privées.* — Elle est un péché mortel comme la guerre publique, la contention et la discorde, quand elle exclut la charité due au prochain. Si vous êtes attaqué injustement, il est évident que vous pouvez vous défendre, opposer la force à la force, même sans péché véniel.

QUEST. XLII. *Sédition.* — 1. La sédition diffère-t-elle de la rixe et de la guerre ?

Elle a quelque chose de commun avec l'une et avec l'autre, quelque chose aussi qui en diffère. La guerre se fait avec les étrangers, la rixe a lieu entre un petit nombre de personnes ; la sédition, c'est la guerre entre les partis d'une ville, d'un État, qui marchent les uns contre les autres, les armes à la main. Elle attaque le bien commun, qui est le plus grand, et a par conséquent une plus grande malice que la rixe, celle-ci ne blessant que des intérêts privés.

2. La sédition est-elle toujours un crime ?

C'est toujours un crime de semer la division dans une ville ou un peuple, et d'attaquer le bien commun. Ce crime de la sédition est d'autant plus grand qu'il porte une plus grave atteinte au bien public; il est mortel de sa nature, comme parlent les théologiens, cest-à-dire qu'il peut, sans sortir de son espèce, donner la mort à l'âme. Il retombe d'abord sur ceux qui ont conspiré dans l'ombre, puis sur ceux qui ont suivi les chefs de la sédition. Ceux qui marchent contre eux sont toutefois innocents de ce crime, et ne méritent pas plus le nom de séditieux, que ceux qui se défendent d'une agression injuste ne méritent l'épithète de querelleurs.

3. Si la sédition est toujours un crime, pourquoi ceux qui ont délivré la multitude d'un pouvoir tyrannique, sont-ils cités comme des héros et réputés les libérateurs de leur pays? comment un crime leur aurait-il valu tant de gloire?

Dès lors qu'un pouvoir devient tyrannique, il n'est plus légitime, et le mouvement qui le renverse n'a plus le caractère de sédition. Il n'y a pas, dit saint Thomas, d'autre séditieux que le tyran. Mais, remarque le saint Docteur, pour que la révolte soit permise, il faut que l'on prévoie raisonnablement que le mal inséparable d'une sédition sera moins grand que le mal causé par la tyrannie (1). C'est ce qu'il a déjà dit en parlant du changement des lois humaines.

QUEST. XLIII. *Le scandale.* — 1. C'est le vice opposé à la bienfaisance.

Le mot scandale (σκάνδαλον) signifie un choc du pied contre un obstacle. Il peut entraîner la chute ou seulement y préparer. De même dans la voie spirituelle il peut nous venir du dehors des obstacles qui causent ou préparent la ruine de nos âmes. Quels sont ces obstacles? une parole ou une action qui manque de rectitude. C'est pourquoi on définit le scandale: une parole ou une action moins droite qu'elle ne devrait être, et qui est pour les autres une occasion de ruine spirituelle.

---

(1) Si on pèse bien les paroles de saint Thomas, on verra que ce principe en apparence subversif de l'autorité la protége réellement: il est tout autre que celui des révolutionnaires.

On en distingue de deux sortes, le scandale actif et le scandale passif. Le premier est celui qui est donné, avec ou sans intention. Le second est celui que quelqu'un reçoit sans qu'il ait été donné, croyant à tort que telle ou telle action d'autrui est mauvaise. Ils peuvent exister ensemble, mais l'un n'entraîne pas nécessairement l'existence de l'autre.

2. Le scandale est-il toujours un péché?

Le scandale passif l'est toujours, puisque sans péché il n'y a pas de chute, et sans chute, pas de scandale. Si cependant vous avez l'esprit tellement de travers que vous vous scandalisiez d'une bonne action, vous êtes seul coupable.

Le scandale actif, s'il est connu de son auteur, est toujours péché, même quand il naît d'une bonne action ; la charité due au prochain vous fait un précepte de vous en abstenir, à moins toutefois qu'il ne s'agisse d'une action nécessaire au salut.

Notre-Seigneur a dit : Il est nécessaire qu'il vienne des scandales. Ce qui est nécessaire, peut-il être un péché?

Voici dans quel sens le scandale est nécessaire : les hommes sont si enclins au mal, et ils font si peu d'efforts peur résister à leurs passions mauvaises, qu'il est impossible qu'il ne vienne des scandales. C'est une nécessité conditionnelle, qui n'exclut pas le volontaire. Ainsi un médecin voyant des hommes se livrer continuellement à l'intempérance, dit avec raison : il est nécessaire que ces hommes tombent malades. Il pose sans le dire cette condition : à moins qu'ils ne changent de vie. Le scandale, tout nécessaire qu'il est vu la perversité humaine, ne laisse pas d'être volontaire. C'est pourquoi Notre-Seigneur, après avoir dit : Il est nécessaire qu'il vienne du scandale, ajoute aussitôt : Malheur à celui par qui arrive le scandale ! Il vaudrait mieux pour lui qu'on lui attachât au cou une meule de moulin et qu'on le précipitât au fond de la mer.

3. Ce péché est-il mortel ou seulement véniel?

Le scandale passif suppose un choc, une lésion contre un

obstacle. S'il ne s'agit que d'un simple choc, le péché est véniel, s'il y a chute, c'est un péché mortel.

S'agit-il du scandale actif ? si je me propose d'entraîner le prochain au péché mortel, le scandale est un péché semblable, quand même l'action ou la parole qui l'occasionne ne serait qu'un péché véniel. Ce serait différent si je ne me proposais que le péché véniel du prochain, et que je n'agisse pas de manière à le porter au péché mortel.

4. Les parfaits sont-ils à l'abri du scandale ?

Ils ne le donnent jamais, puisqu'ils sont parfaits, ne le reçoivent jamais, établis en Dieu *sicut mons Sion*.

QUEST. XLIV. *Précepte de la charité.* — 1. Pourquoi deux préceptes de charité, l'un regardant Dieu, l'autre le prochain. Ne suffisait-il pas du premier ?

Il est vrai qu'aimant Dieu nous devons aimer tout ce qui vient de lui et qu'il aime, par conséquent aimer tous les hommes, mais tous ne sont pas capables de le comprendre. Voyez ce qui arrive dans les sciences humaines. Les principes renferment toutes les conséquences, mais les savants seuls voient à l'énoncé d'une proposition les conclusions qu'il faut en tirer. De même trop peu d'hommes auraient vu que l'amour de Dieu entraîne l'amour du prochain, c'est-à-dire de ceux qui sont *nos proches*, issus du même principe, appelés à une fin commune, formés à la même image et ressemblance. Dieu condescendant à leur faiblesse devait leur manifester l'obligation qui découle de l'amour qu'on a pour lui.

2. Quel est le sens de ces paroles : Vous aimerez le Seigneur de tout votre cœur, de toute votre âme, de tout votre esprit, de toutes vos forces ?

L'amour est un acte de la volonté. C'est de la volonté que partent tous les mouvements spirituels, comme du cœur tous les mouvements physiques. La volonté en est le principe, parce que c'est la volonté qui tend vers la fin, et que, dans les choses morales, la fin proposée est principe. Vous aimerez Dieu de tout votre cœur : voilà la loi imposée à la volonté. Mais elle imprime le mouvement à trois autres puissances principales, l'intelligence, l'appétit inférieur et les forces extérieures. C'est pourquoi le précepte nous dit : Vous aimerez Dieu de tout votre esprit, et vous le montrerez en vous inclinant devant Dieu. Vous l'aimerez de toute votre âme, de toutes vos forces, c'est-à-dire l'amour subjuguant vos puissances animales et vos forces physiques, élèvera vers Dieu votre être tout entier.

3. Pouvons-nous, ici-bas, accomplir parfaitement le précepte de la charité?

Un précepte peut être accompli de deux manières : parfaitement, quand on atteint la fin que s'était proposée le législateur; imparfaitement, lorsque, sans atteindre cette fin, on ne fait rien qui n'en approche et n'y soit conforme. Un capitaine ordonne à ses soldats d'observer la discipline et de combattre avec courage. S'ils remportent la victoire, le précepte est parfaitement accompli, et sa fin obtenue. S'ils sont fidèles à la discipline, braves au combat, sans que la victoire couronne leur bravoure et leur fidélité, le précepte n'est accompli qu'imparfaitement. Quelle fin Dieu s'est-il proposée en nous donnant le précepte de la charité? De nous unir entièrement à lui, d'être en toutes choses notre tout : *Erit omnia in omnibus.* (1Cor., xv, 18.) Nous pouvons ici-bas préluder à cette union, mais nous n'en verrons la perfection que dans la patrie, où tout sera consommé en Dieu.

QUEST. XLV. *Don de sagesse, correspondant à la charité.* — 1. C'est un don de l'Esprit-Saint. Le propre de la sagesse est de s'élever à la cause première, de juger toutes choses, de mesurer toutes nos actions conformément à cette règle suprême. L'homme mérite le nom de sage, lorsque, remontant la série des causes secondes, il a trouvé le premier anneau de la chaîne, avec les seules lumières de sa raison. Mais sans une autre lumière, il ne pourra s'élever au-dessus de l'ordre naturel et connaître les choses en tant qu'ordonnées au salut. Pour juger de toutes choses selon la règle de la cause première, il lui faut la lumière de l'Esprit-Saint qui éclaire sa contemplation, et pour y conformer sa conduite, il lui faut l'onction du même esprit : « l'Esprit seul, dit l'Apôtre, juge de toutes choses et pénètre le secret des mystères les plus cachés. »

2. La sagesse a son siége dans l'entendement de l'homme. Le don d'intelligence nous dispose à bien concevoir les choses divines, le don de sagesse, à en juger sainement et d'après la raison même de Dieu. La rectitude du jugement peut avoir deux causes : la raison, et c'est alors la sagesse acquise ; l'Esprit-Saint, et c'est la sagesse infuse, qui est comme le parfum de la charité. De même que l'homme chaste d'esprit et de cœur a une aptitude naturelle à juger de la chasteté, uni à Dieu par la charité et sentant la douceur de son amour, je suis capable de juger sainement des choses divines. Or l'action de juger appartient en propre à l'entendement.

3. La sagesse n'habite qu'avec ceux qui sont en état de grâce. Ce qui a pour fondement la charité est toujours incompatible avec le péché mortel. Le péché étant une aversion de Dieu, un attachement à la créature, rompt le lien de la charité, tarit la source de cette onction qui nous fait juger les choses d'après les règles de la cause première. Donc il est incompatible avec la sagesse : « elle n'entrera pas dans l'âme du méchant, et n'habitera pas dans un corps livré au péché. » (Sag., I, 4.)

QUEST. XLVI. *Vice opposé à la sagesse, la folie.* — 1. Le fou est celui dont le sens émoussé a perdu le goût des choses délicates, et qui dédaigne de les rechercher. L'esprit obtus et le cœur glacé, il trouve insipides les choses qui ne frappent point les sens. Le sage, au contraire, a le goût subtil, pénétrant. Il savoure les délices des biens spirituels, saisit aussi vivement les choses et leurs causes, dit saint Isidore, que l'homme sain goûte la saveur d'un mêts exquis.

2. La folie est un péché. Il faut distinguer deux sortes de folie : l'une, qui vient d'une disposition naturelle, n'est point coupable, la nature ne faisant rien que de bon ; telle est la folie des enfants et celle des malheureux atteints d'aliénation mentale. L'autre vient d'un attachement volontaire aux biens terrestres. L'homme qui ensevelit son esprit et son cœur dans la fange, qui s'interdit l'accès aux choses du ciel, viole les préceptes qui nous obligent à la recherche et à la contemplation de la vérité. « L'homme animal, dit l'Apôtre, n'entend rien aux choses du ciel. » Il n'y trouve pas plus de goût que l'homme enrhumé n'en trouve aux aliments les plus savoureux.

La folie qui est un péché est communément fille de la luxure. Elle vient, avons-nous dit, de ce que l'esprit émoussé ne peut plus percevoir et goûter les choses spirituelles. Or, il n'est pas de vice qui énerve les forces de l'esprit et en émousse la pointe, comme la luxure. La violence des voluptés lascives est telle qu'elles absorbent entièrement l'esprit, et en éteignent toutes les lumières. Comment, subjugué par les sens, pourrait-il encore prendre son essor et s'élever aux choses spirituelles? c'est pourquoi le Sage a dit : « La servitude et les fers seront le partage de ceux qui courent après les impudicités. »

CHAPITRE IV.

LA PRUDENCE.

Il y a des vertus qui ne naissent et ne se conservent en nous qu'avec l'aide de Dieu. Il donne à notre intelligence les lumières de la foi, à notre volonté l'appui de l'espérance, l'onction de la charité. Nous pouvons, sans un secours surnaturel, acquérir et conserver certaines vertus, celles que nous appelons vertus cardinales. La prudence nous fait agir conformément à la raison ; la justice, la force et la tempérance soutiennent la volonté et la dirigent dans la voie du bien, manifesté par l'intelligence. Il convient, après avoir parlé des vertus qui sont l'œuvre de la grâce, d'examiner celles que nous pouvons acquérir par les seules forces de la nature.

QUEST. XLVII. *Sujet de la prudence.* — 1. La prudence est une vertu de la raison. L'homme prudent (*porro videns*) est celui *qui voit bien*, dont les regards percent l'avenir et découvrent ce qui est éloigné. On ne peut en avoir la vue claire et sûre que par une comparaison, en rapprochant le présent du passé, ce qui est une œuvre de l'esprit. Les facultés sensitives ne nous montrent que les objets présents, les choses offertes à nos sens. La prudence est donc dans la raison comme la vision dans les yeux.

Cependant il faut dire qu'elle est une vertu de la raison pratique. Le propre de la prudence, dit le Philosophe, c'est de bien conseiller en ce qui regarde la conduite de la vie. Or, le conseil regarde les moyens à prendre pour aller à une fin, ce qui appartient à la raison pratique.

J'ajoute que la prudence n'est pas une simple considération, un pur regard de l'intelligence ; elle suppose la connaissance de l'universel et du particulier. En effet, qu'est-ce que la prudence ? C'est la droite raison des choses que nous avons à faire. Elle s'applique à une œuvre spéciale, qu'elle conduit le plus directement possible à sa fin. Il faut pour cela connaître et les principes universels, et le cas particulier auquel nous les appliquons ; car nous n'agissons jamais d'une manière générale, nous ne faisons que des actions particulières, et il ne suffit pas pour agir de méditer et de raisonner, il faut mettre la main à l'œuvre.

2. La prudence est une vertu. On appelle vertu une habitude qui produit le bien en nous et rend nos œuvres louables. Nous pouvons considérer le bien sous deux rapports : matériellement, comme réalisé dans tel ou tel être ; formellement, en tant qu'il a des attraits et sollicite nos appétits. Les vertus intellectuelles ne nous procurent le bien que de la première manière ; elles donnent à notre raison une juste connaissance du bien qui est dans les êtres, et nous font voir les choses telles qu'elles sont, sans supposer en nous un rapport nécessaire avec l'honnêteté des mœurs. On peut être excellent artiste, et homme de mauvaise vie. La prudence fait plus, elle nous montre les attraits du bien, et sollicitant vers lui nos puissances appétitives, rend nos œuvres bonnes ; c'est pourquoi la prudence participe à la fois de la vertu intellectuelle et de la vertu morale.

3. Comment diffère-t-elle des autres vertus ?

Les habitudes et les actes se diversifient selon la diversité de leurs objets : l'objet de la prudence n'est-il pas différent de celui des autres vertus ? Les vertus intellectuelles, comme la sagesse, la science, l'intelligence ont pour objet le nécessaire ; la prudence, les choses contingentes et variables. L'art, vertu intellectuelle, a pour objet le contingent, mais c'est le contingent *fai-*

sable, un objet extérieur, par exemple, un édifice, un tableau sur lequel il imprime un dessin d'après des règles certaines. L'objet de la prudence est le contingent *agible*, l'opération qui réside en nous et dont les règles sont variables et incertaines.

Les vertus morales ont leur siége dans les puissances appétitives ; la prudence, dans la raison.

4. La prudence ne détermine pas la fin à laquelle tendent les vertus morales, mais seulement les moyens les plus propres à conduire à quelque fin. La fin des vertus morales, c'est le bien de l'âme. Quel est-il, ce bien auquel nous devons sans cesse aspirer ? La conformité avec la raison. Or, je trouve dans la raison spéculative des principes naturellement connus, et dont j'ai l'intelligence ; puis des conclusions dont j'ai la science. Dans ma raison pratique je vois des fins déterminées par la nature ; il n'appartient donc pas à la prudence de les fixer. Je trouve de plus des conclusions que je tire de ces fins, comme je tire des conclusions des principes que je connais naturellement, car les fins sont à la morale ce que les principes sont à la spéculation. La prudence ne détermine que les moyens d'arriver à une fin. Le reste est hors de sa compétence.

5. La prudence montre aux vertus morales le milieu qu'elles doivent atteindre pour procurer le bien de l'âme. Elles n'arrivent à leur fin que par la juste disposition des choses qui y conduisent, évitant le défaut qui les retiendrait en deçà, l'excès qui les entraînerait au delà du but. La prudence éclaire la voie de la vertu, montre du doigt le point où elle doit se maintenir pour être conforme à la raison, comme celui qui vous montrerait la maison où vous avez dessein de vous rendre. Plusieurs hommes également tempérants, mais doués d'une complexion différente, ne pratiquent la tempérance qu'en suivant des voies diverses. La prudence leur vient en aide, et, en leur montrant comment ils doivent modérer les transports de la concupiscence, leur fait voir l'asile auquel ils doivent aborder.

6. L'acte principal de la prudence, est de commander. La prudence se définit, *la droite raison de ce que nous avons à faire.* Elle réunit trois actes, qui sont : le conseil, le jugement et le commandement. Si je veux me conduire prudemment, avant d'agir je prends conseil, je juge de l'expédient qui m'a été conseillé, je commande d'après le jugement que j'ai porté. De ces trois actes le dernier est le principal, parce qu'il résume les deux autres, et qu'il est le plus près de la fin. Le jugement est ici un acte inférieur, et joue un rôle moins important que le commandement. L'art consistant dans la rectitude du jugement, l'ouvrier qui fait mal sachant qu'il se trompe, est moins mauvais ouvrier que celui qui fait de travers sans le savoir. Au contraire celui qui, le sachant, commande une fausse manœuvre, n'est-il pas plus imprudent que celui qui commande mal sans s'en apercevoir ?

7. La prudence ne regarde-t-elle que nous-mêmes, ou s'étend-elle aussi au gouvernement de la multitude ?

Des philosophes ont prétendu qu'elle ne doit régir que notre conduite particulière. Leur erreur venait de ce qu'ils pensaient que l'homme ne doit rechercher que son propre bien. C'est une maxime contraire à la charité, contraire à la raison, qui nous dit que le bien commun est préférable au bien particulier. Il y a donc autant de sortes de prudence, outre celle qui regarde notre bien propre, qu'il y a de biens communs. On distingue ordinairement le bien de la famille, et le bien de l'Etat ; de là la prudence domestique et la prudence royale, qui conseille, juge et commande dans l'intérêt de ces deux communautés.

8. Ainsi considérée, elle ne peut donc être que dans celui qui commande, non dans les sujets qui obéissent ?

Elle peut être aussi dans les sujets et les serviteurs, non en leur qualité de subalternes, car le propre de la raison et de la prudence c'est de commander, mais en leur qualité d'êtres raisonnables et possédant le domaine de leurs actions. La prudence est en ceux qui commandent comme l'art dans l'architecte, en ceux qui obéissent, comme l'art dans les ouvriers subalternes.

9. Les méchants peuvent-ils avoir de la prudence? Il y a une prudence fausse et apparente, c'est celle du méchant qui use de moyens habiles pour arriver à ses fins : celui-là, dit-on, est un prudent voleur. L'Apôtre a dit dans ce sens : « La prudence de la chair est la mort. » (Rom., VIII, 6.)

Il y a une autre prudence qui, sans se proposer la véritable fin de l'homme, tend à une fin honnête : telle est la fin du négociant, du général d'armée, du pilote habile, et celle de l'homme qui juge bien de sa fin dernière, mais faillit dans l'acte principal de la prudence, le commandement. Elle est commune aux méchants et aux bons.

Enfin il y a la vraie, la parfaite prudence, qui conseille, juge avec certitude, ordonne avec efficacité tout ce qui concerne la fin dernière. Cette prudence appartient en propre aux gens honnêtes et vertueux : elle n'habite pas dans les âmes vendues au crime.

10. La nature ne donne-t-elle pas à l'homme la vertu de prudence? Elle donne quelquefois une très-grande prudence aux animaux sans raison : sera-t-elle moins libérale envers l'homme, qui est un animal raisonnable?

Il y a des principes universels, soit spéculatifs, soit pratiques, que la nature nous enseigne; mais il y en a beaucoup, les plus éloignés, que l'étude et l'art seuls nous font connaître. Quant à la science en particulier, science nécessaire à la prudence, la nature est impuissante à nous la donner. Les fins nécessaires de l'homme sont fixes et invariables, mais les moyens d'y arriver? La nature ne fait donc qu'ébaucher en nous la vertu de prudence. — Il faut répondre à l'objection : les voies qui conduisent les bêtes à leur fin, ont été irrévocablement fixées. Toutes les bêtes de la même espèce font les mêmes actions, parce qu'elles ne saisissent que le particulier, auquel la nature les porte irrésistiblement, mais l'homme connaît l'universel; voilà pourquoi il peut tendre vers sa fin en choisissant entre mille routes diverses. Quelle est la plus facile et la plus sûre? La nature ne le dit pas, il nous faut la vertu de prudence, fruit de l'expérience et de l'étude. Aussi cette vertu est-elle plus rare parmi les jeunes gens que parmi les vieillards.

QUEST. XLVIII. *Parties de la prudence en général.* — Les parties qui constituent intégralement cette vertu sont au nombre de huit; cinq regardent la prudence comme vertu qui connaît, trois la regardent comme vertu qui commande.

Que faut-il pour bien connaître? Si c'est le passé, la mémoire; s'il s'agit du présent soit contingent soit nécessaire, l'intelligence. Mais pour acquérir des connaissances il faut étudier, et pour étudier, il faut de la docilité; c'est la troisième partie intégrale de la prudence; ou bien il faut un esprit inventeur dont la vivacité supplée à l'étude.

Les connaissances une fois acquises, comment en use-t-on? Pour bien commander, la raison doit : 1° *prévoir* si tel moyen conduira sûrement à la fin; 2° examiner toutes les circonstances qui précèdent, qui accompagnent et qui suivent : c'est ce que fait la *circonspection*; 3° éviter les obstacles : c'est le propre de la *précaution*. Tels sont les éléments qui constituent intégralement la prudence. Ils sont l'un et l'autre aussi nécessaires à cette vertu que la muraille, le toit à une maison.

Les parties subjectives ou les différentes sortes de prudence sont : la prudence qui nous dirige nous-mêmes, et la prudence appelée à diriger la multitude. Celle-ci se diversifie selon la multitude qu'elle doit régir. On la dit prudence politique, quand elle doit gouverner une cité, un État; prudence civile, considérée dans les sujets qui obéissent au prince; prudence militaire, quand elle régit une armée; prudence domestique, quand elle s'applique à l'intérieur d'une maison.

Les parties ministérielles ou vertus adjointes à la prudence sont la *conseillante*, la *judicieuse* et la *judicieuse par excellence* que le Philosophe appelle εὐβουλία, σύνεσις, γνώμη. La conseillante inspire à l'homme de sages conseils, la judicieuse le fait juger selon les règles ordinaires de la raison. Mais s'il arrive que ces règles ne suffisent pas et que le jugement à porter demande des lumières extraordinaires, il faut une autre vertu, c'est la *conseillante par excellence* qui les inspire à l'homme prudent.

QUEST. XLIX. *Parties de la prudence en particulier : comment la mémoire, l'intelligence, etc., sont nécessaires à la prudence.* — 1. Cette vertu a pour objet les contingents *agibles*, ce que nous devons ou ce que nous ne devons pas faire. Les principes métaphysiques sans doute sont bons, mais insuffisants quand il s'agit d'un cas particulier, et que l'application en est immédiate. Il faut alors appeler l'expérience au secours de notre faiblesse, et conclure, d'un fait passé, un fait à venir. Nous disons : Telles causes ont autrefois produit tels effets ; les lois de la nature n'ayant pas changé, le même effet suivra d'une cause semblable. Ainsi la prudence s'acquiert et se perfectionne par l'expérience. Mais où conserver le souvenir des faits passés, sinon dans la mémoire ? où recueillir les fruits de l'expérience, sinon dans le trésor d'une mémoire fidèle ? On fait cette difficulté : la prudence s'acquiert et se perfectionne par l'expérience. Or, la mémoire nous vient de la nature. Vous entendez tous les jours des personnes se plaindre de leur mémoire. Pourquoi ? parce qu'une nature avare leur a refusé ce don. La mémoire n'a donc rien de commun avec la prudence ?

La nature donne ou refuse quelquefois une heureuse mémoire, mais il n'est rien non plus que l'art développe et perfectionne comme cette faculté. Il y a des moyens infaillibles de l'acquérir prompte et facile.

Voulez-vous graver dans votre esprit une pensée ? Ayez soin de vous la représenter sous une image qui lui ressemble et choisissez-en une, s'il est possible, qui vous soit peu familière. Ce qui est nouveau éveille l'attention, pique la curiosité, et se grave profondément dans l'esprit, où il est comme lié par l'image sensible. Les enfants retiennent bien, parce que tout est nouveau pour eux, et frappe vivement leur attention. Voilà pourquoi, dans notre vieillesse, nous nous rappelons souvent ce qui nous est arrivé dans notre enfance. Les longues années qui séparent ces deux termes de notre existence n'ont pas effacé ces impressions, tant elles ont été profondes, tant elles ont ému un esprit vide d'images.

Un autre exercice très-utile à la mémoire, c'est de bien ordonner les choses que nous apprenons. Le souvenir de l'une fera naître le souvenir de l'autre. Lorsqu'au moment du besoin nous les appellerons, elles se présenteront successivement et avec ordre, comme des soldats qui répondent à l'appel de leurs noms. Chacune se présentera à son tour, disant : Est-ce moi que vous cherchez? Une autre : Est-ce moi ? Et ainsi, jusqu'à ce que nous voyions paraître celle que nous désirons.

Il est bon aussi de vous affectionner à la pensée dont vous voulez vous souvenir. Plus sont nombreux les liens qui retiennent une chose dans notre esprit, moins elle en sort facilement.

Enfin il faut méditer ce que nous confions à notre mémoire. Une idée bien comprise nous conduit à une autre : de leur choc jaillit une lumière qui nous fait voir d'autres idées cachées depuis longtemps dans les replis de notre mémoire, et nous sommes tout étonnés de *reconnaître*, de retirer de l'oubli ce qui y était resté enseveli de longues années.

2. L'intelligence n'est pas moins nécessaire à la prudence. Nous ne considérons pas ici l'intelligence comme la faculté qui connaît, mais comme une puissance qui perçoit un principe naturel et en tire, par voie de conclusion, notre ligne de conduite. Il faut que la prudence ait à sa disposition une puissance semblable, sinon comment connaître les moyens qui conduiront sûrement à une fin ?

3. Il faut de plus, à la prudence, la docilité. La prudence, je l'ai dit, a pour objet les choses contingentes que nous avons à faire. Ce sont des faits trop divers et trop compliqués pour qu'un

homme, s'il est seul, puisse en acquérir une connaissance parfaite. Le peu qu'il saura lui coûtera de longues et pénibles études, et encore sa connaissance sera-t-elle bien défectueuse. C'est pourquoi il faut qu'il mette à profit l'expérience des autres, qu'il consulte les vieillards et reçoive avec docilité les leçons de leur expérience. « Ne vous appuyez pas sur votre prudence, nous dit le livre des Proverbes. (iii, 5.) Trouvez-vous volontiers dans l'assemblée des vieillards et unissez-vous de cœur à leur sagesse, afin que vous puissiez écouter tout ce qu'ils vous diront de Dieu, et que vous ne laissiez perdre aucune de leurs excellentes paraboles. » (Eccli., vi, 35.)

4. La prudence ne saurait non plus être parfaite sans l'esprit d'invention. La prudence est une juste idée de ce qu'il faut faire. Nous pouvons l'avoir comme toute idée, soit en la recevant des autres, soit en la trouvant nous-mêmes par de vives et promptes conjectures. L'esprit d'invention nous fait trouver et ne tenir que de nous ce que la docilité nous fait recueillir à des sources étrangères.

5. Une autre partie intégrale de la prudence, c'est la raison. Nous ne la prenons pas ici pour la faculté de bien penser, mais pour le bon usage de cette faculté. Elle est essentielle à la prudence, car la prudence suppose le bon conseil, et celui-ci, une raison droite.

6. Il en est de même de la prévoyance. Elle ne s'étend pas au passé ni au présent; il est impossible que ce qui a été ou ce qui est, n'ait pas été ou ne soit pas, elle ne regarde que les choses futures. Il y en a, il est vrai, qui dépendent uniquement de Dieu, mais d'autres aussi sont du domaine de l'homme; et s'il est prudent, il les voit de loin comme si elles étaient imminentes; de sorte que jugeant de leurs rapports avec la fin qu'il se propose, il les fait concourir à cette fin.

7. Il n'y a pas de prudence sans circonspection. La prudence choisit les moyens les plus propres à procurer une fin. Des

moyens peuvent être bons en eux-mêmes, et mauvais à cause de certaines circonstances qui les accompagnent. Par exemple, il n'est rien de plus propre à nous concilier les bonnes grâces de quelqu'un, que de lui donner des témoignages d'amitié ; mais si je remarque que mes démonstrations, loin de lui inspirer de la bienveillance, ne font naître en lui que l'orgueil et le soupçon de flatterie, je me tiendrai à son égard sur la réserve. Ainsi, la circonspection accompagne toujours l'homme prudent.

8. Enfin, il a une autre qualité non moins précieuse, la précaution. Dans les moyens que je me propose d'employer, le faux peut se mêler au vrai, le mal au bien. Toutes nos œuvres se composant d'éléments divers, les méchants peuvent nous susciter des obstacles et faire échouer nos meilleurs desseins. La précaution nous fait éviter les froissements qui irritent le méchant, sépare le bien d'avec le mal, le vrai d'avec le faux, ou ce qui a seulement l'apparence du vrai.

La prudence, supposant la réunion de tant de qualités, est-il étonnant qu'elle soit si rare? Je parle, il est vrai, de la prudence parfaite. Au-dessous de la perfection, il y a encore des degrés que l'on n'atteint pas sans effort et sans gloire.

QUEST. L. *Différentes sortes de prudence. En donnant l'idée générale de la prudence, nous avons fait connaître la prudence qui doit nous régir nous-mêmes. Parlons maintenant de celle qui régit la multitude.* — 1. La prudence des souverains est distincte de toutes les autres espèces de prudence.

Le propre de cette vertu est de commander. Partout où les actes humains nous offrent une variété de commandement, partout il faut une prudence spéciale pour bien commander. L'acte par lequel le prince régit la cité, l'État, ne diffère-t-il pas de l'acte par lequel il se gouverne lui-même, lui ou sa maison? Et comme ce commandement est le plus étendu et le plus noble, il s'ensuit que la prudence des souverains est la plus excellente et la plus parfaite.

2. Le serviteur reçoit le mouvement de son maître ; le sujet, de son prince. Mais il ne le suit pas comme les choses inanimées et sans raison suivent l'impulsion de leur moteur. L'homme, doué de libre arbitre, a le domaine de ses actes, et tout en suivant une impulsion étrangère, s'en donne à lui-même une qui lui est propre. La prudence politique est celle suivant laquelle le sujet se dirige lui-même en obéissant au prince qui a le droit de lui commander ; c'est donc une prudence spéciale.

3. Pourquoi distinguez-vous une autre sorte de prudence appelée prudence domestique ?

La vertu de prudence, comme toutes les vertus, se diversifie selon son objet. La maison étant distincte de l'État et de l'individu, étant moins que l'un et plus que l'autre, il faut pour la régir une prudence spéciale.

4. Et la prudence militaire ?

Elle régit aussi une multitude distincte, qui est nécessaire à la cité et à l'État.

L'art et la raison doivent imiter la nature. Non-seulement la nature inspire aux animaux l'instinct de se conserver et de se régir eux-mêmes, mais elle leur donne aussi les moyens de résister aux attaques de l'ennemi et à l'action d'éléments destructeurs. De même, il faut à l'État une multitude qui repousse l'ennemi du dedans et du dehors. Cette multitude spéciale, c'est l'armée ; et la prudence qui la régit s'appelle prudence militaire.

QUEST. LI. *Vertus adjointes à la prudence ; l'habitude conseillante ou l'euboulie.* — 1. Le mot *euboulie* vient de εὖ et βουλή, et veut dire bon conseil. C'est une vertu, car il n'est rien qui rectifie les actes humains comme les conseils salutaires. N'a-t-on pas élevé bien haut le mérite d'un homme, lorsqu'on a dit de lui : C'est un homme de bon conseil ! Elle se rapporte à la prudence comme la partie au tout, l'accessoire au principal. Trois actes, avons-nous dit, constituent la prudence : le conseil, le jugement, le précepte. Celui-ci est l'acte principal auquel se rapportent les deux autres, mais tous sont distincts : autre est la bonté du conseil, autre celle du jugement, autre celle du précepte. Ce sont donc trois vertus différentes qui établissent en nous ces différentes bontés.

2. Qu'est-ce que la synèse, ou l'habitude judicieuse ?

C'est la vertu du bon jugement, comme l'euboulie celle du bon conseil. Elles diffèrent l'une de l'autre : tel qui a de bons conseils, manque de jugement, c'est un insensé (ἀσύνετος). Il n'est pas rare de rencontrer dans les sciences des hommes doués d'une grande activité intellectuelle et privés de sens commun. Cela tient à la mobilité de leur imagination, qui prend et laisse avec promptitude les images sensibles appelées au secours de l'intelligence. Outre l'*euboulie* qui l'assiste dans ses conseils, il faut donc à l'homme prudent une habitude qui le secoure dans ses jugements, c'est la *judicieuse*.

3. La *judicieuse par excellence* ou la *gnome* est aussi la vertu du bon jugement, mais dans un ordre plus élevé que la synèse.

Les habitudes se diversifient suivant l'élévation des principes qu'elles doivent percevoir. La sagesse qui perçoit les causes en elles-mêmes, diffère de la science qui les saisit dans leurs effets. Il en est de même dans les choses pratiques. Ce qui est en dehors d'un principe inférieur, peut rentrer dans un principe supérieur et s'y trouver conforme. Les monstres sont en dehors des lois de la génération, ils rentrent dans les desseins de la Providence qui les permet, comme l'artiste ménage des ombres sur un tableau, afin de relever la beauté et l'éclat de son œuvre. Il peut se présenter un cas particulier où la synèse fasse défaut. Ce qu'il serait bon de faire dans les conditions communes serait un mal dans des conditions exceptionnelles : c'est la gnome qui me donne ce jugement supérieur, c'est la gnome qui me fait sortir des voies ordinaires et m'élève à de si hautes considérations que je juge à propos d'abandonner les principes communs de la synèse. En voulez-vous un exemple ? La synèse me dit : Il faut rendre le dépôt qui vous a été confié. Mais si je sais que le dépositaire va en user pour trahir sa patrie ou attenter à la vie du prochain, la gnome me dit : Ne rendez pas le dépôt, il ne faut pas armer des mains homicides. Le jugement de Salomon nous en offre un autre exemple.

QUEST. LII. *Don de l'Esprit-Saint, qui correspond à la prudence, le conseil.* — 1. Un principe inférieur reçoit avec le mouvement d'un principe supérieur, secours et perfection : tel est le corps à l'égard de l'âme, la main de l'enfant à l'égard du maître qui la conduit et lui fait écrire des caractères bien formés. En quoi consiste la prudence? Dans la rectitude de la raison. Or, la raison sera d'autant plus droite, l'homme d'autant plus prudent, qu'il communiquera davantage avec le principe qui est sa règle suprême. Quel est ce principe? L'Esprit-Saint réglant, inspirant la raison de l'homme par de sages conseils, et l'empêchant de faire de faux pas.

2. Ce don nous suivra-t-il dans le ciel?

Les dons de l'Esprit-Saint font de notre âme des mobiles dociles et prompts entre les mains de Dieu. Les conditions d'un mobile changent dans le cours ou au terme du mouvement. Quelquefois l'action du moteur cesse quand le mobile a atteint son terme : ainsi, l'architecte qui a achevé un édifice. Quelquefois l'action du moteur continue, même quand le mobile a atteint le terme de son mouvement : ainsi le soleil continue de rayonner quand l'air est éclairé. Il en est de même des dons de Dieu. Ils commencent dans la voie, ils continuent dans la patrie. Dieu ne cesse d'éclairer les saints, en augmentant leurs connaissances et en ne leur laissant jamais rien ignorer de ce qui est essentiel à leur bonheur.

Il y a, au sujet de ce qu'ils ne savent point, une différence entre leur ignorance et la nôtre. En eux, c'est une simple *nescience* ; il reste en nous une inquiétude, la crainte de ne pas savoir tout ce que nous avons à faire. Dieu donne aux saints la quantité de lumière qu'il leur faut, et ils ne désirent savoir que ce qu'ils savent.

QUEST. LIII. *Vices opposés à la prudence : c'est d'abord l'imprudence.* — 1. Comment est-elle un péché, car le péché est toujours volontaire et personne ne *veut* être imprudent? L'imprudence qui n'est qu'une simple privation peut n'être pas coupable : telle est l'imprudence des fous et des petits enfants. Mais celle qui suppose la privation de la prudence qu'on peut et qu'on doit avoir est un péché. Il en est de même de celle qui implique une opposition formelle avec les règles de la prudence. L'homme prudent prend conseil, juge et commande. Lorsque, méprisant les conseils, ne voulant pas vous donner la peine de juger et de commander, vous vous précipitez dans une entreprise, vous commettez une imprudence coupable. C'est un péché mortel, si vous violez les préceptes de Dieu : L'imprudence, dit le Sage, anéantit le trésor du salut; un péché véniel, si vous le faites sans mépris et sans violation de ce qui est de précepte.

On dit : Personne ne veut être imprudent. Non, personne ne veut le défaut, la laideur de ce vice, mais l'imprudent veut l'acte vicieux, puisqu'il le commet, pouvant s'en abstenir.

2. La précipitation n'est-elle pas une sorte d'imprudence?

Les termes dont on se sert dans les choses corporelles sont souvent employés pour exprimer les choses spirituelles. Or, on dit d'un homme qu'il se précipite lorsqu'il s'élance d'un lieu élevé en un lieu plus bas sans toucher du pied les degrés intermédiaires. Le lieu le plus élevé où siége l'homme, c'est la raison; le lieu le plus bas, une action du corps. Les degrés intermédiaires par lesquels nous devons descendre, sont la mémoire du passé, l'intelligence du présent, la prévoyance de l'avenir, le jugement qui compare, la docilité qui écoute les leçons de l'expérience. L'homme se précipite, lorsque, entraîné par un mouvement de la volonté ou par la violence d'une passion, il produit une action physique sans s'être arrêté à ces degrés divers. Donc la précipitation est un vice contenu implicitement dans l'imprudence.

3. Ne pourrait-on pas en dire autant de l'inconsidération?

C'est un manque de jugement, comme la précipitation un manque de conseil. — La considération est un regard de la raison qui perçoit les rapports d'un principe avec ses conclusions et réciproquement. L'inconsidération est l'absence de cet acte essentiel à la prudence. L'homme prudent, dit le Sage, considère attentivement les choses qu'il a devant les yeux, afin de conduire ses pas dans les voies de la rectitude.

4. Et l'inconstance?

Elle est contraire au troisième acte de la prudence, qui est le commandement. On appelle inconstant celui qui renonce sans motif légitime à un bon dessein. Ses puissances appétitives se portant vers le bien conseillé et jugé, étaient conformes à la raison. Prenant mal à propos un cours opposé, elles perdent leur rectitude et tombent dans le désordre ou le péché.

QUEST. LIV. *La négligence.* — Enfin la négligence est un autre vice incompatible avec la prudence.

C'est le propre de la prudence de choisir les moyens efficaces pour arriver à une fin : la négligence, comme l'indique le mot (*nec eligens*) n'en prend aucun souci. Donc elle exclut la prudence.

Elle vient d'une lâcheté de la volonté qui s'endort et ne s'inquiète point de ce qu'elle devrait ordonner, ou ne le fait pas de la manière convenable. C'est un péché mortel quand elle entraîne l'omission de ce qui est nécessaire au salut, et lorsque vous rendant indifférent sur tout ce qui regarde Dieu, elle vous fait manquer de la charité qui lui est due. Mais si elle n'entraîne pas au mépris des choses du ciel, si elle n'est qu'un manque de ferveur, suite du péché véniel, elle ne donne pas la mort à l'âme.

QUEST. LV. *Vices qui ressemblent à la prudence.* — Il y a des vices dont l'opposition avec la prudence n'est pas si manifeste, qui sont même une prudence apparente, comme la prudence de la chair, l'astuce, le dol, la sollicitude des biens temporels.

1. La prudence de la chair est-elle un péché?

La prudence règle les moyens d'arriver à ce qui est la fin de la vie tout entière. Les biens de la chair n'étant pas cette fin, la mettre en eux est une méprise et un désordre.

2. Ce péché est-il mortel ?

La vraie prudence est celle qui nous conduit à notre fin dernière. Une autre prudence est celle qui conduit à une fin particulière, par exemple, celle du pilote, du négociant. Regarder cette fin comme la fin suprême et diriger vers elle tous nos efforts, c'est un péché mortel, car c'est se détourner de Dieu et dire qu'il n'est pas notre fin, l'homme ne pouvant avoir plusieurs fins dernières. Mais si le négociant, bien qu'il s'attache d'une manière désordonnée aux biens de ce monde, n'y met pas sa fin suprême et élève son âme plus haut, son péché peut n'être que véniel. Je puis même, sans tomber dans le vice appelé prudence de la chair, donner à mon corps des soins assidus, si je les rapporte à une fin honnête, le soutien de la vie et de la santé. Ils ne m'empêchent pas d'aspirer à une fin ultérieure et n'affaiblissent nullement le lien de la charité.

3. Comment l'astuce est-elle opposée à la prudence ?

La prudence est la conformité avec la droite règle de notre conduite, comme la science, la conformité de notre esprit avec les principes de la spéculation. On peut dévier, dans les sciences, de la rectitude de l'esprit, soit en partant de principes vrais pour aboutir à une conclusion fausse qui a l'apparence de la vérité, soit en partant de principes faux pour arriver à une conclusion fausse ou vraie. De même, je puis dévier de la rectitude de la prudence en mettant ma fin dans un bien faux, qui n'a de la vérité que l'apparence : c'est la prudence de la chair ; ou en mettant ma fin dans un bien réel, mais en y tendant par des voies tortueuses et perverses : c'est là précisément en quoi consiste l'astuce. C'est un désordre opposé à la prudence qui marche toujours dans le droit chemin de la vérité et n'use que de moyens légitimes.

4. Le dol est-il autre chose que l'astuce ?

L'astuce conçoit des desseins pervers, le dol les met à exécution soit par des actions, soit par des paroles fallacieuses, de sorte qu'il est appelé avec raison la main et l'organe de l'astuce.

5. La sollicitude des biens temporels est-elle défendue?

Qui dit sollicitude d'une chose, dit un grand désir, une vive ardeur de l'acquérir. L'agitation qu'une fois acquise elle produit en nous augmente avec la crainte de nous en voir un jour privés, car où est la sécurité, il n'y a plus de sollicitude. Cette sollicitude pour les biens de ce monde est défendue lorsque nous les recherchons avec le même empressement, la même affection que s'ils étaient notre fin dernière, lorsque le désir de les posséder domine toute notre conduite.

Elle est un péché, quand elle nous détourne des biens spirituels, dont elle éteint en nous le désir. La parabole du semeur nous en offre l'exemple. « Ces épines qui étouffent le bon grain, ce sont les sollicitudes, l'illusion des richesses. » (S. Matthieu.) Elles étouffent la parole de Dieu et la rendent infructueuse, c'est-à-dire, enchaînant notre âme aux vanités de ce monde, elles lui font perdre la pensée du ciel et le goût des biens spirituels.

Elle est un péché lorsqu'elle remplit notre âme de continuelles inquiétudes et nous fait toujours craindre de manquer du nécessaire. Dieu ne nous défend-il pas cette sollicitude excessive, en comblant de ses bienfaits nos corps et nos âmes? Ne la défend-il pas lorsqu'il montre des soins si touchants envers les plantes et les animaux? Voyez les oiseaux du ciel, dit le Sauveur, ils ne sèment ni ne moissonnent, et aucun n'a manqué du nécessaire. Voyez la fleur des champs, quelle richesse, quelle magnificence dans sa parure! Cependant vous êtes plus que les oiseaux, ils n'ont ni intelligence, ni amour; vous êtes plus que des fleurs, que le même jour voit naître et mourir. A plus forte raison Dieu aura soin de vous, le chef-d'œuvre de ses mains et l'objet de sa prédilection.

Enfin, la sollicitude immodérée est une insulte à la Providence. Les païens ne connaissant pas le soin que Dieu prend de ses créatures, leur attachement aux biens de ce monde et leur empressement à les acquérir étaient jusqu'à un certain point excusables ; mais dans un chrétien cette fureur de posséder est un outrage au Dieu qui veille sur nous. C'est pourquoi, dit Notre-Seigneur, cherchez d'abord le royaume du ciel et sa justice; le reste vous sera donné par surcroît, c'est-à-dire, les biens temporels suivront les biens spirituels, mais comme l'accessoire, comme une chose à laquelle on tient peu, suit le principal.

6. Les vaines inquiétudes sont défendues, mais n'est-il pas permis de songer à l'avenir et d'y pourvoir d'avance ?

Une action vertueuse est celle qui réunit toutes les circonstances requises à la perfection de son être. L'une de ces circonstances, c'est que l'œuvre soit faite au temps opportun : à toute affaire son temps, son opportunité. (Eccle., VIII, 6.) Si, pendant l'été, qui est le temps destiné à la moisson, nous nous occupons de la vendange, qu'arrivera-t-il? La moisson en souffrira. Il en sera de même, si au printemps nous nous livrons aux travaux de l'été. Il ne faut pas anticiper sur les temps futurs, le présent a ses occupations et ses peines. C'est dans ce sens que Notre-Seigneur a dit : « Ne vous inquiétez pas du lendemain, il aura ses tribulations ; à chaque jour suffit sa peine. » (S. Matth., VI, 34 et suiv.)

S'ensuit-il qu'il n'y ait pas une sainte prévoyance, et que Dieu nous défende de tenir en réserve ce qui est nécessaire au lendemain ? Saint Augustin répond : « Lorsque nous voyons un serviteur de Dieu songer aux nécessités de l'avenir, ne disons pas qu'il s'inquiète du lendemain. Notre-Seigneur nous a donné l'exemple de la prévoyance en voulant avoir près de lui un trésor, et saint Jean nous dit que Judas portait la bourse. (Ev., ch. XII.) Quand les premiers chrétiens, pour imiter la pauvreté de leur maître, vendaient leurs biens et en apportaient le prix aux apôtres, ceux-ci en conservaient une partie nécessaire à leur entretien, et ne croyaient pas offenser la Providence en éloignant le danger de la faim. Dieu ne le condamne pas, si nous le faisons par une prévoyance naturelle, mais seulement lorsque nous nous livrons à de vaines alarmes, ou que nous servons Dieu, attirés par l'appât du gain. » (*Sermon sur la mont.*, l. II, ch. xvii.) — Le Sage nous renvoie à la fourmi pour nous enseigner que les soins de l'avenir ne doivent nous occuper qu'au temps convenable, et non hors de saison.

QUEST. LVI. Saint Thomas dit pourquoi le Décalogue ne renferme pas de précepte concernant la prudence : c'est que la raison peut suffire, sans la révélation, pour nous porter à la prudence, et que cette vertu regarde les moyens, non la fin de l'homme. D'ailleurs, tous les préceptes appartiennent à la prudence, en tant qu'elle préside à tous les actes de vertu.

CHAPITRE V.

LA JUSTICE.

QUEST. LVII. *Du droit.* — 1. Le droit est l'objet de la justice. Le mot latin (*jus*), qui signifie *droit*, est une abréviation du mot *justus*; de sorte que ces deux mots *droit* et *juste* sont synonymes et se prennent souvent l'un pour l'autre. On appelle juste un objet qui s'adapte bien à celui auquel on l'applique, et s'y unit dans une harmonie parfaite. De même, le droit c'est ce qui établit l'harmonie, l'égalité entre deux individus. Existant dans l'un, il suppose dans l'autre un devoir qui y correspond. Par exemple, vous m'avez donné une journée de votre travail, qui vaut telle pièce de monnaie; votre droit, c'est de recevoir de moi cette somme; mon devoir, de vous la payer. Il y a équation parfaite entre mon devoir de vous donner le prix de votre travail et votre droit d'en exiger de moi le paiement. La justice est cette équation entre un devoir d'une part et un droit de l'autre.

2. On divise le droit en naturel et en positif.

Le droit, c'est ce qui est juste, bien proportionné entre deux individus. Quand leur harmonie vient de la nature, le droit est appelé naturel : vous ayant prêté mille francs, j'ai un droit naturel à exiger de vous une somme égale.

Quelquefois leur juste proportion naît d'un consentement commun; le droit issu de ce consentement est un droit positif. Nous venons, par exemple, de faire un contrat en vertu duquel je consens à vous transmettre la propriété de ma maison, et vous, à me payer telle somme d'argent. Notre consentement, s'il est conforme à la loi qui règle les intérêts communs, établit entre nous une équation qui détermine nos droits et nos devoirs réciproques; c'est ce qu'on appelle *droit positif*. Il comprend les lois et coutumes nées d'une convention particulière.

Ici se présente une difficulté : s'il existait un droit naturel, ne serait-il pas au-dessus des vicissitudes humaines, et le même dans tous les temps, dans tous les lieux? Or, nous avons vu que le devoir naturel de rendre un dépôt peut varier.

Mais de ce que le droit naturel admet dans certains cas des modifications, faut-il conclure qu'il n'existe pas? Si la nature de l'homme était immuable, le droit naturel ne pourrait jamais changer. Mais elle est variable et inconstante. Donc les accidents qui la modifient doivent modifier ses rapports avec ce qui lui est étranger. Un homme dépose entre mes mains des armes dangereuses. S'il arrive ensuite qu'il tombe dans la folie, ou qu'il forme des desseins hostiles à la patrie, le droit naturel se modifie, mais il existe, puisqu'il me défend de rendre son dépôt à cet homme tant que dure sa folie.

On conteste aussi l'existence du droit positif. Le droit, c'est ce qui est juste. Or, il ne suffit pas, pour qu'une chose soit juste, qu'elle vienne de la volonté humaine, celle-ci peut s'égarer?

Le droit positif issu d'une volonté dépravée et en contradiction avec le droit naturel, n'est plus un droit. S'il autorise le vol, l'adultère, choses défendues par le droit naturel, il est évident qu'il n'impose aucun devoir.

* Nous avons vu, au *Traité des lois*, ce qu'on appelle le droit des gens, et s'il dérive du droit naturel.

QUEST. LVIII. *De la justice.* — 1. La justice est une volonté perpétuelle et constante de rendre à chacun ce qui lui est dû. L'homme juste rend à chacun son droit, voilà l'objet et l'acte de la justice. L'habitude vertueuse qui le produit appartient à la volonté, principe de tous les actes humains. La volonté suppose, pour agir conformément à la justice, le concours de l'intelligence, car il n'y a de volontaire que ce que nous faisons avec connaissance de cause. L'intelligence éclaire, perçoit ; la volonté choisit les moyens et tend vers la fin légitime. La vertu de justice donne à la volonté qui tend à rendre à autrui son droit, la perpétuité et la constance. Il ne suffit pas, pour être juste, de vouloir parfois respecter les droits d'autrui ; il n'est pas un méchant qui les viole toujours ; mais il faut une volonté perpétuelle et constante, une disposition d'esprit qui ne souffre pas la plus légère atteinte au droit des autres, et qui persévère sans que rien puisse l'ébranler (1).

2. Pourquoi dit-on que la justice est une vertu *ad alterum* ? Ne puis-je pas être juste envers moi-même ?

Le mot *justice* veut dire *égalité*. Or, personne n'est égal à soi. Elle met donc la proportion et l'harmonie entre des actes produits par des agents divers ; les actions étant attribuées aux suppôts, l'action de la partie au tout auquel elle appartient, toutes les actions que je produis viennent d'un seul et même agent ; ce n'est pas la justice, mais une autre vertu qui établit en elles la rectitude.

Cependant, comme la nature nous a donné différents principes d'action, la raison, l'irascible et le concupiscible, s'il règne entre eux une juste harmonie nous pouvons dire que nous observons la justice à l'égard de nous-mêmes.

3. La justice ne mérite pas le nom de vertu, car la vertu est ce qu'il y a de plus utile en ce monde, et l'Évangile nous dit : « Lorsque vous aurez fait tout ce que je vous ai commandé, dites : Nous sommes des serviteurs inutiles, nous n'avons fait que ce que nous devions. »

La vertu humaine établit le bien en nous et rend nos œuvres bonnes. N'est-ce pas ce qui fait la justice, en nous conformant à

---

(1) On disait du juste de l'antiquité : Le soleil s'écarterait plutôt de sa route, qu'Aristide de la justice.

la raison qui est notre règle et notre bien, en donnant à nos actions la rectitude qu'elles doivent avoir? C'est, dit Cicéron, dans la justice que brille la plus grande splendeur de la vertu. (*De officiis.*)

En faisant votre devoir, vous êtes inutile à celui à qui vous payez une dette; vous ne lui avez accordé aucune faveur, puisque vous ne lui avez rendu que ce qui lui appartient, et c'est tout ce que nous pouvons à l'égard de Dieu; mais vous vous êtes procuré à vous-même de grands avantages. Accomplissant votre devoir spontanément et d'une volonté résolue, vous avez fait un acte vertueux, ce qui est très-utile : « Si quelqu'un aime la justice, les grandes vertus seront son ouvrage ; c'est elle qui enseigne la tempérance, la prudence, la justice, la force, qui sont les choses les plus utiles à l'homme en cette vie. » (Sagesse, VIII, 7.)

4. Quelle faculté de l'âme est le siège de la justice?

Une vertu réside dans la faculté qui produit l'acte réglé par cette vertu. Est-ce la faculté de connaître qui règle nos actions à l'égard d'autrui? Non. Tel savant qui a de grandes connaissances commet de grandes iniquités. Le siège de la justice ne peut donc être que la puissance appétitive, puissance qui est le principe de nos actes le plus immédiat et le plus prochain.

Or, nous avons deux sortes d'appétits : l'appétit rationnel ou la volonté, et l'appétit sensitif qui comprend l'irascible et le concupiscible ; il faut savoir dans lequel des deux réside la justice. La sphère d'activité de l'appétit sensitif, c'est ce qui peut être perçu par les sens. Comment les sens saisiraient-ils les justes rapports qui existent entre deux personnes? C'est l'œuvre de la raison. J'en conclus que l'appétit rationnel ou la volonté, est la faculté de l'âme où réside la vertu de justice.

5. La justice ayant son siège dans la volonté, son objet spécial n'est donc pas de régler les passions?

Elle règle les mouvements et les actes de la volonté, qui sont des affections de l'âme et non pas seulement des passions ou des mouvements de l'appétit sensitif. Les vertus qui mettent la rectitude dans ces mouvements sont la tempérance et la force.

Voyez, d'ailleurs, la fin que se propose la justice : c'est d'établir l'égalité entre le prochain et nous ; les passions, n'y concourant que de loin, ne peuvent être l'objet spécial de la justice.

Cependant, dit-on, la justice rectifie nos œuvres extérieures, dont les passions sont le principe : ainsi la concupiscence des choses vénériennes conduit à l'adultère ; la concupiscence de l'argent, au vol. Comment la rectitude pourrait-elle être dans les œuvres, si elle n'était dans les passions ?

Nos œuvres extérieures tiennent le milieu entre les choses sensibles, qui en sont la matière, et les passions intérieures, qui en sont le principe. La matière peut exister sans le principe, et réciproquement ; ainsi, je puis prendre le bien d'autrui dans le seul désir de nuire ; je puis l'envier, et ne pas le prendre. La rectitude de l'œuvre extérieure appartient à la justice : cette vertu réprimera ma main et l'empêchera de troubler, en prenant votre bien, l'harmonie, les justes rapports qui existent entre vous et moi. Mais ce sont, je viens de le dire, d'autres vertus qui modèrent et rectifient les passions.

QUEST. LIX. *Vice opposé à la justice. Tous les vices opposés à la justice se désignent sous le nom général d'injustice.* — 1. L'injustice est-elle un péché mortel ?

C'est une violation du droit d'autrui, une inégalité entre vous et le prochain. Vous voulez avoir plus de richesses, plus d'honneurs qu'il ne vous en est dû, et vous dérobez les richesses, vous usurpez les honneurs d'autrui ? Impatient des maux que vous souffrez, vous les faites retomber sur moi ? Votre volonté est dans le désordre, en contradiction avec sa règle, la raison, qui vous dit de conserver une juste proportion entre votre devoir et le droit d'autrui.

Ce péché donne la mort à l'âme quand il exclut la charité fraternelle ; sinon, il n'est que véniel, comme sont les injustices légères.

2. Quel est le sens de ce principe de droit : *Scienti et volenti non fit injuria*?

Il est de l'essence de l'action qu'elle vienne de son agent; de l'essence de la passion ou souffrance, qu'elle vienne d'une cause étrangère : de sorte que le même individu ne peut être à la fois, touchant le même sujet, agent et patient. Quel est le premier principe de nos actions? la volonté. Donc l'acquiescement de la volonté ne peut se concilier avec l'injustice : il n'est pas fait d'injustice à qui le sait et le veut. Il faut, pour être injuste, qu'un acte soit volontaire dans son auteur, involontaire dans celui qui en est la victime ; sinon, en consentant à se désister de son droit, il n'est plus patient, mais agent libre et volontaire.

* La question LX, qui traite du jugement, revient à la question LXVII.

QUEST. LXI. *Différentes sortes de justice.* — 1. La justice est une vertu qui établit l'égalité entre chacun de nous, d'une part; et de l'autre, la communauté dont nous faisons partie. Ces deux ordres distincts nous indiquent la distinction de la justice en commutative et en distributive. La première met l'égalité, de justes proportions entre les membres de la communauté considérés isolément ; la seconde, entre la communauté et chacun de ses membres, auxquels elle distribue équitablement les biens communs.

2. Ces deux sortes de justice établissent-elles l'égalité en se servant des mêmes poids et mesures ?

La justice distributive considère la communauté comme un tout, dont chaque individu est une partie. Elle donne d'autant plus à l'un, qu'il occupe dans le tout une place plus importante, un rang plus élevé. L'égalité, qui est l'essence de toute justice, ne se tire pas seulement de la quantité de biens distribués à chacun, mais de la proportion de cette quantité avec le rang qu'il occupe dans la communauté. Cette proportion, dit le Philosophe, est une proportion géométrique ; c'est une égalité avec le mérite de la personne; celle de la justice commutative, une proportion arithmétique, c'est-à-dire une pure et simple égalité avec la chose qui est due.

* On trouvera plus loin la question LXII, qui traite de la restitution. Il m'a paru plus naturel de montrer auparavant les différentes manières dont on peut violer le droit.

QUEST. LXIII. *Vices opposés à la justice soit distributive soit commutative.* — 1. A la justice distributive est opposée l'acception des personnes. — L'égalité de la justice distributive consiste à proportionner les biens communs au mérite et à l'importance du rang que chaque membre occupe dans la communauté. Si en vous conférant une dignité je n'ai égard qu'à cette considération, que vous êtes mon parent, mon ami, que vous portez tel nom, je fais acception des personnes, car la parenté, l'amitié, le nom ne sont pas des titres qui vous donnent une part spéciale aux biens de la communauté. Mais si je vous élève pour votre science, pour votre vertu, il n'y a pas ici acception des personnes, votre promotion a une cause légitime.

L'acception des personnes est un vice, car elle est opposée à la justice distributive, et on appelle un vice tout ce qui est opposé à la vertu.

Il faut faire ici une remarque : ce qui n'est pas, dans un ordre de choses, une cause suffisante d'élévation, peut l'être dans un autre : les liens du sang ne sont pas une raison pour que je vous donne un bénéfice, mais en sont une pour que je vous fasse mon légataire universel. Il n'y aura là aucune acception de personnes.

2. L'acception des personnes dans les choses spirituelles est-elle un plus grand péché que dans les choses temporelles?

« N'alliez pas la foi de Jésus-Christ à l'acception des personnes. » (S. Jacques, ii, 1.) Qui pourrait, dit saint Augustin commentant ces paroles, qui pourrait voir sans indignation un riche élevé aux honneurs de l'Église, au mépris d'un pauvre plus savant et plus saint?

L'acception des personnes est contraire à la justice distributive. Le désordre qu'elle entraîne est d'autant plus grave que les biens conférés sont plus précieux. Les dignités spirituelles ne sont-elles pas d'un plus grand prix que les dignités temporelles?

Cependant n'oublions pas ceci : le motif qui doit déterminer la justice distributive n'est pas seulement le mérite de telle et telle personne ; il faut avoir égard aussi au bien commun, ce bien étant la fin qu'on s'est proposée en créant des dignités. Quelquefois une science et une vertu éminentes sont moins propres à procurer le bien commun qu'une science et une vertu médiocres. Vous êtes moins savant qu'un autre, moins avancé que lui dans la voie de la perfection, mais votre aptitude, vos talents naturels vous rendent plus capable de veiller aux intérêts de la communauté? On peut, sans acception des personnes, fixer sur vous un choix de préférence, l'utilité commune étant la fin des dignités. Dieu accorde quelquefois aux méchants, préférablement aux bons, les grâces que l'on appelle *gratis datæ*.

3. Ne peut-on commettre le péché de l'acception des personnes en rendant à quelqu'un des honneurs immérités?

Les honneurs décernés à quelqu'un sont un hommage rendu à sa vertu. La vertu est donc la seule cause raisonnable qui nous porte à honorer un homme. Nous pouvons néanmoins l'honorer non pour sa vertu propre, mais en considération de la personne qu'il représente. On honore les prélats et les rois, fussent-ils les plus pervers des hommes, parce que les uns sont les lieutenants de Dieu, les autres les représentants de leurs peuples. Méchants, ils sont, dit le livre des Proverbes, comme une pierre dans un tas de marchandises précieuses.

Le même motif porte les enfants à honorer leurs parents, les serviteurs à honorer leurs maîtres. Ils sont auprès de nous les représentants de Dieu notre père et maître commun. De même il faut toujours honorer les vieillards, parce que les cheveux blancs sont le signe et l'emblème de la vertu : « Ce qui rend la vieillesse vénérable, ce n'est pas la longueur de la vie ni le nombre des années, mais la prudence de l'homme lui tient lieu de cheveux blancs et la vie sans tache est une heureuse vieillesse. (*Prov.*)

Les riches ne méritent d'être honorés qu'à cause du rang qu'ils occupent dans la communauté. Les honorer pour leurs seules richesses, c'est commettre le péché de l'acception des personnes.

QUEST. LXIV. Voyons maintenant comment on peut violer la justice commutative, soit dans les *commutations* involontaires, soit dans celles qui sont volontaires. On le peut dans les premières, par des actes et par des paroles. L'acte principal qui blesse les droits d'autrui, c'est l'homicide, la privation de la vie physique.
— 1. Est-il permis de couper les plantes et de tuer les animaux pour les employer à notre usage?

Dieu a établi dans les choses un ordre tel que les imparfaites existent pour les plus parfaites. L'enfant au moment de sa génération n'est que vivant, puis il est animal, ensuite il devient homme; les deux premiers degrés de la génération sont ordonnés et n'existent qu'en vue du dernier, le plus parfait. Ce qui n'a que la vie, comme les plantes, existe pour ce qui est animé; ce qui est animé, pour l'homme qui a de plus l'intelligence. Il entre donc dans les desseins de la Providence que les animaux fassent mourir les plantes et s'en nourrissent; que l'homme tue les animaux et se nourrisse de leur chair. « Je vous ai donné, à vous et aux animaux de la terre, toutes les herbes et tous les arbres, afin que vous en fassiez votre nourriture. (Gen., ix, 3.) Vous vous nourrirez de tout ce qui se meut et vit. » (*Ibid.*)

2. Est-il permis de mettre à mort un malfaiteur?

Le même principe résout la question. Il est conforme à l'ordre établi par la Providence que les choses inférieures n'existent que pour les choses plus excellentes, que l'imparfait soit sacrifié, s'il le faut, à la conservation du plus parfait : telle est la condition de la partie à l'égard du tout. On ne fait pas difficulté, et l'on a raison, de couper un membre corrompu ou qui menace de ruiner le corps tout entier. Le malfaiteur n'est-il pas un membre de la communauté? Si ses crimes mettent en danger le bien commun, si l'on craint que, vivant au sein de la communauté, il n'y sème le désordre et la corruption, il est évident qu'on peut le mettre à mort.

Mais ce droit n'appartient qu'au prince dépositaire de l'autorité commune, ou à ses représentants.

3. N'est-il pas permis quelquefois de se donner la mort à soi-même?

« Vous ne tuerez point. » Ce précepte est général et nous défend d'attenter à nos jours aussi bien qu'aux jours des autres.

Le suicide est un crime contre nature. La nature inspire à tout être l'instinct de sa conservation, et la résistance à ce qui le ferait périr.

Celui qui se donne la mort commet une injustice envers la société qui, après l'avoir élevé, défendu contre les attaques des méchants, a droit à sa reconnaissance.

Le meurtrier de lui-même s'arroge un droit qui n'appartient qu'à Dieu. Dieu est le maître de la vie et de la mort. Celui qui dispose ainsi de sa vie, dérobe à Dieu son bien et l'outrage au moment même où il se présente devant lui. Aussi le suicide est-il le comble de la démence. Où est l'homme, s'il n'était atteint de folie, qui se précipiterait volontairement entre les mains d'un Dieu irrité?

Cependant on fait en faveur du suicide des objections assez spécieuses. Un juge, revêtu de l'autorité publique a le droit de mettre à mort un malfaiteur. Or il peut être lui-même ce malfaiteur, digne de la peine capitale?

Il est permis de se causer un mal moindre pour en éviter un plus grand. Quel plus grand mal qu'une vie misérable, où il faut tous les jours subir la honte et l'humiliation, boire tous les jours le calice jusqu'à la lie?

Personne n'est juge de soi-même et ne peut par conséquent

ni se condamner ni s'absoudre. L'homme doué du libre arbitre a le domaine de lui-même en ce qui concerne les affaires de sa vie; mais le passage de cette vie si malheureuse qu'elle soit à une vie meilleure ne dépend que de Dieu; lui seul a le droit de fixer le terme de la vie dont il nous a confié le dépôt.

Autre difficulté : Samson se tua ainsi que bien d'autres saints personnages. Des martyrs se donnèrent la mort en se précipitant dans les flots?

Saint Augustin a répondu à cette objection : Samson n'est excusable que parce qu'en s'ensevelissant sous les ruines d'un édifice, il obéit à une inspiration de cet esprit divin par la vertu duquel il avait fait plusieurs prodiges. Il en est de même des martyrs qui se donnèrent la mort au moment de la persécution.

* En eussions-nous le droit, est-il vrai que le suicide nous fît passer à une vie meilleure? L'amant échevelé, l'homme que ses passions ont conduit à la misère (tels sont ordinairement ceux qui se donnent la mort), est-il bien sûr de mériter le ciel? Attenter à ses jours, n'est-ce pas se fermer la voie à la pénitence et au pardon et se jeter en enfer par le chemin le plus direct?

Les tentations, les malheurs de la vie ne sont jamais si grands que nous ne puissions y résister avec l'aide de Dieu, et cette aide ne manque pas à ceux qui en sont dignes.

Il n'est pas vrai que l'homme qui se tue montre du courage ; c'est au contraire de la faiblesse et de l'impuissance. Il fait voir qu'il n'a pas la force de lutter contre l'adversité et ressemble à l'athlète qui sort de la carrière avant la fin du combat :

« Rebus in adversis facile est contemnere vitam,
« Fortiter ille facit qui miser esse potest. »
(MARTIAL).

4. N'est-il pas permis quelquefois de faire mourir un innocent? L'Écriture vante l'action d'Abraham qui voulut immoler son fils?

Il est permis dans l'intérêt commun de tuer un malfaiteur, à plus forte raison un innocent, que l'on fait passer d'un lieu de misères au séjour du bonheur. — Un juge qui serait intimement convaincu de l'innocence d'un accusé, pourrait le condamner à mort, si tous les témoins déposaient contre lui. Donc il est permis quelquefois de mettre à mort un innocent.

« *Non occides*, vous ne tuerez point. » L'Exode le défend d'une manière encore plus précise : « Vous ne tuerez point l'homme innocent et juste. » (XXIII, 7.)

Nous pouvons considérer un homme pris isolément ou relativement au bien commun. Sous le premier rapport, nous ne pouvons jamais, de notre autorité privée, tuer un homme, fût-il le plus insigne malfaiteur. Nous devons respecter en lui la nature qui est l'œuvre de Dieu, et nous la détruisons par sa mort.

La mort d'un innocent peut-elle procurer le bien de la communauté? Non, au contraire. Vivant, il en est un des membres les plus glorieux et les plus utiles.

Dieu est le maître de la vie et de la mort, c'est lui qui fait vivre les justes et les pécheurs. Abraham immolant son fils par l'ordre de Dieu ne pouvait donc commettre le mal.

Vous dites que c'est pour son plus grand bien qu'on tue un innocent; on lui fait changer une vie qui n'est jamais sans peines pour une vie où il goûtera un bonheur parfait : mais ce bonheur n'est qu'une chose accidentelle dans l'action qui le prive de cette vie; la principale, c'est sa mort. En la lui donnant, vous commettez un péché d'autant plus grave que vous faites du mal à celui que vous auriez dû aimer davantage; qu'il en était moins digne; que vous privez la communauté d'un de ses membres les plus précieux, et qu'enfin vous outragez Dieu dans une de ses créatures les plus excellentes et les plus chères.

Un juge qui connaît de sa science privée l'innocence d'un homme accusé et calomnié par de faux témoins, doit user de tous les moyens possibles pour confondre les parjures et faire éclater l'innocence de l'accusé. Si ses efforts échouent, il peut le renvoyer à un tribunal supérieur, et si la loi ne le lui permet pas il peut en sûreté de conscience prononcer contre l'innocent une sentence de mort. Ce n'est pas lui, ce sont les témoins qui en sont responsables.

5. Est-il permis de tuer celui qui vous attaque injustement?

Il est permis de faire une action qui a deux effets, l'un bon, l'autre mauvais, pourvu que le mauvais n'en soit pas une conséquence nécessaire, et qu'on ne se propose que le bon.

En effet, un acte tire sa moralité de l'intention de l'agent; l'effet, qui est en dehors de cette intention, n'est qu'accidentel à l'acte. La charité bien ordonnée me disant que je puis préférer ma vie à celle des autres, si vous m'attaquez avec des menaces de mort, j'ai le droit de conserver ma vie avant de songer à conserver la vôtre. Le but de ma défense, c'est de sauver mes jours. Si en luttant contre l'agresseur, je lui porte un coup mortel, comme il n'était pas dans mon intention, il ne vicie nullement l'acte de ma défense. Il est donc permis de repousser la force par la force, l'agresseur dût-il succomber. Mais il faut pour cela que l'agression soit injuste et actuelle, que je ne puisse sauver ma vie qu'au préjudice de la sienne, que je ne me propose point sa mort.

La vie spirituelle est plus que la vie corporelle ; c'est pourquoi il n'est pas permis de commettre l'adultère, la fornication pour sauver la vie du corps. En tuant l'agresseur pour conserver votre vie, ne préférez-vous pas votre corps à son âme que vous précipitez en enfer?

Non, car je ne me propose pas sa mort; je n'ai en vue que le bon effet de mon action, la conservation de ma vie. Vous ne pouvez faire le même raisonnement en faveur des deux vices dont il est question, parce que l'adultère et la fornication ne sont jamais nécessaires à la vie du corps, et que leur effet principal est toujours mauvais.

QUEST. LXV. *De la mutilation.* — 1. Est-il permis de mutiler quelqu'un ?

La partie est pour le tout, l'imparfait pour le plus parfait. On peut donc disposer d'un membre selon qu'il est expédient à tout le corps. Si un membre corrompu met tout votre corps en danger de périr, il vous est permis, c'est même votre devoir, de le retrancher, car chacun doit veiller à sa conservation. A qui appartient-il de faire ce retranchement ? A vous et à celui auquel vous en avez confié le soin. La communauté le peut aussi. Si elle a le droit de vous priver de tout votre corps en punition d'une faute grave, elle peut aussi, pour une faute légère, vous condamner à perdre un membre par le tranchant du glaive ; mais celui qui vous mutilerait de son autorité privée commettrait une injustice envers vous et envers la communauté à laquelle vous appartenez, vous et chacun de vos membres.

2. Est-il permis à un père de frapper son enfant, à un maître son serviteur ?

« Celui qui épargne la verge hait son fils. (Prov. xiii, 24.) N'épargnez pas la correction, car si vous frappez l'enfant avec la verge il ne mourra point... et vous délivrerez son âme de l'enfer. (*Ibid.* xxiii, 13.) Au serviteur rebelle, la torture et les fers. » (Eccl. xxxiii, 28.)

La mutilation et les coups sont un dommage porté au corps, mais différemment. La mutilation en détruit l'intégrité ; les coups ne sont qu'une douleur causée aux sens. Or il est permis à quelqu'un qui a juridiction sur vous de vous faire subir un dommage en punition d'une faute. Nierez-vous qu'un père ait juridiction sur son fils, un maître sur son serviteur ? Il peut donc le frapper, mais modérément, pour l'amender et le former à la discipline.

3. Est-il permis d'incarcérer un homme ?

Nous pouvons considérer dans les biens du corps leur intégrité à laquelle on porte atteinte par l'homicide et la mutilation ; le repos, la délectation des sens, qu'on trouble en frappant le corps ;

le mouvement et le libre usage des membres, que l'on empêche par les liens, l'incarcération ou une détention quelconque. Le juge, chargé de veiller aux intérêts communs et de procurer à tous la sécurité, a nécessairement le droit d'incarcérer les méchants et les perturbateurs du repos public. Lui seul possède ce droit; une personne privée n'ayant pas de juridiction, ne peut de sa propre autorité incarcérer ou détenir celui qui l'a offensée.

QUEST. LXVI. *Du vol et de la rapine.* — Nous connaissons les injustices qui se peuvent commettre à l'égard des personnes. Parlons maintenant des injustices qui se commettent dans les choses, du vol et de la rapine.

* Avant de prouver que le vol est défendu, il est un droit dont il faut prouver la légitimité, c'est le droit de propriété.

Tout en se réservant le domaine absolu et indépendant des choses d'ici-bas, Dieu en a donné à l'homme la jouissance. Roi de la création, il est, en sa qualité d'être raisonnable, investi d'un empire universel, et peut faire servir à son utilité ou à son agrément tout ce qu'il trouve en ce monde.

Mais ce n'était là qu'un droit général de posséder la terre et tout ce qu'elle renferme. Les biens mis d'abord en commun ne tardèrent pas à être divisés, et la propriété commune fit place à la propriété exclusive et particulière. Cette division des biens est-elle due à une loi divine, à une loi humaine, à un consentement tacite ou exprès des peuples, ou à la nécessité? Il n'est pas facile de l'établir, mais ce qui est incontestable, c'est la légitimité du fait.

Nous le trouvons à l'origine du monde, puisque Abel offrit à Dieu les premiers-nés de son troupeau; nous le retrouvons au berceau de tous les peuples, et civilisés ou barbares ils le conservent dans toute la suite de leur existence. Le sauvage qui tue sa proie se l'approprie, comme l'artiste sa statue ou son tableau. Un fait universel et constant peut-il reposer sur une injustice? Ne répond-il pas plutôt à une nécessité de la nature? et la nature étant l'œuvre de Dieu, n'est-ce pas Dieu qui veut la propriété ?

Nous lisons, en effet, dans l'Ancien Testament qu'il donna lui-même aux Juifs des lois qui devaient régler parmi eux le droit de la propriété individuelle. Si elle n'avait eu pour fondement un droit légitime, Dieu aurait donc sanctionné une injustice ? De grands Saints, sous l'ancienne et la nouvelle loi, ont été de grands propriétaires. Dira-t-on que Dieu et l'Église qui les vénère sont les complices de leur iniquité ?

Mais à quoi bon prouver davantage une vérité aussi évidente ? Il suffit d'en appeler au bon sens de chacun. Quand j'ai donné à une mauvaise toile, à un bloc de marbre une valeur qu'ils n'avaient pas, n'est-il pas juste que l'augmentation de son prix m'appartienne ? Quand mes sueurs ont fécondé un champ couvert de ronces et d'épines, la moisson n'est-elle pas à moi ? N'ai-je pas le droit d'en transmettre la propriété à mes enfants, comme je l'ai reçue de mon père, qui avait arrosé les mêmes sillons ? Si vous me déniez ce droit, qu'arrivera-t-il ? Ne sentant plus cet aiguillon de la propriété, je n'aurai plus aucune ardeur au travail et m'endormirai dans mon indolence. Les ronces et les épines envahiront le champ commun ; la faux du moissonneur pourra se reposer, rongée par la rouille, couverte de toiles d'araignée. L'artiste, l'ouvrier ne seront pas assez insensés pour s'imposer gratuitement les fatigues et les veilles. Tous laisseront à d'autres un travail sans profit. La conséquence inévitable de la communauté des biens sera la ruine des sciences, des arts, de toute profession honnête, et l'égalité dans la misère.

Direz-vous que chacun possédera selon ses facultés ? Si vous parlez des facultés physiques, ce sont les plus forts qui posséderont le plus, et comme, de tous les animaux c'est l'éléphant qui a la plus grande force musculaire, c'est l'éléphant qui sera le plus riche propriétaire.

Si vous parlez des facultés morales et intellectuelles, qui en sera le juge ? Chacun s'adjugera la palme de la science et de la vertu et prendra dans les biens communs la part due à son mérite. De sorte que la communauté offrira l'image du plus affreux chaos, du plus épouvantable désordre.

Voyez ce qui arrive tous les jours. Deux hommes ne peuvent s'accorder quand il s'agit de partager des biens communs. Abraham et Loth, deux hommes justes et vertueux, se voient obligés de se séparer, faute de s'entendre. Des héritiers se déchirent autour du lit de mort de leur donataire et se disputent les lambeaux de son héritage sur sa tombe à peine refermée. Comment voulez-vous que des millions d'hommes s'entendent, étrangers l'un à l'autre, divisés par l'égoïsme? Donc, si les lois divines et humaines n'avaient reconnu le droit de propriété exclusive, si la justice et le bon sens ne l'avaient sanctionné, la nécessité l'aurait établi chez tous les peuples.

1. Le vol est défendu.

En effet, il détruit l'égalité de la justice, qui consiste à rendre à chacun son droit. Il est contraire à la charité qui nous ordonne d'aimer le prochain, c'est-à-dire de lui vouloir du bien. Non-seulement le voleur ne lui en veut pas, mais lui fait du mal.

Il faut ajouter que le vol est un attentat contre la société; il n'y aurait pas de société possible, si les vols étaient fréquents.

2. Qu'est-ce que la rapine?

C'est un vol accompagné de violence et fait à visage découvert. La rapine et le vol ont cela de commun qu'ils sont involontaires dans celui qui en est victime, mais le vol suppose en lui l'ignorance, et la rapine la connaissance du fait. Celle-ci est un péché plus grave, car elle est une insulte, un outrage jeté à la face de celui à qui on fait tort.

QUEST. LXVII. *De l'injustice dans les paroles.* — On peut parler injustement devant les tribunaux ou hors de leur enceinte. Comment l'injustice a-t-elle lieu dans le premier cas?

Les personnes qui concourent à une sentence juridique sont :

le juge, l'accusateur, l'accusé, les témoins, les avocats. Voyons d'abord les injustices qu'un juge peut commettre.

1. Lui est-il permis de prononcer une sentence conforme aux dépositions des témoins, mais contraire à la vérité qu'il connaît de sa science privée ?

Le juge qui siége en son tribunal est une personne revêtue de l'autorité publique et agissant en son nom. Il doit donc se conduire d'après ce qu'il sait en qualité de personne publique. Il connaît en cette qualité les lois divines et humaines, contre lesquelles il ne doit jamais prononcer. Il connaît les dépositions des témoins et les autres preuves juridiques. C'est là ce qui doit déterminer sa sentence. Ce qu'il sait de sa science privée est considéré comme non avenu, sinon qu'il peut en user pour discuter les preuves, arracher aux témoins la vérité qu'ils cachent, mais s'il n'y parvient pas, il doit confirmer sa sentence aux dépositions des témoins. C'est sur eux, comme nous l'avons dit plus haut, et non sur lui, que retombe l'injustice commise envers l'innocent.

2. Est-il nécessaire que le coupable ait un accusateur ?

Le juge est l'interprète de la justice, ou plutôt la justice vivante. Cette vertu supposant une égalité, et personne ne pouvant être égal à soi-même, la justice est toujours *ad alterum*. Il faut donc, d'une part, un accusé, de l'autre, un accusateur. « Les Romains n'ont pas coutume de condamner un homme avant qu'il n'ait ses accusateurs présents devant lui. » (Actes, xxv, 16.)

3. Peut-il remettre à un coupable la peine qu'il a encourue ?

Le juge défend les intérêts de l'accusateur et représente la communauté. Si l'accusateur veut la juste punition du coupable, le juge qui doit rendre à chacun ce qu'il mérite, ne peut pardonner et épargner un châtiment qui est un droit acquis à la personne lésée. Il ne le pourrait, même à la demande de l'accusateur, si la communauté ou son représentant le lui défendait. Le prince, qui a la plénitude du pouvoir commun, pourrait remettre la peine du coupable, mais toutefois avec le consentement de l'accusateur.

QUEST. LXVIII. *Des accusations injustes.* — 1. Une personne offensée est-elle obligée d'accuser le coupable ?

On peut, en accusant quelqu'un, se proposer deux fins : l'amendement du coupable, et la réparation de l'injure commise. La simple dénonciation peut suffire à la première de ces fins. Il peut se corriger, effrayé de voir ses méfaits révélés à l'autorité qui porte le glaive.

L'accusation n'est pas non plus nécessaire pour obtenir une réparation. Cette vie est suivie d'une autre, où chacun recevra ce qu'il mérite. Mais si l'offense qui vous a été faite porte préjudice à la communauté spirituelle ou temporelle, et si vous avez en main les preuves suffisantes, c'est pour vous un devoir d'accuser le coupable.

2. Et si je ne puis prouver le crime dont je vous accuse ?

Le devoir du juge est d'établir l'égalité entre l'accusé et l'accusateur. Cette égalité n'exige-t-elle pas que la peine que vous vouliez me faire souffrir retombe sur vous ? Vous vouliez me faire perdre injustement l'honneur, ma fortune, la vie ? L'égalité de la justice ne sera rétablie que quand vous aurez souffert le même dommage : « Œil pour œil, dent pour dent. » (Ex., XXI, 24.)

QUEST. LXIX. *Péché d'injustice de la part de l'accusé.* — 1. L'accusé peut-il nier la vérité qui le condamnerait ?

Celui qui viole la justice pèche mortellement. Or, il est de toute justice qu'un inférieur obéisse à son supérieur en tout ce qui dépend de sa juridiction. L'accusé traduit devant un tribunal ne relève-t-il pas du juge ? Donc toutes les fois que celui-ci, suivant les formes juridiques, demande ce qu'il peut et doit exiger, l'accusé lui doit la vérité, la vérité tout entière. Il ne peut sans violer la justice ni la nier, ni la dissimuler. Il ne le pourrait que si le juge sortait de ses attributions, mais alors même il serait défendu à l'accusé de mentir, le mal n'étant jamais permis.

Tout son droit se réduirait à éluder les réponses, ou à en appeler à un tribunal supérieur.

2. L'accusé condamné peut-il se défendre par la violence? Il le peut, ce me semble, comme il peut se dérober à la mort par la fuite. Or, la fuite lui est permise : « Tenez-vous loin de celui qui a le pouvoir de vous faire mourir, et par là vous vous mettrez hors d'état de craindre la mort. » (Eccl., IX, 18.)

Si la condamnation est juste, vous ne pouvez résister; car le juge a droit de vous contraindre et vous lui feriez une guerre injuste. Si vous avez été injustement condamné, le cas est différent. Non-seulement vous pouvez fuir, mais même résister au juge comme vous résisteriez à un malfaiteur les armes à la main : « Ses princes l'entourent, semblables à des loups ravisseurs prêts à répandre son sang. » (Ézéch., XXII, 17.) Il faut excepter cependant le cas où la résistance causerait du trouble ou un scandale notable.

La fuite et la résistance ne sont pas également permises. Condamné au dernier supplice, vous ne pouvez vous donner la mort, vous devez la souffrir de la part d'autrui. Vous n'êtes pas obligé de faire une action qui entraîne votre mort, comme de rester en prison pour y attendre le bourreau; vous pouvez fuir, comme un homme condamné à mourir de faim peut manger un morceau de pain qui lui a été donné furtivement. Il n'est pas permis de résister par la violence, à moins que la condamnation ne soit injuste.

QUEST. LXX. *Injustice de la part du témoin.* — 1. Sommes-nous obligés quelquefois de donner notre témoignage?

Nous le devons dans ces deux cas : un juge qui a juridiction sur vous vous demande-t-il votre témoignage concernant des choses qui sont de sa compétence? Vous ne pouvez sans injustice le lui refuser. Ou bien on va condamner à la mort, à l'infamie, à toute autre peine, un homme dont l'innocence vous est connue. Vous êtes obligé d'offrir votre témoignage quand même on ne le solliciterait pas, et si on le refuse, de faire tout ce que vous pourrez pour instruire un homme influent dans cette affaire. « Délivrez le pauvre, arrachez-le aux mains des pécheurs. (Ps. LXXXI, 4.) Délivrez ceux que l'on conduit injustement à la mort. » Votre silence serait un consentement à une iniquité, et « non-seulement ceux qui font le mal, mais ceux qui y consentent, sont dignes de la mort éternelle. » (Rom., I, 32.) Mais s'il s'agit de juger un coupable, vous n'êtes obligé de donner votre témoignage qu'à la demande du juge. Si dans ce cas votre témoignage est nécessaire pour prouver la culpabilité, la peine, il est vrai, retombera sur l'accusateur; mais il ne doit s'en prendre qu'à lui. Pourquoi accuse-t-il quelqu'un d'un crime qu'il ne peut prouver?

Personne n'est obligé d'agir frauduleusement. Or, « celui qui marche frauduleusement révèle des secrets; celui qui est fidèle cache les fautes de son ami. » N'est-ce pas agir frauduleusement, de révéler en justice ce qu'on nous a confié sous le sceau du secret?

S'il s'agit du secret de la confession, personne au monde n'a le droit d'en exiger la révélation. Venant de Dieu, ses liens sont plus forts que tous les préceptes humains. Si le secret menace la communauté spirituelle ou temporelle, nous devons le découvrir soit par un témoignage juridique, soit par une dénonciation; sinon nous manquons à la fidélité que nous devons à la société, et la société est plus que le confident du secret.

S'il ne nuit à personne, il peut encore se présenter des cas où nous ne soyons pas obligés de le révéler, même à un supérieur qui demanderait à le connaître : ce qui nous a été confié sous le sceau du secret est du droit naturel sacré et inviolable, et on ne peut rien nous commander de contraire au droit naturel. Nous ne pouvons le révéler que quand une circonstance particulière fait cesser ce droit.

2. Combien faut-il de témoins pour que le juge puisse porter une sentence ?

Il est nécessaire et il suffit que la même partie ait au moins deux témoins. C'est un principe de droit divin et de droit humain, reçu chez tous les peuples civilisés et dicté par la raison. Un juge ayant à prononcer sur des faits contingents et variables, on ne peut exiger de lui une certitude absolue, comme celle des sciences. Il suffit d'une certitude morale, d'une probabilité que le fait confirme communément, bien que le contraire puisse arriver. N'est-il pas plus juste de se conformer au témoignage de deux ou trois hommes, qu'à celui de l'accusé? N'est-il pas plus probable qu'en se rangeant de leur côté, le juge embrasse le parti de la vérité?

Mais pour que leur témoignage ait une valeur juridique, il faut qu'il porte sur le même fait, autrement ce seraient des témoignages isolés, et que les témoins s'accordent sinon sur les circonstances accessoires, au moins sur la substance du fait en litige. Il faut, en un mot, que les témoins soient *testes contestes*.

3. Peut-on refuser le témoignage de quelqu'un?

Les témoignages ne donnent jamais qu'une probabilité. Tout ce qui la détruit ou l'affaiblit rend nul ou suspect un témoignage : ainsi une vie criminelle, l'infamie, la mort civile, la parenté, la faiblesse de la raison; on récuse le témoignage des enfants, des femmes, des hommes atteints de folie.

4. Quel péché est le faux témoignage?

C'est une violation de la loi de Dieu : « Vous ne porterez point de faux témoignage contre le prochain. »(Ex., xx, 16.) C'est un parjure, car le témoin ne dépose qu'après avoir prêté serment. C'est un mensonge et une injustice envers l'accusé ou l'accusateur. Il est un péché mortel, puisqu'il outrage si gravement Dieu et les hommes.

QUEST. LXXI. *Injustice de la part des avocats.* — 1. L'avocat est-il obligé de plaider pour les pauvres quand il n'y a pas d'honoraires à espérer?

On peut répondre ce qui a été dit en parlant des œuvres de miséricorde, car tel est le plaidoyer en faveur d'un pauvre. Il est évident que nous ne pouvons secourir toutes les misères ; nous n'y sommes donc pas obligés. Mais quelle règle doit suivre l'avocat ? Comme nous ne pouvons secourir toutes les infortunes, il faut pourvoir aux besoins d'autrui en ayant égard aux circonstances de lieux, de temps, de personnes.

L'avocat n'est pas obligé de parcourir le monde pour trouver les pauvres qui ont besoin d'un défenseur, ni de songer aux procès qu'ils auront dans l'avenir. Il doit préférer aussi ceux que des liens particuliers recommandent à sa bienveillance. « Si quelqu'un n'a pas soin des siens et *surtout* de ceux de sa maison, il a nié la foi, il est pire qu'un infidèle. » (I Tim., v, 8.) L'avocat eût-il sous les yeux un pauvre manquant de défenseur, la justice ne lui ferait une obligation de plaider pour lui que dans le cas suivant : le pauvre ne peut se défendre lui-même, ni obtenir l'appui d'une personne plus habile, ou qui lui soit plus étroitement liée. Hors ce cas, l'avocat fait une œuvre de charité en plaidant la cause du pauvre, mais la justice ne l'y oblige pas, sinon il ne pourrait s'occuper la plupart du temps que des procès des pauvres.

2. Peut-il défendre une cause qu'il sait être injuste?

Il est défendu de coopérer en aucune manière au mal : *Digni sunt morte non solum qui faciunt, sed etiam qui consentiunt facientibus.* L'avocat qui prête sciemment l'appui de sa parole à une cause injuste, ne coopère-t-il pas à une injustice ? Il est tenu à restitution selon la mesure du dommage que son concours a causé au prochain.

S'il croit juste une cause qui ne l'est pas, il est excusable selon que son ignorance est ou non involontaire. Avant de parler, il doit s'éclairer.

On fait ici une difficulté assez spécieuse : quand un médecin guérit une maladie désespérée, on vante son talent, il est comblé d'éloges et tout triomphant. Pourquoi ne pas louer de même un avocat qui gagne un mauvais procès ?

Le médecin et l'avocat ne sont pas dans les mêmes conditions. Le premier, en guérissant une maladie réputée incurable, fait du bien et ne nuit à personne. Le second, en gagnant un mauvais procès, fait tort à sa partie adverse ; c'est pourquoi il est tenu à la restitution selon la mesure du tort qu'il a fait. Il montre, si vous voulez, de l'habileté, non de la justice.

Si dans le cours des débats il remarque le vice d'une cause qu'il avait d'abord crue bonne, il ne doit pas la trahir et révéler les secrets de sa partie, mais l'engager à céder ou à composer. Voilà la conduite de l'avocat pour qui la justice n'est pas un mot vide de sens.

QUEST. LXXII. *De la contumélie. On viole la justice ailleurs que devant un juge, par la contumélie, la détraction, les mauvais rapports, la dérision et la malédiction.* — 1. Les honneurs rendus à quelqu'un sont un témoignage de sa propre excellence. Il en est privé injustement par les faits dont j'ai parlé, l'homicide, la mutilation, le vol, la rapine. On les lui dérobe aussi par des signes : c'est le propre de la contumélie. La parole étant le principal signe que les hommes emploient pour exprimer leur pensée, la contumélie consiste surtout dans les paroles. C'est un langage qui offense quelqu'un en sa présence, une *enflure*, une *tumeur* de paroles injurieuses.

Elle peut aussi être un fait, si le fait que vous commettez est propre à blesser un homme présent.

L'Apôtre compte ce péché au nombre de ceux qui donnent la mort à l'âme. En effet, si le vol et la rapine sont des péchés mortels, à plus forte raison la contumélie qui nous fait perdre notre réputation, le plus précieux des biens temporels : *Curam habe de bono nomine : hoc enim magis permanebit tibi, quam mille thesauri magni et pretiosi.* (Eccl., XLI, 15.) Cependant si on le commet par inadvertance ou sans intention de nuire, ce n'est qu'un péché véniel. Ce n'est pas un péché si en disant à quelqu'un une parole blessante nous le faisons selon l'ordre de la raison, et en nous proposant son amendement. Ainsi Notre-Seigneur dit aux apôtres : « O insensés et lents à croire ! » (S. Luc, dern. ch., 25), et saint Paul : « O Galates insensés ! » (Gal., III, 1.) Mais il ne faut se le permettre qu'avec prudence et discrétion.

2. Est-il permis de répondre à une parole outrageante ?

Jésus-Christ nous recommande la douceur et la patience : « Si quelqu'un vous frappe sur une joue, présentez-lui l'autre. » Mais jusqu'où s'étend cette obligation ? A la disposition de l'esprit, c'est-à-dire nous devons être disposés à user de douceur et de condescendance si nous le jugeons à propos : nous ne sommes pas tenus à le faire toujours. Quand un scélérat donna un soufflet à Notre-Seigneur : « Pourquoi me frappez-vous ? » répondit le divin Maître. De même, tout en étant disposés à dissimuler si cela était expédient, nous pouvons repousser la contumélie, nous le devons même quand nous pensons qu'une réponse réprimera la langue qui nous déchire, ou qu'elle sera utile au bien de ceux auxquels nous servons d'exemples.

QUEST. LXXIII, LXXIV, LXXV, LXXVI. *De l'injustice dans les paroles.* — 1. En quoi consistent les autres injustices que nous pouvons commettre par des paroles ?

La contumélie jette l'injure à la face de quelqu'un, la détraction le noircit en secret : c'est un vol de l'honneur qui lui est dû, comme la contumélie une rapine.

Le péché de détraction est, en général, moins grave que celui de la contumélie, il ne renferme pas d'insulte à la personne offensée. Cependant il peut être plus grave : c'est quand on calomnie le prochain, l'accusant de choses fausses ou exagérant ses défauts. On s'en rend coupable, non-seulement en dénigrant les autres, mais en prenant plaisir à la détraction, en la provoquant, en ne la réprimant pas quand on a autorité sur les détracteurs.

2. Le rapporteur est celui qui brouille les amis, les familles, qui va semant partout la défiance et la discorde. Agir ainsi, c'est commettre un des vices les plus odieux et les plus funestes. « Il y

a six choses que Dieu hait, et une septième qu'il a en abomination, l'homme qui sème la discorde entre des frères. » (Prov., vi, 6.)

Ce péché est plus grave que la contumélie et la détraction. Il divise les cœurs et détruit l'amitié : or, un ami vaut mieux que les honneurs. « *J'aimerais mieux*, dit saint Thomas, *être aimé que d'être honoré.* »

3. La dérision se propose de faire rougir quelqu'un, comme la détraction de lui faire perdre sa réputation, et la contumélie, l'honneur qu'il mérite. Si la dérision n'est qu'une plaisanterie, si elle ne fait que provoquer le rire, elle peut être innocente ou légèrement coupable ; mais si vous riez des graves défauts d'autrui, si vous jetez le ridicule sur sa personne, le péché est mortel et d'autant plus grave que celui dont vous vous moquez est plus respectable : telle est la dérision des choses saintes, des parents, des vieillards, des personnes recommandables par leurs vertus.

4. La malédiction est-elle permise?

Maudire, c'est dire du mal. On peut dire du mal de quelqu'un comme font les détracteurs. On peut dire du mal en qualité de cause qui le produit ; ainsi l'homme qui conseille, qui commande le mal. La malédiction en ce sens n'est jamais permise. La malédiction proprement dite est celle par laquelle on souhaite du mal à une créature raisonnable. Si en la proférant vous ne vous proposez que le mal d'autrui, elle est contraire à la justice et à la charité. Mais si la malédiction n'est qu'une prévision, une annonce des maux réservés au pécheur, comme les malédictions des prophètes ; si le mal que vous souhaitez au prochain est la juste punition de ses crimes, comme le mal du juge qui prononce une sentence, de l'Église qui lance ses anathèmes ; enfin, si la malédiction n'est qu'un vœu, une espérance de voir le pécheur se convertir, changé par le malheur, la malédiction est permise, même louable.

5. Est-il permis de maudire les créatures sans raison?

On ne maudit, on ne bénit, à proprement parler, que les créatures raisonnables auxquelles il peut arriver du bien ou du mal. La malédiction et la bénédiction ne peuvent descendre sur les créatures sans raison, qu'autant qu'elles se rapportent à l'homme. Subvenant à nos besoins, elles peuvent sous ce rapport être maudites ou bénites : « La terre sera maudite à cause de ce que vous avez fait, c'est-à-dire je la rendrai stérile. (Gen., II, 17.) Bénis soient vos greniers. » (Deut., XXVIII, 5.)

Le monde matériel représentant le monde spirituel dont il est l'image et l'emblème, peut à ce titre être béni ou maudit : ainsi Jésus-Christ maudit le figuier stérile, comme l'image de la Judée incrédule.

Les créatures sans raison renferment le lieu, le temps où sont nées, où sont mortes des créatures raisonnables; c'est pourquoi Job put maudire le jour de sa naissance, à cause du péché originel et des misères qui en sont la suite. David maudit les montagnes de Gelboé, teintes du sang de son peuple; mais maudire les créatures sans raison parce qu'elles sont l'œuvre de Dieu, est un blasphème; les maudire en elles-mêmes sans considérer leurs rapports avec nous, c'est de la vanité et de la folie.

QUEST. LXXVII. *De l'injustice dans les ventes et les achats.* — La justice commutative établit l'égalité entre nous et le prochain dans les *commutations* involontaires; nous venons de voir comment elle le fait. Parlons maintenant des commutations volontaires, comme les ventes, les achats, le prêt. — 1. D'abord est-il permis de vendre une chose plus cher, de l'acheter moins cher qu'elle ne vaut?

Le prix d'une chose, ce n'est pas l'argent, ce n'est pas la marchandise donnée par celui qui en fait l'acquisition. Le prix, c'est l'estimation d'une chose, sa valeur présumée. Il n'y a rien dans le prix, que de spirituel et d'idéal. Cette notion du prix est fondamentale, et il est de la plus haute importance de ne point la perdre de vue. Elle jettera de grandes lumières sur la question de l'usure, et sans elle cette question restera sinon insoluble, au moins fort obscure. Le prix étant l'estimation de la valeur d'une chose, si vous me la vendez probablement plus qu'elle ne vaut, l'égalité de la justice entre vous et moi est détruite. Je vous donne plus que je ne reçois, vous êtes détenteur de mon bien. Donc la justice nous défend de vendre une chose plus cher, de l'acheter moins cher qu'elle ne vaut. Je ne parle pas, bien entendu, du cas où l'acheteur, le vendeur, ferait à la partie contractante des concessions gratuites.

Je suppose qu'ayant de l'argent vous manquez de blé et n'en pouvez trouver que chez moi ; ne puis-je profiter de la circonstance et vous vendre mon blé plus qu'il ne vaut réellement ? Il ne sera jamais trop cher pour vous qui allez mourir de faim, ne pouvant mordre dans vos écus ?

Si la vente de votre blé vous causait un dommage particulier vous ne seriez pas obligé de me le céder à son prix ordinaire : votre dommage vous donnerait le droit d'exiger, outre le prix, une compensation, ou, pour mieux dire, des *dommages-intérêts*. Mais si la vente ne vous cause aucun préjudice, vous ne pouvez profiter de ma détresse, elle est à moi, non à vous. Ce serait vendre ce qui ne vous appartient pas, mon bien et non le vôtre.

2. La chose vendue ne peut-elle offrir l'occasion de commettre une injustice ?

En la vendant, vous êtes obligé de donner la quantité et la qualité dont il a été convenu. « Vous n'aurez pas dans votre sac deux poids, un grand et un petit, car Dieu a en abomination celui qui fait ces choses et commet l'injustice. » (Deut., xxv, 13.) Vous ne pouvez non plus donner une qualité inférieure à l'acheteur qui paie une qualité supérieure. Vous commettriez une injustice en vendant un cheval malade pour un cheval qui se porte bien, un objet en cuivre pour un objet en or; tout cela est élémentaire. Une question plus difficile et plus compliquée, c'est celle de l'usure.

QUEST. LXXVIII. *De l'usure.*

* Commençons par dire le sens que nous donnons au mot *usure*. Ce n'est pas seulement un intérêt excessif qu'on exige de l'emprunteur, c'est un gain quelconque, perçu en vertu du prêt; c'est le prix de l'usage (*usura*) d'une chose que je vous ai prêtée, ce prix fût-il très-modique.

L'usure ou le prêt à intérêt est permis, mais à quel titre? C'est ce qu'il importe de savoir. Si vous dites avec les usuriers que c'est à titre de prêt, vous faites disparaître de ce monde la vertu de bienfaisance, et vous méconnaissez une des plus sublimes prérogatives de l'homme, celle de créer le bien là où il n'existe pas. Je montre le chemin à un homme qui s'égare, je prête mille francs à celui qui en a besoin, puis-je me faire payer ce service? Si j'en ai le droit, la cupidité bannit de ce monde la bienfaisance, et il n'y a plus ici-bas que des locataires et des emprunteurs.

L'injustice n'est presque plus possible. Le prix d'une chose ne se tire plus de sa valeur réelle, mais du besoin de l'acheteur. Je puis la vendre vingt fois plus qu'elle ne vaut, s'il consent à payer. Mais si je ne puis rien exiger de plus que je n'ai prêté, il me sera facile encore d'exercer la bienfaisance et, comme Dieu, de créer. Comment cela? En faisant ce prêt, je m'appauvris de mille francs, mais pour l'homme pressé par le besoin, cette somme valait davantage, elle représentait quinze cents francs. La hausse d'un côté, est plus forte que la baisse de l'autre. J'ai donc créé ce qui n'existait pas et j'ai été un bienfaiteur. La question, on le voit, n'est pas oiseuse et surannée, comme l'ont dit des écrivains.

Tout en admettant la légitimité de l'usure, vu l'état actuel de la société, on ne peut nier qu'elle ne soit défendue à titre de prêt. Les théologiens citent les paroles de l'Ancien Testament qui en proclament la défense formelle; ils citent en particulier le livre d'Esdras, où Dieu ordonne la restitution des usures. (II, v.) Mais, dit-on, Dieu permit aux Juifs l'usure avec les étrangers? *Non fœneraberis fratri tuo ad usuram... sed alieno.* (Deut., xi, 9, 23.) En défendant l'usure aux Juifs entre eux, Dieu montrait qu'elle est généralement une injustice, car tous les hommes sont frères, surtout ceux qui vivent sous la loi évangélique. C'est pourquoi le livre des Psaumes dit, d'une manière générale, sans distinction de frère et d'étranger : « Seigneur, qui demeurera dans votre tabernacle, ou qui reposera sur votre montagne sainte ?...*celui qui n'a point donné son argent à usure.* » (xiv, 5.) Néanmoins, Dieu la permit aux Juifs à l'égard des étrangers, comme on permet un mal moindre pour en éviter un plus grand. Connaissant la cupidité, qui fut dans tous les temps et dans tous les lieux leur vice dominant, il leur permit le métier d'usuriers envers les païens, afin d'épargner son peuple.

Le Nouveau Testament, confirmant les lois morales de l'Ancien et y ajoutant quelque chose de plus parfait, la même défense est faite aux chrétiens. *Mutuum date*, dit Jésus-Christ, *nihil inde sperantes*. Prêtez, non-seulement sans espérance d'intérêt, mais même quand il y a lieu de crainte pour le capital. Ces dernières paroles, il est vrai, ne sont généralement regardées que comme un conseil.

Les Pères sont unanimes. Lorsqu'on lit leurs homélies, on ne peut voir sans étonnement la hardiesse de leurs expressions, la vigueur avec laquelle ils flagellaient les usuriers de leurs temps.

Comme l'avarice reprenait toujours le dessus, une multitude de conciles ont lancé leurs anathèmes contre l'usure, et plusieurs la déclarent formellement contraire à la loi divine.

Les souverains pontifes l'ont poursuivie avec la même ardeur. Les théologiens parlent de cette prohibition non comme d'une opinion, mais d'un décret de l'École.

Est-il besoin, après toutes ces autorités, de citer la fameuse encyclique de Benoît XIV, adressée aux églises d'Italie, reçue par l'Église universelle avec applaudissements et sans rencontrer une seule dissidence? Ce monument est une preuve irréfragable aux yeux de tout catholique, un arsenal qui a fourni aux adversaires de l'usure des armes invincibles.

D'ailleurs, le droit positif et la tradition n'ont fait ici que confirmer le droit naturel. Aussi les Pères, les conciles, les souverains pontifes disent-ils qu'en attaquant l'usure ils ne font qu'interpréter ce droit.

Voyons en effet si nous trouvons dans le prêt quelque chose qui autorise l'usure, de telle sorte que l'absence du lucre usuraire détruise l'égalité de la justice. Que trouvons-nous dans un prêt d'argent? une chose prêtée, un prêteur, un emprunteur.

Il y a des choses dont l'usage est inséparable du domaine, comme le vin, le blé et l'argent. Vous ne pouvez m'en permettre l'usage sans m'en transmettre la propriété, sans en aliéner le domaine en ma faveur. Lorsque, me prêtant mille francs, vous me permettez d'en user à discrétion, il faut nécessairement que vous m'en fassiez le propriétaire : la propriété n'est avec l'usage qu'une seule et même chose. Donc, pour rétablir l'égalité entre nous, il suffit que je vous rende une somme égale. Exiger de moi, outre la propriété, le prix de l'usage, c'est me vendre ce qui n'existe pas, c'est moissonner où vous n'avez pas semé.

Vous direz peut être : le domaine, c'est la valeur, qui reste au maître de l'argent?

Ou cette valeur est quelque chose d'intrinsèque à l'argent, et alors elle passe aux mains de l'emprunteur ; ou c'est quelque chose d'extrinsèque, existant seulement *in abstracto*. Mais ce qui est abstrait étant insaisissable ne tombe pas dans l'objet du domaine, de même que le soleil, la lune, l'air, etc.

Trouvons-nous dans le prêteur une raison d'exiger l'usure? Que lui fait l'absence d'un argent qui ne lui aurait rien rapporté? L'argent par lui-même est quelque chose de stérile. Laissé dans votre bourse, aurait-il produit des fruits comme un pommier, un poirier?

Mais nous voyons dans l'emprunteur un service reçu? vu sa détresse, il se serait engagé à donner quinze cents francs pour en recevoir mille?

Ce service ne vous a rien coûté. Le besoin qu'il éprouvait lui appartenait, c'était son bien. Le lui vendre, ce serait, comme je viens de le dire, vendre ce qui appartient à autrui. Donc le droit naturel aussi bien que le droit positif défend l'usure à titre de prêt.

A quel titre est-elle donc permise? car on ne saurait nier qu'elle le soit. Les congrégations romaines consultées à ce sujet ont répondu : « Le confesseur ne doit pas inquiéter un pénitent qui prête à intérêt. »

Tous les titres extrinsèques à l'usure, et qui la justifient, se résument dans les deux mots suivants : *lucrum cessans, damnum emergens*. J'ai la volonté et le pouvoir de tirer profit de mille francs que je possède. Au moment où j'allais m'en servir, vous me demandez de vous les prêter. Comme, en accédant à votre prière, je me frustre d'un gain, il m'est permis d'exiger des dommages-intérêts. Ou bien le prêt que je vous fais me cause du préjudice. Ces mille francs allaient servir à réparer ma maison qui menace ruine ; les réparations ajournées me seront plus dispendieuses. Il est évident que j'ai encore droit à une indemnité. Mais, on ne saurait trop le remarquer, ce n'est pas à titre de prêt, c'est à titre de dommage causé, ou de lucre qui cesse.

Il faut donc, pour légitimer le prêt à intérêt, *la volonté* et *le pouvoir* de tirer profit de l'argent que l'on prête. Sans doute, tout le monde et dans tous les temps en a la volonté. En a-t-on également le pouvoir? Non. Sous l'empire romain et la féodalité, le commerce et la propriété étaient les seuls moyens de faire fructifier l'argent. Or les propriétés, peu divisées à cette époque, n'étaient accessibles qu'aux grandes fortunes. Le commerce était défendu à une classe de la société ; une autre aurait cru, en s'y livrant, déroger à sa dignité. Il n'en est plus de même aujourd'hui. L'activité humaine prenant un autre cours a changé la face de la société actuelle et créé des droits que l'ancienne ne connut pas. L'argent, qui était *mort*, est exploité comme autrefois une propriété frugifère. Les développements de l'industrie ont procuré de nouveaux moyens d'en tirer profit. La division, le morcellement des propriétés les a mises à la portée du plus grand nombre. Enfin, l'État offre à tous des placements faciles et avantageux : de sorte que, dans l'état actuel de la société, le capital est vraiment une chose frugifère comme un pré, une vigne. Vous voyez à quel titre l'usure, autrefois défendue, est aujourd'hui permise et très-légitime. La morale n'a pas changé, elle a seulement sanctionné des droits nouveaux.

QUEST. LXII. *De la restitution.* — 1. Quand nous avons violé les droits d'autrui, que nous ordonne la justice ?

Elle nous ordonne de le réparer. Une injustice met l'inégalité entre nous et celui qu'elle offense. Nous ne serons égaux que quand il sera rentré en possession de son bien et rétabli dans l'intégrité de ses droits. L'évidence de la question et ce qui précède me dispense, je crois, de prouver plus longuement la nécessité de la restitution. J'éviterai aussi le labyrinthe de distinctions que font les théologiens, les cas chimériques qu'ils supposent. Suivant notre guide ordinaire, je dirai en peu de mots à qui il faut restituer, qui est-ce qui y est tenu ?

2. Il faut restituer à celui à qui on a fait tort, puisque c'est entre lui et nous qu'il s'agit de rétablir l'équité. S'il est mort, il faut rendre son bien à ses héritiers qui sont censés continuer sa personne et n'en faire qu'une avec lui. S'il est absent et qu'on sache le lieu de sa résidence, il faut lui envoyer le bien dont on lui a fait tort. Dans le cas où vous ne pourriez lui en faire tenir qu'une partie, vous devriez conserver le reste en lieu sûr et lui en donner avis. Ignorez-vous où il est ? Prenez des informations, faites des recherches ; si elles sont sans résultat, agissez comme s'il était mort et qu'il n'eût pas d'héritier, restituez aux pauvres. En le faisant, vous suivez son intention probable.

3. Qui est-ce qui doit restituer ?

C'est évidemment celui qui a violé le droit des autres. On le peut, non-seulement en dérobant au prochain ce qu'il devrait avoir, mais aussi en lui causant du tort, bien qu'on n'en retire aucun profit. Celui qui me fait une injure n'y gagne rien ; néanmoins il est tenu à une réparation. De même celui qui brûlerait ma maison sans aucune utilité pour lui.

4. Il est défendu de conserver la chose volée, personne ne le conteste : *Res clamat domino*. Elle appelle son maître à grands cris, et la justice nous commande de céder à sa voix. Mais si je ne l'ai plus, si d'ailleurs elle ne m'a pas enrichi ?

Si elle est en d'autres mains, vous devez en restituer la valeur présumée, et cela, quand même le vol ne vous aurait pas enrichi. Le but de la restitution n'est pas précisément de prendre à celui qui a trop, mais de rendre à celui qui n'a pas assez. Je ne suis pas obligé de vous rendre la lumière que j'emprunte à votre lampe, l'usage que j'en fais ne vous causant aucun préjudice : mais j'y serais tenu s'il détruisait entre nous l'égalité.

Personne n'est obligé de découvrir ses crimes ; n'est-ce pas ce que je ferais en restituant mon vol ?

Vous pouvez, à cet effet, vous servir d'une tierce personne : par exemple, remettre la chose volée au prêtre qui vous confesse, ou à une personne qui a accès auprès de celle dont vous avez lésé les droits.

5. Ceux qui coopèrent à une injustice, ne sont-ils pas tenus aussi à restituer ?

Les deux *racines* de la restitution sont le dommage causé et la chose dérobée. Tous ceux qui concourent à l'un ou à l'autre, agissent *per modum unius*, et sont solidaires. Chacun est obligé de réparer le droit violé par tous, mais la restitution faite, il a recours contre ses complices.

L'obligation de restituer pèse d'abord sur l'auteur principal de l'injustice, celui qui a commandé ; puis sur celui qui a exécuté, sur celui qui a participé, enfin sur le recéleur.

Le conseil, le consentement et la flatterie n'obligent à restituer que quand ils ont été causes *efficaces* de l'injustice.

Celui qui ne s'y oppose pas, qui ne découvre pas les voleurs avant ou après leur crime, n'est obligé à la restitution que dans le cas où il est tenu par devoir d'état, *ex officio*, à s'opposer aux malfaiteurs, à révéler l'injustice projetée ou accomplie. Je sais que votre domestique commet des larcins à votre préjudice ; que des voleurs ont dessein de piller votre maison à votre première absence, ou qu'ils vous dérobent maintenant les fruits de votre jardin. La charité me commande, la justice ne me fait pas un devoir de m'y opposer ni de vous avertir (1). Pourquoi ? parce que mon état ne m'oblige pas à garder votre maison ni votre jardin (2).

* J'ai omis comme peu importante la question LXXIX, qui traite des parties intégrantes de la justice, faire le bien et éviter le mal.

QUEST. LXXX. *Vertus adjointes à la justice.* — Il y a des vertus qui se rapportent à la justice, mais ne tiennent pas à son essence. Ce sont la religion, la piété, l'observance, la véracité, la reconnaissance, la vengeance (ou la vertu vengeresse des crimes), l'amitié, la libéralité.

1. Quels rapports ces vertus ont-elles avec la justice ?

Elles en diffèrent, et elles ont avec elle quelque chose de commun. En quoi consiste la justice ? à rendre à chacun *tout* ce qui lui est dû. Or, nous avons envers Dieu des devoirs auxquels il nous est impossible, quoi que nous fassions, de satisfaire pleinement : « Que rendrai-je au Seigneur pour tous ses bienfaits ? » (Ps. cxv, 12.) La religion, qui nous fait accomplir nos devoirs envers Dieu dans les limites du possible, est donc une justice improprement dite.

Nous ne pouvons non plus nous acquitter entièrement de tous

---

(1) Il y a cette différence entre un devoir de charité et un devoir de justice, que la violation du premier, si grave qu'il soit, n'entraîne pas l'obligation de restituer.

(2) V. le *Traité de la justice* de M. Carrière, 3ᵉ partie, *De reparatione juris*.

nos devoirs envers nos parents et envers la patrie. Ceux dont l'accomplissement nous est possible leur sont rendus par la vertu de piété.

Les hommes vertueux sont aussi au-dessus de tous nos respects, de tous les témoignages d'estime que nous leur donnons. L'observance leur paye le tribut d'honneurs que nous pouvons leur rendre.

Les vertus qui se rapportent à la justice peuvent en différer, en nous imposant une obligation moins étroite. La justice suppose, d'une part, un droit strict et rigoureux ; de l'autre, un devoir de même nature. Ce devoir peut n'être pas une dette proprement dite, bien qu'il entraîne une obligation d'une certaine gravité : tel est le devoir de rendre hommage à la vérité, qu'il n'est jamais permis de trahir; tel, le devoir d'être reconnaissant, de tirer une juste vengeance, d'être libéral, affectueux envers le prochain. Nous satisfaisons à ces devoirs par la véracité, la reconnaissance, la vengeance légitime, la libéralité et l'amitié. Disons ce que c'est que chacune de ces vertus.

QUEST. LXXXI. *La Religion.* — 1. En quoi consiste cette vertu ?
On a donné à ce mot plusieurs étymologies. Les uns le font venir de *relegere*, relire. L'homme religieux met tout son bonheur à relire et à entendre ce qui lui parle de Dieu. « Dans toutes vos voies, pensez à lui. » (Prov., III, 6.) D'autres le font venir de *religere*, choisir de nouveau. Nous avons abandonné Dieu, lorsqu'en commettant le péché nous avons voué aux créatures un amour de préférence. Nous devons rétracter ce choix, et lui donner, par un amour souverain, l'empire sur nos cœurs. D'autres disent, et cette opinion me paraît la plus vraisemblable, que le mot religion vient de *religare*, relier : « Que la religion, dit saint Augustin, vous relie au Dieu tout-puissant. » Quoi qu'il en soit de ces étymologies, toutes s'accordent à rapporter la vertu de religion à Dieu seul, à le montrer comme notre principe indéfectible et notre fin dernière. Nous devons relire souvent ce qui le

concerne, afin de ne pas en perdre le souvenir au milieu des préoccupations de la vie. Il mérite toujours le choix de nos cœurs. Venus de lui, retournant à lui, c'est notre bien de ne jamais nous en séparer. Comment le faisons-nous? Par le culte et les hommages que nous lui rendons. L'habitude vertueuse qui met l'ordre et la rectitude dans le culte rendu à Dieu, c'est la religion.

2. Elle diffère des vertus théologales.

La foi, l'espérance et la charité ont Dieu pour objet. Si je crois, si j'espère en Dieu et si je l'aime, mon intelligence et ma volonté s'élèvent à Dieu directement, sans s'arrêter à des moyens intermédiaires. La religion a pour objet les choses qui conduisent vers Dieu, le culte, les cérémonies, les sacrifices offerts à la Divinité.

3. La religion est-elle autre chose que la sainteté?

La sainteté suppose *pureté* et *stabilité*. Le mot *saint*, en grec, veut dire : séparé de l'élément terrestre (ἅγιος, composé d'ἀ privatif et de γῆ, *terre*), exempt de cette matière infime qui souille tous les corps qui la touchent. Il renferme aussi l'idée de stabilité. Ce que la loi confirme et rend inviolable est appelé *saint*.

La sainteté entendue en ce sens est le caractère distinctif de tout ce qui sert au culte : les temples, les vases consacrés ne peuvent plus servir à d'autres usages et conservent leur sainteté tant qu'ils conservent leur identité. Les hommes consacrés au culte doivent aussi se recommander à Dieu par une grande sainteté. « Tâchez de vivre en paix avec tout le monde et de conserver la sainteté, sans laquelle personne ne verra Dieu. » (Hébr., xii, 14.) On ne s'élève à lui que par la pureté; on ne lui reste uni que par une fermeté inébranlable : « Je suis sûr que ni la mort... ni la vie ne me sépareront de la charité de Dieu. » (Rom., viii, 38.)

Ce qui souille une chose, c'est son mélange ou son contact avec une matière qui lui est inférieure : l'or est impur mélangé avec du cuivre, l'argent avec du plomb. L'âme ne saurait être en contact avec les choses de ce monde sans en contracter une souillure qui ternit son éclat et la rend impure devant Dieu. Il faut donc pour être pur et rendre à Dieu un culte digne de lui, que l'homme élève ses affections au-dessus de ce monde et s'affranchisse des souillures terrestres ; il doit établir en Dieu une demeure fixe et permanente.

Ainsi, il n'y a pas de différence essentielle entre la religion et la sainteté ; leur différence n'est que de raison. La première s'occupe de ce qui concerne le culte divin ; la seconde honore Dieu, nous dispose au culte par la pratique de toutes les vertus.

4. Pourquoi, dans le culte rendu à Dieu, se servir d'actes extérieurs ?

Ce n'est pas pour Dieu, c'est pour nous que nous lui rendons un culte. Quel éclat ajoutons-nous à sa gloire ? Que lui font les hommages de créatures faibles et impuissantes ? C'est nous qui avons besoin du culte, afin qu'en nous inclinant devant lui nous reconnaissions notre soumission et notre dépendance. La perfection d'un inférieur consiste dans sa soumission à son supérieur. L'hommage de sa dépendance le fait en quelque sorte participer à la dignité de son maître. Le corps ne tire-t-il pas toute son excellence de sa soumission à l'âme, l'air son éclat du rayonnement du soleil ? Mais notre âme faible, appesantie par la matière qu'elle traîne après elle, a besoin, pour aller à Dieu, d'être conduite comme par la main, et ses guides, ce sont les signes extérieurs. Sans eux, notre culte, défectueux et impuissant, ne rendra pas à Dieu tous les honneurs que nous lui devons. N'oublions pas, cependant, que les actes intérieurs sont la partie principale du culte, et donnent tout leur prix aux actes extérieurs.

QUEST. LXXXII. *De la dévotion. Les actes intérieurs de la religion sont la dévotion et la prière.* — 1. La dévotion est-elle un acte, et un acte appartenant à la vertu de religion ?

Nous ne prenons pas ce mot dans le sens de grande ferveur ; mais lui donnant son sens étymologique, nous le définissons : la volonté de se livrer avec ardeur et promptitude au culte de Dieu. Il vient du latin *devovere*, dévouer. De sorte que l'homme dévot c'est celui qui se dévoue entièrement au service de Dieu.

Les anciens appelaient dévots ceux qui se dévouaient aux dieux infernaux et faisaient le sacrifice de leur vie pour la patrie. C'est ce que Tite-Live rapporte des deux Décius. Pourquoi donc aujourd'hui un homme rougirait-il de passer pour dévot? Y a-t-il moins de gloire à servir Dieu qu'à servir la patrie, à être dévot envers Dieu qu'à être dévot envers ce qui n'est rien, comparé à Dieu?

Cet acte appartient à la religion, puisque la dévotion nous consacre au culte de Dieu. Une autre vertu, la charité, nous donne aussi à Dieu et semble renfermer la dévotion ; mais la charité nous unit à Dieu, directement et par l'esprit ; la dévotion le fait par le culte ; d'où il suit qu'elle appartient à la vertu de religion.

2. Quelle est la cause de la dévotion?

Sa cause extrinsèque et principale, c'est Dieu. « Il appelle ceux qu'il daigne appeler, donne la religion à ceux qu'il veut rendre religieux ; et, s'il l'avait voulu, il aurait fait d'indévots les Samaritains très-dévots. » (S. Aug.) Mais sa cause intrinsèque, c'est la méditation. La dévotion a aussi sa cause dans l'homme. Avant de me sentir une volonté ferme et résolue de me consacrer entièrement au service de Dieu, il m'a fallu une considération de l'intelligence, le bien vu par elle étant l'objet de la volonté ; or la méditation, dit le Psalmiste, est un feu spirituel qui allume dans nos cœurs la dévotion. Je contemple la beauté, la bonté divines ; les bienfaits que j'en ai reçus se présentent à ma mémoire, et à cette pensée naît dans mon cœur l'amour, cause prochaine de la dévotion : *Mihi adhœrere Deo bonum est, et ponere in Domino Deo spem meam.* (Ps. LXXII, 27.) Je considère, d'un autre côté, la faiblesse de l'homme, le besoin qu'il a de secours étrangers ; de là l'humilité, qui me fait tourner les yeux vers l'appui le plus fort et bannir loin de moi l'orgueil, qui est le principal obstacle à la dévotion : *Levavi oculos meos in montes, unde veniet auxilium mihi. Auxilium meum a Domino qui fecit cœlum et terram.* (Ps. CXX, 1.)

3. Quels sont les effets de la dévotion ?

Elle produit la joie et la tristesse. Il semble difficile de concilier ces deux sentiments ; ils se partagent pourtant l'âme dévote. La dévotion naît d'abord de la contemplation des perfections divines; de là un sentiment de joie : *Memor fui Dei et delectatus sum.* (Ps. XLI, 3.) Mais comme nous ne voyons pas Dieu à découvert, et qu'une longue distance nous en sépare, la tristesse succède à cette joie. C'est pourquoi le Psalmiste ajoute aussitôt : Les larmes ont été mon pain le jour et la nuit. »

Une autre considération remplit nos cœurs de tristesse : c'est la vue de notre faiblesse, des défauts qu'une méditation attentive découvre en nous; mais la joie ne tarde pas à suivre cette tristesse. Dieu, nous l'espérons, aura pitié de nous ; il ne nous abandonnera pas à notre faiblesse, mais regardant avec miséricorde notre misère nous prêtera secours selon l'étendue de nos besoins.

QUEST. LXXXIII. *La prière, autre acte intérieur de religion.*
— 1. A quoi bon prier Dieu ? Nous prions quelqu'un pour lui faire connaître nos misères et le disposer en notre faveur. Or, Dieu les connaît et sait mieux que nous ce qu'il nous faut ?

Les anciens sont tombés dans trois erreurs touchant la prière. Les uns, prétendant que personne ne gouverne ce monde et que tout y arrive fatalement, regardaient comme inutile de prier : « Vanité, disaient-ils, de servir Dieu. » (Malach., III, 14.)

D'autres admettaient une Providence divine, mais disaient que tout ce qu'elle ordonne, tout ce qu'elle permet, arrive nécessairement et que nous n'y pouvons rien.

D'autres enfin pensaient que les décrets de la Providence ne sont pas immuables, que nos prières et nos bonnes œuvres peuvent les changer. Nous avons vu l'erreur de ces trois opinions.

Non-seulement Dieu ordonne et permet l'accomplissement de certains effets, mais il les produit quelquefois avec le concours des causes secondes, et les desseins de sa providence déterminent l'ordre dans lequel elles agiront. Ainsi, l'épi de blé ne naît qu'à une condition, c'est que le laboureur ensemence son champ. En priant Dieu, nous lui demandons de ne pas faillir à notre mission de causes secondes et d'éloigner les obstacles qui pourraient entraver notre action. Nous ne lui demandons pas de changer ses desseins, mais, dit saint Grégoire, nous prions afin de mériter ce qu'il a résolu avant tous les siècles de nous donner, quand notre prière montera vers lui.

Le but de nos prières n'est pas de faire connaître à Dieu nos besoins. Il les connaît, et nous ordonne cependant de prier, car la prière est le premier besoin de nos cœurs. Il nous l'ordonne, afin de nous offrir souvent l'occasion de témoigner qu'il est l'auteur, le souverain dominateur de toutes choses. Il nous l'ordonne, afin de nous inspirer une grande confiance : nous dirait-il de prier, s'il n'était résolu à nous exaucer ? Enfin, il nous l'ordonne pour notre bonheur et notre gloire. Quoi de plus doux que de verser nos prières dans le sein de Dieu ? de plus glorieux que de nous entretenir avec Jésus-Christ, de lui exposer librement ce que nous voulons, ce que nous désirons ?

2. Il ne faut donc prier que Dieu ?

Nous pouvons prier quelqu'un ou de nous accorder lui-même telle faveur, ou de la solliciter pour nous. Les prières, dans le premier sens, ne s'adressent qu'à Dieu, car elles doivent avoir pour objet direct ou indirect la grâce et la gloire, que Dieu seul peut donner : *Gratiam et gloriam dabit Dominus.* (Ps. LXXXIII.) Mais nous pouvons prier les anges et les saints de solliciter pour nous ; présentées par eux, nos prières seront plus agréables à Dieu et plutôt exaucées. Un moyen d'être bien accueilli auprès de quelqu'un, c'est de nous faire recommander par ses amis : « La fumée des parfums composée des prières des saints, s'élevant de la main de l'ange, monta devant Dieu. » (Apoc., VIII, 4.)

Les saints ne peuvent entendre notre voix ; d'ailleurs, nous prions souvent sans proférer de paroles. Comment exaucer des prières qu'ils ne connaissent pas ?

Ils ne les connaissent pas naturellement, mais éclairés par une lumière surnaturelle. Ils voient dans le Verbe tout ce qu'il est convenable à leur dignité, essentiel à leur bonheur de connaître. Leur dignité, sinon leur bonheur, n'exige-t-elle pas qu'ils connaissent les prières que nous leur adressons de vive voix ou du fond de nos cœurs?

3. Est-il permis de déterminer d'une manière précise ce que nous demandons à Dieu? Souvent nous ignorons ce qui nous sera le plus utile, et nous demandons ce qu'il vaudrait mieux pour nous ne jamais obtenir?

Il est vrai, Dieu refuse quelquefois, dans sa bonté, ce qu'il accorde dans sa colère, et qu'il vaudrait mieux ne pas obtenir. Tels sont les biens temporels, dont l'abus a perverti tant de cœurs. Mais il y a des choses dont on ne peut faire un mauvais usage, et qu'il est toujours bon d'acquérir. Pourquoi ne pourrions-nous pas les demander d'une manière précise? « Montrez-nous, Seigneur, votre visage, et nous serons sauvés. (Ps. LXXIX, 4.) Conduisez-nous, Seigneur, dans la voie de vos commandements. » (Ps. CXVIII, 35.)

4. Il n'est donc pas permis de demander les biens temporels?

La prière étant l'expression de nos désirs, il est permis de demander ce qu'il est permis de désirer. Si vous désiriez les biens de ce monde, plaçant en eux votre fin dernière, vos désirs seraient illégitimes, vous ne pourriez demander à Dieu de les exaucer; mais ils sont très-justes, très-légitimes, si vous désirez les biens temporels comme soutiens de la vie et moyens physiques de pratiquer la vertu. Si nous les avons, il est permis, à ce titre, d'en demander la conservation, si nous ne les avons pas, l'acquisition.

5. Faut-il prier pour les autres? L'Oraison Dominicale ne nous enseigne à prier que pour nous : Donnez-nous notre pain quotidien ; pardonnez-nous nos offenses. Ces paroles ne font pas mention du prochain?

S'il est pécheur, Dieu nous défend de prier pour lui : « Ne priez pas pour ce peuple, car je ne vous exaucerai pas. » (Jér., VII, 16.) S'il est juste, ses prières lui suffisent sans qu'il ait besoin des nôtres.

« Priez les uns pour les autres, afin que vous soyez tous sauvés. » (S. Jacques, v, 16.)

Nous devons demander à Dieu ce que nous devons désirer. Nous devons désirer le bien non-seulement pour nous, mais aussi pour les autres ; la charité qui leur est due nous en fait un devoir. Quelle prière plus agréable à Dieu qu'une prière désintéressée, une prière dictée par la charité fraternelle ?

L'Oraison Dominicale nous enseigne assez la prière pour les autres, lorsqu'elle nous fait dire : Notre Père, et non : Mon Père; Donnez-nous, et non : Donnez-moi. L'homme, aux yeux de la religion, n'est jamais un être isolé ; c'est l'enfant d'une grande famille, dont Dieu est le chef ; il doit donc s'intéresser au bien de ses frères et le demander au Père commun.

Le prochain fût-il un grand pécheur, il est possible que notre prière obtienne de Dieu une grâce qui touchera son cœur. Si c'est un réprouvé, comme ceux dont parle Jérémie, nos prières ne le sauveront pas : *Nemo potest corrigere quem Deus despexerit.* (Eccl., VII, 14.) Mais nous ne pouvons distinguer ici-bas les réprouvés d'avec les prédestinés, et il ne nous est permis de juger personne. Dieu, en récompense de notre charité, exaucera sans doute notre prière en notre faveur, et elle redescendra sur nous comme une rosée de bénédiction.

Si c'est un juste, nos prières ne lui seront pas inutiles pour obtenir la persévérance et son avancement spirituel : « Secourez-moi par vos prières, disait saint Paul aux Romains. » (Ch. XV.) Elles seront aussi une action de grâces, et un moyen d'obtenir de nouveaux bienfaits.

6. Nos ennemis doivent-ils avoir part à nos prières ?

« Priez pour ceux qui vous persécutent et vous calomnient. » (S. Matth., v, 44.) La prière pour les autres est un acte de charité ; nous leur devons ce secours dans la même mesure que nous devons les aimer. Nous avons vu jusqu'où s'étend cette obligation envers nos ennemis. Nous devons aimer en eux non la faute, mais la nature; les aimer d'un amour qui les embrasse tous en général et nous dispose à le leur témoigner en particulier, si nous les voyions dans le cas de nécessité. Les aimer davantage n'est pas d'obligation, c'est la perfection de la charité. Ainsi nous ne devons exclure de nos prières personne, pas même nos plus grands ennemis. Nous ne sommes obligés de faire pour eux des prières spéciales, que si nous leur connaissons un besoin extrême de notre secours spirituel; hors ce cas, prier pour eux, c'est, dis-je, la perfection de la charité.

7. La plus excellente des prières est sans contredit celle que Notre-Seigneur nous a enseignée. Quelles demandes renferme-t-elle?

La prière est l'expression de nos désirs. La meilleure sera donc celle qui exprimera le mieux nos désirs légitimes. Que devons-nous avant tout désirer? notre fin et les moyens d'y arriver. C'est ce que nous apprend l'Oraison Dominicale, et elle le fait en nous montrant l'ordre qui doit régner dans nos affections, de sorte qu'elle n'est pas seulement une bonne prière, mais encore un enseignement moral. « Que votre nom soit sanctifié. » Voilà notre fin, la gloire de Dieu, clairement désignée. « Que votre règne nous arrive : » régnez en nous afin que nous méritions de voir votre nom glorifié dans les splendeurs du ciel et de participer à votre gloire. Après nous avoir montré Dieu en lui-même et Dieu se communiquant aux saints, Jésus-Christ nous enseigne les moyens d'aller à lui : le premier, le plus efficace, c'est de nous soumettre à sa volonté, de l'accomplir avec la même docilité et le même empressement que les anges et les saints : *Fiat voluntas tua sicut in cœlo et in terra.*

Le moyen qui n'est qu'instrument, c'est l'aliment de nos corps. Le pain en réparant nos forces nous rend propres au service de

Dieu ; s'il nous manque, que pouvons-nous pour sa gloire? Il est permis aussi de donner au mot *pain* le sens figuré et d'entendre le pain de l'Eucharistie et tous les sacrements, qui seraient désignés par le plus saint, le plus auguste de tous, comme tous les aliments le sont par le pain, notre nourriture principale.

D'autres moyens ont la vertu de nous conduire à Dieu non par eux-mêmes, comme la soumission pleine et entière à sa volonté, la nourriture du corps et de l'âme ; ils nous y conduisent en écartant les obstacles que nous rencontrons sur le chemin du ciel, et ceux qui nous en ferment l'entrée. C'est pourquoi nous demandons à Dieu de nous délivrer du péché, de la tentation et de tous les maux qui nous menacent, en punition de nos péchés, soit originel, soit actuels.

Aucune de nos misères n'est oubliée, aucun des biens auxquels nous devons aspirer n'est omis. Celui qui connaissait si bien les besoins de notre nature, pouvait-il être autre que son auteur? Donc, en récitant le *Notre Père*, nous redisons à Jésus-Christ ses propres paroles, nous faisons remonter au ciel ce qui en est descendu.

8. Qui est capable de prier ?

La prière est un acte de la raison, par lequel un inférieur supplie un supérieur, comme le commandement est un acte de la raison du supérieur envers son inférieur. Dieu n'ayant pas de supérieur, les bêtes pas de raison, il s'ensuit que les créatures raisonnables seules peuvent faire une prière. Le Fils n'est dit prier qu'en vertu de son union avec la nature humaine, le Saint-Esprit, en ce sens qu'il nous inspire l'amour de la prière et ce que nous devons demander.

Le Psalmiste dit que les petits des corbeaux invoquent par leurs cris le Seigneur ?

L'écrivain sacré fait ici allusion à cet instinct suivant lequel toutes les créatures, même privées de raison, obéissent aux lois qui les régissent et manifestent la gloire de leur auteur.

9. Les saints peuvent-ils prier pour nous ?

« C'est celui qui prie tant pour son peuple et la sainte cité, Jérémie, le prophète de Dieu. » (Malachie, dern. ch., 14.)

La prière pour les autres est un acte de charité. Plus une âme a de charité, plus elle doit prier pour ses frères. C'est ce que font les saints, au foyer même de la charité. Et leurs prières sont d'autant plus efficaces, qu'ils sont plus élevés en gloire, plus près de la source de tous biens. C'est l'ordre établi par Dieu que l'excellence des choses supérieures se répande davantage sur les choses inférieures, à mesure qu'elles se rapprochent : ainsi le soleil illumine à des degrés divers les différentes régions de l'air.

Si, encore dans la voie, encore inquiets pour eux, les apôtres et les martyrs ont prié pour leurs frères, à plus forte raison doivent-ils le faire, après leurs victoires et leurs triomphes, dans la sécurité d'un bonheur inamissible.

10. La prière doit-elle être vocale?

Il y a deux sortes de prières, l'une, appelée publique, l'autre, particulière. La première est celle que l'Eglise ordonne à ses ministres de faire pour tout le peuple fidèle. Elle doit être vocale. Il convient que le peuple sache qu'on prie pour lui ; et comment le saura-t-il, si l'on ne prie par l'organe de la voix?

La seconde peut être vocale ou non : cependant il est quelquefois nécessaire qu'elle le soit. L'homme aidé par les signes extérieurs comprend mieux, et la clarté dans l'intelligence produit l'ardeur dans la volonté. « Nous usons de la parole et d'autres signes, pour enflammer nos désirs. » (S. Aug.)

L'homme n'est pas un ange : il faut que son corps prie aussi bien que son âme, sinon, il ne fait pas à Dieu l'hommage de son être tout entier : « Otez toutes nos iniquités, recevez le bien que nous vous offrons, et nous vous rendrons le sacrifice de nos lèvres. » (Osée, dern. ch., 3.)

Quand un vif sentiment nous émeut, il faut qu'il éclate au dehors et que nous l'exprimions par des signes : «Mon cœur a été dans la joie, et ma langue a chanté des cantiques. » (Ps. xv, 9.)

QUEST. LXXXIV. *Actes extérieurs de religion.* — Les actes extérieurs de religion sont, outre la prière vocale, ceux par lesquels nous faisons rendre au corps le culte divin, par lesquels nous donnons ou promettons à Dieu quelque chose, ceux enfin dans lesquels intervient le nom de Dieu. On appelle ces actes l'adoration, le sacrifice, le vœu, le serment et la louange.

1. L'adoration est un acte par lequel nous rendons à Dieu le culte suprême, et reconnaissons qu'il est l'être souverain, indépendant, de qui relèvent le ciel et la terre. L'adoration, par conséquent, n'est due qu'à Dieu. L'Écriture dit à la vérité qu'Abraham adora trois anges, que Nathan prosterné à terre adora David; mais il faut prendre ce mot au sens figuré et entendre seulement un grand témoignage de respect, ou bien il signifie qu'Abraham et Nathan rapportaient le culte de l'adoration décerné aux anges et à David, à celui dont ils étaient les représentants. La preuve que les Juifs ne rendaient qu'à Dieu le culte suprême de l'adoration, c'est que Mardochée refusa d'adorer Aman, afin, dit le livre d'Esther, de ne pas rendre à un homme l'honneur qui n'est dû qu'à Dieu. (III, 13.)

2. Cet acte appartient-il à la vertu de la religion?

 - N'est-ce pas rendre à Dieu un culte digne de lui, que de s'anéantir en sa présence afin que lui seul paraisse et qu'il règne seul? C'est ce que nous faisons en l'adorant. Prosternés le front dans la poussière, nous reconnaissons notre néant, nous attestons que si nous avons l'être, nous le tenons de lui, et que lui seul est l'Être par essence.

* Rien de plus propre non plus à nous faire avancer dans la voie spirituelle, que ce renversement, cette chute de nous-mêmes. Mes pieds ne marchent et ne me portent en avant que par un déplacement continu de mon centre de gravité. Perdant sans cesse l'équilibre, je tomberais à chaque pas, si un mouvement instinctif ne me le rendait. Mais il n'en est pas moins vrai que je n'avance qu'en allant de chute en chute, et que la chute est une condition de mon avancement. Il en est ainsi de la progression de nos âmes. Elle ne s'accomplit que par des chutes, mais chutes heureuses qui se font aux pieds de Dieu!

3. Est-il nécessaire de joindre l'adoration du corps à celle de l'esprit?

Celle de l'esprit est la principale et doit toujours précéder celle du corps, mais comme nous devons à Dieu l'hommage de notre être tout entier, le corps doit adorer avec l'âme.

L'homme ayant naturellement besoin des choses sensibles pour se livrer aux choses spirituelles, la prostration du corps aide puissamment à l'humiliation de l'esprit qui est la vraie adoration.

4. Faut-il pour adorer Dieu un lieu fixe et déterminé?

Cela n'est pas tellement nécessaire que sans lieu déterminé il n'y ait pas d'adoration, la principale étant celle de l'esprit, mais il convient, à cause de l'adoration corporelle, qu'un lieu soit déterminé ; sinon, où placerez-vous les images et les signes dont les impressions viennent à l'âme par la porte des sens?

QUEST. LXXXV. *Acte par lequel nous donnons à Dieu.* — Le sacrifice est-il de droit naturel?

Dans tous les temps, dans tous les pays, on a offert des sacrifices à la Divinité. Or la nature seule peut donner à une chose l'universalité et la perpétuité.

La raison nous dit que l'homme a un souverain maître, dont il reçoit des secours et des ordres. Or la nature porte les choses inférieures à témoigner aux choses supérieures leur empire sur elles. Comment l'homme le fera-t-il à l'égard de ce supérieur, que tous appellent Dieu? Il agira conformément à sa nature, c'est-à-dire, se servira de signes sensibles, qui exprimeront son empire absolu, son souverain domaine sur toutes choses : c'est le sacrifice : donc il est de droit naturel.

On dit : Ce qui est de droit naturel devrait se retrouver chez tous les peuples; tous devraient avoir des sacrifices communs. Or les uns offraient autrefois du pain et du vin, les autres de la farine, d'autres des animaux, et quelquefois des hommes. Comment une si grande variété dans ce qui est inspiré par une même nature ?

La nature inspire et commande à tous d'offrir les sacrifices à la Divinité, mais leur détermination appartient au droit positif : c'est pourquoi les victimes ne sont pas partout les mêmes. Il est de droit naturel que les malfaiteurs soient punis; mais comment ? c'est ce que détermine le droit positif.

2. Tous sont donc obligés d'offrir des sacrifices?

Cette obligation étant de droit naturel pèse sur tout le monde. Mais ce que le droit naturel ne dit pas, c'est le genre de sacrifice qu'il faut offrir. Il n'est personne que le sacrifice intérieur n'oblige, tous étant tenus à faire hommage de leur esprit à celui qui est l'auteur de leur être et de leur béatitude. Le sacrifice extérieur, réglé par la loi soit ancienne, soit nouvelle, n'obligeait que ceux qui étaient astreints à l'une de ces deux lois. Les païens pouvaient offrir tels sacrifices qu'ils voulaient, pourvu qu'ils fussent propres à montrer le souverain empire de Dieu.

* Des théologiens soutiennent que l'immolation des animaux était de droit naturel et obligeait, par conséquent, tous les peuples: mais ils ne le prouvent pas facilement. Quel rapport la raison, abandonnée à ses lumières, voit-elle entre Dieu et l'immolation d'une bête ? Qu'importe à Dieu le sang d'un bœuf ou d'une brebis ? Il est vraisemblable que la pensée d'immoler des animaux et surtout l'espérance de participer à la vie divine en mangeant les chairs de la victime, venait de la première ou de la seconde révélation. L'histoire montre assez que les peuples en se dispersant emportèrent avec eux et conservèrent toujours quoique affaiblis les souvenirs de la première. Certains peuples païens avaient vu aussi quelques rayons de la seconde. De là, la croyance universelle qu'il fallait une victime au genre humain, et que nous ne trouverions notre salut que dans l'effusion de son sang.

3. A qui peut-on offrir des sacrifices ?

Un sacrifice n'a de valeur que par sa signification. Il veut dire que celui à qui on l'offre est le principe et la fin de tous les êtres, que tous relèvent de lui, et qu'en lui seul est le bonheur. A qui est-il permis de tenir ce langage, qu'à Dieu? Reconnaître à d'autres l'empire souverain, c'est un crime de lèse-Divinité, comme on commettrait un crime de lèse-majesté en décernant à d'autres qu'au roi les honneurs réservés à la royauté.

4. Le sacrifice est-il l'acte d'une vertu spéciale?

Un péché participe à la malice d'un autre péché, en vue duquel on le commet : si on dérobe le bien d'autrui pour se procurer les moyens de commettre l'adultère, la fornication, le vol tient de la fornication, de l'adultère. Il en est de même d'un acte produit en vue d'un acte bon : donnant l'aumône par respect pour Dieu, jeûnant pour lui faire hommage de mon corps, je fais une espèce de sacrifice. Lorsque l'acte a pour fin unique ou principale le respect dû à Dieu, le culte suprême, c'est l'acte d'une vertu spéciale, la religion : tel est le sacrifice.

Les questions LXXXVI et LXXXVII traitent des prémices et des dîmes : nous pouvons ne pas nous y arrêter, puisqu'elles n'ont plus aujourd'hui d'application parmi nous.

QUEST. LXXXVIII. *Acte par lequel on promet à Dieu.* — 1. En quoi consiste essentiellement le vœu?

Qui dit vœu, dit une promesse de faire une certaine chose ou de s'en abstenir. De même que quand je commande ou prie, j'ordonne ou sollicite ce que d'autres devront faire, quand je promets, j'ordonne et m'engage à faire moi-même. La raison étant en nous la faculté qui ordonne, la promesse est une œuvre de la raison. Comment procède-t-elle dans ses œuvres? Elle commence par délibérer, puis elle propose à la volonté un parti, enfin elle fixe son choix : s'il s'agit d'un vœu, elle promet. Trois choses constituent donc essentiellement le vœu : la délibération, la proposition, la promesse. Réunies, elles font de Dieu mon créancier, lui transfèrent la propriété et l'usage de ce qu'il m'avait donné, et qui désormais ne m'appartient plus.

Quelquefois on prononce à haute voix cette promesse de la raison, afin qu'on y soit tenu devant Dieu et devant les hommes, mais cela ne tient pas à l'essence du vœu. Si les hommes ne connaissent que les pensées manifestées par des signes, Dieu lit au fond des cœurs. (I Rois, xvi, 7.)

2. Quel est l'objet du vœu ?

On ne peut promettre par vœu qu'un bien meilleur, ce qu'il est plus parfait de pratiquer que d'omettre.

Le vœu, disons-nous, est une promesse. Or, on ne promet à un homme que ce qui devra lui être agréable, sinon ce n'est plus une promesse qu'on lui fait, mais une menace. Vous pouvez me menacer de cent coups de verge, vous ne pouvez me les promettre. Il faut donc que ce qu'on se propose de vouer à Dieu soit honnête et permis.

La promesse étant un acte de la volonté, on ne peut non plus vouer que ce qui est volontaire. Que diriez-vous d'un homme qui s'engagerait par vœu à mourir un jour, à voler comme un oiseau ?

On peut promettre par vœu de faire ce qui est nécessaire au salut, comme de recevoir tel sacrement, mais cet engagement n'est un vœu qu'en tant qu'il est volontaire.

On ne peut promettre par vœu que ce qui est honnête et permis. Or, il n'est ni honnête ni permis de tuer un innocent. Cependant Jephté tua sa fille innocente, et cela, en vertu du vœu qu'il avait fait, s'il remportait la victoire sur les Ammonites, d'immoler à Dieu le premier qui viendrait de chez lui à sa rencontre. Ce fut sa fille, et il tint son vœu.

Il faut répondre avec saint Jérôme : *In vovendo fuit stultus, in reddendo impius* : Ce fut un insensé de faire ce vœu, ce fut un impie de l'accomplir. Néanmoins Jephté est regardé comme un des saints personnages de l'ancienne loi. Ou il expia son crime par la pénitence, ou la pensée de son vœu lui avait été inspirée par le même Dieu qui lui avait donné la victoire, et qui est le maître de la vie et de la mort (1).

3. Est-on obligé sous peine de péché d'accomplir les vœux qu'on a faits ?

Le mot *fides*, fidélité, vient de *fiunt dicta*. Quand un homme a donné sa parole, il regarde comme un devoir sacré et pressant de l'accomplir : y manquer serait un crime devant les hommes. Si vous êtes obligé de tenir une promesse faite à un de vos semblables, combien à plus forte raison une promesse faite à Dieu, notre maître et notre bienfaiteur ! « Accomplissez ce que vous avez promis par des vœux ; il vaudrait mieux ne pas en faire que de les violer. » (Eccl., v, 3.)

* Cependant, il est des cas où le vœu cesse d'obliger : par exemple, ce qui était pour moi, quand je l'ai promis, un bien ne l'est plus aujourd'hui, ou en empêcherait un plus grand. Ou bien, j'avais voué dix mille francs à l'église Saint-Pierre. Tout à coup un revers de fortune, que je ne pouvais prévoir, me réduit à l'indigence, ou me met dans l'impossibilité de tenir ma promesse.

Ou bien, j'avais fait vœu d'entrer dans tel couvent, et on ne veut pas me recevoir, attendu que *je ne suis pas assez riche pour faire vœu de pauvreté*. Si mon intention était d'entrer dans cette maison, non dans une autre, l'obligation cesse ; mais si je me proposais de me faire religieux, sans déterminer l'ordre dans lequel j'entrerais, mon vœu m'oblige à solliciter l'entrée d'un autre couvent. En un mot, pour savoir jusqu'où s'étend l'obligation d'un vœu, il faut savoir l'intention que vous vous proposiez en le faisant.

4. Est-il bon de faire des vœux ? On ne doit jamais s'exposer au danger de pécher. Or ce qui, avant le vœu, vous était permis, ne l'est plus après, et vous vous exposez à le faire ?

Vous promettez aux hommes ce qui leur sera utile, et votre

---

(1) Si Jephté agit dans cette circonstance sans une inspiration spéciale de Dieu, son vœu fut l'acte d'un insensé, et l'exécution de ce vœu, l'acte d'un impie. Cependant il n'est pas de foi que Jephté ait réellement immolé sa fille. D'habiles interprètes pensent qu'elle se contenta d'offrir à Dieu le sacrifice d'une virginité perpétuelle.

parole est pour eux une garantie, une certitude de votre fidélité. Il n'en est pas ainsi des promesses faites à Dieu. Il voit le fond des cœurs, et comme on ne peut rien lui donner qu'il ne possède déjà, les dons que nous lui offrons ne l'enrichissent point, ils redescendent sur nous en précieux bienfaits : *Quod ei redditur, reddenti additur.* (S. Aug.) Le vœu est un lien qui fixe en Dieu notre volonté et nous met dans l'heureuse nécessité de bien faire. Donc il est bon de lui promettre par vœu des choses qu'il nous serait permis de destiner à un autre usage.

Vous dites qu'en faisant un vœu on s'expose au danger de le violer. Il n'y a pas d'action si sainte qui n'entraîne après elle un danger semblable. Quoi de plus saint que la communion ? Cependant celui qui communie indignement boit et mange sa propre condamnation. (S. Paul.) Si ce danger venait du vœu, le vœu ne serait pas permis : il est défendu de traverser un fleuve sur un pont qui menace ruine, le danger étant inséparable de l'action. D'où vient le danger du vœu ? D'une volonté qui peut faillir et briser les liens les plus sacrés. Mais il n'est pas nécessaire de suivre les mouvements d'une volonté mauvaise.

5. Ce que l'on fait, lié par un vœu, est-il meilleur que si le vœu ne nous y obligeait pas ?

L'action accomplie en vertu d'un vœu, participe à l'excellence et au mérite de la vertu de religion, qui est la première des vertus morales, comme la charité, la première des vertus théologales. L'acte de foi, d'espérance n'est-il pas meilleur si je le fais inspiré par la charité ? Ainsi les œuvres que nous faisons, liés par vœu, appartiennent à la vertu de religion, se rapportent au culte divin et sont des espèces de sacrifices.

En accomplissant un vœu, je donne plus à Dieu que celui qui n'a pas voué. Je lui fais hommage non-seulement d'un de mes actes, mais de ma puissance d'agir ; il y a entre nous la même différence qu'entre deux hommes dont l'un vous donnerait seulement les fruits d'un arbre, et l'autre vous donnerait l'arbre avec les fruits. Pourquoi remercie-t-on ceux qui promettent? Parce qu'ils donnent l'avenir avec le présent.

Le vœu, en m'imposant des liens sacrés, a affermi ma volonté dans le bien, et une bonne œuvre est d'autant plus méritoire qu'elle vient d'une volonté plus forte, comme le mal du méchant qui s'obstine est plus grand : c'est un péché contre le Saint-Esprit, irrémissible en ce monde et en l'autre.

Ne dites pas que le vœu diminue notre liberté. La liberté consiste à pouvoir choisir entre faire et ne pas faire, elle ne consiste pas à pouvoir pécher, sinon Dieu et les saints ne seraient pas libres. La nécessité que le vœu nous impose est semblable à celle des anges et des saints. La portion de nous-mêmes que le vœu donne à Dieu lui appartenant sans partage, est presque dans la gloire. C'est pourquoi il y a tant de rapports entre les saints dans le ciel et le moine qui observe les trois vœux.

6. Il y a des vœux simples et des vœux solennels : qu'est-ce qui fait leur différence?

C'est la consécration spirituelle donnée par l'Église. On n'honore pas des mêmes solennités des choses qui sont de nature différente : autre est une solennité militaire, autre une solennité nuptiale, autre une solennité religieuse. La première consiste dans la prise d'armes et l'appareil guerrier ; la seconde, dans la tradition du droit conjugal ; la troisième, dans une bénédiction, une consécration que fait l'Église. Pour mériter l'honneur de l'une ou de l'autre de ces solennités, il faut se donner entièrement à l'un de ces états de vie. Les vœux solennels sont donc ceux qui nous consacrent tout entiers et irrévocablement au service de Dieu : tels sont les vœux de ceux qui reçoivent un ordre sacré, ou entrent dans un ordre religieux, approuvé par l'Église.

7. Est-il permis à tous de s'engager par vœu?

Un inférieur ne peut faire vœu de donner ce qui est sous la dépendance de son supérieur, comment donner ce qui ne lui appartient pas? Et s'il ne peut le donner, il ne peut le promettre.

L'enfant qui a l'usage de la raison peut faire des vœux simples, mais ses parents, ses tuteurs ont le droit de les annuler s'ils le jugent à propos.

L'Église ne permet pas le vœu solennel à un enfant avant l'âge de puberté, eût-il l'usage de sa raison. Elle lui refuse la consécration spirituelle qui fait la solennité du vœu.

8. Le vœu est-il susceptible de dispense?

Pour le voir, il suffit de se rappeler ce qu'est la dispense d'une loi. La loi, faite pour le bien commun, ne règle que les cas ordinaires. S'il *se présente* un cas où elle serait nuisible, comme elle n'atteindrait pas son but, il est juste que son obligation cesse et que l'autorité compétente me dise : La loi n'est pas faite pour vous dans ce cas, je vous dispense d'y obéir. Ainsi celui qui fait un vœu s'impose une loi générale, qui l'oblige à ce qui est communément bon ; mais si, tel cas donné, l'accomplissement du vœu était nuisible, inutile, empêchait un plus grand bien, il serait juste que l'autorité compétente déclarât que les liens du vœu n'existent plus : c'est ce qui s'appelle *dispenser*. Un père de famille *dispense* à ses enfants une nourriture proportionnée à leurs besoins.

9. L'accomplissement du vœu est de droit naturel et de droit divin ; or, personne ne peut dispenser d'une obligation imposée par ces deux sortes de droit?

Le droit naturel et le droit divin nous obligent aussi à obéir à nos supérieurs. Donc, si l'autorité compétente nous dit que ce qui était l'objet légitime du vœu ne l'est plus, nous pouvons sans crainte lui obéir. Le prélat qui dispense n'agit contre aucun droit. Il déclare qu'une obligation, vu certaines circonstances, n'existe plus. Quand le législateur civil me dispense d'une loi, est-ce qu'en ne la suivant pas je désobéis ? est-ce que je suis en contravention ? Non, ce qui était une loi cesse de l'être.

La fidélité due à Dieu nous oblige à tenir nos vœux, mais si ce qui était un bien meilleur devient inutile, mauvais, empêche un bien plus parfait, il est contraire à l'essence du vœu.

10. Qu'est-ce qui peut dispenser d'un vœu?

Un vœu, c'est la promesse de faire quelque chose d'agréable à Dieu. Il en est le juge, lui seul et ceux de ses représentants qu'il a chargés de présider à nos intérêts spirituels : « Si j'ai usé d'indulgence, c'est à cause de vous, en la personne de Jésus-Christ. » (II Cor. II, 10.) Donc le pape et les prélats peuvent dispenser du vœu toutes les fois qu'ils y voient l'intérêt de l'Église et la gloire de Jésus-Christ : *Propter vos, in persona Christi*. Quand il s'agit de vœux fréquents dont la dispense demandée au pape entraînerait des embarras ou de longs délais, les évêques et les abbés peuvent dispenser leurs diocésains et leurs religieux : tels sont les vœux de jeûner, de faire un pèlerinage au tombeau d'un saint. Le pape, qui a dans l'Église universelle la plénitude du pouvoir, peut dispenser de tous les vœux et dans tous les pays : « Je te donnerai les clefs du royaume du ciel et... tout ce que tu délieras sur la terre sera délié dans le ciel. » (S. Matth., XVIII.)

QUEST. LXXXIX. *Du jurement*. — Le jurement et l'invocation sont les actes extérieurs de religion dans lesquels on fait intervenir quelque chose de divin.

1. Qu'est-ce que jurer?

C'est prendre Dieu à témoin de ce qu'on affirme comme passé ou présent, de ce qu'on promet comme futur.

On jure pour confirmer une vérité. S'il s'agit d'une vérité nécessaire et universelle, la raison recourt à des principes évidents et fait rayonner leur lumière sur cette vérité qu'elle se propose de confirmer. Il serait ridicule de l'établir autrement, par exemple, de prouver une proposition en jurant qu'elle est vraie. Mais s'il s'agit d'un fait contingent, comme celui-ci : Votre oncle, en mourant, m'a légué de vive voix la moitié de sa fortune, je ne puis le prouver par le raisonnement. D'un autre côté, on ne se fie pas à moi. Les hommes depuis le péché sont portés au mensonge, et sentant tous en eux cette inclination, ils se défient les uns des autres. Que faire? Pour vous garantir la vérité de ce que je dis, je prends à témoin le Dieu qui est la vérité même. Je fais intervenir la Vérité ; à ma parole, il vous semble la voir descendre du ciel et vous me croyez comme si elle parlait par ma bouche.

2. Est-il bon de jurer?

On jure, et la foi est acquise au jurement, pourquoi? Parce qu'on regarde Dieu comme la vérité même, qui sait tout et dont le regard pénètre jusqu'aux replis les plus cachés de nos cœurs. Le jurement, proclamant la vérité de Dieu infaillible et sa science universelle, est donc en lui-même une œuvre sainte.

Il l'est aussi dans son but : c'est souvent le seul moyen de trancher une question en litige, de mettre fin aux contestations, et de ramener la paix dans les familles.

D'où vient donc que l'Évangile défend de jamais jurer? (S. Matth., v, 34 et s.)

Ne jurez pas, dit saint Matthieu, de peur d'être condamné. Mais si, certain de ce que j'affirme, je n'ai pas à craindre de me tromper et d'être condamné, rien ne m'empêche de jurer, puisque le jurement procure la gloire de Dieu. « Vous jurerez par son nom. » (Deut., vi, 13.) « *Laudabuntur omnes qui jurant in eo* ». (Ps. LXII.)

3. Quelles conditions doit réunir le jurement pour qu'il soit permis?

La vérité, la justice et la prudence. Quoi de plus outrageant pour Dieu que de le prendre à témoin d'un mensonge ou d'une iniquité? Ce qu'on affirme en jurant doit donc être vrai et permis. Ces deux conditions ne suffisent pas : il ne faut pas user du jurement à la légère, mais avec prudence et discrétion. Ce que l'on prend comme remède à une infirmité ne doit pas compter parmi les choses qui sont d'un usage ordinaire. Il ne faut s'en servir qu'en cas de nécessité ou de grande utilité. Qu'est-ce que le jurement? Un remède à la faiblesse humaine. Connaissant votre inclination naturelle au mensonge, je me défie de vous. Si vous voulez que je vous croie, jurez que vous dites la vérité.

4. Est-il permis de jurer par les créatures ?

Il y a deux sortes de jurements : l'un, par lequel on appelle Dieu en témoignage de ce qu'on affirme, s'appuie sur la vérité même de Dieu. Nous venons de voir qu'il est permis. L'autre est celui par lequel on appelle en témoignage la créature. Le livre des Évangiles et les saints étant comme des miroirs où resplendit la vérité divine, on peut jurer par l'Évangile, par un saint ou par toute autre créature, si l'on considère en elle la vérité qu'elle exprime. Le jurement revêtu des conditions requises procure toujours la gloire de Dieu.

5. Le jurement a-t-il la force d'obliger ?

Il doit être vrai. Comment le sera-t-il, s'il n'oblige celui qui jure ? Vous êtes donc tenu à faire tout ce que vous pouvez pour accomplir ce que vous avez juré, sinon votre jurement est un mensonge.

Cependant la prudence et la justice peuvent suspendre ou faire cesser cette obligation. Par exemple, un accident imprévu ruine ma santé ou ma fortune, et me met dans l'impossibilité d'accomplir ce que j'ai juré de faire ; ou bien, si je l'accomplis dans les circonstances actuelles, je fais un mal, j'empêche un plus grand bien, je n'entre pas en religion. Il en est comme de la cessation du vœu.

6. Quelle est l'obligation la plus grave, celle du vœu ou celle du jurement ?

Violer un vœu, c'est manquer de fidélité à Dieu, ce qui entraîne toujours le manque de respect. La violation d'un serment est aussi un manque de respect, mais il n'entraîne pas nécessairement le manque de fidélité. Il n'est pas rare de voir des serviteurs manquer de respect à leurs maîtres, et néanmoins leur être très-fidèles.

La question XC traite de l'adjuration. Je me borne à l'indiquer, car elle revient à celle du jurement.

QUEST. XCI. *De la louange. On prononce le nom de Dieu dans*

la prière et la louange. Nous avons parlé plus haut de la prière.—
1. Faut-il louer Dieu de vive voix?

Nous nous servons de la parole pour manifester aux autres des vérités cachées au fond de nos cœurs. Nous les louons de vive voix, afin de leur faire connaître la bonne opinion que nous avons d'eux; notre louange les excitera à mieux faire encore, et les autres, édifiés en voyant des exemples de vertu, seront portés à les imiter. Nous adressons aussi à Dieu nos paroles et nos louanges; mais nous avons, en le faisant, un but bien différent. Ce n'est pas de lui manifester nos pensées, à lui qui sonde les reins et les cœurs : notre but, c'est d'exciter la ferveur dans notre cœur et dans celui des assistants. Il n'est rien de plus propre à atteindre ce but que la louange exprimée de vive voix, à cause de l'influence naturelle que les sens exercent sur l'âme : « Le sacrifice de louanges est celui par lequel l'homme m'honorera véritablement, et c'est là la voie par laquelle je lui montrerai le salut qui vient de Dieu. (Ps. XLIX, 23.) Sa louange sera toujours dans ma bouche... Que les hommes dont le cœur est doux m'entendent et se réjouissent; glorifiez le Seigneur avec moi. » (Ps. XXXIII.)

2. Pourquoi employer le chant pour louer Dieu?

Le but de la louange est d'exciter en nous la ferveur. Quoi de plus propre à produire dans l'homme de saintes émotions que le chant mélodieux des hymnes et des cantiques? L'harmonie des sons, en flattant l'oreille, va droit à l'âme, et quelquefois la transporte hors d'elle-même.

* Que de larmes n'a pas fait couler le chant du *Stabat Mater!* que de pécheurs ont tremblé en entendant le *Dies iræ!* Le *Lauda Sion* ne nous annonce-t-il pas la grandeur et la majesté du Dieu caché sous les voiles eucharistiques?

Le concile de Trente, il est vrai, mit en question le sort de la musique dans les offices; mais il parlait de la musique lascive, qui avait envahi les églises au seizième siècle. Palestrina vengea si bien la musique religieuse, que le doyen du sacré collège ne put s'empêcher de dire, en entendant sa messe : « Une harmonie si belle et si douce ne peut venir que du ciel, où le bonheur est éternel. »

L'harmonie nous vient des anges, et la source des concerts est dans le ciel (1).

QUEST. XCII. *De la superstition.*—1. La vertu morale consistant dans un juste milieu, on peut pécher contre elle par excès et par défaut. On viole de ces deux manières la vertu de religion. Pour rendre à Dieu un culte digne de lui et conforme à la nature de l'homme, il faut une idée vraie de la Divinité, et des signes qui l'expriment. L'erreur dans l'idée, c'est la superstition; l'erreur dans le signe ou son absence totale, c'est l'irréligion. La première se tient à la surface du culte (*super stare*), et perd ou altère l'idée de Dieu ; la seconde rejette les signes et ne veut plus que l'idée. La vertu de religion évite l'excès et le défaut, et réunit dans un culte saint, un culte vrai, l'idée et le signe.

Comment peut-on commettre un excès en religion? Est-ce qu'on peut être trop religieux ?

La superstition traverse le milieu de la vertu de religion et s'élève plus haut, mais ce n'est pas dans le sens de la vraie religion. Ayant perdu ou altéré l'idée de Dieu, elle dévie du chemin qui conduit à Dieu, et hors de la vérité elle ne peut rendre à Celui qu'elle adore qu'un faux culte. C'est ce qu'elle fait, ou en décernant à des créatures le culte suprême, ou en n'honorant pas Dieu de la manière dont on doit l'honorer.

2. Il y a donc plusieurs sortes de superstitions?

Les vices, comme les vertus, varient selon la différence de leur objet. Si le culte est faux, mais s'adresse au vrai Dieu, c'est la superstition proprement dite ; si l'on rend le culte suprême à d'autres qu'à Dieu, c'est un genre de superstition qui en contient de plusieurs espèces. La première fin du culte étant d'honorer Dieu, si on le rend à une créature, c'est l'idolâtrie. Une autre fin du culte, c'est d'implorer le secours et les lumières de Dieu : la

(1) Génie du christianisme.

divination les demande au démon, par des pactes tacites ou exprès. Enfin, nous honorons Dieu, pour conformer notre conduite à ses préceptes ; nous méconnaissons ce devoir lorsque nous recourons à de vaines et futiles observances. Parlons de chacune de ces superstitions.

QUEST. XCIII. *De la superstition proprement dite.* — 1. Peut-il y avoir quelque chose de coupable dans le culte qu'on rend au vrai Dieu ?

Il n'y a rien, dit saint Augustin, de coupable comme le mensonge en matière de religion. Or, on peut exprimer des choses fausses, et par conséquent mentir par des actions aussi bien que par des paroles. Si je rends à Dieu le culte de l'ancienne loi, qui figurait le Messie et préparait à son avénement, ne suis-je pas un menteur, puisque mes actions signifient : le Messie n'est pas venu, il n'a pas souffert, etc. ?

Le culte est encore défectueux et coupable lorsqu'il n'a pas été établi ou approuvé par l'Église. Celui qui usurpe son autorité pour établir un culte nouveau est comme un fourbe, un menteur qui se dirait l'envoyé d'un roi et chargé de remplir en son nom telles fonctions.

2. Peut-il y avoir quelque chose de superflu dans le culte rendu à Dieu?

Le culte que nous rendons au souverain Être n'aura jamais rien de superflu en ce sens que nous puissions trop faire. Nous resterons toujours au-dessous de nos devoirs envers Dieu. Notre culte est superflu quand il ne nous conduit pas à la fin pour laquelle il a été établi. Quelle est cette fin? De procurer la gloire de Dieu, de lui témoigner la soumission de notre esprit et de notre corps. Donc, tout ce qui, dans le culte, n'a aucun rapport avec cette fin, est superflu, entaché de superstition. Telles sont, en général, ces pratiques extérieures que l'Église ou une coutume universelle n'a pas autorisées, et auxquelles on s'attache comme à la partie principale du culte : « Le royaume de Dieu est au dedans de vous » (S. Luc, xvii, 21); c'est-à-dire les signes extérieurs n'honorent Dieu et ne lui rendent un vrai culte qu'autant qu'ils sont l'expression du culte intérieur.

QUEST. XCIV. *De l'idolâtrie.* — 1. L'idolâtrie était-elle une superstition ?

La superstition est un excès dans le culte divin : ne commet-on pas cet excès, quand on rend le culte suprême à une créature ?

Les païens le rendaient soit par des signes et des actions, comme les jeux, les fêtes, les sacrifices, soit par des images matérielles appelées des idoles.

* Peut-on leur supposer cette croyance que des animaux, des plantes, des morceaux de pierre, de bois, étaient des dieux ? Des philosophes modernes prétendent que non, et disent qu'il est métaphysiquement impossible que l'esprit de l'homme tombe dans une erreur aussi absurde. Mais l'histoire montre que la masse du peuple partageait cette croyance, et n'eût-elle été que celle d'un seul homme, elle n'est pas d'une impossibilité métaphysique. Il est vrai, les intelligences d'élite, un Socrate, un Platon, s'élevaient au-dessus des préjugés populaires. Ils ont connu l'unité de Dieu, mais la plupart des païens l'ont ignorée. Ils avaient perdu la vraie notion de Dieu, en sorte que l'idolâtrie ne fut pas seulement un crime, elle fut encore une erreur.

Cette erreur n'était pas la même dans tous ceux qui adoraient de faux dieux. Suivant les uns, des hommes, comme Mercure, Jupiter, étaient devenus dieux et méritaient depuis leur apothéose les honneurs divins. Suivant d'autres, Dieu, c'est tout ce qui existe, chaque créature est une portion de la Divinité. L'âme divine porte jusqu'aux entrailles de la terre, le mouvement et la vie : c'est par elle que tout s'agite, comme on dit que c'est par son âme que l'homme est sage, intelligent.

Les platoniciens disaient : Il y a un Dieu souverain et cause de toutes choses. Il a communiqué sa divinité d'abord à des substances spirituelles, qui sont les divinités inférieures, puis aux âmes des corps célestes, puis à des démons qui vivent dispersés dans l'espace. Il a fait au-dessous des démons, les âmes des hommes; elles peuvent s'élever par leurs vertus à la dignité de démons, même de divinités inférieures.

C'est ce tissu d'erreurs qui faisait le fond de la théologie et de la superstition des païens.

2. L'idolâtrie est-elle un grand péché?

La gravité d'un péché se tire du péché considéré en lui-même et de la connaissance qu'en a son auteur. Sous le premier rapport, l'idolâtrie est le péché le plus grave, puisqu'il outrage, anéantit autant qu'il peut la souveraineté même de Dieu. Peut-on commettre contre un souverain une injure plus grave que de décerner à un autre les honneurs qui sont l'apanage de la royauté?

Sous le second rapport, l'hérésie peut être plus coupable que l'idolâtrie. L'hérétique connaît mieux la vérité que l'idolâtre, ou s'il l'ignore, il est moins excusable, ayant à sa disposition plus de moyens de la connaître.

3. Quelles furent les causes de l'idolâtrie?

La première fut une affection désordonnée du cœur humain. Un père avait perdu son fils. Pour consoler sa douleur, il prenait son image, la contemplait, l'arrosait de ses larmes. Bientôt égaré par le chagrin et la tristesse, il dit : Mon fils revit dans cette image, mon fils est Dieu! et il lui établit parmi ses serviteurs un culte et des sacrifices. (Sagesse, XIV, 15.)

L'homme est vivement impressionné par la vue des choses sensibles; s'il est grossier, ignorant, elles le subjuguent et l'entraînent. Ainsi, d'habiles artistes ayant représenté des hommes célèbres, des rois qui avaient été les bienfaiteurs de leurs peuples, des ignorants s'imaginèrent que c'étaient des dieux et qu'il fallait adorer leurs images : « Il fait des vœux et il l'implore pour ses biens, pour ses enfants, ou pour un mariage. Il ne rougit point de parler à un bois sans âme. » (Sag., XIII, 17.)

Les peuples perdaient peu à peu la vraie notion de Dieu, oubliaient surtout le dogme de la création. L'homme, ne pouvant se passer de Dieu, le chercha dans les créatures, et étonné de voir dans certains êtres quelque chose de divin, comme la grandeur, la beauté, il en fit ses dieux, les adora : « Les hommes qui n'ont pas la connaissance de Dieu ne sont que vanité. Ils n'ont pu comprendre par les biens visibles le souverain être, et ils n'ont point reconnu le Créateur par la considération de ses ouvrages; mais ils se sont imaginé que le feu, le vent, l'air le plus subtil, la multitude des étoiles, l'abîme des eaux, le soleil et la lune étaient les dieux qui gouvernent le monde. » (Sag., XIII, 1 et 2.)

Le démon mit à profit ces erreurs. A la faveur des ténèbres qui remplissaient le monde, il se présenta comme Dieu aux adorations des hommes soit en donnant des réponses du milieu des idoles, soit en faisant des prodiges qui frappaient les hommes d'étonnement et d'admiration : *Omnes dii gentium dæmonia.* (Ps. cxv, 5.)

QUEST. XCV. *De la divination.* — 1. La divination est-elle un péché ?

On appelle divination la prédiction d'une chose future. L'avenir ne peut être connu que dans ses causes, ou en lui-même. Il y a des causes qui produisent leur effet d'une manière certaine et infaillible : l'astronome, connaissant les lois qui président au cours des astres, prédit longtemps d'avance une éclipse de soleil. Il y a des causes qui peuvent manquer de produire leur effet, mais qui néanmoins le produisent souvent : l'homme ne peut le connaître d'avance que d'une manière probable, par conjecture : le médecin, à certains symptômes, prédit la guérison ou la mort d'un malade. Tous les effets de causes qui n'agissent pas en suivant un cours déterminé et nécessaire, ne sont visibles qu'en eux-mêmes, au temps où ils s'accomplissent. Dieu seul voyant dans son éternité tous les siècles et ce qui s'accomplit dans le temps, peut seul les prédire. Les annoncer d'avance, c'est s'arroger un pouvoir qui n'appartient qu'à Dieu, c'est se mettre à la place de la Divinité : de là le mot *devin*.

2. Est-ce un péché de superstition?

Je puis rendre à Dieu le culte soit par des sacrifices et des offrandes, soit en faisant intervenir son saint nom. De même mon culte peut être faux et superstitieux, non-seulement lorsque j'offre des sacrifices au démon, mais aussi lorsque j'ai recours au démon pour faire ou savoir quelque chose. Le démon intervient toujours dans la divination. Tantôt les devins l'invoquent expressément, tantôt implicitement ; leurs vaines pratiques ne pouvant les conduire à leur fin, ils n'attendent le succès que du démon. Cet esprit de malice se sert de leur vanité pour jeter le trouble et l'erreur dans les esprits et usurper les honneurs dus à la Divinité. C'est le singe de Dieu, *simius Dei*. Il a comme Dieu ses autels, ses ministres, ses adorateurs.

3. Quelles sont les différentes sortes de divinations ?

La révélation et l'histoire attestent que les démons peuvent intervenir dans les affaires humaines. Ce sont des créatures spirituelles, naturellement douées d'une science supérieure à la nôtre, et ils ne l'ont point perdue par le péché. Leurs qualités naturelles et leur expérience de six mille ans, leur offrent contre nous des ressources inépuisables, des moyens sans nombre de nous perdre. Quel attrait plus séduisant pour l'homme que la science? Le démon la lui promet et quelquefois l'instruit par l'intermédiaire des corps soumis à son empire. Il y a autant de manières de le faire intervenir, que le devin peut employer de signes différents comme principes de connaissance : les plus communes sont la nécromancie, quand on évoque des morts ressuscités par les artifices du démon ; les augures, quand le devin cherche l'avenir dans le mouvement des corps ; le sortilége, quand on cherche la connaissance de l'avenir dans des actions physiques. Chacune de ces divinations en contient une foule d'autres, qu'il serait trop long de nommer.

4. Est-il défendu d'invoquer expressément le démon, quand son secours et ses lumières sont à ce prix ?

« Il ne se trouvera personne parmi vous, qui interroge les devins ni qui consulte les Pythonisses. » (Deut., xviii, 10.) C'est lier société avec l'ennemi de Dieu : « vous avez conclu un traité avec la mort, vous avez fait un pacte avec l'enfer » (Is., xviii, 15) ; c'est préférer les faveurs du démon à celles de Dieu. Que serait-ce si, non content de l'invoquer, on lui rendait le culte divin ?

5. Quoi de plus innocent que l'astrologie ?

Rien de plus innocent et de plus louable, si vous parlez de cette science qui étudie le cours des astres ; mais si vous entendez par ce mot la divination, l'astrologie est illicite. C'est une opinion vaine et fausse de croire que les astres influent sur la destinée d'un homme. Quel rapport y a-t-il entre une étoile et les événements qui remplissent notre vie ? Ne voit-on pas chaque jour une grande différence entre les destinées de deux hommes nés sous le même astre ?

6. Et la divination par les songes ?

Pour dire s'il est permis de chercher dans un songe la connaissance de l'avenir, il faut savoir si la cause du songe est naturellement capable de produire l'événement que l'on désire connaître.

Cette cause peut être intérieure ou extérieure. A force de diriger vers un événement désiré mes pensées et mes affections, je rêve qu'il s'accomplit : il est évident que le songe n'en est pas la cause naturelle. La cause intérieure peut être aussi ma constitution physique. Ceux qui ont des humeurs froides rêvent souvent qu'ils sont dans l'eau, dans la neige : sous ce rapport les songes offrent aux médecins de précieux renseignements, mais ils ne peuvent instruire que les médecins.

La cause extérieure d'un songe peut être physique ou spirituelle. Il peut venir de l'air qui nous entoure, des influences que l'atmosphère exerce sur nos organes. La cause spirituelle, c'est Dieu ou le démon : Dieu pendant un songe envoie quelquefois un ange nous manifester ses volontés. (Nombres, xii, 6.) Le démon qui a l'empire sur la partie sensible de l'homme peut aussi agir sur nos esprits vitaux et notre imagination.

Il vous est permis d'user des songes, si vous les regardez avec raison comme venus de Dieu, ou produits par une cause naturelle dont la vertu peut amener l'événement que vous voulez connaître. Mais si vous les regardez comme l'œuvre du démon, si vous faites avec lui un pacte afin qu'il vous apparaisse dans un songe et vous révèle l'avenir, c'est une divination extrêmement coupable et injurieuse à Dieu.

7. Et la divination par le chant, le vol des oiseaux?

Ni le vol, ni le chant des oiseaux n'a rien en lui-même qui puisse produire un événement futur, par exemple la mort d'un homme, l'heureuse issue d'une guerre, il ne peut donc l'annoncer. Quelquefois il est le signe de la pluie, du beau temps, d'une tempête qui menace, et il est facile de l'expliquer naturellement. Les oiseaux, comme toutes les bêtes, n'ont pas le domaine de leurs actes. Ils se meuvent instinctivement comme des machines à ressort, si ce n'est que le principe de leur mouvement est intérieur. L'air et les astres, agissant sur les organes, mettent ce principe en mouvement. Il est naturel qu'un air pur, qu'un air chargé de vapeurs leur inspire des chants divers, un vol plus ou moins rapide. Les hommes ayant remarqué que le cri aigu de tel oiseau précède ordinairement la pluie, la tempête, la connaissent d'avance à ce cri. Mais on ne peut sans superstition présager du chant, du vol des oiseaux, que ce qui est conforme à l'ordre naturel et s'explique naturellement (1).

8. Et le sortilège? Est-il permis de tirer des billets au sort?

Il est quelquefois nécessaire de recourir au sort pour partager des biens communs et mettre fin à des contestations. Dans ce cas,

---

(1) Rien de ridicule comme la consternation de Rome lorsque les poulets sacrés perdaient l'appétit, ou qu'au commencement d'une grande affaire on voyait un pigeon prendre son vol du côté gauche. On n'aurait eu qu'à passer du côté droit, et l'augure eût été favorable!

le sort est permis. Mais si vous tirez des billets demandant au démon la conduite que vous devez tenir, la connaissance d'un événement futur, c'est entretenir un commerce illicite avec l'adversaire de Dieu : « Le roi de Babylone s'est arrêté à la tête de deux chemins, il a mêlé des flèches dans un carquois pour savoir le chemin qu'il devait prendre, il a interrogé les idoles, il a consulté les entrailles des bêtes mortes. » (Ézéch., XXI, 21.)

Vous pouvez aussi demander à Dieu de manifester par le sort ce que vous devez faire : « Les billets du sort sont jetés dans le pan de la robe, mais c'est Dieu qui en dispose. » (Prov., XVI, 33.) Néanmoins, c'est commettre un péché si on le fait dans des intérêts temporels, les oracles du ciel ne devant servir qu'à nous en montrer le chemin ; si on le fait sans nécessité, sans respect pour Dieu : ce n'est qu'après des prières et des supplications que les Apôtres demandèrent à Dieu de montrer celui qui devait remplir la place rendue vide par la prévarication de Judas. Il est défendu aussi de décider par le sort celui qui sera élevé à une dignité ecclésiastique. Matthias fut élu au sort avant la Pentecôte, où le Saint-Esprit n'avait pas encore été donné à l'Église. Il n'en fut pas de même des sept diacres, ils furent choisis par les apôtres.

* Le fer rouge et l'eau bouillante ne sont pas permis ; demander ainsi à Dieu de montrer l'innocent et le coupable, c'est le tenter et vouloir juger des choses secrètes, qui ne relèvent que de lui. Cependant, on a usé au moyen âge de certaines épreuves qu'il ne faut pas se hâter de blâmer. Plusieurs étaient approuvées par l'Église, réglées par des lois, et quelquefois présidées par des évêques. Dieu lui-même les a approuvées par d'éclatants miracles. Il suspendait souvent les lois de la nature afin de récompenser cette société pleine de foi, et de montrer comment « la foi transporte les montagnes. »

QUEST. XCVI. *De l'art notoire.* — Est-il permis de recourir à l'art notoire et d'user des signes mystérieux de la magie pour apprendre une science ?

C'est sans doute une bonne chose que la science, mais il faut l'acquérir par des moyens légitimes. Le sont-ils, si vous ne faites qu'examiner certaines figures, user de signes ou de paroles dont vous ne comprenez pas le sens? Ils ne peuvent rien vous apprendre, si ce n'est par l'intervention du démon, donc ils sont illicites et superstitieux.

Ils sont aussi inefficaces. On ne peut acquérir une science que par l'étude, par le secours de Dieu ou celui du démon. Vous n'étudiez pas, puisque ces signes sont vides de sens. Dieu a quelquefois donné la science infuse à ses serviteurs, par exemple, à Salomon, aux apôtres, mais il la versait en eux selon son bon plaisir, ne l'accordait pas à des signes particuliers. Le démon peut-il vous la donner, cette science que vous cherchez au moyen de signes mystérieux? Non, il ne peut éclairer l'intelligence. Tout son pouvoir, c'est d'agir sur votre imagination et de vous communiquer des notions vagues et confuses. Il ne peut vous donner la connaissance d'aucun théorème scientifique.

Il est des milliers d'observations accréditées chez les gens superstitieux et qui n'ont aucun rapport avec l'événement qu'ils craignent ou qu'ils espèrent, comme de mettre du sel sur un de vos membres pour vous porter bonheur. Vous vous promenez accompagné d'un de vos amis; entre vous deux vient se jeter un chien, un enfant : signe de malheur. Le matin, en vous levant, vous éternuez : retournez au lit, sinon une catastrophe vous attend. Lorsque vous sortez de la maison, votre pied se heurte contre une pierre : rentrez. Les souris mangent votre habit : vous vous affligez bien plus du mal futur que de la perte présente.

A qui attribuez-vous la vertu que vous donnez à ces observances? Quand Dieu vous a-t-il dit qu'il y attribuait cette vertu? Elles viennent de la vanité des hommes, vanité que le démon *exploite* pour embarrasser votre esprit et l'empêcher, en le chargeant de vaines et ridicules observances, de prendre librement son essor vers Dieu. Ce sont des restes d'idolâtrie, et les restes les plus ridicules. Ils n'ont pas l'ombre de la raison, ni le prestige des cérémonies, parfois imposantes, du paganisme. Ce qu'ils montrent, c'est combien l'idolâtrie était profondément enracinée dans la masse du peuple. L'Incarnation a bien restreint l'empire du démon ; un signe de croix le met en fuite ; mais aussitôt il cherche à rentrer dans son héritage et en attendant se tient caché dans l'asile de l'ignorance.

Que penser de ceux qui portent à leur cou des billets renfermant des mots mystérieux, des noms inconnus, etc.?

Il est permis de porter sur soi des textes tirés de l'Écriture sainte, pourvu qu'on le fasse avec respect ; les chrétiens de la primitive Église en ont donné de fréquents exemples, mais ce serait de la superstition si l'on disait : Il faut que le billet porte tel nombre de lettres, qu'elles soient disposées de telle façon. On serait également coupable de superstition, si l'on portait dans un pieux dessein des noms mystérieux dont Dieu ne fût pas l'auteur.

QUEST. XCVII. *De la tentation de Dieu.* — Nous savons comment on peut pécher par excès contre la vertu de religion. Quels sont les défauts opposés à cette vertu ?

Ce sont la tentation de Dieu et le parjure, par lesquels on manque de respect à Dieu ; le sacrilége, la simonie, par lesquels on manque de respect aux choses saintes.

Tenter quelqu'un, c'est chercher quelle est sa puissance, ou sa bienveillance à votre égard. Si en le faisant, vous vous proposez une fin légitime, ce n'est pas lui manquer de respect, ce n'est pas le tenter selon le sens injurieux de ce mot : les apôtres ne tentaient pas Dieu, lorsqu'ils lui demandaient des prodiges pour faire éclater la puissance de Jésus-Christ aux yeux des infidèles. Ce n'est pas non plus tenter Dieu, de lui demander son secours dans un danger pressant, et de n'attendre notre salut que de lui : « Lorsque nous ne savons plus à qui recourir, Seigneur, nous n'avons qu'à tourner nos regards vers vous. » (II Paralip., xxviii, 12.) Mais si vous vous exposez sans raison au danger, si votre intention est de mettre à l'épreuve la puissance divine, ou si vous priez sans préparation ni respect, vous vous jouez de Dieu, vous le tentez comme les Pharisiens qui doutaient du pouvoir et de la science de Jésus-Christ. Il y a des gens qui se jettent les yeux fermés dans le péril ou l'indigence, et demandent audacieusement que Dieu les sauve, comme si sa puissance était à leurs ordres et qu'il fût obligé de réparer la folie des hommes. D'autres, avant de s'engager résolûment à son service, lui demandent, le doute dans l'esprit, de prouver auparavant sa puissance et sa bonté. C'est faire de Dieu son serviteur, c'est agir envers la majesté suprême comme on ne l'oserait pas envers un supérieur ou un égal que l'on respecterait.

La question XCVIII traite du parjure ; elle revient à celle du jurement, dont il a été parlé plus haut.

QUEST. XCIX. *Du sacrilége.* — Une chose est bonne en raison de sa fin, à la bonté, à l'excellence de laquelle elle participe. Une personne, une chose est-elle consacrée au culte de Dieu ? Il semble voir en elle quelque chose de divin, de sorte que l'outrage qu'on lui fait remonte jusqu'à Dieu. C'est ce manque de respect qu'on appelle un sacrilége.

Il y en a de plusieurs sortes : ils diffèrent comme les choses profanées. Manquer de respect à une personne consacrée à Dieu est un plus grand sacrilége que de profaner des lieux saints, les lieux n'étant saints que par les personnes, non les personnes par les lieux.

Outre le sacrilége des lieux et des personnes, il faut distinguer celui des choses saintes. Le plus grave est le sacrilége commis envers les sacrements, et surtout le sacrement de l'Eucharistie. Les choses les plus saintes après les sacrements sont les vases sacrés, les images et les reliques des saints, dans lesquelles nous honorons leurs personnes et les temples de l'Esprit-Saint, puis les ornements de l'Église et des ministres, enfin les biens ecclésiastiques, meubles et immeubles. Porter sur ces biens une main coupable, c'est un vol et un sacrilége.

QUEST. C. *De la simonie.* — 1. La simonie est la volonté de vendre ou d'acheter à prix d'argent une chose spirituelle ou qui lui est adhérente.

Une action est mauvaise quand sa matière est illicite : tels sont l'achat et la vente d'une chose spirituelle. Elle est plus précieuse que tous les biens de la terre, et ne peut, par conséquent, être estimée à prix d'argent : *Pretiosior est cunctis opibus, et omnia quæ desiderantur, huic non valent comparari.* (Prov., III, 15.) C'est pourquoi saint Pierre, repoussant avec indignation l'offre de Simon le Magicien, lui dit : « Que votre argent périsse avec vous, vous qui avez cru que le don de Dieu s'achète avec de l'argent. » (Actes, VIII, 20.)

Le vendeur n'en est pas le maître, mais seulement le dispensateur : « Nous sommes les ministres de Jésus-Christ et les dispensateurs des mystères de Dieu. » (I Cor., IV, 1.)

Voyez l'origine des biens spirituels, et à quelles conditions le dépôt en a été confié aux prêtres : « Vous avez reçu gratuitement, donnez de même. »

2. Il n'est donc pas permis de recevoir de l'argent pour l'administration des sacrements ?

Cela est permis, mais remarquez à quel titre : ce n'est pas pour payer la grâce reçue dans l'Eucharistie ou le mariage que vous me donnez cent écus. En qualité de pasteur, je suis obligé de vous donner ce sacrement ; mais si vous voulez qu'un prêtre se mette à vos ordres pour nourrir votre âme, il lui faut une existence honnête et assurée. Ce n'est pas un ange ; il éprouve, comme tous les hommes, des besoins temporels : « Ne savez-vous pas que les ministres du temple mangent de ce qui est offert dans le temple, et que ceux qui servent à l'autel participent aux oblations de l'autel ? » (I Cor., IX, 13.) Où est le soldat qui fait la guerre à ses frais, le pasteur qui ne se nourrit du lait de son troupeau? (*Ibid.*, vii.) — Il m'en coûte du temps et de la peine; c'est ce temps, c'est cette peine que payent vos honoraires.

Vous voulez que je déploie une grande solennité à votre mariage, au convoi de votre père : suis-je obligé de payer de mes deniers les personnes et les ornements nécessaires à cette solennité? Un peu de bon sens mettrait fin à bien des récriminations, et l'on verrait qu'il est de toute justice, de toute nécessité que le prêtre perçoive des honoraires.

Quant à leur valeur, il lui est défendu d'en exiger une plus grande que celle qui a été fixée par les statuts de l'Église ou autorisée par la coutume.

S'il s'agit d'un sacrement nécessaire au salut, non-seulement l'Église n'exige aucun honoraire, elle ne sollicite même pas une offrande et se borne à l'accepter si vous la faites volontairement.

Enfin, si vous êtes pauvre, elle se met à votre disposition sans exiger une obole.

3. Quel est le juste châtiment du simoniaque?

La justice nous défend de conserver une chose contre le gré de celui qui en est le maître. Jésus-Christ, le maître des biens spirituels, a dit : *Gratis accepistis, gratis date.* Donc il faut restituer les biens temporels acquis par la simonie. De plus, l'Église a droit d'infliger une peine au simoniaque : c'est l'infamie et la déposition, s'il est ecclésiastique; l'excommunication, s'il est laïque. N'est-il pas juste de priver de la participation aux biens spirituels celui qui en a si indignement abusé ?

QUEST. CI. *De la piété.* — Nous avons envers les autres des devoirs différents, selon leur excellence et les bienfaits que nous en avons reçus. Dieu occupe, sous ces deux rapports, le premier rang : il réunit au plus haut degré toutes les perfections, il est le premier principe de notre être et de notre conservation. Après lui, dans l'ordre des bienfaits, viennent nos parents qui nous ont donné le jour et l'éducation, la patrie qui nous a protégés. La piété est la vertu par laquelle nous rendons nos devoirs à ceux qui sont les seconds principes de notre être et de notre conservation. Elle nous fait aimer aussi ceux qui sont nés du même sang, dans la même patrie, et les amis de nos parents, les alliés ou amis de notre patrie.

Ne semble-t-il pas difficile de concilier les devoirs de la religion envers Dieu et les devoirs de la piété envers nos parents? « Si quelqu'un vient à moi et ne hait pas son père et sa mère, et son épouse, et ses fils, et ses frères, et ses sœurs, il ne peut être mon disciple. » (S. Luc, xiv, 26.) L'Église loue saint Jacques et saint Jean de ce qu'abandonnant leurs filets et leur père, ils suivirent Jésus-Christ. Le Deutéronome dit aussi à la gloire des lévites : « Celui qui a dit à son père et à sa mère : Je ne vous connais pas, et à ses frères : J'ignore qui vous êtes, celui-là, Seigneur, a gardé vos commandements. » (xxxiii, 9.) Où est dans ce langage la piété filiale et fraternelle?

La religion et la piété sont deux vertus, l'une ne peut contredire l'autre, le bien ne pouvant être opposé au bien, pas plus que la vérité à la vérité. Vous semble-t-il qu'il y ait conflit entre la vertu de piété et la vertu de religion, incompatibilité entre ce que vous devez à Dieu et ce que vous devez à vos parents? Examinez les circonstances, guidé par ce principe qu'on doit plutôt obéir à Dieu qu'aux hommes, vous verrez qu'une des deux vertus cède le pas à l'autre, que son obligation cesse, et que son acte même serait vicieux. Un père vous ordonne-t-il ce qui est contraire aux commandements de Dieu? S'oppose-t-il à votre bien spirituel? Soyez avant tout fidèle à Dieu, et songez que vous lui devez plus qu'à vos parents. « Avancez en passant, s'il le faut, sur le corps de votre père, sur le corps de votre mère : la cruauté est ici l'héroïsme de la piété. » (S. Jér. à Héliod.)

Saint Grégoire, commentant ces paroles de saint Luc, dit qu'il faut haïr et abandonner nos parents, mais seulement lorsqu'ils nous portent au mal, ou s'opposent à notre avancement spirituel. Saint Jacques et saint Jean sont loués d'avoir quitté leur père, non qu'il les portât au mal, mais parce qu'il pouvait se passer d'eux et qu'il était plus parfait de suivre le Sauveur. L'Écriture a loué ces courageux lévites qui mirent à mort les adorateurs du veau d'or, bien qu'il y eût parmi eux de leurs parents.

Autre difficulté : Un religieux cloîtré apprend que son père est dans la nécessité. La religion l'empêche de lui rendre les devoirs de la piété filiale, car il ne possède rien en propre et la règle lui défend de franchir le seuil du couvent?

Il n'en est pas du religieux comme de l'homme encore dans le monde. Si celui-ci a des parents pauvres, indigents, il ne peut les abandonner et se faire religieux, les confiant à la garde de la Providence; ce serait tenter Dieu. Mais le religieux est mort au monde, tous ses liens ici-bas sont rompus. Il est enseveli avec Jésus-Christ, non pas encore entre les quatre planches du cercueil, mais entre les quatre murs de son couvent. Il doit cependant, avec la permission du supérieur et sauf la règle, user de pieux moyens pour secourir ses parents nécessiteux.

QUEST. CII, CIII, CIV, CV. *De l'observance, du culte de dulie, de l'obéissance.*—1. Nous venons de voir que nous sommes tenus à la piété envers nos parents. Pourquoi? parce qu'ils participent en quelque sorte à la Divinité, comme principes de notre génération et de notre conservation. Mais ce ne sont pas les seuls qui veillent sur nous. Les personnes constituées en dignité exercent avec eux cette mission providentielle : tels sont les magistrats, nos instituteurs, auxquels, pour cette raison, on donne quelquefois le nom de Pères. Ils doivent donc participer au culte d'honneurs et de respects que nous rendons à nos parents; la vertu qui nous fait accomplir ce devoir, c'est l'observance.

2. A qui devons-nous de la déférence, ou, pour parler le langage théologique, le culte de dulie?

A tous nos supérieurs, et à eux seuls. — Les honneurs qu'on nous rend sont des témoignages de notre excellence. Celui qui les reçoit peut être, sous bien des rapports, inférieur à celui qui les rend. Néanmoins, il est revêtu d'une dignité, votre supérieur, et mérite, à ce titre, vos hommages ou le culte de dulie : à plus forte raison le devons-nous aux saints, qui sont nos supérieurs en vertu de leur propre excellence. Le culte dû à la sainte Vierge est appelé le culte d'hyperdulie, parce qu'il n'est pas de dignité comparable à celle de Mère de Dieu, et qu'elle est, de toutes les créatures, la plus excellente et la plus parfaite.

Le culte de latrie diffère du culte rendu à la sainte Vierge et aux saints, en ce que celui-ci fait de nous des serviteurs, le premier, des adorateurs.

3. L'homme est-il obligé d'obéir à un autre homme?

« Obéissez à vos supérieurs, et soyez-leur soumis. » (Hébr., XIII.) Il est dans l'ordre naturel que les choses inférieures soient régies par celles qui leur sont supérieures. Les plus parfaites ont une excellence en vertu de laquelle elles peuvent mouvoir et conduire vers un but, celles qui le sont moins. Les mouvements de l'homme, venant de la raison et de la volonté, sont libres, mais la raison nous force à reconnaître dans nos supérieurs quelque chose de divin, et nous dit que nous devons recevoir les mouvements qu'ils nous impriment, les ordres qu'ils nous donnent.

4. Les inférieurs sont-ils toujours obligés d'obéir à l'ordre de leurs supérieurs?

Si votre supérieur dépasse les limites de son domaine sur vous et vous commande des choses qui ne sont pas de sa compétence, vous n'êtes pas obligé d'obéir, excepté dans le cas où le refus d'obtempérer à ses ordres entraînerait du scandale.

Si deux de nos supérieurs nous donnent des ordres contraires, nous devons obéir à celui qui est revêtu de la plus haute dignité, et il peut nous dispenser de tous les ordres donnés par ses inférieurs. On voit ici la vérité et la justice de ce principe : Il vaut mieux obéir à Dieu qu'aux hommes.

5. Devons-nous obéir à Dieu en toutes choses?

Celui qui obéit, suit le mouvement de celui qui commande, comme la matière inerte suit le mouvement de son moteur. Or Dieu est le premier moteur de la matière et de l'esprit. La matière lui obéit irrésistiblement, l'esprit, volontairement, par une nécessité de raison et de justice. C'est la conformité avec ce principe qui fait en toutes choses la rectitude de notre volonté.

6. L'obéissance est-elle une grande vertu?

Le pécheur méprise le bien immuable et s'attache de préférence à un bien qui passe. C'est le contraire de l'homme vertueux : il dédaigne ce que le temps lui peut ravir et s'attache à ce qui ne passe point. Donc la vertu est d'autant plus grande qu'elle nous unit plus intimement à Dieu.

La plus grande des vertus morales est sans doute celle qui nous fait mépriser les biens de ce monde estimés les plus précieux. Quels sont les biens auxquels l'homme pourrait s'attacher? Il ne trouve en ce monde que les biens de la fortune, ceux du corps et ceux de l'âme : ces derniers, parmi lesquels se trouve la volonté, sont sans contredit les plus précieux et les plus séduisants. Donc la vertu qui les foulera aux pieds tiendra le premier rang parmi les vertus morales; telle est l'obéissance. « L'obéissance vaut mieux que les victimes. » En faisant à Dieu le sacrifice d'une victime, dit saint Grégoire, j'immole une chair qui m'est étrangère; en obéissant j'immole ma volonté, la faculté qui réside au plus intime de mon être, et qui perçoit tous les biens dont je puis jouir.

QUEST. CVI. *De la reconnaissance.* — 1. C'est une vertu distincte de celles dont nous avons parlé, car elle a une cause différente. La vertu de religion nous fait accomplir nos devoirs envers Dieu; la vertu de piété, nos devoirs envers nos parents; l'observance, nos devoirs envers les personnes revêtues d'une dignité. Nous devons leur rendre grâces pour les bienfaits généraux que nous en avons reçus. S'ils nous accordent des bienfaits particuliers, ils nous imposent des devoirs nouveaux, et nous n'y satisfaisons que par une autre vertu, la reconnaissance.

2. L'homme est donc obligé de témoigner de la reconnaissance à tous ses bienfaiteurs ?

Il est dans l'ordre de la nature que tout effet retourne à sa cause. Comblé de bienfaits, vous êtes l'*effet* de votre bienfaiteur, et obligé, en cette qualité, de retourner à lui par la reconnaissance, comme l'enfant retourne à son père par la piété filiale.

3. Quelle doit être la mesure de la reconnaissance ?

Il faut voir quelle est la nature du bienfait. Si c'est une dette légale, par exemple, un prêt, la reconnaissance doit, de toute justice, être égale au bienfait. S'il s'agit d'un bienfait rendu par amitié, l'utilité que vous en avez retirée est la mesure de la reconnaissance. S'il vient du seul désir de vous faire du bien, votre reconnaissance doit se mesurer sur les sentiments affectueux de votre bienfaiteur, quel qu'ait été le profit que vous en avez fait.

4. La reconnaissance nous oblige-t-elle à rendre plus que nous n'avons reçu ?

Elle nous y porte, sans nous en faire un devoir rigoureux. Votre bienfaiteur vous ayant comblé de dons gratuits, la bienséance demande que vous usiez de retour à son égard : que lui donnez-vous de gratuit, si vous lui rendez seulement ce que vous en avez reçu ?

5. Lequel, de l'innocent ou du pénitent rentré en grâce, doit le plus de reconnaissance à Dieu ?

Si nous considérons le bienfait accordé à l'un et à l'autre, celui de l'innocent est plus grand que celui du pénitent, et oblige à plus de reconnaissance. Une maison neuve vaut mieux qu'une maison restaurée : il en est de même de l'innocence conservée et de l'innocence recouvrée. Mais il y a plus de gratuité dans le bienfait accordé au pénitent : il méritait la peine, on le comble de faveurs. Bien qu'elles ne soient pas plus grandes que celles de l'innocent, elles sont plus précieuses pour lui : la même somme est plus considérable aux yeux d'un pauvre qu'aux yeux d'un riche. C'est pourquoi, absolument parlant, le pécheur converti est tenu à plus de reconnaissance envers Dieu que l'homme toujours innocent.

QUEST. CVII. *De l'ingratitude.* — L'ingratitude est un vice distinct de tous les autres. De même que la cécité et la surdité diffèrent, nous privant de deux biens, la vue et l'ouïe, ainsi l'ingratitude diffère de tous les péchés qui ne sont pas opposés à la reconnaissance proprement dite.

Il y a plusieurs degrés dans la malice de l'ingratitude. Le premier, c'est de ne pas rendre le bienfait reçu quand on le pourrait. Le second, c'est de le dissimuler. Le troisième et le plus coupable, c'est de le nier, soit par mépris, soit par oubli volontaire. Dans ce dernier cas, elle est souvent un péché mortel. Dans les autres, elle n'est que péché véniel, son objet n'étant pas une dette de stricte justice, mais seulement d'amitié ou d'honnêteté.

QUEST. CVIII. *De la vengeance.* — 1. La vengeance est-elle permise? A moi, dit Dieu, appartient la vengeance. (Rom., xii, 19.)

La vengeance en elle-même n'est pas illicite : sa moralité dépend de l'intention de celui qui l'exerce. Si votre dessein est de rendre à votre ennemi le mal qu'il vous a fait, la vengeance est coupable. Mais si en lui infligeant une peine, vous vous proposez avec raison un bien, par exemple, son amendement, la sécurité des autres, la justice à sauvegarder, l'honneur de Dieu à venger, vous faites une œuvre louable.

2. Est-ce que la vengeance est une vertu?

La nature nous donne l'aptitude à toutes les vertus, mais cette aptitude n'est une vertu réelle que lorsque nous l'avons développée par l'habitude ou une cause quelconque. Nous pouvons perfectionner par l'exercice toutes nos inclinations innées, pourvu que nous le fassions d'une manière légitime. Or l'homme est naturellement porté à repousser ce qui lui est nuisible, à tirer vengeance de ce qui lui a fait du mal. C'est pourquoi dans les animaux, l'irascible et le concupiscible sont distincts. En se vengeant, il ne fait donc que suivre une inclination naturelle, et s'il exclut l'intention de nuire, son action est conforme à la raison, par conséquent vertueuse.

3. Comment faut-il se venger?

La vengeance, étant une vertu, n'est permise que comme répression du mal. Il faut, pour se venger légitimement, infliger à celui qui nous a offensés, un châtiment propre à le corriger de ses mauvais penchants. Il faut l'en détourner par la crainte d'un mal plus grand que le bien qu'il se procurerait en nous causant un nouveau préjudice : le blesser dans ce qu'il a de plus cher en ce monde, car il n'y a pas d'autre moyen d'arrêter le cours des vices ; le méchant ne se laisse pas aisément toucher aux attraits de la vertu. Quels sont, de tous les biens, ceux que les hommes estiment les plus précieux ? La vie, l'intégrité du corps, la liberté, les biens extérieurs, comme les richesses, la patrie, la gloire. Vengez-vous en le privant de quelqu'un de ces biens.

4. Si je ne vous ai pas offensé volontairement, avez-vous droit de vous venger en me punissant?

Il est de l'essence d'une peine qu'elle répare ou qu'elle préserve, comme de la faute même originelle, qu'elle soit volontaire. Vous ne pouvez donc infliger une peine légitime et vous venger, que si une volonté hostile vous a nui, que si l'on vous a porté volontairement préjudice.

Quant à la peine médicinale ou préservatrice, on l'inflige quelquefois sans faute, quoique jamais sans cause. On peut avec raison nous priver d'un bien inférieur pour nous en procurer un plus excellent ; par exemple, d'un bien temporel pour nous faciliter l'acquisition d'un bien spirituel, mais il n'est jamais permis de nous ôter plus pour nous donner moins : un médecin n'arrache pas un œil pour sauver le pied.

QUEST. CIX. *De la véracité.* — La vérité considérée en elle-même n'est point une vertu : c'est une égalité entre notre intelligence et une chose comprise, un juste rapport entre cette chose et ce qui est sa règle. On peut considérer aussi la vérité comme exprimée, soit au moyen de la parole, soit au moyen d'un autre signe offert à notre intelligence : cette expression de la vérité, si elle est fidèle, s'appelle véracité. C'est une vertu, car elle rend nos actions bonnes et nous procure le bien. Quoi de meilleur et de plus honnête que de dire la vérité ?

Il ne faut pas confondre cette vertu avec ce qui en est l'excès, l'indiscrétion. L'homme sage a autour de ses lèvres une garde qui les empêche de s'ouvrir, sinon quand il est utile et opportun de rendre hommage à la vérité.

QUEST. CX. *Du mensonge.* — Quel est le caractère essentiel du mensonge ?

Le mensonge est d'abord la manifestation d'une chose cachée; mais il ne suffit pas, pour constituer le mensonge, d'une manifestation semblable à celle que l'instinct inspire aux animaux : ils manifestent certaines choses, cependant on ne dit jamais qu'ils mentent. L'essence du mensonge, c'est d'être contraire à votre pensée, en contradiction avec votre esprit (*mentiri, ire contra mentem*). Que votre manifestation soit vraie ou fausse, dès que vous parlez contre votre pensée, vous êtes un menteur. L'intention de me tromper n'est qu'accidentelle ; or, la moralité d'un acte ne dépend pas de ce qui lui est accessoire, mais de ce qu'il y a en lui de principal et de *formel* : un corps grave suspendu violemment n'en est pas moins un corps grave. Ainsi le caractère essentiel du mensonge, c'est d'être contraire à l'esprit de son auteur, ou à la véracité : le menteur use volontairement d'un signe qui, n'étant pas conforme à sa pensée, ne saurait l'exprimer.

* Inutile de montrer que le mensonge est défendu par les lois divines et humaines, le droit naturel et la plus vulgaire honnêteté.

Je ne parlerai pas non plus de sa distinction en mensonge joyeux, officieux, pernicieux, selon la fin que le menteur se propose.

QUEST. CXI. *De l'hypocrisie et de la simulation.* — 1. Ce sont des espèces de mensonge.

La véracité consiste à manifester par des signes extérieurs nos pensées intimes. Si ces signes sont des paroles et qu'elles manifestent le contraire de mes pensées, c'est le mensonge ; si ce sont des actions, c'est la dissimulation ou l'hypocrisie. L'une et l'autre sont des vices, puisqu'elles trahissent la vérité.

L'Évangile dit que Notre-Seigneur, arrivé avec deux de ses disciples au bourg d'Emmaüs, feignit d'aller plus loin ; mais ce n'était pas une simulation, c'était, dit saint Augustin, une figure qui montrait l'incrédulité des apôtres. Notre-Seigneur signifiait par là que la croyance à sa divinité était encore loin de leur esprit.

2. L'hypocrisie est-elle la même chose que la simulation ?

L'hypocrisie renferme de plus une mauvaise intention. Ainsi celui qui joue sur le théâtre le rôle d'Agamemnon feint d'être roi, et simule les dehors de la royauté ; il n'a pas l'intention de se faire passer pour le grand roi. L'hypocrite revêt les dehors de la vertu dans l'intention de passer pour un homme vertueux. Il fait de saintes actions, non pour plaire à Dieu, comme il en a l'air, mais uniquement pour se concilier les suffrages des hommes : c'est un menteur.

3. Est-elle toujours un péché mortel ?

Si l'hypocrisie renferme l'absence de toute sainteté, si elle exclut de votre âme toute vertu, il est évident que c'est un péché mortel. Si elle n'est pas incompatible avec la vertu, sa moralité dépend de sa fin : vous faites le saint homme pour obtenir une dignité dont vous n'êtes pas digne, pour répandre avec succès une fausse doctrine ? L'hypocrisie est un péché mortel. Il serait véniel, si la fin n'était que peu ou point coupable.

QUEST. CXII. *De la jactance.* — La jactance n'est-elle pas aussi un vice opposé à la véracité ?

Quand nous voulons jeter au loin un objet, nous l'élevons, et d'autant plus nous cherchons à le faire que la distance où nous voulons l'envoyer est plus grande. De même la jactance (*jactare*) consiste en ce que, pour me mettre avant tous les autres, je m'élève, je chante mes propres louanges. Je puis m'exalter, soit en disant de moi plus que n'en publie l'opinion : « Je m'abstiens, de peur que quelqu'un ne m'estime au-dessus de ce qu'il voit en moi » (II Cor., XII, 20), soit en disant de moi plus que je ne suis réellement, et c'est là le propre de la jactance.

Elle n'est pas toujours péché mortel, mais seulement quand elle exclut la charité due à Dieu ou au prochain. « Ton cœur s'est élevé, et tu as dit : Je suis un Dieu. » (Ezéch., XXVIII, 2.) « Je ne suis pas comme les autres... » (S. Luc, XVIII.)

QUEST. CXIII. *De l'ironie, vice contraire à la jactance.* — On commet ce péché lorsqu'au préjudice de la vérité, on se dit moins vertueux qu'on ne l'est.

QUEST. CXIV. *De l'affabilité.* — Une autre vertu que nous avons rapportée à la justice, c'est l'affabilité.

La vertu consiste dans l'ordre, la conformité avec la droite raison. L'affabilité, accueillant chacun avec les égards qui lui sont dus, établissant entre lui et nous de justes rapports, est véritablement une vertu : « Je m'efforce de plaire à tous en toutes choses. » (I Cor., X, 33.) Ainsi, le chrétien sait donner du prix à ce que le monde a de plus frivole, et faire une vertu de ce qui, pour les autres, n'est souvent que mensonge et perfidie.

QUEST. CXV. *De l'adulation.* — L'adulation diffère-t-elle de l'affabilité?

Elle en est l'excès opposé, et c'est un péché plus ou moins grave selon qu'il exclut ou non la charité due à Dieu et au prochain. Peut-on conserver pour Dieu un amour sincère, lorsqu'on n'a que des louanges pour le méchant? (Ps., IX, 3.) Aime-t-il le prochain, l'adulateur qui l'enivre d'éloges afin d'abuser de sa confiance, ou qui brûle un encens grossier en l'honneur de vertus qu'il n'a pas? C'est un méchant plutôt qu'un homme affable.

QUEST. CXVI. — Le défaut opposé à l'affabilité, c'est la dispute de mots ; nous en avons parlé sous le nom de contention.

QUEST. CXVII. *De la libéralité.* — 1. C'est une vertu de faire servir au bien des choses dont on pourrait mal user. Telle est la libéralité. Les biens de la fortune, qui, comme les passions, pourraient également servir au bien et au mal, deviennent, entre des mains libérales, des instruments de vertu.

2. De quoi est-on libéral?

La matière spéciale de cette vertu, c'est l'argent ou les biens généralement désignés sous ce nom. Ces biens peuvent être facilement donnés, transmis de l'un à l'autre. La libéralité use de cette propriété, elle est expansive, verse sur les autres les biens qu'elle a dans la main. Voilà pourquoi le mot *largesse* est synonyme de libéralité. Ce qui est large laisse échapper au dehors les biens qu'il possède ; ce qui est étroit ne leur laisse pas d'issue. Les mains de l'homme libéral sont toujours ouvertes, celles de l'avare toujours fermées.

QUEST. CXVIII et CXIX. — L'avarice est le défaut opposé à la libéralité ; la prodigalité en est l'excès.

QUEST. CXX. *De l'épikie ou équité.* — Nous en avons parlé au traité des lois.

QUEST. CXXI. *Don de l'Esprit-Saint qui correspond à la justice, la piété.* — Ce don nous inspire pour Dieu les sentiments d'un fils pour son père : « Nous n'avons pas reçu l'esprit de servitude, mais l'esprit de l'adoption des enfants par lequel nous crions tous : Mon Père. » (Rom., VIII, 15.) La piété ne fait pas remonter seulement vers Dieu nos sentiments affectueux, elle les étend sur tout ce qui tient à Dieu, les anges, les saints, les pauvres, qui sont ses amis les plus chers. Son acte principal, la tendresse filiale envers Dieu, durera au ciel avant et après le jugement général. Avant ce jugement, les saints aident de leurs prières ceux qui combattent encore ; après, ils se donneront des témoignages réciproques d'estime et d'affection.

QUEST. CXXII. *Précepte de justice.* — Dieu nous a-t-il donné des préceptes qui regardent la justice ?

Tous ceux du Décalogue sont des préceptes de justice. Ce sont les principes sur lesquels repose toute la loi divine ; or la dette de la justice est, aux yeux de la raison, aussi évidente que ces préceptes ou premiers principes. Les trois premiers renferment nos devoirs envers Dieu. Or les lumières naturelles ne nous enseignent-elles pas les devoirs de l'adoration, du respect, de la sanctification d'un certain temps de notre vie ? Ne nous montrent-elles pas la dette envers nos parents, contenue dans le quatrième ? Nous avons des devoirs envers nous, qui sommes les rois de la création matérielle, et envers tous les hommes, qui sont nos égaux ; les six derniers préceptes ne font que nous rappeler quels sont ces devoirs.

Examinant plus en détail chacun de ces préceptes, la raison en reconnaît aisément la sage économie. Le principal but d'une loi, c'est de rendre les hommes bons. Il fallait donc, avant de donner la loi, poser le principe qui produit ou engendre la bonté dans l'homme, car, en toute génération, c'est le principe qui est formé le premier : le cœur de l'enfant qui est conçu existe avant le reste de son corps, on commence un édifice par ses fondations. Quel est le principe d'où naît dans l'homme la bonté ? C'est la volonté. Le premier pas du législateur était donc de mettre en elle la rectitude, la bonté. Comment le faire ? en unissant la volonté à son objet, qui est Dieu. Mais le laboureur, avant d'ensemencer un champ, arrache les mauvaises herbes qui l'empêcheraient de lever et qui l'étoufferaient. « Préparez vos sillons, ne semez pas sur les épines. » (Jér., iv, 3.) De même, Dieu commence par éloigner les obstacles qui rendraient impossible notre union avec lui, la superstition et l'irréligion. « Vous n'adorerez point de Dieu étranger. » (Deut.) « Le lit de votre cœur est si étroit que si deux personnes s'y mettent, l'une tombera, et la couverture y est si petite, qu'elle n'en peut couvrir deux. » (Is., xxviii, 20.) Évitant l'excès, l'homme peut tomber dans le défaut de religion. C'est pourquoi « vous ne prendrez pas en vain le nom du Seigneur votre Dieu. » (Deut.) Les obstacles éloignés, et rien ne s'opposant plus à votre union avec votre bien, Dieu la commande par le culte soit intérieur, soit extérieur : « Souvenez-vous de sanctifier le jour du sabbat. » Il ne désigne pas spécialement le premier, parce qu'il consiste dans la prière et la dévotion et que c'est le Saint-Esprit qui nous inspire ces deux sentiments. Comme le Décalogue inspire des devoirs généraux, qui seront le fondement de la loi divine donnée à tous, Dieu rappelle, en ordonnant le culte extérieur, un bienfait commun, celui de la création. Il fit le ciel et la terre en six jours et se reposa le septième. De même vous travaillerez les six premiers jours de la semaine, et le septième vous vous reposerez.

Il faut faire ici deux remarques : le repos du sabbat ordonne l'abstention de toute œuvre servile, et la sanctification de ce jour.

Ce précepte est à la fois de droit naturel et de droit divin. Tout ce qui est naturel à l'homme demande un temps spécial, qu'un instinct secret nous sollicite à prélever sur le temps consacré à nos travaux ordinaires : nous nous réservons naturellement un temps particulier pour réparer nos forces par la nourriture et le sommeil. Une inclination naturelle nous porte aussi à consacrer un certain temps de notre vie à la restauration spirituelle, voilà le précepte moral ; mais quel temps? c'est ce que détermine le précepte divin, et, sous ce rapport, le troisième commandement est cérémoniel. Il l'est aussi comme souvenir de la création du monde, comme figure du repos de Jésus-Christ dans le tombeau, de la cessation du péché et du repos de l'âme dans le sein de Dieu, après les agitations de cette vie.

Les préceptes cérémoniels n'ayant plus force de loi depuis la promulgation de l'Évangile, il est évident que l'Église, revêtue de l'autorité de Jésus-Christ, pouvait substituer un autre jour au sabbat. Elle le fit au temps même des apôtres ; depuis cette époque, l'Église universelle sanctifie le dimanche au lieu du sabbat. Le motif qui semble avoir déterminé le choix des apôtres, c'est qu'en ce jour eut lieu la résurrection de Jésus-Christ; en ce jour fut accomplie l'œuvre de notre rédemption, et une création nouvelle sortit des mains de Dieu. Un autre motif, c'est que la nouvelle loi fut promulguée un jour de dimanche.

Mais quelle est la vérité de ces paroles : « Afin que tu vives longuement? » Des fils ingrats et rebelles ont quelquefois une longue vie; on voit des enfants, pleins de respect pour leurs parents, mourir à la fleur de l'âge ?

Un cœur reconnaissant mérite la conservation du bienfait reçu. C'est pourquoi il convient que Dieu accorde de longs jours à l'enfant docile et respectueux envers ceux qui sont après Lui-même le principe de sa vie. Néanmoins il abrége quelquefois leurs jours, pour nous montrer que les biens de ce monde ne sont pas la fin des préceptes, et que nous ne devons les désirer qu'en vue de biens meilleurs. Dieu a d'ailleurs, pour prolonger nos jours et récompenser la piété filiale, une vie qui ne finira point.

Unis à Dieu, notre principe commun et notre bien ; unis à nos parents, notre principe particulier, et à tous ceux envers lesquels la piété nous impose des devoirs spéciaux, il ne nous reste plus qu'à accomplir les devoirs de justice, communs à tous les hommes. Ils sont compris dans les six derniers préceptes du Décalogue.

CHAPITRE VI.

LA FORCE.

QUEST. CXXIII. *De la force.* — 1. La force est une vertu.

La vertu, c'est ce qui procure le bien à l'homme, et rend bonnes ses œuvres. Quel est le bien de l'homme? Il consiste à garder de justes rapports avec la raison, sa règle. L'homme peut s'y conformer de trois manières : par son intelligence, et ce sont les vertus intellectuelles qui lui donnent la rectitude; en suivant, dans ses rapports avec autrui, les lumières de la raison, et il le fait quand la justice préside à toute sa conduite; en surmontant les obstacles qui l'empêcheraient d'acquérir ou de conserver la conformité avec la raison. Si ces obstacles sont les attraits du bien concupiscible, qui nous sollicitent déraisonnablement, nous y résistons par la tempérance. Si ces obstacles nous empêchent d'atteindre le bien et nous repoussent loin de lui, nous nous ouvrons un passage et surmontons les difficultés par la force d'âme, comme nous surmontons par la force physique les obstacles qui empêchent le bien-être du corps. La force nous conduisant au bien de la raison, est donc une vertu.

2. Quel est son objet?

Elle renverse les obstacles qui entourent le bien et nous empêcheraient de suivre le droit chemin de la raison. Nous fuyons, par crainte, le bien qui est difficile; la force nous y ramène en levant les obstacles, en chassant les terreurs qui nous en éloignaient. Mais, d'un autre côté, il faut de la modération. L'audace qui ne serait pas réprimée nous ferait sortir du juste milieu de la vertu, et apporterait en nous le désordre. La force, en dissipant la crainte, modère l'audace, arrête l'impétuosité, et nous faisant supporter avec courage le choc des affaires difficiles, donne à l'homme une allure douce et réglée.

3. Son objet plus spécial est le danger de la mort. — Cette vertu soutient et affermit la volonté, afin que les maux du corps ne l'empêchent pas de suivre les biens de la raison : ceux-ci, en effet, sont plus à désirer que les autres ne sont à craindre. Son objet propre, c'est donc de s'exposer sans crainte au plus grand de tous les maux qui peuvent menacer le corps. Quel est pour le corps le mal suprême? C'est celui qui présente l'image de la mort, parce que la mort anéantit d'un seul coup tous les biens physiques. Les autres maux, si grands qu'ils soient, n'ont rien d'aussi terrible : tel qui a été fort contre la maladie, contre l'adversité, sent sa force l'abandonner quand on lui propose d'affronter la mort. Il faut donc, pour montrer la vertu de force, préférer les biens de la raison à tous les maux du corps, si grands, si terribles qu'ils soient, et leur conserver cet amour de préférence, même au péril de nos jours ; tant que nous ne sommes pas allés jusque-là, nous ne pouvons nous vanter d'être forts, la vertu de force n'a pas produit en nous son effet le plus admirable et le plus excellent.

4. Peu importe le motif du danger et le lieu où l'on s'expose?
Il est de l'essence de la vertu qu'elle tende vers le bien. Si, naviguant pour des affaires de négoce, je suis assailli par une tempête qui menace ma frêle embarcation ; si des voleurs m'attaquent au coin d'un bois, le danger que je cours ne vient pas précisément de ce que je tends vers un bien. Je puis, il est vrai, montrer de la force dans ces occasions, mais ce ne sera pas précisément la vertu de force, mon but direct n'étant pas le bien de la raison. Il faut, pour pratiquer cette vertu, mépriser les craintes de la mort en cherchant le bien, et c'est principalement sur les champs

de bataille. Le soldat s'expose pour le bien commun ; s'il succombe, il meurt victime de son amour pour le bien.

Je n'entends pas seulement le cas où des soldats vont sur le champ de bataille, mais tous les cas où vous voyez la mort près de vous frapper, si vous restez fidèle au bien de la raison : telle est la condition du juge menacé de mort s'il prononce une juste sentence, d'un ami qui reste au chevet d'un malade, nonobstant la contagion, d'un homme qui, sans crainte du naufrage ou des malfaiteurs, entreprend un lointain voyage dans un but religieux.

Les martyrs, souffrant la mort pour le souverain bien, sont éminemment des hommes forts. L'Église les appelle avec raison *facti fortes in bello.*

5. Faut-il plus de force pour donner l'attaque que pour la soutenir?

La crainte et l'audace sont l'une et l'autre l'objet de la force ; mais le danger réprime la seconde, il augmente la première. Il est donc plus facile, dans le danger, de pratiquer la vertu de force en modérant l'audace, qu'en réprimant la crainte.

Celui qui attaque a des avantages que n'a pas celui qui se défend : l'assaillant témoigne qu'il est le plus fort ; il s'est préparé au combat, a dressé ses batteries, rangé son armée en bataille.

Celui qui résiste voit le danger présent, celui qui attaque le voit dans l'avenir.

La résistance suppose la durée ; on peut attaquer entraîné par un élan subit.

6. L'homme ressent-il de la joie ou de la tristesse en pratiquant la vertu de force?

Il y a deux sortes de joie : celle du corps, qui vient du toucher, celle de l'âme, qui vient du bien de la raison. L'homme fort éprouve un sentiment de tristesse et de douleur en voyant le danger qui menace son corps, en supportant les coups qui le déchirent. Néanmoins, il se réjouit dans son âme lorsqu'il pense au bien de la raison, à la palme qu'il va cueillir. Si les douleurs du corps sont vives, elles peuvent l'emporter sur la joie de l'âme, mais elles n'ébranlent point l'homme fort : « De grandes souffrances déchirent mon corps, mais mon âme qui vous craint, Seigneur, les supporte volontiers. » (Paroles d'Éléazar, II Machab., vi, 30.)

Quelquefois, par une grâce toute spéciale de Dieu, la joie de l'âme est si abondante, qu'elle absorbe totalement les douleurs du corps. Nous avons cité les paroles du martyr Tiburce, qui disait, marchant nu-pieds sur des charbons ardents : Il me semble marcher sur des fleurs.

7. L'homme fort se sert-il de la puissance de l'irascible?

Il se sert de l'aiguillon de la colère comme mouvement de l'appétit sensitif réglé par la raison. Ces mouvements sont de puissants auxiliaires pour faire le bien, quand la raison les dirige et les modère. Or, l'homme fort ne néglige aucun moyen d'accomplir un acte qu'il sait difficile, et la colère, dit le Philosophe, est une trempe qui aiguise le tranchant de la force.

8. La force est-elle une vertu cardinale?

Le propre des vertus cardinales, c'est d'avoir le principal caractère de la vertu, la fermeté. La fermeté est aussi ce qui distingue l'homme fort. Aucun attrait ne saurait le séduire, aucun mal, même le plus terrible, la mort, ne saurait l'éloigner de sa règle. Quelle fermeté ne lui faut-il point pour que rien ne l'ébranle? Nous avons plus d'aversion pour une peine qui nous menace, que d'attrait pour le plaisir; cependant l'homme fort préfère le plaisir de la raison, et s'attache au bien spirituel, nonobstant les maux du corps les plus terribles.

9. Est-elle la plus grande des vertus cardinales?

Parmi les choses spirituelles, ce sont les meilleures qui sont les plus grandes. La prudence est la meilleure et la plus grande des vertus cardinales, parce qu'elle établit le bien dans la raison même, dont elle est la perfection ; la seconde est la justice, qui met le bien dans les choses humaines; les deux autres sont la force et la tempérance, qui le conservent ; mais de ces deux dernières la force est la plus excellente. Il est plus difficile de ne pas renoncer au bien, vaincu par la souffrance, que de ne point l'abandonner, malgré l'appât du plaisir. Les bêtes elles-mêmes renoncent quelquefois à une grande délectation, pour éviter une souffrance légère.

QUEST. CXXIV. *Du martyre*. Les martyrs, disons-nous, étaient des hommes éminemment forts. — 1. Le martyre est donc un acte de vertu bien parfaite?

Un acte peut être considéré en lui-même ou dans son motif. En lui-même, l'acte du martyre n'est pas le meilleur : souffrir la mort en soi n'est digne ni de blâme ni de louange. La mort glorieuse est celle qu'on souffre pour le bien : c'est donc le motif du martyre qui fait son excellence. Quel motif portait ces soldats de Jésus-Christ à confesser leur foi devant leurs persécuteurs, et à présenter leurs têtes à la hache du bourreau? La charité, *qui est le lien de la perfection*. (Col., III, 14.) Or, le suprême effort de la charité, c'est de donner sa vie pour ceux qu'on aime. (S. Jean, xv, 13.)

2. Il est de l'essence du martyre de souffrir la mort pour la foi chrétienne.

Martyr veut dire témoin, et, dans le sens de l'Église, témoin de la foi chrétienne. Quel est, en deux mots, l'esprit de la foi? C'est de préférer les biens invisibles à ceux qui frappent les sens, d'élever son cœur au-dessus de ce monde et de placer toutes ses affections dans le ciel. Pour attester ma foi, il faut donc que je foule aux pieds les biens du monde estimés les plus précieux, que je sacrifie le plus excellent de tous, la vie du corps, plutôt que de renoncer aux biens invisibles. Tant que la vie me reste, eussé-je perdu, pour gagner le ciel, tous mes autres biens, je n'ai pas attesté ma foi, ni mérité la palme du martyre.

3. Ne peut-on être martyr qu'en faisant la confession de sa foi?

Pour être martyr il faut rendre témoignage à la vérité jusqu'à la mort. Je ne parle pas d'une vérité quelconque, mais d'une vérité révélée, et présentée comme telle à notre croyance, par l'autorité qui a reçu de Jésus-Christ le dépôt de la révélation : c'est dire qu'il n'y a point de martyr hors de l'Église catholique. Ne peut-on rendre témoignage à la vérité, autrement que par des paroles? Les actions de l'homme manifestent sa pensée aussi bien et plus éloquemment que sa parole ou tout autre signe. « Je vous montrerai ma foi par mes œuvres. « (S. Jacq., II, 18.) » Ils confessent de bouche qu'ils connaissent Dieu, ils le nient par leurs actions. » (Tite, I, 16.) Donc toute action rapportée à Dieu peut être la cause du martyre, si on nous force à sceller de notre sang la vérité dont elle est le signe. L'Église a mis au rang des martyrs saint Jean-Baptiste, qui ne mourut pas pour attester sa foi, mais pour avoir reproché à Hérode ses adultères, condamnés par l'Évangile.

QUEST. CXXV. *De la crainte.* — Le défaut et l'excès opposés à la force, sont la crainte et la témérité. — 1. La crainte est-elle un péché?

Le péché est un désordre dans les actes humains. Quand sont-ils ordonnés? Il y a des choses qui sont à suivre, d'autres qui sont à fuir. Lorsque nous nous éloignons ou nous approchons d'une chose conformément à la raison, nous sommes dans l'ordre et pratiquons la vertu. Si je fuis, effrayé à la vue des maux que je devrais braver et malgré ce que me dit ma raison, la crainte est désordonnée, c'est un péché.

2. Est-ce un péché mortel?

Si le désordre de la crainte n'atteint que l'appétit sensitif, n'ayant pas le suffrage de la volonté, il ne saurait être mortel. Mais quelquefois il monte plus haut et atteint le libre arbitre. Dans ce cas il peut donner la mort à l'âme, la séparant du principe de la vie spirituelle : par exemple, si la crainte me fait faire un mal défendu, omettre un bien commandé par la loi divine.

3. La crainte peut-elle excuser ou diminuer le péché? Un péché n'en excuse pas un autre?

Je ne dis pas qu'en ce sens qu'elle est désordonnée elle puisse excuser ni diminuer un péché, mais elle le peut sous un autre rapport. Ce qui rend un acte mauvais, c'est son opposition avec la raison, notre règle. Il serait bon, si elle l'approuvait. Lorsque, cédant à la crainte, je consens à perdre certains biens pour en conserver de plus précieux, les biens de la fortune pour éviter la mort, je ne fais rien que de conforme à la raison. Mais le cas est différent, si je consens à perdre les biens de l'âme plutôt que ceux du corps, à commettre un péché plutôt que de m'exposer à perdre ma bourse ou ma vie : la raison me condamne, et la crainte n'est point une excuse. Cependant elle atténue la gravité du péché parce qu'elle diminue le volontaire : les actes produits sous l'empire de la crainte, dit le Philosophe, sont toujours mêlés de volontaire et d'involontaire.

QUEST. CXXVI. *De la témérité.* — 1. La témérité est-elle un péché?

C'est un mal de toujours craindre, c'en est un de ne craindre jamais. La crainte venant de l'amour, nous devons d'autant plus craindre de perdre une chose, que nous devons l'aimer davantage. Or, nous aimons naturellement la vie et les biens qui s'y rapportent. C'est un sentiment inné et si intime, que rien ne saurait l'effacer : « Personne n'a jamais haï sa chair. » (Éphés., v, 29.) Ainsi chacun doit aimer sa vie et sa conservation, non pour y mettre sa fin dernière, mais pour s'en servir utilement en faveur de sa dernière fin. Que fait le téméraire? Il expose sa vie pour conserver ce qui est moins précieux, croit la mort un mal inférieur à d'autres maux corporels, et préfère à la vie des biens qui sans la vie sont le néant : dont la témérité est un désordre contraire à l'inclination naturelle.

Sa cause est tantôt l'orgueil : « Il en est venu à ne rien craindre, il voit fort au-dessous de lui tout ce qu'il y a de grand et de sublime » (Job, XLI, 24), tantôt un défaut d'intelligence, comme l'histoire le raconte de certains peuples barbares.

2. L'homme téméraire ne mérite donc pas le nom d'homme fort ?

Non, ce serait prendre le vice pour la vertu. La force bannit la crainte, modère l'audace, et nous établit dans le juste milieu de la vertu. En deçà ou au delà, on ne trouve que le défaut ou l'excès. L'homme fort évite également l'un et l'autre. Il ne cède pas à la crainte, mais dans les choses qu'il importe de fuir, l'impétuosité *ne l'emporte point* et il évite l'abîme où conduit presque toujours la témérité.

* La quest. CXXVII traite de l'audace, vice qui diffère peu de la témérité.

QUEST. CXXVIII. *Vertus constitutives de la vertu de force.*

Les deux actes principaux de la force, sont l'attaque et la défense. Pour attaquer avec force deux vertus sont nécessaires : la confiance ou la magnanimité et la magnificence. Sans la première, nous n'oserions jamais rien entreprendre de difficile. Il faut la seconde, pour exécuter avec grandeur ce que l'on a commencé avec confiance.

La défense ou résistance suppose aussi deux vertus : la patience, afin que la tristesse des maux à vaincre ne nous fasse pas désister de notre entreprise ; la persévérance, afin que la durée des souffrances n'abatte point notre courage : « Ne vous fatiguez pas, et ne laissez pas abattre vos esprits. » (Hébr., XII, 3.) Nous parlerons de chacune de ces vertus essentielles à la force.

QUEST. CXXIX. *De la magnanimité.* — 1. Vers quel objet tend la magnanimité ?

Qui dit magnanimité, dit extension de l'âme, son aspiration vers de grandes choses. Cette extension est une habitude, ou une aptitude à faire de grandes actions. Or, un acte peut être grand de deux manières : comparé à sa matière, par exemple, le bon usage de ce qui est petit et faible ; l'acte peut aussi être grand, abstraction faite de toute comparaison, comme quand j'use bien de ce qui en soi est excellent. Quelles sont les choses dont l'homme peut user? les biens extérieurs. Parmi ces biens, le plus excellent aux yeux des hommes, c'est l'honneur. L'honneur qui vous est rendu est une attestation de votre propre excellence, un témoignage qui proclame votre vertu. Aussi ne l'accorde-t-on communément qu'à Dieu et aux hommes vertueux. Donc, la magnanimité, qui tend aux grandes choses, aspire directement aux honneurs, et modère le désir qui nous porte à les rechercher.

Mais, direz-vous, on a vu des hommes magnanimes mépriser les honneurs? C'est qu'en certaines rencontres on ne peut les acquérir ou les conserver qu'en sacrifiant des biens plus précieux, et l'homme qui a de la grandeur d'âme, n'achètera jamais les honneurs au prix de sa vertu. Il les méprise encore pour une autre raison : estimant à leur juste valeur les applaudissements des hommes, il sait que sa vertu leur est supérieure et que Dieu seul est assez riche pour la récompenser dignement.

Tout en méprisant les honneurs, il ne dédaigne pas les hommes qui l'honorent; l'orgueil n'enfle point le cœur de l'homme magnanime.

S'il arrive que son éclat s'efface et que le déshonneur tombe sur lui, il n'en est point abattu, parce que sa propre excellence et les regards de Dieu lui suffisent.

2. Comment concilier cette vertu avec l'humilité?

La vertu consiste dans la conformité avec la raison, qui est le bien de l'homme. Que nous dit la raison? Qu'il faut estimer les choses à leur juste valeur ; que l'honneur étant le plus précieux des biens extérieurs, il faut aspirer à l'honneur. Sachant que l'humilité est une vertu, je suis sûr d'avance qu'elle ne combat point le langage de la raison. En effet l'homme magnanime et l'homme humble partent de considérations qui sont vraies, mais différentes. Le premier, voyant éclater en lui les dons de Dieu, se sent porté à de grandes actions et digne, à ce titre, de tous les honneurs des hommes; ainsi, l'homme savant, l'homme prudent. Celui qui est humble ne voit que ses defauts, sa faiblesse, son insuffisance. Il s'estime peu et il a raison : « *Ad nihilum deductus est in conspectu ejus malignus,* » mais s'il méprise sa fragilité et sa malice, il glorifie ses qualités : « *Timentes autem Dominum glorificat.* » (Ps. xiv, 4.) De sorte que ces deux vertus ont une estime commune pour les dons de Dieu, un mépris commun pour les défauts de l'homme.

3. Quels rapports la magnanimité a-t-elle avec la confiance?

Le mot *confiance* vient du mot *foi*. Se confier à quelqu'un, c'est mettre en lui sa foi et son espérance. Cette haute opinion naît d'une qualité que j'ai remarquée en moi ou dans celui qui me veut du bien. A cette vue, je lui ai donné ma foi ; de même, ce qui porte l'homme magnanime à tendre vers de grandes choses, c'est une qualité remarquée en lui ou dans les autres, et qui donne des ailes à sa confiance. Ne sentez-vous pas vos prétentions s'élever, à mesure que vous vous connaissez de grands appuis ?

4. La magnanimité produit la sécurité.

La sécurité, c'est l'absence de tout souci (*secus cura*), le repos, la quiétude de l'esprit. C'est ce que produit la confiance, fondement de la magnanimité. L'homme magnanime, voyant les appuis qui le soutiennent, ne se livre pas à de vaines inquiétudes : bannissant la crainte, il éloigne ainsi de son âme le désespoir, qui est la suite d'une crainte excessive.

Cependant ne croyez pas que toute sécurité soit louable : il ne faut pas la confondre avec l'indolence. La sécurité que fait naître la magnanimité repose sur des fondements raisonnables et ne s'affranchit pas sans motif des sollicitudes qui troublent l'âme vulgaire.

5. Se sert-elle des biens de la fortune?

Ils lui sont utiles comme instruments physiques. Quel est l'objet auquel tend la magnanimité? Les honneurs. Or, le vulgaire estime fort les biens de la fortune, et s'incline volontiers devant ceux qui les possèdent.

Quelle fin se propose la magnanimité? D'exécuter de grandes choses. Les biens de la fortune et les amis qu'ils nous attirent, sont de puissants moyens d'action. L'homme magnanime s'en sert pour donner à ses œuvres une grandeur proportionnée à la grandeur de ses desseins.

QUEST. CXXX. *Vices opposés à la magnanimité : par excès, la présomption, l'ambition, la vaine gloire; par défaut, la pusillanimité.*
—1. L'ordre qui règne dans la nature étant l'œuvre de Dieu, agir contrairement, c'est troubler l'ordre divin. Or, examinant les agents naturels, nous ne les voyons jamais rien entreprendre qui soit au-dessus de leurs forces. De même, nous ne devons jamais entreprendre plus que nous ne pouvons accomplir. Le présomptueux, son nom l'indique, entreprend au delà de ce qu'il peut, charge ses épaules de fardeaux qu'elles ne sauraient porter.

Cependant, comme nous sommes censés faire nous-mêmes ce que nous faisons par d'autres, il n'y a pas de présomption à tendre vers de grandes choses avec leur concours, surtout avec l'aide du ciel.

2. Est-ce qu'elle est un excès de magnanimité?

Je ne dis pas que le présomptueux prétende à de plus grandes œuvres que l'homme magnanime. Celui-ci conçoit et exécute parfois de plus vastes desseins, mais on ne le voit jamais rien commencer qui excède ses forces.

QUEST. CXXXI. *De l'ambition.* — Ce que nous avons dit de la magnanimité semble faire assez le compte de l'ambitieux; mais le contraire sera évident si l'on remarque combien l'ambition est désordonnée.

L'honneur est un grand bien, le plus excellent des biens extérieurs à l'homme, puisque c'est le témoignage rendu à notre propre excellence. Mais, d'où nous est-elle venue? De Dieu, auteur de tout bien. Il nous l'a donnée, afin qu'elle serve à sa gloire et à l'utilité du prochain ; il ne faut pas retenir captifs les dons de Dieu. L'ambitieux, entraîné par un désir immodéré des honneurs, court après des hommages qui sont le témoignage d'une excellence supérieure à la sienne. Lorsqu'il tient l'objet de ses désirs, il fait servir ses honneurs à des usages coupables, soit en ne rapportant pas à Dieu sa propre excellence, soit en n'en usant pas pour le bien des autres. L'ambition est donc opposée à la magnanimité, comme le désordre est opposé à l'ordre, la passion modérée, à la passion sans frein.

QUEST. CXXXII. *De la vaine gloire.* — 1. Le mot gloire en latin est synonyme de clarté. Ce qui est éclatant est vu de loin et d'un grand nombre ; d'où il suit que la gloire n'est pas le partage de l'homme qui est seul : *Gloriari ad unum non est.* (Salluste.) C'est un éclat que répand votre excellence, et dont les rayons ont besoin de frapper d'autres regards que les vôtres. Le mot gloire se prend aussi dans une acception plus large : il signifie une splendeur qui attire les regards d'un petit nombre ou de vous seul. Dans ces deux sens, la gloire peut n'être pas vaine. Elle est louable, même recommandée dans l'Évangile : *Luceat lux vestra coram hominibus.* (S. Matth., v, 16.) *Sciamus quæ a Deo donata sunt nobis.* (I Cor., ii, 12.) Mais cette gloire est vaine, si elle vient de choses frivoles, d'hommes peu recommandables, si, en la cherchant, vous vous proposez une autre fin que la gloire de Dieu, l'utilité du prochain, ou l'engagement qu'elle vous impose de ne pas déchoir aux yeux des hommes.

2. Est-elle toujours un péché mortel?

Elle ne donne la mort à l'âme que quand elle est incompatible avec la charité due à Dieu, car, du moins considérée en elle-même, elle n'exclut jamais celle que nous devons au prochain. Elle éteint dans votre cœur l'amour de Dieu, lorsque sa matière est mauvaise : par exemple vous désirez la gloire, sans respecter Dieu, l'auteur des biens dont vous êtes fier, ou vous préférez à Dieu un bien temporel. L'intention qui vous anime peut aussi être contraire à la charité : vous regardez la gloire comme votre fin dernière, vous lui rapportez toutes vos bonnes œuvres et n'agissez que pour vous repaître d'une vaine fumée.

La gloire étant en elle-même le plus précieux des biens temporels, si un appétit désordonné nous entraîne vers ce bien dont les attraits sont si propres à enflammer nos désirs, on conçoit qu'il devienne la source d'une multitude de péchés : aussi la vaine gloire, que des théologiens confondent avec l'orgueil, est-elle mise au nombre des péchés capitaux.

QUEST. CXXXIII. *Défaut opposé, la pusillanimité.* — De même que nous ne voyons jamais dans la nature les choses animées ou inanimées entreprendre présomptueusement plus qu'elles ne peuvent, elles entreprennent toujours autant que leurs forces permettent. Le contraire est un désordre qui viole la loi de la nature, un péché qui trouble l'ordre établi par Dieu. Que fait l'homme pusillanime ? Non-seulement il n'aspire à rien de trop haut, il n'emploie jamais ses forces tout entières. Les dons que Dieu lui a faits sont enfouis et restent stériles : c'est le serviteur inutile, que l'Évangile réprimande et punit si sévèrement : « Serviteur méchant et paresseux... vous deviez mettre mon argent entre les mains des banquiers, et, à mon retour, j'eusse retiré avec intérêt ce qui est à moi. Otez-lui le talent qu'il a et donnez-le à celui qui en a dix... Quant à ce serviteur inutile, jetez-le dans les ténèbres extérieures : c'est là qu'il y aura des pleurs et des grincements de dents. » (S. Matth., xv, 26 et suiv.)

QUEST. CXXXIV. *De la magnificence.*

Le propre de cette vertu est de faire de grandes choses, comme la magnanimité les conçoit et y aspire. Vous proposez-vous d'élever un temple, un palais, de donner une fête splendide ? La magnificence présidant à la distribution des moyens, vous n'épargnerez aucun des frais nécessaires, vous ne prodiguerez pas non plus les folles dépenses. Elle prend l'art à son service et produit des œuvres grandes par leurs dimensions, leur prix ou leur mérite comme objets d'art.

Elle tient à la force, tendant de concert avec elle vers des choses difficiles, mais elle lui est inférieure ; les obstacles qu'elle surmonte sont la perte de choses moins précieuses que la vie. Nous préférons dépenser notre argent, plutôt que d'exposer nos jours.

* La question CXXXV traite de la *parvificence* ou du vice par lequel un homme, en vue de soulager sa bourse, refuse de proportionner la dépense à l'ouvrage entrepris.

QUEST. CXXXVI. *Des principaux actes de la force, qui sont l'attaque et la résistance. Nous avons vu les vertus qui concernent l'attaque.* — 1. Quelles vertus sont nécessaires pour résister avec force ?

La patience et la persévérance.

La vertu, c'est ce qui met ou conserve en nous le bien. Or, rien de plus dangereux pour l'un et pour l'autre que l'impétuosité des passions. Une des plus puissantes et dont les atteintes sont les plus funestes, c'est la tristesse : *Multos occidit tristitia.* (Eccl., xxx, 25.) La patience nous aguerrit, elle nous affermit contre la tristesse qui abat, et nous conserve dans le bien de la vertu.

Aristote compare l'homme fort, par conséquent l'homme patient, à un de ces corps qui ont la forme d'un dé à jouer, et que l'on appelle en géométrie des *cubes*. Ils ont six faces égales, et de quelque côté qu'on les retourne, ils se retrouvent toujours sur leur base. De même, aucun malheur ne renverse l'homme fort. De quelque côté que le souffle de l'adversité le retourne, il est toujours sur sa base.

2. L'homme peut-il, par ses propres forces, acquérir la vertu de patience ?

Il ne le peut, que le bien pour lequel il souffre soit naturel ou surnaturel : dans le premier cas, il a besoin de la grâce actuelle, dans le second, de la grâce sanctifiante.

Nous fuyons naturellement la souffrance, notre nature en a horreur. Il faut, pour nous y résigner, l'attrait d'une fin qui soit un bien supérieur à celui dont la souffrance nous prive. Si c'est un bien surnaturel, la charité seule peut nous attirer à lui ; or, elle est un don de l'Esprit-Saint. (Rom., v, 5.) Si c'est un bien naturel, il nous faut encore une grâce actuelle qui soutienne notre libre arbitre. Si la blessure du péché ne l'avait affaibli, il n'aurait pas besoin de ce secours spécial, mais nous n'avons plus le libre arbitre dans son intégrité. C'est une grâce de Dieu qui donne la patience au malade épuisé par la douleur, au guerrier qui supporte sans se plaindre les plus affreux tourments pour sauver la patrie.

QUEST. CXXXVII. *De la persévérance.* — 1. La persévérance est-elle une vertu distincte ?

Partout où se trouve une difficulté spéciale, il faut, pour la vaincre, une vertu distincte de toutes les autres vertus. N'est-ce pas une difficulté spéciale que la longueur de la lutte, la constance de pénibles efforts ?

A cause de l'affaiblissement de notre libre arbitre, la grâce nous est aussi nécessaire pour la persévérance que pour la patience.

QUEST. CXXXVIII. *Vices opposés à la persévérance.* — 1. Le caractère essentiel de la persévérance, c'est la longueur de la lutte contre de violentes attaques. Le vice directement opposé, c'est la mollesse. En effet, on appelle mou ce qui cède au simple contact et sans résistance. Si je cède à de violents assauts, il ne s'ensuit pas que je sois mou ; les plus fortes murailles cèdent aux coups du bélier. L'homme mou, par opposition à l'homme persévérant, c'est celui qui lâche pied aux premières atteintes de la douleur, qui se laisse entraîner sans résistance aux désirs de la délectation, et ne peut supporter la privation du plaisir. Aucune privation, si douloureuse qu'elle soit, ne saurait faire sortir du bien de la raison l'homme persévérant. Il supporte et s'abstient, s'il le faut, jusqu'à la mort.

La mollesse vient de deux causes, l'habitude du plaisir, la faiblesse de la complexion. C'est pour cette dernière raison que les femmes sont plus sujettes à ce vice que les hommes ; c'est pour la même raison que les hommes mous sont flétris du nom d'efféminés.

2. L'opiniâtreté est l'excès opposé à la persévérance, comme la mollesse en est le défaut. L'homme mou ne tient pas assez à son sentiment, et tourne au moindre souffle; l'opiniâtre (*pertinax*) y tient trop; l'homme persévérant évite l'excès et le défaut, *in medio virtus*. Il luttera contre le péril de la mort et persistera longtemps dans son dessein, mais, persuadé qu'il n'est pas infaillible, il ne fermera pas les yeux à la lumière qui lui montrera un sentiment préférable au sien.

QUEST. CXXXIX. *Don de l'Esprit-Saint qui correspond à la force.*

Rappelons-nous la notion que nous avons donnée des dons de l'Esprit-Saint. Ce sont des moteurs de l'âme. Ils l'animent au bien, l'éloignent du mal, et si elle suit avec promptitude leur impulsion, elle s'élève où elle n'aurait jamais atteint, abandonnée à ses puissances naturelles. Nous avons des aptitudes innées pour pratiquer le bien et éviter le mal, mais nous ne pouvons en user qu'après un certain développement. D'ailleurs, la vertu rencontre quelquefois, même dans l'ordre naturel, des difficultés invincibles à l'art et à la nature; sans une grâce spéciale, point de patience dans la lutte, point de persévérance jusqu'à la fin. Qui nous donnera de traverser, sans succomber, tous les périls? Qui nous fera chercher la vie dans la mort? L'Esprit-Saint, par le don de force.

QUEST. CXL. *Préceptes de force.*

Dieu nous a donné autant de préceptes de force que de préceptes de vertu.

La loi doit être conforme aux intentions du législateur. Pourquoi la royauté, l'aristocratie, la démocratie portent-elles des lois si différentes? C'est que la même divergence est dans les intentions du législateur. Quelle a été l'intention de Dieu en nous donnant sa loi? De nous attacher à lui par des liens doux et forts, ceux de la vertu. Donc il nous a ordonné de ne pas nous séparer de lui, de lui rester fidèles malgré les peines et les contradictions, ce qui est pratiquer la vertu de force : « Ne craignez point vos adversaires, ne reculez point devant eux, car le Seigneur votre Dieu est au milieu de vous. » « Ne craignez pas ceux qui tuent le corps et ne peuvent atteindre l'âme. »

CHAPITRE VIII.

LA TEMPÉRANCE.

QUEST. CXLI. *De la tempérance.* — 1. La tempérance est-elle une vertu ? La vertu n'est point en contradiction avec les inclinations naturelles, et la nature nous porte à ces délectations, dont la tempérance nous éloigne ?

Toutes les vertus se tiennent, unies par des liens plus ou moins étroits, de telle sorte qu'on ne peut en posséder une seule sans avoir quelque chose de chacune. Or on voit des hommes tempérants, qui sont avares, timides, etc. ?

L'essence de la vertu, c'est de nous incliner au bien. Quel est, pour l'homme, le bien véritable ? La conformité avec la raison, car la raison étant la portion de nous-mêmes la plus noble et la plus excellente, doit présider à tous les mouvements de l'âme et du corps. C'est ce bien que nous procure la tempérance. Elle consiste, son nom l'indique, en une certaine modération, un tempérament qu'elle met dans les passions et les actions de l'homme, et qui est en harmonie avec sa raison.

La nature, dites-vous, porte l'homme au plaisir. Lui inspire-t-elle le désir de tout plaisir indifféremment ? Non, mais seulement du plaisir qui lui convient en sa qualité d'homme. Or l'homme est un animal raisonnable. Est-ce à l'animal ou à la raison qu'il appartient de juger si tel plaisir nous convient ? La tempérance en réfère au tribunal de la raison, et nous éloigne des plaisirs qui ne seraient pas raisonnables. Donc elle n'est pas contraire aux inclinations de la nature humaine.

Toutes les vertus se tiennent si elles sont des vertus réelles. Il n'y en a pas sans la prudence, qui est la reine des vertus morales et ordonne tous les actes vertueux ; elles ont, comme la force, la fermeté ; comme la justice, l'ordre et l'harmonie. La tempérance de l'homme avare, injuste, n'est qu'une vertu imparfaite, provenant ou d'un instinct naturel, ou de l'habitude. Elle manque du caractère essentiel à la vertu, la conformité avec la raison.

2. Comment la tempérance se distingue-t-elle des autres vertus ?

Des noms communs s'emploient quelquefois pour désigner des choses particulières : ainsi la Ville désigne Rome, la ville par excellence. De même le mot tempérance peut s'appliquer en général à toutes les vertus, toutes les vertus tempérant les passions et mettant dans les actes de l'homme la modération qui leur convient, mais pris dans un sens plus restreint, il désigne une vertu spéciale, car elle a un objet distinct : c'est de réprimer l'appétit sensitif et de l'éloigner, conformément à la raison, des délectations qui le sollicitent le plus violemment.

Il faut faire ici deux remarques : on attribue à la tempérance la tranquillité de l'âme, quoiqu'elle appartienne généralement à toutes les vertus : c'est que la tempérance réprime les passions les plus fougueuses et les plus fécondes en dissensions.

C'est aussi à la tempérance qu'on attribue la beauté soit morale, soit physique. La beauté consiste dans la proportion et l'harmonie qui règne entre les différentes parties d'un tout ; la tempérance mettant une juste harmonie entre le corps et l'âme, embellit l'homme tout entier. D'où vient la laideur de l'homme ? Des penchants de sa nature animale, qui flétrissent son corps et son âme. La tempérance revêt l'âme de la beauté des anges, et la splendeur qu'elle y répand rayonne même quelquefois sur le corps.

3. Quel est l'objet de la tempérance ?

La vertu morale conserve le bien de la raison en mettant un frein aux passions qui lui sont contraires. Le mouvement des passions est de deux sortes : l'un porte l'appétit vers le bien des sens, l'autre nous fait fuir les maux sensibles. Ce mouvement de répulsion, c'est la force qui le règle et le modère conformément à la raison. Le mouvement d'attraction est réglé par la tempérance ; elle modère d'abord la concupiscence et les délectations sensibles, puis les tristesses qui suivent la privation du plaisir.

4. N'est-il pas un sens dont elle modère principalement les délectations ?

L'objet principal de la force, c'est de braver le plus grand de tous les périls, d'affronter le plus grand de tous les maux corporels, celui qui anéantit le corps. De même la tempérance nous éloigne surtout des délectations les plus vives et les plus opposées à la raison. Quelles sont ces délectations ? Celles que procurent les opérations les plus violentes, car la délectation répond toujours à l'opération. Or il n'en est point auxquelles la nature nous sollicite plus vivement, et qui causent à la raison plus de trouble, que la conservation de l'individu par le boire et le manger, de l'espèce par l'union des deux sexes. La nutrition et la génération étant des opérations du toucher, c'est principalement le toucher que la tempérance a pour objet de soumettre au frein de la raison.

5. Et les autres sens ?

Il y a des choses nécessaires à la nutrition et à la génération : il faut des aliments et la différence des sexes. Conformer à la raison les délectations qui accompagnent ces deux opérations, est l'objet principal de la tempérance. L'objet secondaire de cette vertu concerne non ce qui est nécessaire, mais utile à ces opérations et les favorise, comme l'odeur et la saveur des aliments, la parure, la beauté de la femme. L'homme tempérant s'abstient de tout ce qui ne sert qu'à flatter les sens et n'est que de pur agrément : il modère la vue, l'ouïe, l'odorat et surtout le goût, qui est de tous les sens, celui qui se rapproche le plus de l'objet principal de la tempérance, le toucher.

6. Quelle est la règle, la juste mesure de la tempérance?

Le bien de l'homme, c'est l'ordre de la raison. Quelle règle préside à l'ordonnance de la raison? Le nécessaire : aussi toutes les choses livrées à l'usage de l'homme sont-elles destinées à satisfaire les nécessités de la vie présente, et ont-elles pour fin la conservation de l'individu ou de l'espèce.

Ce qui est nécessaire à l'homme n'est pas considérable : la nature se contente de fort peu. Celui qui prend au delà pèche donc contre la tempérance?

La tempérance défend tout ce qui est nuisible à la santé et réprouvé par la raison. Elle permet le nécessaire, tolère l'utile et l'agréable, eu égard aux circonstances de personnes, de lieux, de temps. Peut-on l'accuser d'enchaîner l'homme dans des limites trop étroites?

On voit que c'est une vertu cardinale; les délectations qu'elle modère étant si vives et s'offrant à nous si fréquemment, seraient l'occasion d'innombrables désordres, et la ruine de bien des vertus.

Elle est inférieure à la prudence, qui met le bien dans la raison même; à la justice, qui l'établit à la fois en nous et dans les autres; et à la force, qui modère notre aversion pour les maux sensibles.

QUEST. CXLII. *Vices opposés à la tempérance par excès, l'insensibilité; par défaut, l'intempérance.* — Quels sont l'excès et le défaut de la tempérance?

1. Tout ce qui est contraire à l'ordre naturel est vicieux. Or la nature a attaché une délectation à tout ce qui est nécessaire pour conserver l'individu et l'espèce; sans cette délectation qui fait contre-poids à ses inconvénients, le genre humain s'éteindrait bientôt. Celui-ci s'abstiendrait de nourriture, ou n'en prendrait pas une quantité suffisante, afin de s'épargner la peine de la cher-

cher et la perte du temps qu'elle entraîne. Celui-là s'interdirait l'opération qui conserve l'espèce afin d'éviter des inconvénients plus graves. L'ordre naturel demande donc qu'on produise ces opérations d'une manière raisonnable. L'excès contraire à cet ordre, c'est l'insensibilité.

Remarquez qu'il est quelquefois louable, même nécessaire, à cause des fonctions qu'on remplit, de s'abstenir de certaines délectations sensibles : ainsi les soldats, les athlètes et ceux qui se livrent aux travaux de l'esprit, se privent des choses vénériennes, afin de pouvoir mieux accomplir les devoirs de leur état ; les malades se condamnent à la diète pour recouvrer la santé du corps, les pénitents, à l'abstinence, pour recouvrer la santé de l'âme.

2. Pourquoi appelle-t-on l'intempérance un péché puéril ? Est-ce qu'il convient aux enfants ?

C'est parce qu'il nous rend semblables à eux. L'enfant, sans considérer l'ordre de la raison, désire ce qui est honteux et laid aux yeux de l'esprit ; or le beau pour l'homme, c'est le beau de la raison, la beauté spirituelle, et l'enfant, ne sachant ce que c'est, n'en prend nul souci.

Si vous obéissez à l'enfant, il persévère et se fortifie dans sa volonté : « Comme un cheval indompté devient intraitable, ainsi l'enfant abandonné à sa volonté devient insolent. » (Eccl., xxx, 8.) Il en est de même de la concupiscence dont on flatte les désirs. Plus on lui accorde, plus elle demande : la passion satisfaite, dit saint Augustin, devient une coutume, et la coutume, une nécessité.

On corrige l'enfant par la verge, et l'on se sert de la discipline pour réprimer la concupiscence superflue, appelée intempérance.

3. C'est le plus déshonorant et le plus honteux de tous les vices. Plongeant l'homme dans les voluptés qui lui sont communes avec les animaux, il le prive de l'honneur que lui vaudrait

le bon usage de sa raison et lui fait perdre toute son excellence : « L'homme, tandis qu'il était en honneur, n'a pas compris son excellence, il a été comparé aux bêtes et leur est devenu semblable. » (Ps. xlii, 21.)

La beauté de la vertu qui nous mérite les honneurs, consiste dans la lumière de la raison rayonnant sur nous. L'intempérance éteint cette clarté et nous plonge dans les ténèbres de la brute.

QUEST. CXLIII. *Parties différentes de la tempérance.* — Nous avons vu, en parlant des autres vertus cardinales, qu'on distingue en elles plusieurs sortes de parties. Les unes, appelées intégrales, sont celles dont la réunion est nécessaire pour avoir une vertu parfaite. Il n'y a pas de véritable tempérance sans la pudeur, qui a en horreur la turpitude, contraire à cette vertu ; sans l'honnêteté, qui aime le bien inséparable de la tempérance.

Les parties subjectives d'une vertu sont ses différentes espèces, les formes diverses qu'elle revêt. L'objet de la tempérance étant de modérer les délectations du toucher, elle met un frein à celles qui accompagnent la nutrition, par l'abstinence dans le manger, la sobriété dans le boire ; à celles qui accompagnent la génération, par la chasteté et la pudicité.

Celles que l'École appelle parties ministérielles d'une vertu, sont celles qui s'y rapportent, comme le secondaire au principal. Les parties ministérielles de la tempérance sont donc celles qui modèrent, de quelque manière que ce soit, les délectations si violentes du toucher. La continence tempère les mouvements intérieurs que fait naître l'impétuosité des passions ; l'humilité modère l'intempérance et l'audace que les passions provoquent ; la mansuétude éteint la colère, qui brûle de se venger. Il faut aussi modérer les mouvements et les actes extérieurs ; c'est ce que fait la modestie, qui comprend trois autres vertus secondaires, l'ordre, la décence, l'austérité. C'est aussi ce que font la parcimonie et la simplicité.

QUEST. CXLIV. *De la pudeur.* — 1. C'est une passion louable, non une vertu proprement dite. Qui dit vertu, dit une certaine perfection. Ce qui est incompatible avec la perfection ne saurait donc être une vertu. Qu'est-ce que la pudeur? une crainte de faire quelque chose de blâmable, de tomber dans le déshonneur. Comme, d'un côté, on ne craint qu'un mal possible et difficile à éviter, et que, de l'autre, l'homme vertueux se sentant une vive horreur pour tout ce qui le flétrirait ne croit pas difficile de s'en abstenir, il s'ensuit que la pudeur manque d'un des caractères essentiels à la vertu. C'est néanmoins une passion louable, très-propre à nous conserver dans le bien.

2. De quoi peut-on avoir cette honnête honte?

Il y a deux sortes de turpitudes. L'une est dans la volonté vicieuse; ce n'est pas un mal à craindre, difficile à éviter, car ce qui est volontaire est toujours au pouvoir de l'homme.

L'autre turpitude est la peine d'une mauvaise action. Ce n'est que de celle-ci qu'on peut avoir honte et rougir, car en parvenant à la connaissance des autres, elle nous couvrira d'opprobre.

Il faut faire ici plusieurs remarques : la honte venant, comme l'honneur, de l'opinion publique, nous rougissons quelquefois de choses qui, en elles-mêmes, ne sont pas mauvaises : ainsi la pauvreté, la servitude, l'obscurité de la naissance.

Quelquefois nous avons honte de choses très-louables, mais au sujet desquelles nous craignons qu'on ne nous accuse de présomption, d'hypocrisie, de faiblesse : c'est du respect humain.

Enfin il arrive aussi que des hommes rougissent plus de péchés moindres que de péchés plus grands, par exemple, des péchés du corps que de ceux de l'esprit, de la timidité que de l'audace. Nous cédons alors à la crainte de l'opinion publique, qui dispense l'honneur ou l'opprobre.

3. Quelles sont les personnes qui nous inspirent le plus de honte?

Celles dont le témoignage est d'un plus grand poids, parce que l'opprobre est le témoignage de nos défauts, comme l'honneur le témoignage de notre excellence.

Le poids de ce témoignage vient d'abord de la certitude de ceux qui le portent : nous redoutons le blâme des gens dont le jugement est droit, nous n'avons pas honte devant les bêtes et les enfants, qui ne jugent jamais. Nous craignons aussi le blâme de ceux qui, nous connaissant mieux, sont plus à même de nous juger.

Ce qui augmente aussi notre honte, c'est l'effet d'un témoignage qui nous couvrira d'opprobre. Ceux qui connaissent nos défauts peuvent-ils nous aider ou nous nuire? Devons-nous vivre avec eux, et longtemps affronter leurs regards? Ils nous pénètrent de crainte et nous inspirent une honte très-vive.

4. Il y a des gens qui n'ont point de honte.

La honte est la crainte du déshonneur. Plusieurs causes peuvent nous affranchir de cette crainte. Si nous ne regardons pas le déshonneur comme difficile à éviter, pourquoi le craindre ? Tels sont communément les gens vertueux, les vieillards dont les passions éteintes n'inspirent plus d'inquiétude ; tels sont aussi, mais pour un autre motif, les grands scélérats. Le mal qui les perdra dans l'opinion des autres et les déshonorera n'est plus pour eux un mal. Ils ne savent plus rougir, et on les appelle effrontés, parce que c'est sur leur front que paraîtrait la honte s'ils étaient encore accessibles à un sentiment vertueux.

QUEST. CXLV. *De l'honnêteté.* — 1. L'honnêteté diffère-t-elle de la vertu?

Non, car ce mot désigne un état d'honneur permanent (*honoris status*), et l'honneur, c'est le témoignage de notre propre excellence, qui se confond avec notre vertu.

2. L'honnête diffère-t-il de l'agréable et de l'utile ?

Ce qui mérite à une chose le nom d'honnête, c'est l'éclat que la raison répand sur elle. Or, tout ce qui est conforme à la raison convient à l'homme, et tout ce qui lui convient naturellement lui est agréable et lui procure une délectation ; mais la proposition réciproque ne serait pas vraie. Telle chose qui flatte les sens révolte la raison.

Il en est de même de l'utile. On appelle utile ce qui peut servir de moyen pour arriver à une fin. L'honnête ne différant point de la vertu, est un sûr moyen d'arriver à notre fin, la félicité ; mais il ne s'ensuit pas que tout ce qui est utile soit honnête. Il nous serait quelquefois très-utile de nuire aux autres ; mais cela peut ne pas être honnête. Il est une multitude de moyens qui sont utiles, mais injustes, et blessent l'honnêteté.

QUEST. CXLVI. *De l'abstinence.* — Nous avons distingué plusieurs sortes de tempérance ; voyons d'abord celle qui modère les délectations attachées à la conservation de l'individu.

1. L'abstinence est-elle une vertu ?

Le mot abstinence veut dire retranchement de nourriture. L'abstinence n'est pas en elle-même une vertu ; c'est une chose indifférente. On n'est pas vertueux pour s'abstenir de manger. Elle n'a pas non plus le caractère de la vertu, si un médecin vous l'ordonne dans le but de rétablir votre santé. Mais si vous modérez l'abstinence conformément à la raison, ayant égard, pour la quantité et la qualité des aliments, aux circonstances de temps, de lieux, de personnes ; si, comme le commande l'Écriture, vous unissez la science à l'abstinence (Pierre, II, 1, 6), c'est une vertu réelle, car elle vous établit dans le bien de la raison et rend vos œuvres bonnes.

QUEST. CXLVII. *Du jeûne, acte de l'abstinence.* — On peut, à bon droit, appeler acte de vertu celui que la raison dirige vers un bien honnête. Or, tel est le jeûne : il réprime la concupiscence, la grande ennemie de notre bien. Nous servons Dieu, dit saint Paul, « *in jejuniis.* » (II Cor., VI, 5.) « *Sine Cerere et Baccho, friget Venus.* » (S. Jérôme.)

Il dispose l'esprit à la contemplation des choses divines. C'est souvent à la suite de longs jeûnes que les prophètes recevaient de Dieu des révélations surnaturelles. » (Dan., x.)

Il satisfait à la peine qui reste à subir après la rémission des péchés et favorise même la conversion : « Convertissez-vous à moi dans le jeûne, les pleurs et les gémissements. » (Joël, II, 12.)

Saint Augustin résume ainsi les bienfaits du jeûne : « Il purifie l'âme, élève l'esprit, auquel il soumet la chair, donne à notre cœur la contrition et l'humilité, dissipe les nuages de la concupiscence, éteint l'ardeur des passions et fait briller en nous la vraie lumière de la chasteté. » (Sermon sur la prière et le jeûne.)

C'est aussi ce que l'Église chante dans la Préface du Carême. Le jeûne que l'on s'impose dans un dessein si conforme à la raison et à la foi est donc un acte de vertu.

2. Est-ce une œuvre de surérogation, ou existe-t-il, touchant le jeûne, un précepte rigoureux ?

De même qu'il appartient aux princes séculiers d'interpréter la loi naturelle et de déterminer par des lois positives les obligations qu'elle nous impose en matière temporelle, il appartient aux princes de l'Église d'interpréter cette loi et de déterminer les obligations qu'elle nous impose dans l'ordre spirituel. La loi naturelle ne nous oblige-t-elle pas à réprimer la concupiscence, à nous disposer à la contemplation, à effacer nos péchés par la pénitence ? Mais quand et comment ? C'est ce qu'il appartenait à l'Eglise de décider, et elle l'a fait par ce précepte : Quatre-temps, vigiles jeûneras, et le Carême entièrement. Donc, le jeûne est à la fois de précepte naturel et ecclésiastique.

3. Tous sont-ils tenus au jeûne ?

Les préceptes généraux ne règlent que ce qui arrive le plus communément. Si vous vous trouvez en dehors des conditions ordinaires, le précepte du jeûne ne vous atteint pas. L'intention du législateur n'est pas d'étendre la loi aux cas exceptionnels. Vous pouvez vous dispenser de jeûner ; mais il faut auparavant, s'il est possible, en demander la permission à qui de droit, et n'en user qu'avec discrétion.

Il est évident que les enfants ne sont pas non plus astreints à la loi du jeûne. La faiblesse de leur corps ne leur permettant de prendre que peu de nourriture à la fois, ils ont besoin, chaque jour, de plusieurs repas. Leur chaleur naturelle consume beaucoup. Ils grandissent, et l'accroissement du corps vient des aliments qui ne sont pas nécessaires à la nutrition. C'est pourquoi l'Église a fixé à vingt et un ans l'âge auquel commence l'obligation du jeûne, le corps, à cette époque de la vie, ayant communément atteint son entier développement.

Quant aux voyageurs et aux ouvriers, qui ont besoin d'une nourriture abondante, le voyage et le travail sont-ils nécessaires? La réponse à cette question indiquera s'ils sont ou non dispensés du jeûne. L'intention du législateur n'est pas de nous obliger, dût-il nous en coûter de graves dommages ; mais si le travail, si le voyage pouvait être ajourné sans préjudice, il ne serait pas une cause suffisante de nous dispenser de la loi.

Les pauvres qui vivent d'aumônes ne sont dispensés du jeûne, à cause de leur pauvreté, que dans le cas où ils ne peuvent réunir une assez grande quantité d'aumônes pour faire chaque jour un repas.

4. Le temps des jeûnes ecclésiastiques a-t-il été bien choisi?

Nous jeûnons pour effacer nos fautes passées, les éviter à l'avenir et élever nos âmes vers le ciel. Ces moyens de sanctification peuvent-ils être employés en des temps plus favorables que ceux qu'a choisis l'Église? Le jeûne du Carême nous prépare à la fête de Pâques, où nous recevons le pardon de nos péchés avec le sacrement de Pénitence. Dans la primitive Église, on administrait le baptême à tous les catéchumènes la veille de ce jour, afin de montrer que ce sacrement ensevelit le vieil homme avec Jésus-Christ. La fête de Pâques nous rappelant le jour où le Sauveur commença sa vie glorieuse, n'est-elle pas propre à élever nos cœurs vers le ciel, et ne devons-nous pas nous y préparer par la pénitence?

Ce jeûne est de quarante jours, pour nous rappeler le jeûne de Jésus-Christ au désert, et en mémoire des dîmes de leurs biens que les Juifs offraient à Dieu ; c'est le dixième ou à peu près des jours de l'année.

Nous jeûnons la veille de certaines fêtes afin de nous préparer par la mortification du corps et le renouvellement des forces de l'esprit, à bien célébrer les mystères qu'elles nous rappellent.

Il convenait aussi de consacrer à Dieu les quatre saisons de l'année; c'est pourquoi l'Église a établi, au commencement de chaque saison, le jeûne des Quatre-Temps. Comme c'est d'ailleurs à ce moment que l'Église ordonne ceux qu'elle appelle au ministère des autels, il convient que les peuples se mettent en prière, à l'exemple de Jésus-Christ qui s'en alla prier sur la montagne avant de choisir ses apôtres. Nous n'avons pas, comme sous la loi mosaïque, de *jeûnes de joie*, mais seulement des *jeûnes d'affliction*. On ne jeûne jamais le dimanche ni au temps pascal, ces jours étant destinés à célébrer des mystères joyeux.

5. Ne peut-on, sans rompre le jeûne, faire plus d'un repas ?

La fin du jeûne, c'est de réprimer la concupiscence, tout en satisfaisant aux nécessités de la nature. Or on atteint ce but en ne faisant qu'un seul repas par jour. L'expérience prouve qu'il suffit à la nature, et il n'alimente pas le feu de la concupiscence.

Cependant la coutume permet une légère collation.

6. L'Église n'a pas fixé l'heure de ce repas, mais celle qui paraît la plus convenable, c'est l'heure de None (la troisième de l'après-midi). Pour atteindre le but du jeûne, il faut s'imposer des privations, s'abstenir de manger, jusqu'à une heure plus avancée qu'aux jours où l'on ne jeûne pas. D'ordinaire, à quelle heure prend-on son premier repas? Vers midi. A ce moment, le froid de la nuit ayant rappelé à l'intérieur la chaleur du corps, l'estomac est débarrassé de tous les aliments pris la veille, et les *liquides* cir-

culent dans tous les membres, agités par la chaleur croissante du jour. D'un autre côté, cette chaleur, augmentant, en absorberait une trop grande quantité, s'ils n'étaient renouvelés. Il convient donc de prendre de la nourriture à ce moment. Mais si on veut dompter le corps, il faut le laisser un peu languir, retarder le repas de quelques heures : l'espace de trois heures paraît très-convenable.

Une autre considération le montre également : ceux qui jeûnent se proposent de s'associer aux souffrances de Jésus-Christ : « *Qui Christi sunt carnem crucifixerunt cum vitiis et concupiscentiis.* » (Gal., v, 24.) Or les souffrances de la Passion durèrent jusqu'à la troisième heure de l'après-midi, où le Sauveur, *inclinant la tête, expira.*

* C'était l'usage, au temps de saint Thomas, de jeûner les jours de précepte, jusqu'à trois heures, après le chant des vêpres. La coutume a prévalu de prendre son repas à midi, mais ceux qui sont tenus à la récitation de l'office divin, disent les vêpres auparavant, afin de conserver au moins un vestige de l'ancienne observance.

Les premiers chrétiens faisaient plus ; ils ne prenaient aucune nourriture avant le coucher du soleil. Les Juifs qui jeûnaient s'abstenaient de tout aliment jusqu'à la nuit : on comparait aux ténèbres de la nuit l'état de l'ancienne loi. Il n'en est pas ainsi de l'état de la nouvelle, que l'on compare à l'éclat du jour : voilà pourquoi les chrétiens prennent leur repas à la lumière du soleil.

QUEST. CXLVIII. *De la gourmandise.* — 1. Il ne faut pas appeler gourmandise tout appétit du boire et du manger, qui peut être très-raisonnable. La gourmandise, c'est un appétit immodéré qui nous entraîne, de notre propre consentement, à des excès de bouche. N'est-ce pas un désordre, par conséquent un péché, qu'un homme raisonnable, méconnaissant la dignité de sa nature, se laisse aller comme la brute à ses appétits grossiers ?

Ce péché est mortel, si vous vous attachez tellement aux plaisirs de la bouche que vous y mettiez votre bonheur, et si le désir immodéré du boire et du manger vous porte au mépris des lois divines, ou vous fait contrevenir aux lois de l'Église ; vous êtes de ceux dont parle l'Apôtre : *Quorum deus venter est.* Dieu est le Dieu des saints ; le ventre est le dieu des gourmands. Les saints, en effet, ne vivent que pour Dieu; leur esprit éclairé de sa lumière, leur cœur pénétré de son amour, n'a d'autre soin que de lui plaire. Les gourmands vivent pour plaire à un autre dieu : cet objet de leur affection épuise toute leur activité intellectuelle et physique, de sorte qu'on peut leur appliquer dans un sens littéral, les paroles si vives de l'Apôtre.

C'est un péché capital ; les délectations de la gourmandise, violentes et pleines d'attraits, sont la source de bien des désordres.

2. On tombe dans la gourmandise lorsqu'on recherche les mets exquis ou apprêtés avec trop de soin, et lorsqu'on en prend une trop grande quantité. La manière de les prendre peut aussi être désordonnée : c'est lorsqu'on le fait avec avidité, ou qu'on ne laisse pas entre ses repas un temps convenable.

3. Quels effets produit dans un homme le vice de la gourmandise?

L'impureté souille son corps ; son esprit, obscurci par la fermentation des aliments, perd son activité et son aptitude à la science. Les autres effets sont la folle joie du cœur, qui a perdu le gouvernail de la raison, le flux de paroles, la trivialité dans les gestes et le maintien du gourmand.

QUEST. CXLIX. *De la sobriété.* — 1. Quel est l'objet de la sobriété?

Le mot sobriété désigne, en général, une juste mesure (*servans sobriam mensuram*) : ainsi, on dit la sobriété du style, de la parole. Mais on entend plus spécialement par ce mot, la juste mesure de la matière dans laquelle il est le plus difficile de se réprimer : telles sont les boissons qui enivrent. Prises modérément, elles sont très-utiles à l'esprit et au corps, mais il est facile de se laisser aller au delà de la juste mesure, et l'excès entraîne les plus funestes conséquences : « La sobriété dans la boisson est la santé de l'âme et du corps. Beaucoup de vin produit l'irritation, la colère et sème les ruines. » (Eccl., XXXI, 27.) L'objet de la sobriété est l'usage modéré du vin et de toute liqueur capable, en produisant l'ivresse, d'empêcher le bien de la raison.

2. La sobriété est une vertu. La vertu, c'est ce qui détruit un obstacle particulier au bien de la raison. Telle est la sobriété : elle empêche l'excès du vin, dont les fumées troublent le cerveau, obscurcissent l'entendement et rendent l'homme semblable à la bête. La sobriété est donc une vertu.

Elle est nécessaire surtout aux jeunes gens, dont l'âge favorise la concupiscence; aux femmes, dont le cerveau communément faible, ne pourrait résister à l'action d'un vin abondant. Chez les Romains cette liqueur leur était primitivement défendue, afin de ne pas les laisser exposées à cet excès, encore plus hideux dans la femme que dans l'homme.

La sobriété est aussi nécessaire, mais pour un autre motif, aux vieillards, qui sont les oracles de la sagesse; aux ministres du culte, qui doivent instruire les peuples; aux rois, qui doivent gouverner avec sagesse et prudence.

QUEST. CL. *De l'ivrognerie, vice contraire à la sobriété.* — On peut considérer dans l'ivresse, l'absence de la raison et l'acte par lequel on tombe en cet état. Le manque de raison n'est pas précisément un péché, mais une suite et une peine du péché.

Pour dire si l'acte qui éteint en vous les lumières de la raison est un péché, il faut savoir si vous ignoriez la force de la boisson, comme Noé, ou si vous avez cédé à un amour désordonné du vin : c'est alors le péché de gourmandise.

L'ivresse involontaire excuse les péchés commis en cet état, puisqu'elle ôte l'usage de la raison. Volontaire, elle peut en atténuer la gravité, elle ne les excuse pas. Il est vrai, l'homme pris de vin ne sait pas ce qu'il fait, mais ayant voulu cet état, il est censé avoir voulu tous les actes qu'il commet dans l'ivresse.

QUEST. CLI. *De la tempérance dans les délectations qui ont pour but de conserver l'espèce.* — 1. Le mot chasteté, *castitas*, vient de *castigare*, châtier. L'homme chaste réprime tous ces sentiments pervers qui s'agitent au fond de la nature déchue, châtie la concupiscence comme on châtie un enfant mutin et rebelle. Il use raisonnablement de ses facultés physiques, et suivant le jugement de la raison, de concert avec sa volonté, il leur ferme la voie au désordre. La chasteté est une vertu, puisqu'à force de combats, elle conserve le bien que la concupiscence tente de nous ravir.

Saint Augustin fait remarquer que les délectations vénériennes étant les plus violentes, il n'en est pas qui épuisent davantage les forces de l'esprit : elles le précipitent du haut de sa grandeur et assourdi qu'il est par sa chute, elles en font leur jouet (1).

2. La pudeur est-elle autre chose que la chasteté ?

La pudeur est la honte de tout ce qui est propre à faire rougir. De quoi les hommes rougissent-ils le plus? de tout ce qui a rapport aux choses vénériennes. On en a honte, même quand elles sont honorées par le mariage et sous la sauvegarde de la foi jurée : c'est que le mouvement du sens dépravé n'est pas, comme celui des autres membres, soumis à l'empire de la raison, et nous avons honte de tout ce que la raison n'a pas embelli de sa lumière. On comprend sous le nom de choses vénériennes, non-seulement l'union des deux sexes, que règle la chasteté, mais aussi tout ce qui s'y rapporte, comme les regards, le toucher, les embrassements : l'objet de la pudeur, c'est de les conformer à la raison.

QUEST. CLII. *De la virginité.* — 1. En quoi consiste la virginité?

Dans l'intégrité de la chair, et surtout dans la résolution de

---

(1) Voltaire s'est jugé lui-même lorsqu'il a dit : « Un esprit corrompu ne fut jamais sublime. »

s'abstenir de toute délectation vénérienne. Le mot virginité vient de *viror*, verdeur. La feuille ou la fleur verte est celle que la chaleur du soleil n'a point fanée. De même le corps vierge est celui qui n'a pas été brûlé par les ardeurs de la concupiscence.

Il faut, pour flétrir la fleur de la virginité, la plus grande des délectations que le corps puisse éprouver, la délectation vénérienne et l'assentiment de la volonté : « In delectatione autem venereorum tria est considerare : unum quidem quod est ex parte corporis, scilicet violatio signaculi virginalis ; aliud autem est in quo conjungitur id quod est animæ, cum eo quod est corporis, scilicet ipsa resolutio seminis delectationem sensibilem causans ; tertium autem solum ex parte animæ, scilicet propositum perveniendi ad talem delectationem. In quibus tribus id quod primo positum est, per accidens se habet ad moralem actum, qui non consideratur per se, nisi secundum ea quæ sunt animæ ; secundum vero se materialiter habet ad moralem actum, nam sensibiles passiones sunt materia moralium actuum ; tertium vero se habet formaliter et completive, quia ratio moralium in eo quod est rationis, completur. Quia ergo virginitas dicitur per remotionem prædictæ corruptionis, consequens est quod integritas membri corporalis per accidens se habet ad virginitatem ; ipsa autem immunitas a delectatione quæ consistit in seminis resolutione, se habet materialiter ; ipsum autem propositum perpetuo abstinendi a tali delectatione, se habet formaliter et completive in virginitate.

« Unde si contingat quod, salvo illo proposito voluntatis, aliquo casu membri integritas corrumpatur, non magis præjudicat virginitati, quam si corrumpatur manus aut pes.

« Notandum est quod delectatio quæ est ex seminis resolutione, dupliciter potest contingere : uno modo si procedat ex mentis proposito ; et sic tollit virginitatem, sive fiat per concubitum, sive absque concubitu. Alio modo potest provenire præter propositum voluntatis, vel in dormiendo, vel per violentiam illatam, cui mens non consentit, quamvis caro delectationem experiatur, vel etiam ex infirmitate naturæ, ut patet in his qui fluxum seminis patiuntur; et sic non perditur virginitas, quia talis pollutio non accidit per impudicitiam, quam virginitas excludit. » (Secunda secundæ, quæst. CLII, prop. 1.)

2. La virginité est-elle permise ? Dieu nous ordonne de prendre des aliments pour conserver l'individu : « Mangez de tous les fruits qui sont dans le paradis. » (Gen., II, 16.) De même, Dieu ne nous a-t-il pas ordonné de conserver l'espèce humaine, lorsqu'il a dit ces paroles : « Croissez et multipliez-vous, et remplissez la terre ? » (Gen., I, 28.)

D'ailleurs, si tout le monde gardait la virginité, combien de temps durerait le genre humain ?

Il n'est pas difficile de répondre à de pareils sophismes. Si la virginité n'était permise, si même elle n'était pas louable, peut-on supposer que saint Paul, le grand apôtre, l'eût conseillée ? Or nous lisons dans la première aux Corinthiens : « Quant aux vierges, je n'ai point reçu de commandement du Seigneur, mais, d'après l'inspiration que Dieu m'en donne, je pense qu'il est bon à l'homme de ne pas se marier. » (VII, 25 et 26.)

La raison nous montre assez la sagesse de ce conseil : tous les biens que l'homme possède doivent servir à la fin à laquelle Dieu les a destinés. L'homme a plusieurs sortes de biens, et tous se rapportent finalement au bien de l'âme. Les biens de la fortune nous ont été donnés pour ceux du corps; ceux-ci, pour les biens de l'âme. Parmi ces derniers, les uns appartiennent à la vie active, les autres, à la vie contemplative. Les biens de la vie contemplative sont les plus précieux, car c'est l'état de vie le plus parfait : *Maria optimam partem elegit.* (S. Luc, X, 43.) Donc, les biens de la vie contemplative, voilà la fin à laquelle sont destinés tous les biens de l'homme. Quel état plus favorable à la contemplation que la virginité ? Quel moyen plus sûr de donner à l'âme l'empire sur le corps, et de plaire à Dieu ? « Une femme qui n'est point mariée, et une vierge s'occupe du soin des choses du Seigneur ; elle pense à ce qu'elle doit faire, afin d'être sainte de corps et d'esprit, et de se rendre ainsi agréable à Dieu. Mais celle qui est mariée s'occupe du soin des choses de ce monde et de ce qu'elle doit faire pour plaire à son mari. » (I Cor., VII, 34.)

Ces paroles : « Croissez et multipliez-vous, » à qui sont-elles adressées ? Au genre humain tout entier, à personne en particulier. Or, tous ne sont point obligés d'accomplir de la même manière un précepte donné à la multitude. Un général d'armée *donne-t-il* le signal du combat ? des soldats gardent le camp, d'autres portent les drapeaux, d'autres combattent l'épée à la main. Tous lui obéissent quoique de différentes manières, et tous contribuent à la victoire. De même, le genre humain est obligé de pourvoir à sa conservation ; les uns le font en se mariant, les autres en gardant la virginité, et ces derniers ne sont pas les moins utiles. Affranchis des soins de la famille, ou plutôt n'ayant d'autre famille que celle des pauvres, de tous ceux qui souffrent, ils peuvent se livrer sans entrave aux œuvres de charité. Leur exemple entretient parmi les peuples le souvenir et le respect d'une vertu qu'ils auraient bientôt oubliée. La place qu'ils laissent, eux et les enfants qui seraient nés de leur mariage, prévient les inconvénients d'une population dont le nombre n'est plus en proportion avec les productions du sol. Enfin la société a plus de biens et de forces à dispenser aux membres qui lui restent; les autres, en se séparant d'elle, ne la rendent que plus florissante, semblable à un arbre dont l'émondeur a retranché les rameaux superflus. Donc la virginité sert en même temps à la conservation et à la gloire du genre humain.

Vous dites : Si tout le monde restait vierge ? De ce que cette vertu ne saurait être celle de tous les hommes, faut-il conclure que personne ne doive y prétendre ? Si tous se faisaient peintres, écrivains, soldats, qui est-ce qui labourerait la terre ? Et si personne ne voulait la féconder de ses sueurs, comment naîtraient les abondantes moissons nécessaires à la nourriture du genre humain ? Mais il ne s'ensuit pas que personne ne doive se faire soldat, peintre, écrivain. Dieu a bien fait toutes choses. Il a donné aux hommes des aptitudes diverses, afin qu'ils embrassent différents états de vie, afin qu'ayant besoin les uns des autres ils se prêtent un mutuel appui et que, de l'unité dans la multiplicité, ressorte la beauté de son œuvre.

3. La virginité, sans doute, est louable, mais est-elle une vertu? Toutes les vertus sont connexes ; s'il en est une que vous n'ayez pas, toutes vous manquent. Or, beaucoup de saints qui sont canonisés vécurent dans le mariage, et cependant on ne peut entrer au ciel sans vertu?

La pénitence répare les ruines du péché et nous rend les vertus qu'il nous avait fait perdre. Personne, pas même Dieu, ne peut rendre la virginité à celui qui l'a perdue ?

Elle est une vertu, puisque sa fin, c'est d'élever l'âme à la contemplation des choses divines en allégeant le poids de ses liens terrestres. Est-il une vertu en laquelle le bien de la raison paraisse avec plus d'éclat que dans la matière de la virginité, l'intégrité du corps, sa pureté semblable à celle du lis, qui en est le gracieux emblème?

Toutes les vertus se tiennent en ce sens qu'elles ont le caractère spécifique de la vertu ; il n'y a point de vertu théologale sans la charité, point de vertu morale sans la prudence ; mais on peut avoir la matière de l'une sans avoir celle de l'autre ; un pauvre a la matière de la tempérance, il n'a pas celle de la magnificence. De même celui qui a perdu la matière de la virginité peut avoir ce qui en est la forme spécifique, c'est-à-dire le dessein de rester vierge si cela lui était possible : le pauvre peut avoir la forme spécifique de la libéralité, l'homme heureux, celle de la force, si l'adversité le frappait dans ce qu'il aime.

C'est ainsi que la pénitence répare les ruines du péché. Si vous avez dissipé votre fortune dans la débauche, votre conversion ne vous rendra pas vos folles et criminelles prodigalités ; elle vous rendra la forme spécifique des vertus que le désordre vous avait fait perdre.

4. La virginité est-elle plus excellente que le mariage ?

Le nier serait soutenir une doctrine contraire à l'exemple de Jésus-Christ qui vécut vierge, choisit une mère vierge, et dont le disciple bien-aimé était vierge ; une doctrine contraire à celle de saint Paul qui dit : « Le père qui marie sa fille fait bien, celui qui ne la marie pas fait encore mieux. » (I Cor., vii.)

La seule raison ne nous dit-elle pas que le bien de l'âme est préférable au bien du corps ; le bien de la vie contemplative, au bien de la vie active ? Or la virginité aspire aux biens les plus excellents, le mariage tend aux biens inférieurs : l'un songe à plaire à Dieu, l'autre à plaire aux hommes. (S. Paul.)

Remarquez qu'il faut que ce soit pour vous occuper des choses de Dieu que vous restez vierge ; car quel en serait le mérite, si c'était parce que vous ne trouveriez pas à vous marier ou pour tout autre motif que vous ne rapporteriez pas à la gloire de Dieu ?

* Le concile de Trente a condamné comme hérétique la proposition contraire. Luther avait renouvelé cette erreur de Jovinien, que saint Jérôme reprit avec tant de vigueur. Joignant l'exemple au précepte, il se maria, lui, moine, avec une religieuse enlevée de son monastère. Tout ce que les couvents avaient de gangrené se rallia autour de ce pur et désintéressé réformateur. Une doctrine si commode, qui de plus abolissait le jeûne, ne pouvait manquer de prosélytes. Le roi d'Angleterre, Henri VIII, la trouva bien préférable à la doctrine catholique, et, comme Luther, s'empressa de la recommander par ses préceptes et ses exemples. Mais les foudres de l'Église vengèrent la virginité de tant de profanations. Elle sera toujours respectée des âmes pures, pratiquée par ceux qui se vouent sans partage au service de Dieu.

QUEST. CLIII. *Du vice de la luxure.* — 1. Toute union des deux sexes est-elle défendue ?

Il n'y a pas de péché à craindre tant que l'on suit l'ordre de la raison. La raison ne nous dit-elle pas d'user des choses selon la fin pour laquelle elles nous ont été données? Un homme fait bien de prendre des aliments, qui conservent la vie de son corps. De même il est irrépréhensible s'il use des choses vénériennes, pourvu qu'il le fasse dans l'ordre voulu par la raison et d'une manière propre à procurer la génération.

Les Manichéens, pensant que la chair venait du mauvais principe (du Dieu mauvais), disaient que toute œuvre à laquelle elle prend part est illicite. Les Pères de l'Église ont montré la fausseté de leur doctrine et son opposition avec l'Écriture. Saint Paul appelle le mariage un état honorable. (Héb., XIII, 4.) Celui qui marie sa fille fait bien. Je veux que les veuves qui sont encore jeunes se remarient. (I Cor.)

La raison n'approuve-t-elle pas certaine union des deux sexes, puisqu'il n'est pas d'autre moyen de conserver l'espèce humaine?

2. La luxure est-elle un péché?

Plus une chose est nécessaire, plus la raison demande qu'on en use avec ordre, et selon sa fin naturelle. Or la luxure est un désordre dans l'usage des choses vénériennes, sans lesquelles, pourtant, le genre humain ne saurait se perpétuer.

Neque dicendum est quod semen est superfluum; illo enim indigetur ad opus virtutis generativæ. Aliæ superfluitates humani corporis sunt, quibus non indigetur; et ideo non refert qualitercunque amittantur, salva decentia convictus humani. Sed non est simile in seminis emissione, quæ taliter debet fieri ut conveniat fini, ad quem eo indigetur.

Est præterea dicendum quod, sicut Apostolus dicit (Cor., VI, 20), contra luxuriam loquens : « Empti estis pretio magno. Glorificate ergo et portate Deum in corpore vestro. » Ex eo ergo quod aliquis inordinate suo corpore utitur per luxuriam, injuriam facit Deo, qui est principalis Dominus corporis nostri.

La luxure est un péché capital. Il est la source d'une infinité d'autres, à cause du plaisir attaché à ces sortes de délectations, et aussi à cause de la tendance d'une chair rebelle à l'esprit.

3. Quels sont les effets de la luxure?

Je ne parlerai pas de ses effets sur le corps, la perte de la santé, les stigmates du vice qui flétrissent le visage du voluptueux; je ne dirai que ses effets sur l'âme.

Quand les puissances inférieures sont vivement ébranlées, leur agitation s'étendant aux puissances supérieures y porte le désordre et la confusion. C'est ce qui arrive dans les délectations vénériennes, tant est séduisant l'objet de l'appétit sensitif, tant il ébranle les puissances de l'homme qui en jouit. C'est pourquoi la luxure obscurcit l'intelligence et affaiblit la volonté.

L'intelligence est la faculté qui perçoit une fin : le voluptueux ne voit plus que le plaisir : « La beauté vous a séduit, et la passion a renversé de fond en comble votre cœur. » (Dan., XIII, 56.)

L'intelligence choisit avec discernement les moyens qui conduisent à une fin ; le voluptueux ne souffre ni modération, ni conseil, mais se précipite, aveugle et inconsidéré, vers l'objet de ses désirs. Si parfois il forme le dessein de mettre fin à ses désordres, il manque de constance ; une larme, un regard le fait fléchir.

Du côté de la volonté, les effets de la luxure ne sont pas moins funestes.

Quelle est la fin dernière du voluptueux? C'est lui-même, il est son Dieu.

L'histoire montre que la luxure aime le sang ; tous les hommes livrés à ce vice ont été sanguinaires. On le conçoit sans peine, puisqu'ils avaient usurpé la place de la Divinité, et qu'il faut à toute Divinité des autels et des victimes.

4. Quelles sont les différentes sortes de luxure?

La luxure consiste à produire un acte vénérien d'une manière contraire à la raison ; ce qui peut arriver de deux manières : la matière ou la femme n'étant pas légitime, ou les circonstances de l'acte n'étant pas raisonnables. Comme une circonstance ne change pas communément l'espèce d'un acte, nous ne parlerons que de la matière. Si l'on use de la matière de telle sorte que l'acte ne puisse produire la génération, c'est le vice contre nature, la bestialité ou la sodomie. Si un enfant peut en être le fruit, mais que sa bonne éducation ne soit pas ordinairement possible, c'est la fornication. Si on ne peut en user sans manquer du respect qui lui est dû, à cause de sa parenté, la luxure s'appelle inceste. Si elle est sous la puissance d'un mari, on commet l'adultère; sous la puissance de son père et encore vierge, c'est le viol; le viol accompagné de violence est un rapt; si la matière est consacrée à Dieu, c'est un sacrilége.

5. La fornication est-elle un péché ?

« Ceux qui font de pareilles choses, ne posséderont pas le royaume du ciel. »(Gal., v, 21.) Or le péché seul nous exclut du séjour des bienheureux.

La fornication porte préjudice à l'enfant qui en est le fruit. Il faut, pour sa bonne éducation, les soins du père aussi bien que ceux de la mère, et comment ces soins lui seraient-ils assurés si l'union de ses parents était passagère?

Nous voyons la loi de la nature et la règle de la raison, que l'homme doit toujours suivre, dans l'instinct des animaux. Quand les soins du mâle et de la femelle sont nécessaires à la conservation de leurs petits, l'un ne s'unit pas à l'autre pour la quitter, aussitôt que la génération est un fait accompli. Il s'attache à elle en particulier et lui prête son concours en apportant la nourriture de toute la famille; ainsi les oiseaux. Quant aux autres animaux, comme les chiens, les chats, le mâle ne quitte la femelle que parce que ses soins seraient superflus. Il est donc contraire à l'ordre de la nature que l'homme s'unisse, pour la génération, à la femme, libre de la quitter aussitôt après. Peu importe le cas particulier où il assurerait l'avenir de l'enfant, la loi divine et la loi naturelle sont générales, et atteignent tout le monde, sans souffrir de dispense.

Il est facile par là de voir la gravité des autres sortes de fornications. Elles violent d'abord, comme l'union *soluti cum soluta*, la loi naturelle et la loi divine. Elles ont de plus une malice particulière. Le viol outrage le père de celle qui en est victime, et lui cause un plus grand préjudice que si elle était déjà *puella deflorata*. Le rapt est de plus une injure faite à la fille et au père, si elle est encore sous sa tutelle. L'adultère viole les droits de l'époux, et nuit aux enfants qui sont nés ou qui naîtront de l'union légitime. Si la personne est consacrée au culte divin, l'outrage monte jusqu'à Dieu; la luxure est un sacrilége, puisqu'elle profane une chose sainte. L'inceste viole le respect réciproque que se doivent les personnes unies par les liens du sang ; ce respect naturel des parents entre eux avait inspiré aux anciens une loi en vertu de laquelle il était défendu au père de se baigner dans la même piscine que son fils. (Val. Maxime.)

QUEST. CLV. *Vertu qui se rapporte à la tempérance, la continence.* — 1. Ce mot, pris dans un sens général, est synonyme de chasteté : la continence parfaite est l'abstention de tout acte vénérien, la virginité ; la continence imparfaite, c'est la viduité. Mais on l'entend communément dans un autre sens : il signifie la répression des passions intérieures qui sont les plus violentes, qui nous sollicitent avec le plus de force aux délectations du toucher. Or les délectations pour lesquelles la nature nous donne le plus d'attraits sont celles qui conservent l'individu ou l'espèce. La continence leur met un frein et les *contient* dans l'ordre de la raison.

Cette vertu ne se propose pas de réprimer d'autres passions que celles du toucher, comme la crainte, etc.

Elle tient à la tempérance comme l'imparfait au parfait, le secondaire au principal. La tempérance suppose déjà la chair domptée ou sur le point de l'être, la continence lutte, combat encore des passions ardentes. Il y a dans la première du calme et de la sérénité; la seconde, dans le choc des passions, a une part moins abondante à la lumière de la raison.

Elle peut néanmoins être plus méritoire ; c'est lorsqu'on ne l'acquiert ou qu'on ne la conserve qu'au prix de longs combats. Un homme né avec de violentes passions ou vivant au milieu d'objets qui les enflamment a certainement plus de mérite à les *contenir*, qu'un homme tempérant par nature, ou manquant d'occasions qui éprouvent sa vertu : *Non coronabitur nisi qui legitime certaverit.* (II Tim., II, 5.)

QUEST. CLVI. *De l'incontinence.* — 1. Elle est moins dans le corps que dans l'âme : le corps n'en est que la cause occasionnelle, l'âme la cause par elle-même. Les plus fortes passions ont beau agiter le corps, elles ne donnent lieu au vice ou à la vertu que par le libre usage qu'en fait la raison : c'est pourquoi on ne dit jamais que les fous, les frénétiques qui ont perdu la raison, ou les animaux soient incontinents. Leurs passions ne dépassent point le seuil de l'appétit sensitif, qui est une puissance organique.

2. Toute incontinence est-elle un péché?

L'incontinence proprement dite entraîne l'homme au gré de passions mauvaises. Il suit leur impétuosité et s'abandonne d'une manière désordonnée aux délectations du toucher; c'est un acte déraisonnable et un péché.

L'incontinence improprement dite est de deux sortes : 1° Je désire des choses en elles-mêmes très-louables, par exemple, les richesses, les honneurs, mais mon désir est immodéré ; cette sorte d'incontinence est un péché moindre que la première, parce qu'ici j'aperçois un peu la lumière de la raison. 2° Je désire vivement des choses dont on ne peut mal user, par exemple, des vertus qui ont pour moi des attraits particuliers ; c'est une incontinence très-louable, la perfection de la vertu : on y voit briller dans tout son éclat la lumière de la raison.

3. Laquelle est la plus coupable, l'incontinence de la concupiscence, ou l'incontinence de la colère?

La première est un plus grave désordre.

Il y a dans la colère, une apparence de raison ; il est raisonnable que je repousse un injuste agresseur, et que je me venge, pourvu que je le fasse modérément ; on ne voit rien dans la concupiscence que de sensuel.

La colère tient plus de la constitution physique que la concupiscence : l'enfant dont le père est sujet à de fréquents accès de colère naît souvent avec un caractère irascible ; or ce que l'on tient de la nature est plus digne de pardon que ce qui vient d'une habitude volontaire.

La colère s'exhale au grand jour ; la concupiscence fuit la lumière et cherche les ténèbres.

L'homme qui suit les mouvements de la concupiscence agit avec délectation ; une certaine tristesse assombrit toujours l'homme emporté par la colère. La concupiscence est opiniâtre, la colère est un feu de paille, dont le désordre par conséquent est passager.

QUEST. CLVII. *De la clémence.* — Deux autres vertus qui se rapportent aussi à la tempérance sont la clémence et la mansuétude. — Sont-elles des vertus distinctes ?

La clémence ne s'exerce que de supérieur à inférieur ; la mansuétude est une bienveillance envers tout le monde, et surtout d'égal à égal.

Les passions sont quelquefois les principes des actes humains, et quelquefois elles en sont les obstacles : de sorte que les vertus qui mettent aux passions un frein raisonnable concourent au même but que les vertus qui règlent nos actions. La justice nous empêche de porter la main sur le bien d'autrui ; c'est aussi ce que fait la libéralité en réprimant l'amour désordonné de l'argent. De même la clémence et la mansuétude concourent au même but, la première en allégeant la peine que vous infligerez à votre inférieur ; la mansuétude, en réprimant la colère. Ces deux vertus n'en sont pas moins distinctes comme leurs objets.

QUEST. CLVIII. *De la colère.* — 1. La colère opposée à la mansuétude est-elle un péché ?

Elle est un mouvement ou une passion de l'appétit sensitif. Nous pouvons considérer et la passion en elle-même, et son mode ou l'ardeur qui l'entraîne. La passion de la colère n'est pas essentiellement mauvaise, comme celle de l'envie : on peut en user pour le bien ou pour le mal; quelquefois même son aiguillon inspire un grand zèle pour la vérité et la justice : *irascimini et nolite peccare*. (Ps. IV.)

Le mode de la colère n'est point un mal, s'il n'excède point la règle de la droite raison, mais c'est un péché lorsque nous suivons, sans résister, l'impétuosité de la passion.

2. La colère peut-elle être un péché mortel?

Si la passion a pour objet une vengeance injuste, elle est un péché mortel, à moins que l'imperfection de l'acte n'en atténue la gravité. Cette imperfection peut venir ou de ce que le mouvement de la colère a précédé l'usage de la raison, ou de ce qu'il a causé peu de mal : par exemple, j'ai tiré les cheveux à un enfant.

La colère serait aussi un péché mortel, si la violence de la passion était incompatible avec la charité due à Dieu et au prochain.

3. La colère produit l'indignation, l'enflure de l'esprit tant qu'elle reste concentrée en nous; la clameur, le blasphème, la contumélie, quand elle s'exhale dans les paroles; la rixe, quand elle se produit dans les faits.

QUEST. CLIX. *De la cruauté.* — La cruauté opposée à la clémence, est-elle autre chose que la férocité?

La férocité (de *fera*) est le propre des bêtes sauvages. Elles font du mal aux hommes pour les dévorer, non pour leur infliger une peine salutaire. L'homme cruel peut, il est vrai, se proposer de corriger un coupable, mais il se réjouit et se repaît de ses souffrances comme la bête qui déchire sa proie.

Le mot cruauté vient de *crudité*. Les choses crues ont une saveur amère et sauvage; ce qui est cuit, une saveur douce et agréable au goût. De même l'homme clément use de bienveillance et de douceur à l'égard de l'inférieur qu'il punit, l'homme cruel cherche à accroître la peine méritée, et se réjouit de voir couler le sang.

QUEST. CLX. *De la modestie.* — La tempérance modère les mouvements dont la répression est le plus difficile ; la modestie soumet à la raison ceux qui sont moins violents, auxquels il est moins difficile de mettre un frein. Examinant les divers mouvements qui agitent notre âme, je trouve d'abord un mouvement qui la porte à s'élever ; je le modère raisonnablement, par une vertu qui s'appelle l'humilité. Un autre mouvement le porte à connaître ; je le réprime ou plutôt je le dirige par l'étude.

Il faut aussi soumettre à la raison mes mouvements extérieurs ; si je suis modeste, la décence présidera à toutes mes actions soit sérieuses, soit légères. Nous sommes portés aussi à revêtir le corps d'habits somptueux, d'ornements recherchés ; je le fais conformément à la raison par la simplicité. Disons un mot de chacune de ces vertus que comprend la modestie.

QUEST. CLXI. *De l'humilité.* — 1. L'humilité est-elle une vertu ? ne manque-t-elle pas du caractère essentiel à la vertu, la vertu étant un état de perfection, l'humilité, un sentiment de nos défauts ?

Le bien ardu et difficile a d'un côté, des attraits qui sollicitent l'appétit ; d'un autre côté, des difficultés qui abattent les forces de l'âme et découragent. Pour pratiquer ce bien conformément à la raison, il faut modérer le mouvement d'attraction et le mouvement de répulsion ; l'humilité modère le premier, la magnanimité le second, donc l'humilité est une vertu. Loin d'exclure la grandeur d'âme, comme on le croit trop souvent, elle se retrouve avec elle dans la pratique du bien, et leur harmonie ne souffre pas la plus légère difficulté, en ce que l'une et l'autre modèrent conformément à la raison l'élan d'une âme qui aspire aux grandes choses.

Il y a une perfection qui suppose la plénitude de l'être sans besoin ni défaut; elle est incompatible avec l'humilité; on conçoit que Dieu ne s'humilie jamais. Il y a une perfection relative qu'il est facile de concilier avec cette vertu; c'est la perfection de la droiture : que sont sous ce rapport les créatures les plus parfaites, comparées à Dieu?

2. L'humilité est-elle dans la volonté, ou dans la connaissance de notre insuffisance?

L'humilité a pour objet de réprimer l'appétit désordonné, qui exagère nos mérites et s'élève, au mépris de la raison. Elle suppose donc une connaissance de la raison qui nous dit : Cela est au-dessus de vous, n'aspirez pas si haut. C'est là la règle qui dirige l'appétit, mais l'humilité consiste essentiellement dans l'appétit qui renonce à ce bien supérieur.

Il faut faire ici une remarque : ce n'est pas manquer d'humilité que d'entreprendre au delà de nos forces, lorsque, pour atteindre un but, nous comptons sur le secours du ciel : « Autre chose est de s'élever à Dieu; autre chose de s'élever contre Dieu. Il élève ceux qui s'abaissent devant lui, il abaisse ceux qui s'élèvent contre lui. » (S. Aug.)

3. L'humilité nous oblige-t-elle à nous estimer moins que le reste des hommes?

Je vois dans l'homme ce qui est de l'homme et ce qui est de Dieu : Dieu est l'auteur du bien, nous sommes les auteurs du mal qui est en nous : *Perditio tua, Israel, ex te est; ex me tantum auxilium tuum.* (Osée, XIII, 9.) L'humilité nous inspire un souverain respect pour Dieu, et met ses dons au-dessus de tout ce que les hommes estiment de plus précieux. Elle consiste à ne voir que Dieu dans tout ce qui est, le mal, à proprement parler, n'étant pas. Si donc, je vois en moi des dons célestes dont l'absence se fait remarquer dans les autres, je puis, de ce côté, me préférer au prochain : par exemple, j'aime tous mes semblables et leur veux du bien, tandis que vous, vous n'avez pour eux que de la haine et du mépris? l'humilité ne me fera point penser que, vu de ce côté, vous valez mieux que moi. Il en est de même des qualités, des talents dont Dieu nous a doués, préférablement à d'autres, *ut sciamus quæ a Deo donata sunt nobis.* (I Cor., II, 12.)

Cependant nous devons toujours supposer qu'il y a dans le prochain des dons de Dieu que nous ne connaissons pas, et en nous, du mal dont notre amour-propre nous dérobe la vue : c'est ainsi que saint Paul s'estimait le dernier des hommes, la *balayure* et la *raclure* du genre humain. (Cor.)

4. Quel est le rang de l'humilité comparée aux autres vertus ?

La vertu humaine consiste dans l'ordre de la raison. Cet ordre demande que nous nous unissions à notre fin dernière, la suprême perfection : c'est pourquoi les vertus théologales sont les premières dans l'ordre de l'excellence. La raison nous dit ensuite que ce qu'il y a de plus excellent après notre fin, ce sont les moyens qui nous y conduisent le plus directement. La vertu qui nous en rapproche le plus, c'est la justice, qui rend à chacun son droit ; c'est ensuite l'humilité, qui, en méprisant, pour l'amour de Dieu, les grandeurs de la terre, en éloignant de notre âme tout ce qui n'est pas Dieu ou ne vient pas de lui, la rend plus accessible aux impressions de la grâce, et en fait comme un réservoir ouvert à la rosée du ciel.

Saint Augustin compare les vertus à un vaste et magnifique édifice, dont le fondement est l'humilité.

Le vice opposé à l'humilité, c'est l'orgueil.

QUEST. CLXII... *De l'orgueil.* — 1. L'orgueil est un acte par lequel l'homme, s'affectionnant outre mesure, cherche à paraître plus qu'il n'est, et à effacer les autres. Or, la raison nous défend d'aspirer à un but qui n'est pas conforme à la vérité. L'orgueil est donc un désordre et un péché.

2. Quelles sont les différentes sortes d'orgueil ?

C'est une affection immodérée de notre excellence ou d'un bien qui est en nous. Nous pouvons nous porter désordonnément vers ce bien, de quatre manières : en le disant plus grand qu'il n'est, en le regardant comme notre œuvre, en l'attribuant à nos mérites, si nous avouons que d'autres en sont les auteurs, en cherchant à attirer vers ce bien tous les regards, au détriment des autres qui, possédant aussi quelque bien, sont dignes de considération.

3. L'orgueil est-il dans toutes ces variétés un péché mortel?

L'humilité s'unit à Dieu et reconnaît ses dons comme la seule mesure de l'estime qui nous est due. « Nous ne nous glorifions point démesurément, mais en nous renfermant dans les bornes du partage que Dieu nous a fait. » (II Cor., x, 13.) Le premier pas de l'orgueil, au contraire, c'est de s'éloigner de Dieu, ce qui est un péché mortel : *initium superbiæ est apostatare a Deo*. (Eccl., x, 14.)

Cependant, si l'acte de l'orgueil est imparfait, s'il précède le jugement de la raison, comme il arrive quelquefois dans la luxure, il peut n'être qu'un péché véniel.

4. S'il est volontaire, n'est-ce pas le plus grave de tous les péchés?

Tout péché suppose la conversion vers un bien créé, l'aversion loin du bien raisonnable. Dans le premier sens, l'orgueil aspirant à ce qui est en soi un grand bien, ne saurait être le plus grave de tous les péchés ; mais le plus grave désordre est celui de l'orgueil considéré comme aversion du souverain bien. Les autres péchés sont une fuite, une séparation ; celui-ci une opposition directe. C'est pourquoi saint Jacques a dit : « Dieu résiste aux superbes, » comme on résiste à un agresseur.

Il n'est pas facile de tenir toujours l'entrée de nos cœurs fermée à l'orgueil. Il se mêle à toutes nos actions, même les meilleures ; c'est un ver qui ronge à l'intérieur les fruits les plus beaux. Mais il n'est point coupable sans l'acquiescement de la volonté. Lorsque la raison ne reste pas inactive, elle ne peut permettre au démon de l'orgueil de séjourner longtemps dans notre cœur. Il suffit, pour l'en chasser, de penser à notre faiblesse, à la grandeur de Dieu, au peu de bien qui est en nous, et que, d'ailleurs, nous devons à la libéralité d'autrui. « Pourquoi t'enorgueillis-tu, cendre et poussière? (Eccl., x, 9.) Toute chair n'est que de l'herbe, et sa gloire est comme la fleur des champs. L'herbe sèche et la fleur tombe, parce que le Seigneur l'a frappée de son souffle, mais la parole de Dieu demeure éternellement. (Is., XL, 6.) — *Quasi pannus menstruatæ omnes justitiæ nostræ.* » (Is., CLXIV, 6.)

QUEST. CLXIII. *Du péché du premier homme.* — 1. Ce fut un péché d'orgueil.

« L'orgueil est le commencement de tout péché. » (Eccl., x, 15.) Or, c'est du péché d'Adam que tous les autres tirent leur origine : « Le péché est entré dans le monde par un seul homme. » (Rom., v, 12.)

Plusieurs mouvements du corps et de l'âme peuvent concourir à former un péché, mais celui-là en est le commencement, dans lequel se trouve le premier désordre. Ce principe établi, quel était, dans le paradis terrestre, l'état d'Adam? L'état de parfaite innocence : son corps, entièrement soumis à son âme, ne pouvait prendre l'initiative du mal. Le désordre ne pouvait donc entrer dans l'homme que par l'esprit. Sa raison tendit désordonnément vers un bien spirituel, et, méconnaissant la règle que Dieu lui avait imposée, n'en voulut plus d'autre que ses propres désirs :

Or, c'est là le caractère essentiel de l'orgueil.

2. Quel fut ce bien spirituel dont un désir immodéré perdit l'homme?

La ressemblance avec Dieu.

Il y a deux sortes de ressemblance : l'une est une égalité parfaite, l'autre une ressemblance d'imitation. Un homme sensé ne pouvait désirer la première, qui suppose la plénitude de l'être. Ce fut donc la seconde que nos premiers parents désirèrent avec désordre. La ressemblance d'imitation peut être : 1° Dans la nature de l'être raisonnable : l'homme et les anges l'avaient, puisqu'ils étaient des créatures douées d'intelligence. Or, on ne désire point ce que l'on possède.

2° Dans la connaissance de l'esprit : L'ange la reçut au jour de sa création, étant, dès le premier instant de son existence, doué de la vision intuitive. L'homme ne l'avait qu'en puissance, l'ange lui persuada qu'il pouvait l'avoir en acte, même pendant sa vie mortelle, et c'est ce désir contraire à l'ordre établi par Dieu, qui causa notre ruine. Qu'était-ce que cette science du bien et du mal que le serpent promettait à Adam et Ève ? Est-ce que, possédant l'usage de la raison, ils ne savaient pas ce qui est naturellement bon, naturellement mauvais ? Ils espéraient déterminer eux-mêmes ce qu'il leur serait bon ou mauvais de faire ; ou bien ils désirèrent connaître le bien et le mal que l'avenir leur réservait.

3° Dans l'action : C'est celle dont le désir perdit l'ange. Il voulut être lui-même sa règle et son principe d'activité, parvenir de lui-même, après le temps de l'épreuve, à sa fin, le bonheur éternel. C'était le but, mais secondaire, qu'Adam et Ève se proposaient en mangeant le fruit de l'arbre de la science du bien et du mal.

3. Ce fut donc le plus grand de tous les péchés ?

Considéré en lui-même, il ne fut pas le plus grave ; l'orgueil, qui me fait nier Dieu ou blasphémer son saint nom, est plus outrageant que l'orgueil par lequel je désire, quoique désordonnément, lui ressembler ; mais si nous considérons les auteurs de ce péché et la facilité avec laquelle, élevés à l'état de grâce, ils pouvaient l'éviter, c'est le plus grand de tous, à cause des dons infiniment précieux dont Dieu les avait comblés, et auxquels ils répondirent par la plus noire ingratitude.

4. Lequel, d'Adam ou d'Ève, pécha le plus grièvement ?

L'ingratitude de l'homme fut plus grande, parce qu'ayant reçu davantage, il était plus parfait que la femme. Le genre du péché fut le même, l'orgueil ; mais l'espèce fut différente. Ève était persuadée que, selon le langage du serpent, Dieu leur avait défendu de manger de tel fruit, parce qu'il avait la propriété de donner une science divine, et que, s'ils en mangeaient, Dieu perdrait sa *singularité* ; elle s'éleva donc directement contre la volonté de Dieu. Adam ne fut point séduit ; il voulut arriver par lui-même à la ressemblance pour laquelle il savait qu'il était né ; son crime fut d'y aspirer avec désordre.

Adam n'offensa que Dieu ; Ève, du même trait, blessa Dieu et le prochain, en portant celui-ci au mal.

Enfin Adam succomba par faiblesse ; c'est une trop grande condescendance, un amour excessif pour sa campagne qui le perdit.

QUEST. CLXIV. *Peines du péché du premier homme.* — Nous connaissons le péché de nos premiers parents. Voyons maintenant quelles en furent les peines. — 1. Il ne semble pas que la mort et les souffrances corporelles soient la punition de ce péché. Adam et Ève fussent-ils restés fidèles à Dieu, la mort et les maladies seraient également le partage de l'homme ici-bas. Elles tiennent à la nature même des corps composés d'éléments divers, dont la dissolution entraîne nécessairement la souffrance et la mort ?

Eux seuls commirent ce péché, et le genre humain tout entier paie tribut à la mort ?

« Dieu n'a point fait la mort. » (Sag., I, 13.) Or, c'est de lui que vient la peine du péché ?

Ils auraient subi la peine aussitôt après le péché ; cependant nous lisons dans la Genèse qu'ils vécurent encore quelques centaines d'années ?

Si, à cause d'une faute que j'ai commise, vous me retirez un de vos bienfaits, la privation que je souffrirai pourra être appelée avec raison la peine de ma faute. Dieu, en créant l'homme, l'avait comblé de ses bienfaits. Le plus précieux, c'était assurément l'innocence, l'intégrité, en vertu de laquelle le corps resterait soumis à l'âme, tant que l'âme serait soumise à Dieu. En quoi consiste la vie d'une chose? Dans l'union de sa matière avec sa forme. La forme du corps, l'âme, étant immortelle, devait, par son union intime et sa parfaite harmonie avec le corps, le conserver sain et immortel. D'où viennent les maladies et la mort? De ce que les puissances du corps sont dans un état de révolte contre l'âme, et dans une voie qui conduit à leur dissolution. Quelle en est l'origine? Une révolte de l'âme contre Dieu. Donc, la perte de l'intégrité, les souffrances et la mort sont la peine du péché.

La mort est naturelle à l'homme, en ce sens que son corps, composé d'éléments divers, ne peut les tenir à jamais unis. Il fallait cette variété dans la matière du corps, afin qu'il pût communiquer par le toucher, avec toute la création matérielle. Lorsque ces éléments, perdant leur force de cohésion, se séparent, la mort suit nécessairement. Mais Dieu avait préservé l'homme de la dissolution en l'ornant d'un don surnaturel. Tant que ce don aurait persévéré et que l'âme de l'homme serait restée parfaitement soumise à son auteur, le corps serait resté pleinement soumis à l'âme, et aurait, par conséquent, partagé son immortalité. Le péché, en séparant l'âme de Dieu, a rendu le corps à ses destinées naturelles. Saint Thomas se sert d'une comparaison qui nous montre cette vérité d'une manière bien sensible : une propriété naturelle à une scie de fer, c'est de pouvoir couper une planche, le fer étant plus dur que le bois; une autre propriété inhérente à sa nature, c'est de se couvrir de rouille au contact de l'air. Si l'ouvrier pouvait la préserver de ce défaut et lui donner la propriété de résister à l'action d'éléments délétères, il ajouterait beaucoup à son prix : mais il n'appartient pas à l'homme de lui donner cette propriété. Dieu, l'artisan de notre corps, n'est pas comme nous, astreint aux lois de la nature. Il avait doué le premier homme d'une qualité surnaturelle, l'immortalité. Le péché nous l'a fait perdre, donc la mort est là une peine du péché.

Nos premiers parents seuls commirent ce péché ; mais pour des raisons que lui seul connaît, Dieu les avait faits les représentants du genre humain, et avait attaché à leur fidélité ou à leur désobéissance, les destinées de leurs descendants. On conçoit que les principes de la nature humaine étant viciés, le poison qui les infectait passe à leurs enfants, et leur impose la nécessité de mourir.

Dieu n'a pas fait la mort en ce sens qu'elle est un mal, mais en ce sens qu'elle est la juste punition du péché, et sous ce rapport c'est un bien.

Ils ne furent pas frappés de mort sur-le-champ : on peut dire néanmoins qu'ils moururent le jour où ils commirent le péché. Depuis ce moment, ils portèrent avec eux des germes de mort et chacun de leurs pas les rapprocha du tombeau.

2. La raison des autres peines rapportées dans la Genèse, n'est pas moins évidente. Nos premiers parents ayant perdu l'innocence, devaient être privés de tous les autres dons qu'ils avaient reçus comme conséquence de ce bienfait. Or, Dieu les avait placés dans un lieu de délices, en rapport avec la dignité des hôtes qu'il devait recevoir. La couronne de l'innocence étant tombée de leurs fronts, ils ne méritaient plus d'habiter ces beaux lieux : « Dieu les chassa du paradis terrestre. » (Gen., III, 23.) Et pour montrer qu'ils ne pourraient par eux-mêmes y rentrer et venir manger des fruits de l'arbre de la vie, il en confia la garde à un chérubin armé d'une épée de feu.

La peine de leur péché devait se faire sentir à leurs corps et à leurs âmes. La femme est condamnée à enfanter dans la douleur et à vivre sous la domination de son mari. (Gen., III, 16.) L'homme sera condamné, tous les jours de sa vie, à un travail pénible. Il mangera son pain à la sueur de son front. Il usera ses forces à tirer du sein d'une terre maudite la nourriture nécessaire à sa famille.

Leur âme fut couverte de confusion, lorsqu'elle vit des sens ignominieux se révolter contre elle ; « leurs yeux s'ouvrirent et ils s'aperçurent qu'ils étaient nus. » Elle fut remplie de terreur, lorsqu'ils entendirent retentir une voix qui leur reprochait leur faute avec ironie : « Voilà, disait Dieu, Adam devenu semblable à l'un de nous ! » Ces paroles, toujours présentes à leur esprit, empêchaient la joie d'entrer dans leur âme et la remplissaient de tristesse : « Tu es poussière, et tu retourneras en poussière. » Dieu leur donna des ceintures de feuillage, en signe du linceul où ils seraient un jour ensevelis.

QUEST. CLXV. *De la tentation de nos premiers parents.* — 1. Convenait-il que l'homme fût tenté par un démon ?

Dieu dispose tout avec force et douceur, c'est-à-dire, donne à chacun l'inclination qui le porte à agir conformément à sa nature. Or il est dans la nature de l'homme de trouver dans les autres créatures un concours dont il use pour le bien ou pour le mal. Il convenait donc qu'il fût sollicité au péché par un mauvais ange, comme le bon le sollicitait à la vertu : mais ni les uns ni les autres ne peuvent forcer notre volonté, et nous faire faire malgré nous le bien ou le mal.

2. Le démon choisit-il bien son mode de tentation ?

Avant le péché, le démon n'ayant aucun empire sur les puissances intérieures de l'homme, ne pouvait arriver à ses fins qu'en séduisant d'abord ses puissances extérieures et sensibles ; c'est ce qu'il fit en lui proposant de manger du fruit défendu, dont les couleurs étaient propres à exciter sa convoitise. La femme ayant succombé, il pouvait avec raison espérer la chute de l'homme.

Quel attrait plus séduisant que celui qu'il offrit à son intelligence, l'attrait de la science, et d'une science égale à celle de Dieu !

QUEST. CLXVI. *De l'étude, ou de l'honnête désir de savoir.* — Le mot étude veut dire ici application de l'esprit (*studium*), à une chose que nous désirons connaître. La vertu de l'étude modère, conformément à la raison, notre amour inné de la science, notre désir des choses spirituelles, comme la tempérance règle l'amour naturel qu'éprouve l'homme pour les délectations du toucher.

QUEST. CLXVII. *De la curiosité, excès opposé à l'étude.* — 1. Peut-il y avoir excès dans la connaissance de l'esprit ?

L'étude honnête soumet à la raison non-seulement la connaissance intellectuelle, mais aussi le désir de connaître. Une connaissance que j'acquiers peut-elle être vicieuse ? Oui, si je m'en sers pour flatter mon orgueil, pour pécher avec plus d'adresse et trouver dans le désordre une plus grande délectation.

La raison peut-elle réprouver le désir de connaître ? Ce désir est désordonné lorsque, pour le satisfaire, j'étudie des choses qui ne sont pas de ma compétence, négligeant l'étude de celles qui regardent mon état ; lorsque je cherche à connaître par l'intermédiaire des démons ; lorsque je ne rapporte pas à ma fin dernière la connaissance que j'acquiers des créatures ; enfin lorsque j'entreprends de connaître par des moyens naturels, des choses inaccessibles à l'intelligence humaine. Je cède alors à l'entraînement d'un désir désordonné, ce qui est une curiosité coupable : « Ne recherchez point ce qui est au-dessus de vous, et ne tâchez point de pénétrer ce qui surpasse vos forces ; n'examinez point avec curiosité les divers ouvrages de Dieu, car plusieurs se sont laissé séduire par leurs fausses opinions, et l'illusion de leur esprit les a retenus dans la vanité et le mensonge. (Eccl., iv, 22.) Celui qui scrute la majesté sera accablé par la gloire. » (Prov., xxv, 27.) La connaissance de la vérité, en elle-même, est honnête et louable, mais il ne faut pas la rechercher par une vicieuse et sotte curiosité. Une volonté désordonnée abuse des plus nobles facultés et des choses les plus saintes.

2. La connaissance des sens extérieurs peut-elle aussi être vicieuse ?

La connaissance sensitive a été donnée aux animaux, afin qu'avertis par les sens, ils sachent trouver ce qui leur est nuisible ou salutaire. L'homme a de plus la faculté de spiritualiser la connaissance recueillie par les sens, et d'en faire une connaissance intellectuelle, spéculative ou pratique. Ne peut-il pas en abuser, soit en l'acquérant au préjudice d'une science qui lui est nécessaire, soit en la faisant servir à une mauvaise fin? Telle est la connaissance des personnes qui étudient les défauts des autres pour en médire, qui fréquentent les théâtres dans l'espérance d'y trouver un aliment à de mauvaises passions.

QUEST. CLXVIII. *Modestie extérieure.* — 1. Peut-il y avoir vertu ou vice dans les gestes et le maintien de l'homme?

La vertu de l'homme consiste à régler ses actions conformément à la raison. Les membres du corps étant sous l'empire de la raison, il peut y avoir dans leurs mouvements ordre ou désordre, vice ou vertu. La vertu préside à votre maintien lorsque vous observez les circonstances de personnes, de lieux, d'affaires. Si vous n'aviez nullement égard aux circonstances qui accompagnent vos actions, les gestes, la tenue de votre corps seraient désordonnés et blâmables aux yeux de la raison, car ils ne répondraient plus à la splendeur de la vertu intérieure.

2. Je parle des gestes et signes extérieurs qui sont sérieux; mais s'ils n'ont pour but que le jeu, l'amusement, peut-on y retrouver aussi le vice ou la vertu?

Les forces du corps étant finies, s'épuisent par le travail. Il est nécessaire quelquefois de le suspendre et de donner du repos aux membres fatigués. L'âme aussi, après un certain temps de travail, se sent défaillir et a besoin de réparer ses forces en se reposant. Le travail de la pensée nous épuise d'autant plus que l'âme n'agissant pas sans le corps, la fatigue de l'une ajoute à la fatigue de l'autre, et abat l'homme tout entier. Le délassement du corps entraîne, pour le même motif, la récréation de l'âme. Donc les jeux, les amusements procurent à l'homme un bien précieux et très-conforme à la raison. La vertu qui y préside s'appelait chez les Grecs *eutrapélie* (εὐτρέπω) parce qu'elle convertit en soulagemnet, fait servir au repos du corps et de l'âme, des paroles ou des actions légères.

3. Le désordre commis dans les jeux et les amusements peut-il être un péché mortel?

Tout ce qui relève de la raison doit être réglé, ordonné par elle, et c'est un péché s'il manque de conformité avec la raison, soit par excès, soit par défaut. L'excès se glisse dans les jeux et vicie la récréation, si l'on use de paroles ou d'actions qui manquent d'honnêteté, ou si, étant en elles-mêmes droites et honnêtes, elles ne réunissent pas les conditions de personnes, de temps et de lieu. L'excès et le défaut en cette matière sont péchés mortels ou véniels, selon que le plaisir du jeu exclut ou non la charité due à Dieu et au prochain.

4. Est-ce que le défaut d'amusement est un vice?

Il est vicieux quand il est contraire à la raison. Tel est votre défaut, si, le front toujours ridé, vous ne vous permettez jamais un mot qui puisse égayer ceux avec lesquels vous vivez, ou si vous mettez obstacle à leurs amusements légitimes. Vous êtes, dit le Philosophe, des gens sauvages et farouches. Il n'est pas de société plus aimable que celle de l'homme vertueux ; la joie qui épanouit son cœur s'épanche au dehors, et respire dans toutes ses paroles, dans toutes ses actions. « Conduisez-vous avec tant de sagesse que vous ne soyez pas à charge aux autres, ni ridicule à leurs yeux. » (Sénèque.)

Cependant, les jeux n'étant pas utiles en eux-mêmes, mais seulement par le repos qu'ils procurent, le défaut de gaieté est moins vicieux que l'excès. Les amusements sont comme l'assaisonnement de la vie. Or on n'use du sel qu'en petite quantité.

QUEST. CLXIX. *De la modestie dans les ornements.* — 1. Peut-on donner dans un excès ou un défaut contraire à la modestie, en usant d'ornements extérieurs? Si l'excès était possible, les prêtres et tous les ministres du culte, qui déploient quelquefois une grande somptuosité, seraient donc répréhensibles? Il faudrait accuser de ce défaut les serviteurs de Dieu « qui étaient errants, couverts seulement de peaux de brebis et de peaux de chèvres. » (Hébr., xi, 37.)

Les habits et les ornements qui nous servent de parures ne sont pas mauvais en eux-mêmes, étant des créatures de Dieu. Le vice qu'ils entraînent ne vient que de l'homme. Vous êtes répréhensible lorsque vous vous servez d'habits qui ne sont pas approuvés par l'usage ; c'est une excentricité (*ex centro*) que condamne la raison, la partie devant se mettre en harmonie avec le tout. Ces habits sont-ils de mode ? La raison peut en condamner l'usage ; par exemple, si on y attache une affection désordonnée. Pourquoi le mauvais riche souffrait-il, dans son corps, des tourments si affreux ? C'est, selon l'Évangile, « qu'il s'était couvert de batiste et de pourpre, » cherchant dans la somptuosité des vêtements, une folle et vaine gloire.

La raison nous condamne lorsque nous portons des habits qui flattent les sens, entretiennent le feu des passions ; lorsque nous les recherchons avec sollicitude, négligeant des affaires plus importantes ; ce soin est désordonné, quand même nous n'y mettrions pas notre fin dernière.

Si la modestie réprime l'excès, elle ne permet pas non plus le défaut dans les ornements extérieurs. Cette négligence peut venir ou de la mollesse, qui veut s'épargner la peine de changer un habit sordide, de relever un manteau qui traîne à terre, ou de l'orgueil qui met quelquefois son faste dans des habits en lambeaux : on a dit d'un philosophe ancien que son orgueil perçait à travers ses haillons. C'est souvent le plus fin et le plus indomptable de tous les orgueils.

Les prêtres se servent dans l'exercice de leurs fonctions, d'habits somptueux pour montrer l'excellence de leur ministère et du culte divin. Peut-on mieux employer les biens de ce monde, que de les faire servir à la gloire de Dieu ?

Quel but se proposaient les prophètes, dont parle l'Apôtre dans le texte cité ? De mortifier leur chair, d'humilier leur esprit et de pratiquer la tempérance. Leur vie montrait assez qu'ils étaient au-dessus de tout reproche d'ostentation. La simplicité sied surtout à ceux qui doivent prêcher la pénitence par leurs paroles et leurs exemples.

2. L'excès ou le défaut dans les vêtements est-il un péché grave ?

La règle générale c'est qu'il faut porter les habits et les ornements qui sont en usage, qui conviennent à notre condition et à notre état de vie.

La femme mariée étant obligée de plaire à son mari (S. Paul), peut, si elle le juge à propos, porter de riches parures et user d'artifices, « pour réparer des ans l'irréparable outrage, » mais, mariée ou non, elle pécherait mortellement si elle le faisait dans le dessein de porter les autres au mal, d'attirer vers elle leurs regards et leur cœur ; le péché cependant ne serait que véniel si c'était par légèreté, ou par une vanité qui est naturelle aux femmes.

On peut appliquer à l'homme ce qui est dit de la femme touchant la modestie des ornements extérieurs.

QUEST. CLXX. *Des préceptes de la tempérance.*

Le décalogue ne défend spécialement que l'adultère ; il interdit seulement d'une manière générale et sous une forme négative les autres vices opposés à la tempérance.

CHAPITRE VIII.

VERTUS PROPRES A CERTAINS ÉTATS DE VIE.

Les vertus générales que nous venons de voir, obligent l'homme dans tous les états de vie qu'il peut embrasser. Quand il sort des conditions communes à tous, de nouveaux devoirs lui sont imposés et il a besoin pour les accomplir, de vertus spéciales.

Or, suivant les desseins de la Providence, Dieu accorde quelquefois à certains hommes ces grâces que les théologiens appellent *gratis datæ*, uniquement destinées à l'utilité des autres : « Il y a diversité de grâces et de dons spirituels, etc. » (I, Cor., 12.)

Deux principaux états de vie s'offrent à l'homme et partagent le genre humain en deux classes bien distinctes. Les uns se livrent à la vie contemplative, les autres à la vie active. L'Évangile nous en offre l'exemple dans Marthe et Marie : « Comme ils continuaient leur chemin vers Jérusalem, Jésus entra dans un bourg appelé Béthanie, et une femme nommée Marthe le reçut dans sa maison. Elle avait une sœur nommée Marie, qui, se tenant assise aux pieds de Jésus, écoutait sa parole. » Voilà l'image de la vie contemplative. « Mais Marthe était fort occupée à préparer tout ce qu'il fallait pour le bien recevoir. » (S. Luc, x.) C'est l'image de la vie active.

Enfin il y a parmi les chrétiens divers états, et dans l'église, des ministères différents : « Il a donné à son Église des apôtres, des prophètes, des prédicateurs de l'Évangile, des pasteurs et des docteurs.» (Ephès., IV, 11.) Nous parlerons des *grâces gratuites*, que des hommes reçoivent et transmettent aux autres sans en recueillir pour eux aucun avantage. Nous dirons en quoi consistent la vie active et la vie contemplative, quels sont les différents ministères auxquels l'homme peut être appelé comme membre de l'Église.

Le but de ces grâces étant l'utilité générale de l'Église, il faut, pour atteindre ce but en se servant du ministère d'une créature raisonnable, offrir d'abord la lumière à son intelligence ; elle devra ensuite manifester par la parole ce qu'elle sait, et prouver par des prodiges qu'elle parle au nom de Dieu. Trois dons lui sont nécessaires : le don de prophétie, des langues et des miracles.

QUEST. CLXXI. *De la prophétie.* — 1. Est-ce que Dieu n'accorde pas à ses prophètes, un de ces dons sans lui accorder l'autre ?

La prophétie proprement dite les suppose tous les trois. Elle veut dire une apparition lointaine (προ-φανος), la révélation d'une chose future et naturellement inaccessible à l'intelligence de l'homme. Les prophètes voient dans le lointain des âges ce que le regard de l'homme serait impuissant à découvrir. C'est pourquoi chez les Juifs ils étaient appelés *Voyants*, et les Gentils leur donnaient le nom de *Vates*, dérivé de *vis*, la force par excellence, celle d'un esprit pénétrant. Telle est l'idée première qui ressort du mot prophétie.

Mais comment appeler leurs frères à la participation de la lumière prophétique, sans une parole qui soit le signe de la pensée et le lien de communication ? « Ce que j'ai appris du Seigneur Dieu d'Israël, je vous l'ai annoncé. » (Is., XII, 10.)

Le prophète a besoin aussi de prouver la vérité de sa parole. Comment le fera-t-il ? Ce n'est point par le raisonnement, puisque l'essence de la prophétie c'est d'annoncer des vérités naturellement inaccessibles à l'intelligence de l'homme. Il ne méritera notre confiance, il ne portera la conviction dans les esprits, qu'après avoir prouvé la vérité de sa parole par des prodiges surnaturels. Nous savons, d'un côté, que l'auteur de la nature peut seul en suspendre les lois ; nous savons, d'autre part, que le Dieu de vérité ne met point sa puissance au service de l'imposture. Donc si un homme vient à nous, se disant l'envoyé de Dieu, chargé par lui de nous annoncer telle vérité, nous avons le droit de lui demander qu'il prouve la divinité de sa mission, et s'il la prouve par des miracles, c'est notre devoir de croire qu'il parle au nom de Dieu. En ajoutant foi à sa *prophétie*, nous avons la certitude absolue de ne pas nous tromper : « Les disciples étant partis prêchèrent partout l'Évangile, le Seigneur agissant avec eux et confirmant leur parole par les miracles qui l'accompagnaient. » (S. Marc, xvi, 20.)

2. La prophétie n'a-t-elle pour objet que l'annonce d'événements futurs ?

Une lumière peut nous manifester tous les objets compris dans l'espace auquel elle envoie ses rayons : le soleil peut me faire voir toutes les couleurs ; ma raison, tout ce qui relève de l'intellect agent. D'où vient la lumière prophétique ? De Dieu : donc elle peut s'étendre à tout ce que comprend la science divine. Son objet peut être une chose future, une vérité surnaturelle, ou une vérité naturelle, mais que nous ne pourrions connaître naturellement.

Cependant, comme elle suppose surtout une apparition lointaine (προ-φανος), une lumière que notre regard ne saurait naturellement atteindre, plus une vérité est élevée au-dessus de nos connaissances naturelles, plus elle est du domaine de la prophétie. Or il est des choses éloignées de nous, mais que des hommes peuvent connaître naturellement, comme les actions d'autrui : « Le prophète Elisée savait ce que son maître Giézi faisait en son absence. » (IV, Rois, v.)

Il nous est plus difficile de connaître les pensées des autres, ne pouvant lire au fond des cœurs : les apôtres avaient le don de discerner les esprits faux ou sincères.

Nous ignorons certaines vérités parceque notre intelligence ne saurait s'élever jusqu'à elles, comme le mystère de la Sainte-Trinité, que Dieu révéla au prophète Isaïe. (Is., vi.)

Enfin nous ignorons les choses futures qu'aucune cause naturelle ne peut nous révéler. Dieu qui voit dans son éternité tous les temps et ce qu'amène le cours des siècles, nous les fait quelquefois annoncer longtemps avant qu'ils ne s'accomplissent; c'est là l'objet principal de la mission qu'il confie aux prophètes.

3. Le prophète distingue-t-il ce qu'il voit par ses propres lumières, de ce que lui révèle l'inspiration divine ?

Dieu instruit les prophètes de deux manières : quelquefois il leur donne une révélation expresse, leur fait entendre des paroles claires et distinctes. Elles produisent alors dans le prophète la certitude complète qu'elles viennent de Dieu : « En vérité je vous le dis, Dieu m'a envoyé vers vous pour vous faire entendre ces paroles. » (Jér., xxvi, 15.) Si nous n'avions cette certitude pleine et entière, pourrions-nous, sans crainte de nous tromper, croire que telle parole vient de Dieu ? Une révélation semblable fut faite à Abraham. Le saint patriarche aurait-il jamais consenti à immoler son fils unique, s'il n'avait été sûr que tel était l'ordre de Dieu ?

D'autres fois c'est un sentiment confus, une voix secrète qui se fait entendre à l'esprit du prophète. Il peut y mêler ses propres connaissances et ne pas les distinguer de celles qui lui viennent de Dieu. S'ensuit-il qu'il puisse prophétiser l'erreur ? Non; Dieu ayant choisi ce moyen de communiquer ses volontés aux hommes, doit à sa gloire et à notre sécurité d'éclairer de sa propre lumière et de préserver de toute erreur le prophète qui accomplit sa mission. Il le fait soit en lui inspirant ses discours, soit en le reprenant si ce qu'il tire de son propre fonds manque de vérité.

Ici se présente une difficulté.

Ce qu'annonce un prophète serait certain et recevrait toujours son accomplissement. Cependant, Isaïe avait fait cette prophétie à Ezéchias : « mettez ordre à votre maison, vous n'avez plus que peu de jours à vivre. » L'événement ne la justifia point ; Ezéchias vécut encore plus de quinze ans. (IV Rois, xx, 7.) Jonas avait prédit que dans quarante jours Ninive serait détruite, et « le Seigneur en eut pitié, et leur épargna les maux dont il les avait menacés. » (Jon. III, 10.)

La prophétie est la manifestation d'une vérité surnaturelle, dont Dieu instruit les hommes comme le maître enseigne ce qu'il sait à son élève. Une vérité que l'élève tient de son maître ne diffère point, mais est absolument la même dans l'esprit de l'un et de l'autre : *Forma generati est similitudo quædam formæ generantis*. Donc la vérité d'une prophétie n'est autre que la vérité même de Dieu, l'infaillible vérité.

Dieu connaît les futurs contingents de deux manières, en eux-mêmes et dans les rapports qui existent entre les causes et leurs effets. Ces deux connaissances s'identifient dans son essence divine ; mais *à l'égard de la créature*, elles sont distinctes. Or Dieu révèle aux prophètes tantôt l'une, tantôt l'autre de ces connaissances. Isaïe avait vu et annonçait la première lorsqu'il disait : une vierge concevra et enfantera. (VII, 14.) Il parlait de la seconde en avertissant Ezéchias : c'était lui dire les rapports qui existaient entre son corps et une dissolution prochaine, si aucun obstacle n'arrêtait les progrès du mal. Dieu révéla aussi à Jonas les péchés de Ninive et la catastrophe qui serait l'effet de cette cause, sans une prompte et sincère conversion. On pourrait dire aussi que cette prophétie s'accomplit, en ce sens que Ninive pécheresse fut détruite et changée en Ninive juste et craignant Dieu.

QUEST. CLXXII. *Cause de la prophétie.* — 1. N'y a-t-il que Dieu qui puisse donner la connaissance de l'avenir ? « La subtilité de l'âme lui donne une si grande force qu'elle prévoit des événements futurs. » (S. Grégoire.) Quelquefois, en dormant, nous avons des pressentiments de l'avenir ; à plus forte raison pouvons-nous en avoir éveillés ?

« Ce n'est point par la volonté des hommes que les prophéties nous ont été anciennement apportées, mais les saints hommes de Dieu nous ont parlé par un mouvement de l'Esprit-Saint. » (II S. Pierre, I, 2.)

On peut, dis-je, connaître les futurs contingents de deux manières, en eux-mêmes et dans leurs causes. Dieu seul les connaît de la première, seul contemplant dans l'éternité ce qui s'accomplit dans le temps. Comment connaître dans ses causes un futur contingent? 1° Par induction, comme le médecin connaît la mort ou la guérison prochaine de son malade ; 2° par la participation aux idées divines, suivant l'opinion de Platon. Il dit « que notre âme connaît autant que Dieu ; seulement ses lumières sont obscurcies, ses connaissances confuses, à cause de son union avec le corps. Plus elle s'arrache à ses étreintes en renonçant aux plaisirs sensibles, plus elle dissipe les nuages qui l'environnent et étend son horizon. Elle peut s'élever, à force de peines et d'efforts, à une région si calme, si sereine, que son regard perce l'avenir comme celui de Dieu. » Mais si elle le pouvait quelquefois, pourquoi ne le pourrait-elle pas toujours, puisque toujours elle en aurait le désir et la faculté naturelle ? Il vaut mieux penser avec le philosophe de Stagyre, que les idées s'acquièrent par l'expérience, qu'elles naissent en nous à mesure que la puissance de l'imagination se développe et que la clarté se fait du dehors au dedans de nous. On voit alors que la connaissance acquise naturellement diffère de celle qui nous vient d'une révélation divine et surnaturelle : l'une n'atteint que ce qui est du domaine de l'expérience, l'autre comprend tout ce qui est connu de Dieu. La première n'est pas à l'abri de l'erreur ; la seconde est certaine comme l'infaillible vérité.

Lorsque les liens du corps se relâchent et laissent à l'âme une plus grande liberté, plus sensible à l'influence des substances spirituelles que possède toute créature humaine, elle pénètre avec plus de subtilité les effets d'une cause antérieure. Tel est le sens des paroles de saint Grégoire, et il remarque que c'est surtout à l'approche de la mort que l'âme jouit de cette pénétration. Mais elle ne sort jamais de la sphère naturelle, et la lumière prophétique nous est naturellement inaccessible. Quant à la connaissance de l'avenir par les songes, elle ne vient non plus que d'une cause naturelle, et rien de ce qui n'est pas au-dessus de la nature ne saurait inspirer à l'homme une prophétie proprement dite.

2. Est-ce Dieu lui-même qui parle aux prophètes ?

« Ce qui vient de Dieu est disposé avec ordre. » (Rom.) Or tel est l'ordre de la Providence, que Dieu agit sur les choses inférieures par celles qui sont intermédiaires. Les anges occupant dans la hiérarchie des êtres un rang intermédiaire entre Dieu et les hommes, il convenait que Dieu se servît de leur ministère pour éclairer les prophètes.

3. Faut-il, pour qu'un homme soit apte à recevoir de Dieu une révélation, qu'il ait auparavant une disposition naturelle à la prophétie ?

Aucune disposition n'est absolument nécessaire. Dieu agit dans les choses spirituelles comme dans les choses matérielles. Or il peut créer en celles-ci et la matière et la forme, et telle disposition qu'il lui plaît ; il pourrait même créer une âme ornée de la lumière prophétique.

4. On peut donc être prophète sans mener une vie sainte ?

« Plusieurs me diront en ce jour : Seigneur, Seigneur, n'avons-nous pas prophétisé en votre nom ? et alors je leur dirai hautement : Je ne vous ai jamais connu pour mes vrais disciples. » (S. Matth. vii, 22.) Or Dieu connaît les siens. (II Tim. ii, 19.) On peut entendre par une vie sainte, 1° ce qui en est l'origine, la grâce sanctifiante qui soumet notre volonté à Dieu. La prophétie étant la manifestation d'une lumière, peut éclairer l'intelligence sans animer la volonté. 2° Le calme de l'âme, le silence des passions. La sainteté de la vie, entendue en ce sens, est *moralement* nécessaire au prophète. Il lui faut un esprit porté à la contemplation, et comment se livrer à des exercices spirituels au milieu du tumulte des passions ? Les fils des prophètes vivaient dans la solitude et les déserts avec Élisée, (IV Rois, IV.) afin que, l'esprit libre de tout soin temporel, ils fussent plus dociles à l'inspiration prophétique, plus attentifs à la parole de l'ange révélateur.

5. Le démon ne peut-il pas aussi être l'auteur de la prophétie ?

Les anges, bons ou mauvais, étant d'une nature supérieure à la nôtre, peuvent pénétrer plus loin que nous dans les causes et y découvrir des futurs contingents que nous ne voyons pas. Ils ont aussi le pouvoir de manifester leurs volontés aux hommes. Ce n'est pas, il est vrai, en illuminant notre intelligence, mais en nous présentant des visions imaginaires et en nous parlant d'une manière sensible. Comme ils ne peuvent sortir de l'ordre naturel et que leur révélation n'est pas nécessairement vraie, ils ne peuvent être les auteurs d'une prophétie proprement dite. Aussi l'Ecriture ne les appelle-t-elle que faux prophètes ou prophètes des idoles.

6. Le démon prédit-il au moins quelquefois la vérité ?

La vérité est dans la connaissance de l'esprit comme le bien dans les choses. Or une chose, si mauvaise qu'elle soit, n'est jamais sans quelque bien, ne fût-ce que l'être ; il est toujours meilleur que le néant. De même, il n'est pas de connaissance si fausse, qu'elle n'ait un côté vrai. C'est ce côté vrai qui, donnant à tout le reste l'apparence de la vérité, lui ouvre l'entrée dans notre intelligence. L'intelligence ne peut recevoir que le vrai ou ou ce qui en a l'apparence, comme notre volonté, n'aimer que le bon ou ce qui a l'apparence de la bonté. Le démon inspire donc à ses prophètes certaines vérités, afin d'accréditer ses mensonges. Dieu aussi se sert quelquefois de l'organe de ces prophètes pour révéler la vérité : les incrédules doivent être plus portés à croire un témoignage qui ne leur est pas suspect. Les sibylles ont fait, touchant le Messie, plusieurs prédictions que l'événement a confirmées. Balaam, prophète du démon, prophétisa la gloire de l'Eglise : « Du haut d'une montagne, Balaam la voit tout entière, et au lieu de la maudire, comme on l'y voulait contraindre, il la bénit. On le détourne, on espère lui en cacher la beauté en lui montrant ce grand corps par un coin d'où il ne puisse en découvrir qu'une partie, et il n'est pas moins transporté parce qu'il voit cette partie dans le tout, avec toute la convenance et toute la proportion qui les assortit l'un avec l'autre. Ainsi de quelque côté qu'il la considère il est hors de lui, et, ravi d'admiration, il s'écrie : Que vous êtes admirables sous vos tentes, enfants de Jacob ! quel ordre dans votre camp ! quelle merveilleuse beauté paraît dans ces pavillons si sagement arrangés ! Et si vous causez tant d'admiration sous vos tentes et dans votre marche, que sera-ce quand vous serez établis dans votre patrie ! (Bossuet, disc. sur l'unité de l'Eglise.) »

QUEST. CLXXIII. *Manière dont se fait la connaissance prophétique.* — 1. Le prophète peut-il recevoir une révélation surnaturelle, son âme restant unie à ses sens, ou faut-il un ravissement de l'esprit?

La révélation peut arriver à la connaissance du prophète, 1° par l'infusion d'images intelligibles ; 2° par le rayonnement de la lumière divine dans son intelligence. Le ravissement, dans aucun de ces deux cas, n'est nécessaire ni même possible, l'homme ne pouvant comprendre les formes intellectuelles qu'en les revêtant d'images sensibles. 3° Par des figures, comme le buisson qui apparut à Moïse, brûlant sans se consumer (Ex. III), comme les lettres de feu gravées sur le mur de la salle du festin de Balthazar, et dont Daniel expliqua le sens prophétique. (Dan. X.) On ne voit pas pourquoi, encore dans ce cas, le ravissement d'esprit serait nécessaire. 4° Par des formes sensibles, offertes à l'imagination du prophète. Il faut alors qu'il soit ravi en esprit, afin que des images étrangères à celles que Dieu lui envoie, ne détournent point son attention. Ce ravissement est parfait, quand le prophète ne saisit plus rien du dehors ; imparfait quand des images extérieures se mêlent encore à celles qui lui viennent directement de Dieu.

Il n'entraîne aucun désordre dans l'esprit ni le corps, comme le prétendent certains esprits forts, au délire desquels il serait plus facile de croire qu'au délire des prophètes. La cause venant de Dieu était disposée avec ordre et ne pouvait produire un effet désordonné. Des prophètes ont été ravis en esprit durant leur sommeil ; d'autres, comme saint Pierre à Joppé (Actes x), au moment où ils étaient plongés dans une profonde méditation ; d'autres l'étaient par la toute-puissance de Dieu, comme Ezéchiel, lorsque la main du Seigneur s'étendit sur lui. (Ezéch. 1, 3).

2. Les prophètes comprennent-ils toujours ce qu'ils prédisent ?

« Caïphe ne disait point cela de lui-même, mais étant grand-prêtre cette année-là, il prophétisa par l'esprit de Dieu que Jésus devait mourir pour la nation juive. (S. Jean, xi, 51.) »

On peut entendre, par le mot prophétie, une connaissance de l'intelligence, une parole ou une action prophétique. Le prophète peut les réunir toutes les trois, comme Jérémie (ch. x) ; quelquefois il a la parole prophétique, mais ne comprend pas la vérité dont il est l'organe, comme Caïphe dans le texte que je viens de citer ; parfois aussi il fait une action prophétique sans en comprendre le sens, comme les soldats qui tirèrent au sort la robe de Notre-Seigneur : ce n'est alors qu'une prophétie imparfaite. Le prophète proprement dit comprend toujours le sens de la parole prophétique, bien qu'il ne l'approfondisse pas autant que l'esprit saint dont il est l'instrument faible et défectueux.

QUEST. CLXXIV. — On distingue trois sortes de prophéties : celle de prédestination, de prescience et de menace.

Cette question étant peu importante après celles qui précèdent, nous nous bornerons au seul article qui suit : Moïse fut le plus grand des prophètes de l'Ancien Testament. Comme saint

Paul il vit l'essence de Dieu : *Palàm et non per œnigmata Deum vidit* (Nombres, xii, 8), et les autres prophètes n'entendirent que sa parole. Il jouissait de la vision prophétique presque à son gré, dans la veille comme dans le sommeil, et Dieu lui parlait avec la familiarité dont un ami use envers son ami (Ex. xxxiii, 11). Il proposait lui-même la loi, les autres prophètes ne faisaient qu'en recommander l'observation. (Mal. iv, 4.) Enfin il fit ses miracles devant le peuple tout entier ; ceux des autres prophètes, comme de Josué qui arrêta le soleil, d'Isaïe qui le fit revenir sur ses pas, d'Elie qui ressuscita un mort, furent aussi grands, considérés en eux-mêmes, mais n'eurent pas d'aussi nombreux témoins : « Il ne s'éleva plus dans Israël de prophète semblable à Moïse, à qui le Seigneur parlât, comme à lui, face à face, ni qui ait fait des miracles et des prodiges comme ceux que le Seigneur envoya faire par Moïse dans l'Egypte, aux yeux de Pharaon, de ses serviteurs et de son royaume ; ni qui ait agi avec un bras si puissant, et qui ait fait des œuvres aussi grandes et aussi merveilleuses que celles que Moïse a faites devant tout Israël, (Fin du Deut.)

Je ne parle pas dans cette comparaison de saint Jean-Baptiste, qui appartient au Nouveau Testament.

QUEST. CLXXV. *Du ravissement.* — 1. Le ravissement suppose l'idée de violence. On appelle violent, tout ce qui, venu d'un principe externe, nous entraîne avec soi. Nous pouvons souffrir violence de deux manières : dans un sens contraire à notre inclination naturelle ; telle est la violence d'une pierre jetée en haut : dans le même sens que la nature, mais entraînés avec une plus grande rapidité : telle est la violence d'une pierre jetée dans l'abîme par une main vigoureuse. De même l'homme peut éprouver un ravissement contraire ou conforme à son inclination naturelle. La nature ayant horreur de la souffrance, celui qui est traîné au supplice, subit un ravissement contraire à sa nature. Il est conforme à notre nature d'aller dans le monde intelligible à pas comptés, de ne saisir les idées qu'en les revêtant d'images sensibles. Comme elles portent notre âme vers l'objet qu'elles représentent, elles la ravissent, mais ce n'est pas encore le ravissement proprement dit.

Le ravissement est réel et contraire à notre nature toutes les fois que l'âme perçoit des idées, ravie à l'action des sens. Qui peut la soustraire ainsi à leur empire? le démon, une maladie qui trouble les sens, ou Dieu qui, maître de la nature, peut en suspendre les lois à son gré; tel était le ravissement qui élevait l'âme des prophètes à la connaissance des choses divines et surnaturelles.

2. L'homme peut-il, dans la vie présente, voir l'essence divine sans que son âme soit séparée de son corps?

L'intelligence humaine ne peut rien comprendre qu'après l'avoir revêtu d'une image sensible. Or, aucune image, aucune créature ne peut représenter l'essence divine. Il est donc impossible que l'homme la voie, tant que dure l'union de l'âme avec le corps. Nous ne pouvons espérer cette vision bienheureuse qu'après que la mort où un ravissement comme celui de saint Paul, aura brisé les liens qui attachent notre âme à son enveloppe terrestre.

3. L'apôtre ne dit-il pas qu'il ignore si son âme fût séparée de son corps?

Saint Paul ravi au ciel entendit des paroles qu'il n'est pas permis à un homme de rapporter. (II. Cor., XII, 4.) Or il est permis à l'homme d'exprimer par la parole toutes les idées, excepté l'idée de l'essence divine, aucune forme ne pouvant représenter l'infini. Donc, saint Paul vit l'essence de Dieu, et comme nous ne pouvons la voir dans la fragilité de notre chair, il faut conclure que l'âme de saint Paul fut, sinon totalement séparée de son corps, au moins soustraite à l'empire des images sensibles.

Quant à ces paroles : « était-ce ou non avec mon corps? Je ne le sais », les interprètes en donnent différentes explications. Celle qui paraît la meilleure est celle-ci : un homme fut ravi au ciel, il y a quatorze ans : je ne sais si, pendant ce temps, son corps resta mort, ou si son âme en était toujours la forme vivifiante, remplissant les fonctions de la vie végétative, comme il arrive à ceux qui dorment ou qui ont des extases.

* Le troisième ciel que vit saint Paul était le séjour des bienheureux. Les Hébreux distinguaient le ciel des oiseaux, le ciel des astres et le ciel qu'habite la divinité.

QUEST. CLXXVI. *Don des langues.* — Après avoir reçu la révélation surnaturelle, les prophètes doivent en instruire les peuples auxquels Dieu la destine : il leur faut pour cela le don des langues. Ceux de l'ancienne loi n'étant envoyés qu'à un seul peuple, il leur suffisait de connaître une seule langue, celle des Hébreux. Il n'en fut pas de même des apôtres : « allez, leur dit le Sauveur, instruisez tous les peuples de la terre. »

1. Parlaient-ils toutes les langues alors connues, ou étaient-ils compris de tous les peuples, n'en parlant qu'une seule?

On peut admettre l'une ou l'autre hypothèse, mais il est vraisemblable que Dieu leur donna la connaissance infuse de toutes les langues et qu'ils les parlaient successivement. « Ils furent remplis de l'Esprit saint et ils commencèrent à parler diverses langues, selon que Dieu leur inspirait de les parler. (Actes ii, 4).

Choisis pour évangéliser le monde entier et porter à tous les peuples une lumière surnaturelle, n'auraient-ils point dérogé à leur dignité d'ambassadeurs du Très-Haut, en recevant des autres hommes la connaissance de leurs idiomes, en empruntant une lumière qui aurait accusé d'insuffisance la lumière qu'ils avaient reçue de Dieu ?

Ils étaient pauvres; auraient-ils trouvé facilement des interprètes ou des maîtres pour les instruire ?

Tant que les peuples n'adorèrent qu'un Dieu, ils ne parlèrent qu'une langue ; c'est lorsqu'ils tombèrent dans l'idolâtrie que la diversité de langage s'introduisit parmi eux. (Gen. xi.) Il convenait que le remède suivît la même voie que le mal, et que les hommes fussent ramenés à l'unité de Dieu comme ils s'en étaient éloignés, par la diversité des langues.

2. Lequel est le plus excellent, le don des langues ou le don de prophétie?

« Celui qui prophétise est plus grand que celui qui a le don des langues. » (I. Cor. xiv, 5.)

Le don des langues s'adresse surtout à l'imagination; le don de prophétie regarde l'intelligence, qu'il remplit de clarté. Le premier en lui-même n'édifie personne; le second est utile à l'Église et au prophète.

Enfin le don des langues est quelquefois pour les infidèles un sujet de scandale : « d'autres se moquaient des apôtres et disaient : ils sont ivres et pleins de vin nouveau. » (Actes ii, 13.) La prophétie révélant le fond des cœurs, remplit les infidèles d'étonnement et d'édification.

QUEST. CLXXVII. *Don de la parole.* — Ne fallait-il pas aussi aux apôtres, outre le don des langues, le don du discours, celui de parler avec efficacité?

Les grâces données gratuitement sont destinées à l'utilité générale de l'Église. Or, comment faire servir aux autres la vérité que je connais, sinon en la leur communiquant par la parole? L'Esprit saint ne manquant jamais à son Église, devait donc aux apôtres la grâce de parler efficacement. Il éclairait l'intelligence de ceux qui entendaient leur parole afin qu'elle ne fût pas un vain bruit, touchait leur cœur afin de le porter à l'accomplir, et leur en inspirait l'amour, afin de la conserver en eux.

* C'est aussi, dans l'ordre naturel, ce que fait l'orateur : « plaire, instruire et toucher, voilà la réthorique. » (Boileau, *Art poétique*.)

QUEST. CLXXVIII. *Don des miracles.* — Les prophètes et les apôtres avaient-ils besoin du don des miracles?

Comme il faut un don spécial pour saisir la prophétie, pour l'exprimer en toute langue et pour la persuader aux autres, il faut un don spécial pour en prouver la vérité : c'est le don des miracles. Il est conforme à la nature de l'homme d'arriver à une certaine connaissance de Dieu par les effets qu'il a produits dans le monde : ils parlent à la raison, et nous révèlent celui qui en est la cause. De même il est conforme à notre nature d'être conduits à une connaissance surnaturelle de Dieu, par des effets surnaturels, les miracles : « Dieu faisait les miracles les plus étonnants par la main de Paul, à tel point que lorsque les mouchoirs et les tabliers qui avaient touché son corps étaient appliqués aux malades, ils étaient guéris de leurs infirmités, et les esprits malins sortaient de ceux qui en étaient possédés. (Actes xix, 11 et 12.)

QUEST. CLXXIX. *De la vie contemplative et de la vie active.* — On appelle vivants les êtres qui ont en eux le principe de leur mouvement et de leur activité. Suivant cette notion de la vie, une pierre jetée en l'air n'est pas vivante ; mais les plantes, les animaux, l'homme vivent, parce que le principe de leur mouvement est intérieur. Or, tout être qui a la vie la manifeste par l'acte qui lui est le plus propre, l'acte vers lequel sa nature le sollicite davantage. La plante manifeste sa vie par la nourriture et la génération ; l'animal, par la sensibilité et le mouvement ; l'homme, par la pensée. Le propre de l'homme, c'est de suivre un mouvement intellectuel, de penser et d'agir conformément à la lumière qui luit aux yeux de son intelligence. Or, les uns se livrent exclusivement à la contemplation de cette lumière, et se donnent tout entiers à la recherche de la vérité ; d'autres, livrés aux œuvres extérieures, répandent au dehors l'activité dont Dieu les a doués. Examinez toutes les conditions dans lesquelles l'homme peut se trouver : il n'en est pas une où sa vie ne soit ou contemplative ou active. Rachel et Lia, Marie et Marthe, en furent les figures mystiques.

QUEST. CLXXX. *De la vie contemplative.* — 1. Quelle faculté de l'âme est le siége de la vie contemplative ?

Ceux qui embrassent ce genre de vie tendent à la contemplation de la vérité. Quelle est en nous la faculté qui tend, qui aspire? C'est la volonté, car on ne tend que vers une fin, objet de la volonté. Cette vie appartient aussi à l'intelligence, dont le propre est de contempler, mais il faut que la volonté sollicite l'intelligence et la porte à l'acte de la contemplation. C'est la volonté qui ébranle et met en acte toutes les puissances de l'âme. Ainsi, l'intention de l'homme qui contemple réside dans la faculté appétitive, l'acte dans la faculté qui connaît.

L'appétit intellectuel tend, aspire, attiré ou par l'amour de l'objet connu, ou par l'amour de la connaissance même. C'est pourquoi saint Grégoire dit que la vie contemplative consiste surtout dans la charité ; la charité en est la cause et le foyer, parce qu'aimant Dieu, notre âme se plaît à le contempler ; la charité en est l'effet, parce que la vue de Dieu et de sa beauté ineffable entretient dans nos cœurs le feu de l'amour.

2. Les vertus morales ont-elles quelque rapport avec la vie contemplative ?

La vie contemplative a pour fin de considérer la vérité ; les vertus morales règlent les actions extérieures, dont s'abstiennent les hommes adonnés à la contemplation : elles ne peuvent donc s'y rapporter essentiellement. Cependant, ces vertus modérant les passions qui nous entraînent des régions de l'esprit dans le monde physique, et faisant cesser autour de nous les bruits qui nous dissipent, on conçoit qu'elles nous disposent heureusement à la vie contemplative.

3. Les hommes qui embrassent cette vie s'occupent-ils également de toutes sortes de vérités ?

Leur but principal est la vérité divine ; leur but secondaire, la vérité répandue dans l'univers créé. C'est la première qui est la fin et la perfection de la vie humaine. Nous serons parfaits et heureux le jour où, la voyant face à face, nous la connaîtrons autant qu'il est possible à une créature : donc, commencer à la contempler ici-bas, c'est commencer notre perfection, c'est nous initier au bonheur. Mais Dieu a manifesté dans les créatures quelques rayons de la vérité. Épars dans le monde, ils nous servent de degrés pour nous élever jusqu'au foyer d'où ils sont sortis. Si, en les voyant, nous les rapportons à Dieu, nous contemplons, quoiqu'indirectement, la vérité divine.

4. La vie contemplative procure-t-elle à l'homme quelque délectation ?

La délectation ne manque jamais d'accompagner une opération conforme à la nature. L'homme désirant naturellement savoir, ne peut se livrer à la contemplation de la vérité sans en éprouver une certaine délectation, et la douceur en est d'autant plus grande que l'homme est plus sage et plus parfait : il comprend mieux alors la vérité qu'il contemple.

La lumière réjouit toujours les yeux de l'homme, faits pour voir ; mais n'éprouve-t-il pas un surcroît de plaisir, s'il voit un objet qu'il aime ? N'est-il pas plus agréable de voir un ami qu'un étranger ? L'amour de Dieu étant le motif qui nous porte à la contemplation, il s'ensuit que la délectation que procure la vie contemplative est la plus douce et la plus agréable à l'homme. Nous avons vu, en parlant des passions, qu'aucun plaisir n'est comparable aux plaisirs de l'esprit : « goûtez et voyez combien le Seigneur est doux » (Ps. XXXIII, 6).

Nous ne pouvons qu'au prix de grands efforts goûter les joies spirituelles, à cause de la lutte qu'il faut soutenir contre une chair rebelle : « Le corps qui se corrompt appesantit l'âme, et cette demeure terrestre abat l'esprit par la multiplicité des soins qui l'agitent sans cesse » (Sag. IX, 15). De là la lutte dont saint Paul a si bien montré le caractère et la violence : « Infortuné que je suis ! qui me délivrera de ce corps mortel ? »

QUEST. CLXXXI. En quoi consiste l'essence de la vie active ?

Dans la pratique des vertus morales. Ce qui fait la différence des deux vies, c'est l'aspiration à des fins diverses : l'une tend à la contemplation de la vérité, l'autre tend à agir au dehors. Or, ce sont les vertus morales qui règlent, conformément à la raison, nos œuvres extérieures. Si les vertus de l'intelligence s'y rapportent, ce n'est que de loin : « Peu importe à la vertu, dit le Philosophe, le savoir ou l'ignorance. » Il faut en excepter, toutefois, une vertu intellectuelle, la prudence, qui préside à toutes les vertus.

QUEST. CLXXXII. *Comparaison de la vie active avec la vie contemplative.* — 1. Laquelle des deux vies est la plus excellente ?

C'est, au témoignage de Jésus-Christ même, la vie contemplative : « Marie, en se tenant à mes pieds pour se nourrir de la vérité que je lui annonce, a choisi la meilleure part ; elle ne lui *sera point ôtée.* » La vie active n'usant que des puissances inférieures, nous est commune avec les bêtes et finira avec le corps ; la vie contemplative se sert des puissances supérieures, celle de l'entendement, et nous assimile aux anges ; elle sera éternelle et beaucoup plus parfaite dans le ciel que sur la terre ; l'une entraîne le trouble et l'inquiétude, comme on le vit en Marthe tout occupée aux soins de la maison ; l'autre apporte avec elle le repos et la quiétude de l'âme, comme on le vit en Marie assise aux pieds du Sauveur. Rachel, image de la vie contemplative, était d'une beauté accomplie ; Lia, image de la vie active, avait les yeux malades et affaiblis.

Cependant, il peut se trouver des cas particuliers où la vie active soit préférable : « Il vaut mieux, dit Aristote, philosopher que de thésauriser, *supposé qu'on n'ait pas besoin d'argent.* »

2. Laquelle des deux vies est la plus méritoire ?

La source du mérite, c'est la charité, ou l'amour de Dieu et du prochain en vue de Dieu. N'est-ce pas la vie contemplative qui suppose en nous la plus grande charité ? L'homme contemplatif ne voit et n'aime que la beauté divine, « et la charité le porte à rechercher sans cesse les saints loisirs de la contemplation. » (S. Aug.) La vie active, occupée au soin des autres, ne manifeste sa charité qu'indirectement.

Il faut encore faire ici une distinction : la vie active est préférable, si je renonce aux douceurs de la contemplation dans l'espérance de mieux procurer la gloire de Dieu, de concourir à l'accomplissement de ses desseins de miséricorde en faveur de mes frères. Saint Paul désirait être anathème pour ses frères, c'est-à-dire, il aimait d'une si tendre charité ceux qu'il appelait à la foi que le soin de leur salut l'arrachait au plaisir d'être avec Jésus-Christ par la méditation.

3. Ne peut-on unir l'action à la contemplation ?

Il est évident que nous ne pouvons tout ensemble nous livrer aux œuvres extérieures et à la contemplation de la vérité. Néanmoins, la vie active peut aider puissamment à la vie contemplative : c'est lorsqu'elle apaise les passions extérieures et procure à l'esprit la quiétude, le calme que demande la contemplation : « Avant de vous élever sur la montagne de la contemplation, arrêtez-vous dans la plaine de la vie active. Voyez si vous ne causez aucun préjudice, si vous pardonnez à ceux qui vous offensent, si vous supportez d'un esprit égal la prospérité et l'adversité. Cherchez si votre édifice spirituel n'a aucune fissure qui laisse entrer dans votre âme l'ombre des biens temporels. Réparez d'une main habile toutes les ruines que vous découvrez, et alors seulement embrassez la vie contemplative » (S. Grég.)

Cependant si la nature ne change pas elle se corrige et se modifie. Tel qui avait peu d'aptitude pour la vie contemplative, peut acquérir, grâce à des efforts constants, et en alternant les exercices du corps et de l'esprit, une grande facilité dans les travaux de l'intelligence et exceller dans la contemplation.

QUEST. CLXXXIII. *Des différents états en général.* — 1. Le mot état, pris dans son acception la plus large, suppose une idée d'immobilité et de permanence. Il vient de *stare*, se tenir debout. Quand est-ce qu'un homme *se tient* ? Quand il est dans sa position la plus naturelle et la plus commune. La nature lui a donné un visage qui regarde le ciel ; ses pieds touchent la terre, et les membres qu'il porte vers le milieu du corps sont disposés de manière à atteindre facilement les extrémités. Il *se tient*, lorsqu'il reste levé, la tête tournée vers le ciel, ses membres dans l'ordre qui leur est naturel. S'il marche, s'il est assis ou étendu sur la terre, il ne *se tient* plus. Sa position n'est plus celle que la nature lui a faite la plus commune, et qui annonce la durée, la permanence. De même on dit qu'une affaire est dans un bon ou un mauvais état, quand elle paraît être pour longtemps la même, à l'avantage ou au préjudice de son maître. L'état d'un homme, c'est une position stable et permanente qui semble devoir embrasser sa vie entière. La richesse, la pauvreté, la réputation, les qualités du corps et de l'esprit étant sujettes à une grande mobilité, ne sauraient constituer un état. Être libre ou esclave, *sui juris vel alieni*, être laïque ou ecclésiastique, voilà, dans l'ordre civil et dans l'ordre religieux, les deux états de l'homme. Il n'y a en dehors de la liberté et de l'esclavage, soit dans les choses spirituelles, soit dans les choses civiles, que des professions et des dignités.

2. Pourquoi, parmi les hommes, cette diversité d'offices et d'emplois? Pourquoi tant d'états différents?

La perfection, qui est en Dieu une et simple, ne peut se manifester dans les créatures que par la multiplicité. De même la perfection de la grâce se manifeste par la diversité des fonctions que remplit chacun des membres de l'Église : « Dieu a voulu qu'il y eût des prédicateurs de l'Évangile, des Pasteurs et des Docteurs. » (Ephés., iv, 11).

Une société d'hommes supposant une infinité de besoins divers, il faut que chaque membre de la société rende des services et en demande aux autres. « Comme dans un seul corps nous avons plusieurs membres et que tous ne remplissent pas la même fonction, de même en Jésus-Christ nous sommes plusieurs membres qui ne formons qu'un seul corps avec lui. » (Rom., xii, 4.)

Cette réciprocité de services, cette variété de fonctions est nécessaire aussi pour la beauté de l'Église, car la beauté consiste dans l'ordre, et on ne peut ordonner que ce qui est multiple.

L'Église est parée de variété : elle a pour l'embellir la doctrine des apôtres, la confession des martyrs, la pureté des vierges, les larmes des pénitents. Ainsi l'unité du corps de l'Église impose à chacun de ses membres des fonctions diverses. La magnificence royale que Salomon déploya devant la reine de Saba ne l'étonna pas tant que l'ordre qui régnait dans sa maison : « Elle était hors d'elle-même en voyant les diverses classes de ceux qui le servaient, etc. » (III. Rois, x, 5).

QUEST. CLXXXIV. *De l'état de perfection.* — L'état laïque ne regarde pas le théologien ; l'état ecclésiastique est l'objet d'un traité spécial, mais ces deux états et les fonctions qu'ils comprennent se rapportant à la perfection et devant nous y conduire, il convient de parler ici de l'état de perfection.

Et d'abord, en quoi consiste la perfection?

« Ayez surtout la charité, qui est le lien de la perfection, » (Coloss., III, 14.) c'est-à-dire, ayez la charité qui réunit toutes les vertus et rend l'homme parfait.

La perfection de l'homme c'est d'être uni à la fin pour laquelle il existe. Or la charité nous unit à Dieu, et de la manière la plus intime, car « celui qui demeure dans la charité demeure en Dieu et Dieu en lui » (I. S. Jean, IV, 16.) comme dans le temple de la charité.

3. L'homme peut-il être parfait ici bas? Il semble que tendre vers la perfection c'est poursuivre une chimère, « car nous commettons tous beaucoup de fautes » (S. Jacques, III, 2.) et le saint roi David disait : « Vos yeux, Seigneur, voient mes imperfections. » (CXXX, VI, 16.)

La perfection et la charité ne sont qu'une seule et même chose. Or il y a trois sortes de perfections : l'une se tire de l'objet aimé. Elle existerait en nous si nous aimions Dieu autant qu'il est aimable. Il est évident que l'homme ne saurait y atteindre en cette vie, pas même en l'autre, Dieu seul pouvant s'aimer autant qu'il mérite de l'être.

La seconde sorte de perfection vient de celui qui aime. Aimez-vous Dieu autant que l'homme est capable de l'aimer? Nous ne la posséderons que dans la patrie. Ne voyant pas Dieu, nous l'aimons moins qu'au jour où il nous sera donné de le voir. C'est le propre de l'amour, de s'accroître à la vue de l'objet aimé.

L'autre perfection, c'est d'aimer Dieu autant qu'il est possible à l'homme, malgré sa faiblesse et sa fragilité. Vous êtes parfait en ce sens, si vous évitez non-seulement ce qui est incompatible avec la charité, mais tout ce qui en diminue l'ardeur.

Saint Jacques parle des fautes qui échappent à la faiblesse humaine, et David, de notre perfection, comparée à celle des saints qui sont au ciel.

4. La perfection consiste-t-elle dans l'accomplissement des préceptes, ou dans l'accomplissement des conseils?

Elle consiste principalement dans l'accomplissement des premiers, et secondairement dans l'accomplissement des seconds.

Ce qui fait notre perfection, c'est la charité. Or tous les préceptes ont pour but de nous faire acquérir et de conserver en nous la charité. Tous concernent l'amour de Dieu et du prochain et nous commandent un amour sans bornes. « Vous aimerez le Seigneur de toutes vos forces et le prochain comme vous-mêmes, » c'est-à-dire de l'amour le plus grand, car qui aimons-nous plus que nous, excepté Dieu? La charité est donc, comme dit l'apôtre, (I. Tim., I.) la fin des préceptes; or on ne garde aucune mesure dans le désir d'une fin; une fois qu'on se l'est proposée, on y tend de toutes ses forces. Le médecin qui tend à la santé de son malade ne borne pas ses désirs; il ne garde de réserve que dans l'emploi des remèdes.

Les conseils évangéliques n'ont pour but que d'éloigner les obstacles à la charité; ce sont des voies qui y conduisent, mais ils n'ont point la vertu de la donner : tels sont, nous l'avons vu, les conseils de chasteté, d'obéissance, de pauvreté. Notre Seigneur ne dit pas seulement à ce jeune homme : Vendez tout ce que vous avez et donnez-le aux pauvres; mais il ajoute, comme si cela ne faisait qu'ouvrir la voie : « Et suivez-moi, » marchez en avant, non des pieds du corps, mais des pieds de l'âme, et vous arriverez à la perfection. » Lorsque saint Pierre lui dit : « Quelle sera notre récompense, nous qui avons tout quitté? » Il a soin d'ajouter : « et vous avons suivi. » (S. Matt.) Donc l'accomplissement des conseils n'est qu'une condition secondaire de la perfection.

5. Quiconque est parfait est-il pour cela dans l'état de perfection et réciproquement?

L'état suppose une durée permanente, comme l'esclavage ou la liberté : je ne parle pas, bien entendu, de la liberté et de l'esclavage qui n'apparaissent pas aux yeux des hommes et que Dieu seul connaît, mais de l'esclavage et de la liberté qui sont extérieurs. Il faut, pour être esclave, l'obligation de servir, car il y a des gens libres qui servent volontairement. Il faut pour être libre que notre liberté soit constatée; il y a des esclaves fugitifs. Une autre condition requise, c'est que l'obligation de servir ou notre entrée dans l'état de liberté soit solennelle, car les hommes ont coutume de faire avec solennité ce qu'ils veulent rendre durable. De sorte que, pour être dans l'état de perfection, il ne suffit pas de produire des actes parfaits; il faut, de plus s'obliger solennellement à ce qui est de la perfection. Des hommes qui n'ont point contracté cette obligation ne peuvent-ils vivre plus parfaits que d'autres qui, après l'avoir contractée, la violent, ou l'accomplissent avec indifférence? « Un homme avait deux fils. S'adressant au premier, il lui dit : Mon fils, allez-vous-en travailler à ma vigne. Je ne veux pas y aller, lui dit-il. Mais après, touché de repentir, il y alla. Il s'adressa ensuite à l'autre et lui dit la même chose. Celui-ci répondit : J'y vais, seigneur, et il n'y alla point. » (S. Matth., XXI, 28 et suiv.)

6. Quels sont ceux qui sont dans l'état de perfection?

Cet état suppose une obligation solennelle de faire ce qui est de perfection. Telle est l'obligation que se sont imposée les religieux et les évêques. Ceux qui entrent en religion font le vœu solennel de renoncer au monde pour se donner tout entiers à Dieu, ce qui est la perfection chrétienne.

Les évêques en acceptant la charge pastorale, s'engagent à remplir les devoirs de bons pasteurs. Or, le bon pasteur donne sa vie pour ses brebis, et mourir pour les autres est le suprême effort de la charité. L'imposition des mains a rendu solennelle l'obligation qui pèse sur eux de nourrir leur troupeau et de le défendre, même au péril de leur vie.

Il faut faire ici une remarque : en embrassant l'état de perfection, on ne se donne point comme parfait, mais comme aspirant à la perfection, et tout imparfait que l'on soit on peut, sans dissimulation, en prendre l'engagement solennel : « Je ne prétends point posséder ces vertus, ni être parfait, mais je poursuis ma course pour tâcher d'atteindre où Jésus-Christ m'a appelé en me prenant à son service. » (Phil. III, 12.)

Les simples prêtres ou diacres ne sont pas dans l'état de perfection, bien qu'ils aient charge d'âmes. Ils ne s'engagent pas à tout ce qui est de la perfection, puisqu'ils ne font pas vœu de pauvreté, et qu'en Orient on ne leur demande pas même celui de continence. La charge d'âmes n'a rien de stable et de permanent, ils peuvent la quitter avec la permission de l'évêque, et même ils peuvent s'en dispenser, s'ils renoncent à leurs fonctions pour se faire religieux.

7. L'état de perfection est-il plus dans l'évêque que dans le religieux?

Le religieux peut accepter l'épiscopat; or si c'était un état moins parfait, revenant sur ses pas, il ne tendrait plus, comme il s'y est engagé, à ce qui est de la perfection.

L'agent est plus que le patient. Or, l'évêque peut consacrer un religieux, tandis que le religieux ne jouit pas du même pouvoir à l'égard de l'évêque.

L'un, il est vrai, a fait vœu de pauvreté et renoncé à tout, mais les conseils ne sont que des moyens d'arriver à la perfection, et on peut être parfait sans les suivre. Il suffit d'y être disposé d'esprit, à vouloir s'y astreindre si Dieu nous appelait dans la voie étroite des conseils.

8. Le religieux, toutes choses égales d'ailleurs, l'ordre, la charge d'âmes, est-il plus parfait que l'archidiacre et le curé ?

Le religieux s'oblige à tout ce qui est de la perfection, et, pour appartenir entièrement à Dieu, brise tous les liens qui l'attachaient au monde. Il n'en est pas ainsi de l'archidiacre et du curé ; il existe entre eux et le religieux la même différence qu'entre le sacrifice et l'holocauste.

L'archidiacre et le curé, vivant dans le monde, se trouvent parfois en face de graves périls, mais le religieux a à vaincre des difficultés sans cesse renaissantes, il est soumis aux exigences d'une règle qui pèse sur lui à tout instant du jour et de la nuit et lui prend chaque minute de sa vie.

QUEST. CLXXXV. *De l'épiscopat.* — Voyons maintenant chacun de ces deux états de perfection. — 1. Saint Paul dit : « Si quelqu'un désire l'épiscopat, il désire une œuvre qui est sainte. » (I Tim., III, 1.) Comment se fait-il que dans les premiers siècles de l'église, on se cachait, on fuyait au désert plutôt que d'accepter le fardeau de l'épiscopat ? Ce n'est qu'en usant de ruse et presque de violence que l'évêque Silvestre parvint à faire accepter l'épiscopat à Augustin : combien d'autres ne reçurent qu'avec contrainte la consécration épiscopale ?

On peut considérer dans l'épiscopat : 1° l'utilité que l'évêque procure aux fidèles en les nourrissant de la parole de vie : « paissez mes brebis. » (S. Jean, dern. ch., 17.) 2° La dignité dont l'évêque est revêtu, « serviteur fidèle et prudent que son maître a établi sur tous ses domestiques, pour leur distribuer, au temps convenable, la nourriture dont ils ont besoin. » (S. Matth., XXIV, 45.) 3° Les honneurs qui l'entourent, les avantages temporels attachés à cette dignité : « Il faut que les prêtres qui gouvernent soient doublement honorés. » (1 Tim., v, 17.) Désirer l'épiscopat pour les honneurs qu'on lui rend, c'est un orgueil pharisaïque : « ils aiment les premières places dans les festins et les premières chaises dans les synagogues. Ils aiment à être salués dans les places publiques, à être appelés Rabbi, maîtres et docteurs. » (Matth., xxiii, 6.)

Désirer dans l'épiscopat la dignité qui élève, c'est une présomption payenne : « Vous savez que les princes des nations dominent sur elles et les traitent avec empire. » (S. Matth., xx, 25.)

Désirer l'épiscopat, parce que l'évêque peut faire du bien, qu'il a dans ses mains les éléments nécessaires pour être utile à l'église, c'est un louable et saint désir, mais comme de grands avantages sont inséparablement unis à cette charge et qu'elle demande, pour être bien remplie, des mérites éminents, on peut dire qu'en général, ce désir annonce un esprit plein d'orgueil et de présomption. C'est pourquoi l'apôtre, après les paroles citées plus haut, déclare aussitôt, « qu'il faut que l'évêque soit sous tous les rapports d'une vie irréprochable, » comme s'il disait : je vous loue d'aspirer à l'épiscopat, mais auparavant, apprenez à connaître ce que vous désirez ; voyez, d'un côté, l'étendue des obligations qu'il entraîne, de l'autre, votre faiblesse.

C'est ce fardeau que redoutaient les prêtres de la primitive Eglise, et plus ils le fuyaient, plus ils se montraient capables de le porter. Sans doute, « désirer l'épiscopat, c'est désirer une œuvre qui est sainte ; » mais en quel temps saint Paul l'a-t-il dit ? En un temps où cette dignité n'offrait à ceux qui en étaient revêtus qu'un surcroît de fatigues et de privations ; en un temps où monter sur un siége, c'était se désigner aux coups de la persécution, par conséquent faire preuve d'une charité héroïque, se montrer disposé à donner sa vie pour ses brebis. La persécution et le martyre étaient alors les avantages les plus certains de l'épiscopat.

2. Est-il permis de répondre par un refus à des supérieurs qui offrent l'épiscopat ?

De même que c'est le propre d'une volonté désordonnée de se mettre soi-même à la tête des autres, si nos supérieurs nous en imposent l'obligation ce serait un désordre de nous y soustraire. L'humilité nous fait un devoir d'obéir à ceux qui ont droit de nous commander, et la charité nous commande de sacrifier notre repos au bien des autres.

Quant au choix que le supérieur est tenu de faire, il faut se rappeler ce que nous avons dit en parlant de l'acception des personnes.

3 Un évêque peut-il quitter l'épiscopat pour se faire religieux ?

En acceptant la dignité et la charge épiscopales, il s'est engagé à veiller, pour l'amour de Dieu, au salut de ses ouailles. Il ne pourrait, sans commettre le crime de désertion, renoncer à ce soin pour se livrer tout entier à la méditation, ni pour fuir le danger, un bon pasteur devant donner sa vie pour ses brebis ; aucun avantage spirituel ou temporel ne saurait l'affranchir de l'obligation qu'il s'est imposée. « Je préfère, dit saint Paul, la condition douloureuse de vivre ici-bas pour le salut des âmes, à la joie de voir Dieu dans le ciel. »

Cependant, l'utilité des autres étant la raison d'être de l'épiscopat, l'évêque qui se voit inutile à cause de ses infirmités physiques ou morales, peut entrer dans un cloître si bon lui semble. Mais, même dans ce cas, il ne doit déposer le bâton pastoral qu'avec l'autorisation du souverain pontife. Un effet ne cesse légitimement que par la cessation de sa cause. Le souverain pontife étant la cause efficiente de l'épiscopat, c'est à lui qu'il appartient de conférer ou de retirer la dignité épiscopale.

4. Peut-il s'absenter du milieu de son troupeau ?

Pour dire l'étendue d'une obligation, il faut savoir quelle en est la fin. A quelle fin le pasteur est-il établi à la tête d'un troupeau? Pour l'utilité des brebis. L'utilité des fidèles dont le salut est confié à l'évêque, est donc la mesure de ses obligations. S'il prévoit raisonnablement que son absence leur sera plus utile que sa présence, il peut s'en éloigner ; ce serait le contraire s'il semblait que sa présence pût leur être plus avantageuse.

* Le concile de Trente, pour réprimer des abus incontestables au seizième siècle, et rappeler à leur devoir des évêques que la cour mécontente *exilait* dans leurs diocèses, porta un décret qui défendait à tout évêque de s'absenter de son diocèse, à moins de raisons graves, pendant plus de trois mois chaque année, que cet espace fût continu ou non. (Sess. XXIII, chap. 1.)

5. Les évêques étant dans l'état de perfection, peuvent-ils posséder quelque chose en propre ?

Nous ne sommes tenus à ce qui est de surérogation que quand nous nous y sommes engagés par un vœu spécial. Or, les évêques ne font pas ce vœu.

D'ailleurs les devoirs du ministère pastoral ne sont pas incompatibles avec la propriété. Elle en favorise même l'accomplissement. L'évêque, en distribuant ses biens, se concilie l'estime et l'affection de tous, et les âmes sont naturellement disposées à subir une influence dont les corps ont éprouvé les salutaires effets.

Les évêques sont dans l'état de perfection ; mais la perfection ne consiste pas dans le vœu de pauvreté. Abraham était parfait, et possédait cependant de grands biens. « Je sais vivre dans l'abondance et dans l'indigence. » (S. Paul.)

QUEST. CLXXXVI. *De l'état religieux.* — 1. La religion, ou, si vous voulez, l'état religieux est-il un état de perfection ?

Il y a une figure de langage en vertu de laquelle on donne à une chose un nom qui convient à plusieurs autres : la Ville désigne Rome, la ville par excellence ; la Force, la fermeté contre le plus grand de tous les périls ; la Tempérance, la modération dans les délectations les plus violentes. La religion consistant à rendre à Dieu le culte et l'honneur suprême, on est convenu de donner ce nom à l'état de ceux qui se consacrent entièrement à Dieu, qui immolent à sa gloire leurs sens, leur esprit et leur cœur, en un mot, leur être tout entier. N'est-ce pas un état de perfection, puisque la perfection de l'homme c'est d'être uni à Dieu ?

2. Le religieux est-il tenu à tous les conseils évangéliques ?

La religion est une école de perfection. Le religieux use de certains exercices ; il suit les conseils de pauvreté, de chasteté, d'obéissance, comme le médecin se sert de certains remèdes pour conduire son malade à une fin, la santé. Le religieux est libre dans le choix des moyens qui le conduiront à la perfection. Tant qu'il n'en a pas fait un choix irrévocable, il peut à son gré les prendre et les quitter. Il n'est jamais tenu qu'à ceux dont il a fait une profession solennelle. Ce qui est de surérogation n'oblige que quand on s'y est astreint d'une manière spéciale. Supposé que je me sois engagé à me rendre dans telle ville, suis-je obligé de frayer tous les chemins qui y conduisent ?

3. Quelles obligations particulières faut-il s'imposer pour être dans l'état religieux ?

Une religion est un gymnase où l'on s'exerce à la perfection chrétienne. Comment y arriver, comment appartenir entièrement à Dieu, si l'on ne bannit de son cœur toute affection des choses mondaines. « Il ne vous aime pas de toutes ses forces, ô mon Dieu, celui qui aime quelque chose hors de vous, sans l'aimer pour vous. » (S. Aug.) Or, on ne peut posséder les biens temporels sans que le cœur ne s'y attache et n'incline quelque peu vers cette pente rapide. « Pourquoi ce jeune homme de l'Evangile s'en alla-t-il si triste, si non parce qu'il possédait de grands biens ? Autre chose est de ne pas nous attacher aux biens qui nous manquent ; autre chose de briser les liens de ceux que nous possédons ; répudier les premiers, c'est renoncer à ce qui est loin de nous ; répudier les seconds, c'est nous faire violence comme si on nous arrachait un membre. » (S. Aug.) C'est pourquoi la pauvreté est le fondement de la vie religieuse : « Allez, vendez tout ce que vous avez, donnez-le aux pauvres, puis venez, suivez-moi. » Ainsi allégé, vous pouvez marcher dans le chemin de la perfection, et prenant votre vol vous élever au sommet de la montagne.

Les évêques n'y sont pas tenus. La raison en est que la fin de l'épiscopat n'est pas de tendre à la perfection, mais, avec la perfection qu'ils possèdent, les évêques sont appelés à gouverner une portion de l'église, distribuant à leurs ouailles des secours spirituels et temporels, ce qui demande en eux le droit de propriété.

Outre la pauvreté, il faut, pour être religieux, vivre dans la continence. Le religieux s'abstient de tout ce qui empêcherait l'homme de se livrer sans partage au service de Dieu. Quoi de plus propre à l'en détourner, que l'usage même licite des choses vénériennes, et les sollicitudes qui en sont la suite ? « Celui qui n'est pas marié ne songe qu'aux choses de Dieu, n'a qu'un soin, celui de plaire à Dieu. L'homme marié est préoccupé de mille soins divers. » (I. Cor.) L'Ecriture, il est vrai, nous offre l'exemple d'hommes riches, comme Abraham, d'hommes mariés, comme plusieurs apôtres, qui sont arrivés à une haute perfection. Mais celui qui prétendrait les imiter et atteindre comme eux le sommet de la perfection, en se chargeant de l'attirail des richesses et des liens du mariage, ressemblerait à l'insensé qui assaillirait désarmé, des bataillons ennemis, disant que Samson, avec une mâchoire d'âne, a défait autrefois une armée de Philistins.

Enfin, il n'est point d'état religieux sans la pratique de l'obéissance. Ceux qui étudient une science ou qui apprennent une profession, sont obligés de suivre la volonté d'un maître. La religion étant une école de perfection, il faut que le religieux obéisse à un supérieur à l'imitation de Jésus-Christ, qui s'est fait obéissant jusqu'à la mort. Le religieux doit être, dans les mains de son supérieur, comme un cadavre, *perinde ac cadaver*, n'opposant jamais la plus faible résistance.

VERTUS PROPRES A CERTAINS ÉTATS DE VIE.   289

Suffit-il, pour être religieux, de pratiquer ces trois vertus ?

Il faut, de plus, en avoir fait vœu. Un état suppose stabilité et permanence. Quelle est votre stabilité, si un vœu ne vous force à rester dans la perfection? Vous pouvez avoir mis la main à la charrue, mais vous regardez encore derrière vous. L'entrée du monde vous est toujours ouverte, et vous n'appartenez pas totalement à Dieu. Vous pouvez lui avoir offert un sacrifice méritoire, mais la victime n'étant pas consumée tout entière, ce n'est point un holocauste.

QUEST. CLXXXVII. *Des choses qui conviennent aux religieux.*
— 1. Les religieux peuvent-ils prêcher, enseigner, exercer les fonctions du saint ministère ?

Une chose peut être défendue par la loi divine, par la raison, ou interdite par le défaut de pouvoir. Or il n'est pas de loi divine qui défende aux religieux de prêcher, d'enseigner, etc. La raison dit qu'ils sont très-aptes à remplir ces fonctions, à cause de la sainteté de leur vie et de leur habitude de la méditation. Ce serait se rendre ridicule que de prétendre le contraire. Il faut, pour administrer les sacrements, le pouvoir d'ordre et de juridiction : un diacre ne peut dire la messe, ni un prêtre qui n'est pas approuvé, donner l'absolution. Or l'évêque peut donner aux religieux ces deux pouvoirs, d'ordre et de juridiction.

2. Ne sont-ils pas tenus au travail manuel ?

La main étant, dit le Philosophe, l'organe des organes, on désigne sous le nom de travail manuel, tout travail extérieur auquel le corps a plus de part que l'esprit. On peut se proposer en s'y livrant, 1° De gagner sa vie. Sous ce rapport, les religieux y sont tenus comme tout le monde, dans la mesure de leur nécessité. Si je n'en ai pas besoin, il n'y a pas de raison qui m'oblige à travailler de mes mains ;

2° D'éviter l'oisiveté, qui est la mère de tous les vices. Les religieux peuvent s'occuper à la prière et à l'étude ;

3° De réprimer la concupiscence : c'est ce que font les religieux par le jeûne et les veilles ;

4° De faire l'aumône. Quand on n'en a pas le moyen, on n'y est pas obligé, à moins qu'on ne voie un pauvre dans le cas de nécessité extrême, ce qui est une exception.

* Sur quoi sont donc fondés les reproches de fainéantise, tant de fois adressés aux moines ? Et pourquoi blâmer plutôt les *pieux* que les *riches* fainéants ? Bien qu'ils n'y fussent pas tenus, les moines se sont livrés au travail manuel, avec une ardeur dont leurs accusateurs recueillent les fruits. Qui est-ce qui, au moyen âge, défricha les terres de France, d'Allemagne, d'Angleterre, et convertit en belles vallées, en riantes campagnes, des lieux couverts de ronces et d'épines ? Qui est-ce qui fit, d'affreuses solitudes, les plaines les plus fertiles du monde ? Qui est-ce qui jetait des ponts sur les fleuves, qui bâtissait des églises, des maisons où le voyageur riche ou pauvre trouvait toujours une cordiale hospitalité ? Pendant que le haut baron était à guerroyer ou à tourmenter ses esclaves, le moine arrosait de ses sueurs une terre que le tranchant de la charrue venait de sillonner pour la première fois; ou bien, la hache du charpentier, la truelle du maçon à la main, il élevait ces monuments dont nous voyons encore aujourd'hui les ruines. Il en est même que le temps n'a pas détruits, et qui sont là pour répondre aux ardents ennemis de la fainéantise.

3. S'ils n'ont pas de quoi suffire à leur entretien, peuvent-ils, au lieu de travailler, vivre d'aumônes ?

Je puis vivre d'une chose que je possède légitimement, ou qui m'est due. Direz-vous qu'un monastère ne possède pas légitimement les biens qui lui ont été donnés, que ce soit ou non à titre d'aumône ? Il en est de même des choses qui se transmettent de main à main.

Il est vrai que les fidèles qui donnent de leurs biens aux monastères, le faisant dans l'intention de participer aux prières et aux bonnes œuvres des religieux, on ne peut user de leurs libéralités que si l'on remplit les fonctions de religieux.

Une chose m'est due, quand elle m'est nécessaire pour échapper à la mort, quand je la paye par des services temporels ou spirituels. L'aumône est due à ce dernier titre aux religieux qui prêchent, envoyés par l'évêque : « Si nous avons semé dans vos âmes des biens spirituels, est-ce une grande chose que nous recueillions un peu de vos biens temporels ? » (1 Cor., IX.) Elle est due aux religieux qui servent à l'autel (*ibid.*) ou qui se livrent à la prière et à l'étude pour l'utilité générale de l'Église. (*Ibid.*)

* Cependant les religieux ne doivent pas abuser de leur droit à l'aumône. S'ils ont à craindre le défaut, l'histoire montre qu'ils ont aussi à craindre l'excès d'aumônes. Ce ne fut pas toujours le désir de la perfection qui peupla les monastères richement dotés.

4. Si on ne leur fait pas d'aumône, est-il permis aux religieux de mendier ?

On peut distinguer dans la mendicité, l'acte même et le fruit qui en revient. L'acte est un excellent remède contre l'orgueil, car il est fort humiliant d'être non-seulement pauvre, mais indigent au point de frapper à toutes les portes, de tendre la main à tous les passants. De même qu'on prend des aliments froids pour combattre une maladie qui vient d'une chaleur excessive du sang, ainsi on combat efficacement l'orgueil par la mendicité.

5. Pourquoi certains religieux portent-ils des habits si pauvres.

« Le vêtement de l'homme fait connaître quel il est. » (Ecclés., XIX, 27.) L'habit est le signe de la tristesse ou de la joie intérieure. Les personnes affligées mettent peu de recherche dans leur habillement ; on se pare de riches vêtements pour célébrer une solennité, fêter un événement heureux.

L'habit pauvre signifie aussi le mépris des plaisirs et des vanités secondaires.

A ces deux titres, la livrée de l'indigence, le sac et le cilice conviennent parfaitement aux religieux qui font profession de mener une vie pénitente, de fouler aux pieds les vanités du monde. Il est permis à chacun de les imiter, en évitant la vanité qui se cache parfois sous des vêtements grossiers et abjects.

* La forme de l'habit religieux remonte à la plus haute antiquité. Les anciens philosophes portaient l'habit long et ample, avec le petit manteau et presque tous les accessoires qui forment le vêtement du dominicain, du bénédictin. Ceux qui, de nos jours, ont déversé le ridicule sur ce vêtement, et l'ont proscrit, ont-ils bien mérité de la philosophie?

QUEST. CLXXXVIII. *De la différence des religions.* — 1. Convient-il que des religions soient destinées aux travaux de la vie active?

Une religion a pour fin la perfection de la charité. Or la charité embrasse dans le même amour Dieu et le prochain : « ce que vous avez fait au plus petit d'entre eux, c'est à moi-même que vous l'avez fait. » (S. Matth. xxv, 40.)

Les peines, les fatigues que la charité nous porte à souffrir, saint Paul les appelle des sacrifices : « Souvenez-vous d'exercer la charité et de faire part de vos biens aux autres, car c'est par de semblables sacrifices qu'on se rend Dieu favorable. » (Hébr., xiii, 16.) Est-il un sacrifice plus agréable à Dieu que celui d'une religieuse qui passe ses jours dans un hôpital infect? qui sert Jésus-Christ dans ses membres, c'est-à-dire, dans la personne des pauvres? Quel sacrifice comparable à celui du religieux qui va, pauvre et au péril de ses jours, évangéliser des peuples sauvages? On peut donc, à chaque moment de la vie active, faire des sacrifices. Or c'est le propre de la religion d'offrir à Dieu des sacrifices qui témoignent de son empire et de notre dépendance.

2. Convenait-il qu'il y eût des ordres militaires?

Il est très-convenable, nous venons de le voir, que des ordres religieux se livrent aux travaux de la vie active. En est-il, parmi ces travaux, de plus excellents que ceux qui sont destinés à la défense des pauvres, des faibles, des opprimés : « Prenez la défense du pauvre et de l'infortuné, arrachez-le aux mains de ses oppresseurs (Ps.), » à la défense de la religion et du culte divin ? « Vous savez combien nous avons combattu, mes frères et moi, et toute la maison de mon père, pour nos lois et pour le saint temple. » (I Macch., XIII, 3.)

3. Convient-il que des ordres religieux aient pour but de prêcher ?

Si c'est une œuvre sainte de défendre avec l'épée le corps des fidèles, combien n'est-il pas plus louable de défendre leur âme par des armes spirituelles, d'étendre l'empire de la vérité en confondant les hérétiques et les incrédules ? Rien de plus agréable à Dieu que le zèle des âmes. Celui qui en a ramené une à Dieu a sauvé la sienne. (Dan.)

4. Les religieux ne devraient-ils pas préférer la vie solitaire à la vie de communauté ?

La solitude, comme la pauvreté, n'est qu'un moyen de perfection. Il ne peut convenir, cela est évident, aux religieux qui se sont engagés aux travaux de la vie active. La solitude ne leur est permise que pour un temps, à l'exemple de Notre-Seigneur, « qui se retira seul sur une montagne et passa la nuit en prière. » (S. Luc, v, 12.) Mais, favorisant la méditation, donnant des ailes à l'esprit, qu'elle éloigne du tumulte du monde, la solitude convient aux religieux contemplatifs : « Je le conduirai dans la solitude et je parlerai à son cœur. » (Osée, II, 14.)

* C'est ce que comprirent les chrétiens de la primitive Église. Les invasions des Barbares, le bruit de l'ancien monde qui s'écroulait, ne laissant nulle part le silence et le repos nécessaires à la contemplation, ils cherchaient les lieux retirés, les plus profonds déserts. « La solitude fleurit, les terres auparavant inhabitées devinrent des terres découlantes de lait et de miel. »

Cependant il faut faire une remarque : la solitude n'est bonne qu'à ceux qui peuvent se suffire à eux-mêmes et se passer des autres; elle ne convient, en un mot, qu'aux hommes parfaits et assez forts pour résister aux assauts qu'il faut souffrir, dit saint Jérôme, dans ces affreuses solitudes. Comment l'homme arrive-t-il à la perfection? Par le don de Dieu, comme saint Jean-Baptiste, qui fut rempli de l'Esprit-Saint dès le sein de sa mère, et se retira au désert encore enfant (S. Luc, 1), ou par l'habitude des actes de vertu : « La nourriture solide est pour les parfaits, pour ceux dont l'esprit, par une sainte habitude et de longs exercices, s'est accoutumé à discerner le bien et le mal. » (Hébr., III, 14.) La vie commune éclaire l'esprit et fortifie la volonté, en nous faisant participer aux lumières des autres et en mettant sous nos yeux des exemples qui nous édifient. C'est le prélude de la vie solitaire. Si la vie commune ne l'avait précédée, la solitude serait très-périlleuse, à moins de grâces spéciales comme celles dont Dieu favorisa saint Antoine et saint Benoît.

QUEST. CLXXXIX. *De l'entrée en religion.* — 1. Est-il bon d'entrer en religion, même avant de s'être habitué à l'accomplissement des préceptes?

Ce serait se faire illusion de croire qu'on ne puisse entrer dans un cloître sans apporter avec soi l'éclat d'une vie irréprochable. L'état religieux est une école de perfection. On s'y exerce en observant certaines règles qui éloignent les obstacles de la perfection et nous rendent plus facile la voie qui y conduit. Il y a des choses qui captivent le cœur de l'homme et l'enchaînent aux biens terrestres. Non-seulement elles détruisent la perfection, mais aussi la charité en portant au péché mortel. La règle imposée au religieux le porte à la vie parfaite et éloigne d'une main tutélaire ce qui pourrait l'entraîner au péché : ainsi les jeûnes, les veilles, la pratique de l'obéissance, etc.

S. Matthieu, à l'appel du Sauveur, passa de la banque,

où il n'observait pas les préceptes, à l'observance des conseils.

2. Il est louable d'embrasser la vie religieuse sans prendre conseil de plusieurs, et sans longue délibération. On peut considérer trois choses dans l'entrée en religion. La première est le rapport de la vie religieuse avec celui qui se propose de la professer. Il peut rencontrer des obstacles du côté de sa santé et de ses affaires séculières. La prudence lui commande de prendre conseil, non de personnes dont l'esprit mondain ne manquerait pas de le détourner de son dessein, mais de personnes capables d'avancer son salut. Et encore, dit saint Jérôme, ne faut-il pas longtemps pour fixer ses incertitudes. La seconde chose à considérer est la religion qu'il choisira. Il faut encore solliciter les conseils des gens de bien qui connaissent ses habitudes. La troisième enfin est l'entrée même en religion. Quand on se croit appelé du ciel, le doute, de ce côté, n'est pas permis. La profession religieuse est sans contredit le plus grand bien que l'homme puisse embrasser. En douter, dit saint Augustin, serait s'opposer à Jésus-Christ qui nous conseille de le suivre. Or il n'est permis de douter et de flotter indécis que quand il s'agit de choses incertaines. Est-il raisonnable de s'obstiner dans le doute et l'irrésolution touchant ce que nous savons être le meilleur et le plus grand des biens?

TROISIÈME PARTIE.

CHAPITRE PREMIER.

DE L'INCARNATION.

Nous savons quelle est la fin de l'homme, les vertus qui nous en approchent, les vices qui nous en éloignent. Comme Jésus-Christ notre Sauveur en effaçant nos péchés nous a montré dans sa personne la voie qui conduit à la béatitude ou à notre fin dernière, un cours de théologie ne serait pas sans lacune, s'il ne parlait de l'Incarnation. C'est pourquoi il nous reste à traiter de l'incarnation du Verbe et des bienfaits qu'elle a apportés au monde, c'est-à-dire des sacrements que le Verbe incarné a établis, de la résurrection qu'il nous a méritée et qui consommera l'union de l'homme tout entier avec sa fin.

QUEST. I. *Convenance de l'Incarnation.* — 1. Convenait-il que Dieu s'incarnât?

Une chose convient à un être toutes les fois qu'elle est conforme à la nature de cet être : il convient à l'homme de raisonner, parce que sa nature est celle d'un être raisonnable. Nous avons vu, en parlant de Dieu, que la bonté est la marque distinctive et comme le fond de la nature divine. Or le propre de la bonté, c'est de s'épancher sur les autres et de leur donner part aux biens que nous possédons. Le souverain bien doit donc se communiquer de la manière la plus sublime et la plus souveraine. Dieu pouvait-il mieux répondre aux inclinations de sa nature, et manifester sa bonté d'une manière plus éclatante qu'en s'unissant à sa créature, au point de ne faire avec elle qu'une seule et même personne? L'Incarnation a réalisé ce prodige, donc elle convenait du côté de Dieu.

2. Elle ne convenait pas moins, considérée du côté de l'homme: on peut même dire qu'elle était non pas, à la vérité, d'une nécessité absolue, mais d'une nécessité relative. Il n'y a de nécessaire que Dieu et ses attributs : rien ne pouvait donc imposer absolument à Dieu la nécessité de sauver le genre humain. Supposé même que Dieu en eût formé le dessein, il pouvait l'accomplir d'une infinité d'autres manières. Il ne faut donc pas dire, comme certains théologiens (1), que l'incarnation du Verbe divin était nécessaire pour sauver l'homme pécheur et restaurer toute la création. Cependant on ne peut nier que, la rédemption supposée, l'incarnation ne fût d'une nécessité relative. D'une part, elle a procuré plus sûrement que tout autre moyen le bien de l'homme ; d'autre part, elle a plus victorieusement combattu le mal dont nous étions atteints.

En effet, qui pourrait dire tout le bien résultant de l'Incarnation? Comment aurions-nous une foi chancelante, lorsque la parole à laquelle nous croyons est celle qu'un Dieu même a parlée, lorsque les yeux de nos pères ont vu, leurs mains ont touché Celui qui est la Vérité même? (S. Jean.)

« Ouvrez vos cœurs à l'espérance ; puisque le Fils de Dieu a voulu habiter parmi nous, où s'arrêtera le cours de ses bienfaits ? » (S. Aug.)

La principale cause de sa venue en ce monde, c'est son amour : « Dieu a tant aimé le monde ! » Si vous n'aviez pas la générosité de prévenir son amour, aimez au moins Celui qui vous a aimés le premier. » (*Id.*)

Il ne s'est pas borné à prêcher la vertu, il nous en a donné dans

---

(1) V. *La raison philosophique et la raison catholique*, par le P. Ventura, 9ᵉ conférence, 2ᵉ partie.

sa personne le modèle accompli, et marche devant nous comme un capitaine qui conduit son armée au combat. « Regardez, et faites comme le modèle qui vous fut montré. »

La suprême félicité de l'homme, c'est de posséder Dieu sans partage, et de participer même à la Divinité. « Dieu dans l'Incarnation se fait homme afin que l'homme devienne Dieu. » (S. Aug.)

L'Incarnation du Fils de Dieu nous a guéris du mal qui nous dévorait, en venant nous chercher jusque dans l'abîme où nous étions tombés. Les hommes ayant perdu de vue le vrai Dieu, et néanmoins tourmentés par le besoin d'adorer, décernèrent le culte suprême à des créatures dans lesquelles ils avaient remarqué de la puissance et de la grandeur. N'ayant plus de dieu, ils décernaient à des hommes les honneurs de l'apothéose. C'est pourquoi le père du mensonge se faisait adorer, revêtu d'une forme sensible. Le Fils de Dieu, en s'incarnant, nous présente un homme que nous pouvons adorer sans idolâtrie.

L'Incarnation arrache jusqu'à la racine de tout mal, l'orgueil. Quel orgueil n'abattra-t-il point, un Dieu humilié, un Dieu tombé des splendeurs du ciel sur la terre et dans le sein d'une femme !

Un mal qui rendait bien plus odieux l'orgueil de l'homme, c'était sa profonde dégradation. Portant vers la chair ses passions et ses affections, il en était venu, comme les bêtes, à ne plus vivre que de la vie sensible et animale. La vérité n'arrivait plus à son esprit qu'après avoir frappé ses sens, ému sa chair. Il fallait donc, pour lui faire de nouveau goûter la vérité, la rendre sensible, l'envelopper de chair et d'os.

En tirant de la fange la nature humaine, l'Incarnation l'a élevée à la plus haute des dignités, puisqu'elle l'associe à la Divinité même : « Reconnais, ô chrétien, ta dignité, et devenu participant de la nature divine, garde-toi de retomber dans tes anciennes flétrissures. » (S. Aug.)

L'homme, en commettant le péché, s'était fait esclave du démon. Le Verbe incarné nous a délivrés de la servitude en payant notre rançon. Il fallait que le libérateur du genre humain fût homme, afin de pouvoir souffrir les peines du péché; il fallait qu'il fût Dieu, afin que ses mérites, étant infinis, eussent la vertu de satisfaire pleinement pour une offense qui avait été infinie, en ce sens qu'elle avait outragé l'infinie Majesté.

Il y a, sans doute, bien d'autres raisons de convenance, inaccessibles à la faiblesse de l'intelligence humaine.

3. Si le genre humain avait un si grand besoin de l'Incarnation, pourquoi Jésus-Christ n'est-il pas venu plus tôt, et même au commencement du monde? « Si vous voyez votre ami dans la nécessité, ne lui dites pas : Allez, et revenez demain. » (Prov., III, 28.)

D'abord, le Verbe ne devait pas s'incarner avant la chute; on ne donne de remèdes qu'aux malades. Après la chute, il fallait laisser à l'homme le temps de reconnaître sa faiblesse et d'abattre l'orgueil qui l'avait perdu. C'est pourquoi Dieu l'abandonna d'abord à son libre arbitre, aux seules lumières de la loi de nature. Celle-ci s'effaçant de son esprit, il lui donna la loi écrite. Quand on eut reconnu l'insuffisance de la loi de nature et l'impuissance de la loi écrite, on sentit la nécessité d'un libérateur. La philosophie déclarait que le monde ne pouvait être sauvé que par un Dieu. Le genre humain l'appelait à grands cris, redisant ces paroles du Prophète : « Cieux, ouvrez-vous, et que le Juste descende. Cieux, répandez votre rosée, et que la terre enfante son Sauveur. »

L'ordre de la Providence est d'aller de l'imparfait au plus parfait. C'est ce qu'elle fit en nous donnant successivement la loi de nature, la loi écrite et l'Auteur de la loi, qui vint lui-même en donner l'explication par sa parole et par ses exemples.

Ce Sauveur étant Dieu, il convenait de préparer les hommes à sa venue par une longue attente (1). « Plus le Juge qui venait était grand, plus il devait être précédé par une longue suite de hérauts. » (S. Aug.)

Si l'Incarnation avait eu lieu au commencement du monde,

(1) « C'était chômer un temps non trop long pour un Dieu. » (Montaigne.)

que serait devenue la foi à la fin des siècles? L'Évangile nous dit qu'à son second avénement, Jésus-Christ trouvera à peine la foi sur la terre. Que serait-ce s'il était venu quatre mille ans plus tôt? Le souvenir de la Rédemption serait presque totalement effacé de la mémoire des hommes, et son but ne serait pas atteint.

L'amitié secourt promptement, mais avec intelligence et opportunité. On ne commence pas toujours le traitement d'un malade par une médecine, elle pourrait lui être plus nuisible que salutaire. De même, pour que l'homme reconnût sa faiblesse et appréciât le bienfait de l'Incarnation, Dieu le laissa tomber dans une longue suite de chutes qui furent comme le prolongement de la première. Mais s'il avait tardé plus longtemps, la connaissance et le culte du vrai Dieu auraient disparu de dessus la terre, et le genre humain se serait éteint dans la corruption.

* Il est des maladies que les secours de l'art peuvent guérir sans le consentement du malade, et même malgré lui ; on ne saurait guérir ainsi les maladies de l'âme, surtout celle de l'orgueil. Le mal qu'il produit étant volontaire, on ne peut en arrêter les progrès que par un acte de la volonté. Quelle maladie devait guérir le Verbe incarné? La même qui avait perdu les anges rebelles, l'orgueil qui viciait notre nature et dont les racines tenaient au plus intime de notre être. Le premier pas à faire dans la voie de la guérison, c'était donc de nous convaincre que nous étions atteints de ce mal, et de nous humilier par le sentiment et l'aveu de notre misère. Il fallait qu'une triste expérience nous ouvrît les yeux, mît à nu nos blessures, et en préparât ainsi le remède. Le genre humain fut plus de deux mille ans sous la loi naturelle, n'ayant d'autres lumières que celle de sa raison, d'autres forces que celle d'une volonté affaiblie par la chute originelle. Bientôt il perdit de vue la loi naturelle ; l'idolâtrie régna avec ses absurdités et ses hontes, et la vraie notion de Dieu une fois perdue, celle du juste et de l'injuste, du bien et du mal s'effaçait, la nuit était sur le point de couvrir la terre, si Dieu ne faisait briller à l'horizon de nouvelles lumières. Il nous donna la loi Mosaïque, pour expliquer ce qui était devenu confus, confirmer ce qui était chancelant, je veux dire la loi naturelle. Triste condition de notre nature, puisqu'il nous fallait un envoyé du ciel pour remettre en lumière des principes gravés dans tous les cœurs !

Mais l'expérience n'aurait pas suffi : après nous avoir convaincus d'ignorance, il fallait nous convaincre de faiblesse. Tel a été le but de la loi, car elle n'apportait pas avec elle le remède au mal qu'elle révélait ; elle le multipliait au contraire, en le faisant connaître : « Je ne saurais, dit saint Paul, ce que c'est que la concupiscence, si la loi ne disait : Tu ne convoiteras point. » S'il fallait, pour faire cesser les illusions de l'orgueil et préparer les voies de notre salut, découvrir le mal qui dévorait les entrailles du genre humain, Dieu pouvait-il montrer plus de sagesse et de bonté qu'en nous humiliant par le spectacle de notre ignorance sous la loi de nature, et de notre faiblesse sous la loi mosaïque ? Mais ni dans l'un ni dans l'autre de ces deux états, le médecin ne perdit de vue son malade ; il fut présent et appliqua le remède, autant que le permettait la nature du mal qu'il fallait guérir : il préluda par son serviteur, il acheva lui-même la guérison commencée, en venant panser, de ses mains divines, les plaies si profondes dont notre nature était souffrante : *lex per Moysen, gratia per Jesum Christum.*

II. Lorsque l'homme, détournant loin de Dieu son esprit et son cœur, s'est jeté volontairement dans l'abîme, il est soumis à cette loi inexorable de ne revenir à la lumière et de ne retrouver le bonheur perdu, qu'en remontant une voie longue, sinueuse, semée de ronces et d'épines. C'est pourquoi, le dessein que le médecin de nos âmes avait formé de ne venir au secours du genre humain que pas à pas et après de longs délais, il l'exécute encore aujourd'hui en apportant à chacun de nous le salut et la vie. De même que le genre humain a passé par la loi de nature, état d'ignorance, par la loi mosaïque avec la science, mais aussi la faiblesse ; de même qu'il vit aujourd'hui sous la loi de grâce, ayant dans ses mains les instruments de la victoire, et qu'enfin il entrera dans un état de paix lorsque son corps, revêtu d'immortalité, n'aura plus rien qui résiste à l'esprit, ainsi chacun de nous passe par quatre époques ou phases successives : c'est d'abord la nuit de l'enfance, où l'homme n'a pas la notion du juste et de l'injuste, du bien et du mal, où il aperçoit à peine de loin en loin une lueur qui brille au milieu des ténèbres ; c'est ensuite l'adolescence, où sa raison s'éveille, la lumière se fait, mais à cause de la corruption de la naissance et des mauvaises habitudes, cet âge est celui de la faiblesse en proie aux passions violentes. L'adolescent connaît, mais ne veut ou ne peut éviter le mal : c'est ainsi qu'à l'ignorance succède la faiblesse. Après une triste et douloureuse expérience, il passe à l'âge mûr. Il jouit alors de la plénitude de ses forces et peut aisément racheter par la victoire les défaites de la jeunesse et les humiliations de l'enfance. Vient ensuite la vieillesse, où la lumière resplendit et l'âme jouit d'un calme, d'une sérénité que les passions éteintes ne viennent plus troubler. Quoi de plus beau que de voir chaque individu suivre la même voie de progrès que le genre humain et arriver comme lui au salut?

Et non-seulement l'homme, mais tout ce qui est à l'homme et en dépend, les républiques et les empires, les sciences, les lettres et les arts ont leur enfance, leur jeunesse, leur maturité et leur vieillesse. Ainsi, demander pourquoi Jésus-Christ n'est pas venu au commencement du monde, c'est demander pourquoi Dieu ne donne pas tout ensemble, et les grâces de l'enfance, et la fraîcheur de la jeunesse, et les forces de l'âge mûr, et les lumières de la vieillesse. Ne regrettons point de ne pas recevoir à la fois tous les dons de Dieu, de peur que nous n'en perdions le sentiment et n'en soyons plutôt accablés que relevés. Admirons l'ordre que Dieu a établi entre les différents âges de la vie, laissons à chacun sa beauté, sa gloire et le respect qu'il mérite. Et si nous reconnaissons que le corps et l'âme doivent recevoir des accroissements successifs, aller du petit au grand, de l'imparfait au plus parfait, jusqu'à ce qu'ils arrivent à la paix immuable et éternelle, reconnaissons que le même ordre doit régner dans le genre humain, et présider au salut commun. Nous comprendrons les délais de quatre mille ans pendant lesquels le Sauveur prépare sa venue, et nous verrons que la grâce n'était pas retardée, que dispensée avec sagesse et versée goutte à goutte, de peur que, coulant avec trop d'abondance, elle ne fût plus nuisible que salutaire.

Cependant les âges qui marquent le progrès spirituel du genre humain ne sont pas tellement distincts qu'ils ne se trouvent quelquefois confondus : Abel, Hénoch, Noé, Abraham, Isaac, Jacob, quoique vivant avant la loi, eurent part aux bienfaits de la grâce, parce que leur cœur brûla du feu de la charité. Il y en eut sous la loi qui furent moins avancés que leurs pères, et aujourd'hui encore, combien rejettent la grâce et la loi, et ne vivent pas même conformément à la loi naturelle ! Ainsi les temps, pour Jésus-Christ, ne sont rien, ou plutôt il les remplit tous : *Christus heri, hodie et in sœcula.* Il s'est donné, quoique d'une manière différente, à tous les âges du monde. Il est venu, caché avant de se montrer à découvert, toutes les fois que l'homme a mérité sa présence ; dans tous les temps, il est loin de ceux qui ne sont pas dignes de le posséder.

III. L'éducation du peuple juif et du genre humain, encore à l'état d'enfance, demandait les mêmes délais. Il fallait que la loi le régît par la crainte avant que le christianisme vînt le régir par la charité, et c'est encore le même dessein qui préside au salut de chacun. Le maître se sert de la crainte pour exciter les enfants au bien et les éloigner du mal. Il serait aussi contraire aux principes d'une bonne éducation de solliciter, par la charité, l'enfant ignorant et grossier, que d'aigrir et d'effaroucher l'adolescent par la crainte de châtiments toujours suspendus sur sa tête. L'enfant est-il capable d'atteindre, du premier pas, une haute sagesse ? Peut-il comprendre ce que c'est que l'amour filial et spirituel ? S'il en est ainsi, comment, durant son enfance, le genre humain aurait-il compris le Christ, le maître de la sagesse et le Dieu de l'amour ? Il fallait, avant lui, le régime de la crainte ; ainsi le veut la nature, surtout la nature viciée par le péché. Les délais de l'Incarnation n'étaient nullement arbitraires du côté de Dieu. Le commencement de la perfection vient de la crainte ; l'accroissement, de l'amour : telle est la voie qui conduit au salut, et l'homme et le genre humain tout entier. Tous les temps n'étaient donc pas opportuns. Les Juifs ne pouvaient que craindre : or il vaut mieux voir de loin que de près ce que l'on craint. « Parlez-nous vous-même, disait le peuple à Moïse, mais que le Seigneur ne nous parle point, de peur que nous ne mourions. » A celui qui aime, il faut la présence de l'objet aimé. Voilà pourquoi il convenait que le Christ vînt après l'enfance de la loi et au temps où le cœur de l'homme s'ouvrait aux premières aspirations de l'amour : « Nous n'avons pas reçu l'esprit de crainte et de servitude, mais l'esprit d'adoption par lequel nous appelons Dieu notre Père. » (S. Paul.)

Cependant, cette crainte judaïque n'était pas inutile au salut : « la crainte de Dieu est le commencement de la sagesse. » Elle dispose à la charité en aplanissant les aspérités du chemin qui conduit au cœur ; elle est aussi conforme à notre nature que la joie, la tristesse et l'amour. On habitue les yeux malades à une lumière douce et tempérée avant de les ouvrir à l'éclat du jour : c'est ce que fit la loi. Ainsi le Christ est venu dès le commencement du monde, il a formé l'enfance du genre humain afin de le préparer à recevoir le salut, comme il y prépare encore aujourd'hui chacun de nous. Et pourquoi le genre humain ne s'en ferait-il pas gloire, si chacun tient à honneur de racheter l'humiliation par la grandeur, de compenser la lenteur du progrès par la perfection qui couronne enfin ses efforts ?

IV. Il faut à l'enfant une nourriture délicate et proportionnée à ses forces ; des aliments solides ne lui sont bienfaisants qu'à un âge plus avancé : ainsi il convenait que Dieu donnât des biens temporels avant de proposer les biens éternels. L'homme s'étant perdu par l'amour des biens terrestres, le salut devait lui venir par la même voie. Mais comment ramener au faîte des grandeurs celui qui est enseveli dans l'abîme? Comment retourner vers les biens de l'esprit des cœurs subjugués par la chair, ramener vers le ciel des yeux captivés par l'attrait des biens sensibles? La sagesse de Dieu pouvait seule opérer ce changement. Il donne et retire tour à tour aux Juifs les biens temporels, afin de donner à entendre que tout vient de lui, qu'il réserve à son peuple des biens meilleurs et plus dignes d'un Dieu. Il envoie aux Juifs des prophètes, leur donne une loi, des sacrements, afin qu'après s'être courbés, suivant l'inclination de leur nature, vers des choses sensibles, ils se relèvent et aspirent vers les biens invisibles. Il donne à tous le livre de la nature, qui parle le même langage. La beauté du monde offert à nos regards et à nos méditations ne nous inspire-t-elle pas la pensée d'en connaître l'auteur, et la fuite spontanée de ces biens, la rapidité avec laquelle tout passe, change et tombe, ne nous avertit-elle pas de rechercher des biens plus stables? Lorsque les Juifs voyaient des nations idolâtres posséder une plus grande abondance de ces biens, comme il nous arrive aujourd'hui de les voir entre les mains des méchants, il ne leur restait qu'une alternative : envier le sort des idolâtres et adorer leurs dieux, pour en partager les faveurs, ou reporter leur esprit et leur cœur vers le Messie, auteur de l'éternelle félicité. C'est ce que faisaient les âmes saintes de l'ancienne loi, vrais disciples du Christ et de l'Évangile.

Ainsi l'Ancien Testament conduisait au Nouveau, et c'est la même vérité, la même charité qui illumine, quoique à des degrés divers, tous les âges du monde. L'affluence des biens temporels, ombres et figures des biens éternels, fut pour les uns l'espérance et comme la première aurore du Christ. Plus heureux, nous avons maintenant son humanité qui nous conduit à l'éternité du Verbe.

Dieu a fait pour le genre humain ce que nous faisons tous les jours pour les enfants. Avant de leur enseigner à aimer la justice pour elle-même, nous leur faisons sentir les avantages qu'elle procure, les inconvénients auxquels on s'expose en la violant; nous leur offrons les joies matérielles, avant de les convier aux joies de l'esprit. Nous plaindrons-nous de ce que l'on mette un jouet dans les mains de l'enfant avant d'y mettre un livre? De même reconnaissons que Dieu, en sollicitant le peuple juif par l'appât des biens temporels, lui offrait une nourriture proportionnée à ses forces. La manne, dans la bouche des Juifs, ne leur donnait pas une part aussi abondante à la charité et à la vérité, que le Christ dans le cœur des fidèles, mais c'était déjà le même médecin, apportant à son malade le remède qui devait préparer la guérison et lui rendre, en temps opportun, la vie et la force de l'âme. C'est ce que le poëte Prudence a si bien décrit dans les vers suivants :

> Sic ævi mortalis habet se mobilis ordo,
> Sic variat natura vices. Infantia repit,
> Infirmus titubat pueri gressusque animusque.
> Sanguine præcalido fervet nervosa juventus ;
> Mox stabilita venit maturi roboris ætas ;
> Ultima consiliis melior, sed viribus ægra
> Corpore succumbit mentem purgata senectus.
> His genus humanum per dissona tempora fluxit
> Curriculis ævum mutabile. Sic hebes inter
> Primitias, mersumque solo titubavit, et instar
> Quadrupedis, pueri lactantia viscera traxit.
> Mox tenerum docili ingenio, jamque artibus aptum
> Noscendis variâ rerum novitate potitum est.
> Inde tumens vitiis, calidos adolevit in annos,
> Donec decocto solidaret robore vires.
> Tempus adest ut jam sapiat divina, serenæ
> Mentis consilio vivamus, et abdita solers
> Quærere, et æternæ tandem invigilare saluti.
>
> (V. le P. Thomassin, *Dogmata theologica,
> de adventu Christi*).

4. Si l'homme n'avait point péché, Dieu se fût-il incarné?

Des Pères de l'Église et des théologiens soutiennent l'affirmative, mais ne la prouvent pas suffisamment (1). En effet, ce qui

(1) Suivant eux, le Fils de Dieu serait venu comme sanctificateur, comme *divinisateur* de la création.

dépend du simple vouloir de Dieu ne peut nous être connu que par l'Écriture. Or, toutes les fois qu'elle parle de l'Incarnation, elle la considère comme la réparation du péché, le salut du genre humain. N'est-il pas à croire que si nous n'avions pas eu besoin d'un Sauveur, Dieu ne se serait pas incarné? Cependant nous ne pouvons l'affirmer comme certain ; ce serait mettre des bornes à la puissance et à la bonté de Dieu.

QUEST. II. *Mode d'union du Verbe avec la nature humaine.* — 1. Cette union s'est-elle accomplie dans la nature ou dans la personne du Verbe ?

La nature d'un être, c'est la réunion de toutes ses qualités essentielles, l'essence de l'espèce dans laquelle il subsiste. Deux natures prises en ce sens peuvent s'unir ou en l'une ou en l'autre des manières suivantes :

1° Chacune d'elles reste entière et ne tient à l'autre que parce qu'elles concourent ensemble à une même forme matérielle : ainsi des pierres amoncelées, des pierres formant avec du bois une maison. Le tout qui en résulte ayant une forme matérielle et des limites, Dieu qui est sans limite et sans forme ne s'est pas uni ainsi à la nature humaine; d'ailleurs, l'union des deux natures en Jésus-Christ n'aurait été qu'accidentelle et non substantielle, ce qui est une hérésie.

2° Les deux natures réunies perdent leur propre identité, et leur mélange fait un tout qui diffère de l'une et de l'autre. Eutychès prétendait que telle avait été l'union de la nature divine avec la nature humaine, et que celle-ci avait été absorbée dans la nature du Verbe comme une goutte d'eau jetée dans une amphore de vin. Mais la nature divine est immuable ; elle ne peut se changer en une autre, ni une autre se changer en elle. D'ailleurs, il s'ensuivrait que Jésus-Christ, formé de cette union, ne serait semblable ni à son père ni à sa mère.

3° Les deux natures ne se mêlent pas ; mais, bien qu'elles restent distinctes, leur union en fait un tout complet, comme les membres du corps. Ce n'est pas non plus cette union qu'a réalisée le mystère de l'incarnation, car un membre séparé des autres n'est pas entier, et rien ne manque en Jésus-Christ à l'intégrité de chacune des deux natures : *Perfectus Deus, perfectus homo.* (Symb. de Saint-Athanase.)

Les membres forment un tout matériel, parce qu'ils sont composés de matière ; mais la nature divine n'a rien que de spirituel.

Le tout résultant de l'union des deux natures ne serait ni de la nature divine ni de la nature humaine ; la différence d'un tout en change la nature, de même que l'unité change le nombre.

Comme il n'est pas d'autre mode d'union possible, il s'ensuit que celle du Verbe avec la nature humaine ne s'est pas accomplie dans la nature, de telle sorte que des deux natures il se soit fait une seule nature en Jésus-Christ.

2. C'est donc dans la personne?

Il faut le reconnaître, sinon il ne reste plus qu'à nier la réalité de cette union, ce que des oreilles chrétiennes ne sauraient entendre sans frémir. La nature et la personne, au fond, ne diffèrent point. Ces deux mots signifient la même chose, mais l'expriment différemment. La nature, c'est l'espèce en général ; la personne, l'espèce individualisée. On ne peut rien ajouter, rien retrancher à la nature ; mais la personne reçoit des accidents et des principes d'individuation qui la distinguent de tout ce qui n'est pas elle. C'est en vertu de ces principes, et dans la personne du Verbe, que s'est accomplie l'union des deux natures, sinon elle n'a jamais existé, ce qui détruit de fond en comble le christianisme.

Mais qu'est devenue alors la personnalité de la nature humaine? Cette nature, en Jésus-Christ, aurait été moins excellente que dans l'homme ; car ce qui fait notre dignité, notre grandeur, c'est notre personnalité?

La nature humaine unie au Verbe perdit sa personnalité. En

fut-elle moins entière et moins parfaite ? Non, car elle acquit l'excellence de la personnalité divine. La personnalité de l'homme n'est qu'une limite de sa nature, un terme qui borne ses facultés et le sépare de tout ce qui n'est pas lui. Sans la personnalité dans les créatures raisonnables, sans le suppôt dans les créatures qui n'ont pas de raison, il n'y aurait que des abstractions, des êtres indéterminés. La personnalité les individualise, établit des limites qui les distinguent ; elle est donc quelque chose de négatif. Ma nature ne recevra-t-elle pas un accroissement de grandeur et de gloire si, dépassant les limites de ma personnalité humaine, c'est-à-dire les limites qui m'individualisent dans l'humanité, je subsiste dans une personnalité plus éminente et plus parfaite ? En s'unissant à la personne du Verbe, la nature humaine, loin de rien perdre de son excellence, ne fit qu'étendre son irradiation, sa sphère d'activité, et acquérir la perfection de la personne divine qui la terminait.

Les bêtes n'ont que la vie sensitive et animale. Les sens sont la limite de leur être et terminent leur suppôt. Le corps de l'homme, semblable à celui des bêtes, perd-il son intégrité, ou plutôt n'acquiert-il plus de dignité et de perfection lorsque l'âme, l'élevant au-dessus de la condition des bêtes, lui communique la dignité d'un être intelligent et libre ? Il en est de même de la nature humaine unie au Verbe.

3. Ce ne fut donc pas une union morale, mais réelle ?

Il s'est élevé contre l'Incarnation deux hérésies principales et entièrement opposées l'une à l'autre, celle d'Arius et celle d'Eutychès. Nous avons dit un mot de cette dernière. Arius prétendait non-seulement qu'il y avait en Jésus-Christ deux personnes, mais que les deux natures n'avaient eu entre elles qu'un lien moral. Dieu habitait en Jésus-Christ comme il habite dans un temple. Il aimait Jésus-Christ et lui était uni, comme il aime, comme il s'unit Pierre, si Pierre est un homme juste et vertueux. Suivant Arius, Jésus-Christ ne se servit de la nature humaine que comme d'un instrument qui lui était étranger. Il faut l'honorer, rendre hommage à ses vertus, mais ce serait tomber dans l'idolâtrie de rendre à Jésus-Christ le culte suprême de l'adoration. Marie, par conséquent, ne doit pas être appelée la mère de Dieu.

Le seul exposé de cette doctrine montre assez qu'elle renverse le fondement du christianisme ; elle est en contradiction évidente avec l'Écriture, qui attribue à Jésus-Christ les propriétés et les opérations des deux natures. S'il y avait eu en Jésus-Christ deux personnes, chacune aurait conservé l'appropriation de ses actes : *Actiones sunt suppositorum*. Or, l'Écriture attribue indifféremment à Jésus-Christ des œuvres qui annoncent en lui l'humanité ou la divinité.

Marie n'a pas engendré le Verbe, mais une nature humaine terminée par le Verbe, et j'en conclus qu'elle mérite d'être appelée mère de Dieu. Le terme de la génération, c'est le suppôt, ou la personne entière et parfaite. Or, Marie a engendré Jésus-Christ, dont la personne était Dieu. Voyez ce qui mérite aux femmes ordinaires le nom de mères. Elles n'engendrent point l'âme, souffle vivant venu de Dieu, mais seulement le corps de leurs enfants. Le corps est formé directement de leur substance, l'âme n'en vient qu'indirectement et à l'occasion du corps. Dira-t-on qu'elles ne sont pas la mère de la personne de leurs enfants? Marie mérite au même titre le nom de mère de Dieu.

Saint-Paul compare la nature humaine de Jésus-Christ à un vêtement, non pour dire que cette union était accidentelle comme la nôtre avec l'habit que nous portons, mais pour montrer que la nature humaine a fait connaître le Verbe, l'a révélé aux regards des hommes, comme notre habit nous fait connaître ; et de même que l'habit tire du corps humain sa forme et son excellence, la nature humaine, en Jésus-Christ, a reçu du Verbe la forme, l'excellence qui lui mérite les honneurs suprêmes.

Saint Jean Damascène compare aussi la nature humaine de

Jésus-Christ à un instrument ; mais il ne donne pas à ce mot le même sens qu'Arius. Il parlait d'un instrument hypostatiquement uni à la personne, comme les membres du corps. L'hérésiarque d'Alexandrie parlait d'un instrument extérieur étranger au corps, comme une hache, une épée.

Si l'union de la nature divine avec la nature humaine en Jésus-Christ a été intime au point de ne faire de ces deux natures qu'une seule personne, il se présente à l'esprit une difficulté dont on ne voit pas aisément la solution. Le Verbe est immuable. Or, en s'unissant la nature humaine, il a changé, puisqu'il s'est établi entre lui et l'humanité une relation qui, auparavant, n'existait pas ?

Le Verbe est immuable, et il a pu s'incarner sans subir aucun changement. Des deux termes unis, un seul a changé, la nature humaine. Elle est venue s'unir au Verbe, qui avait, en vertu de sa procession divine, une aptitude à la recevoir dans l'unité de sa personne. Pour que deux hommes séparés s'embrassent, il suffit que l'un s'avance, l'autre restant immobile.

La parole est aussi une sorte d'incarnation de la pensée. Ma pensée *en se faisant voix*, change-t-elle dans mon esprit? Ainsi le Verbe de Dieu, incarné, est resté immuable. Il n'a rien perdu, rien reçu dans l'Incarnation. Il n'a fait qu'exercer cette aptitude qu'il avait de prendre la nature humaine dans l'unité de sa personne. La nature humaine seule a changé, en participant à une personnalité dont, auparavant, elle était séparée.

Autre difficulté : le lien qui aurait uni les deux natures aurait été fini ou infini. Dans le premier cas, il ne pouvait atteindre le Verbe; dans le second, la créature ne pouvait le recevoir, car rien de créé n'est capable de renfermer l'infini?

Quelle est la nature du lien qui unit le corps à l'âme? S'il est matériel, il n'a pas de prise sur l'âme; s'il est spirituel, il ne saurait atteindre le corps. Tout en ignorant sa nature, vous savez qu'il existe, et vous ne faites pas difficulté d'y croire. Nous pourrions en dire autant du lien qui unissait en Jésus-Christ les deux natures, et borner là notre réponse ; mais allons plus loin. Ce lien n'est qu'une relation extérieure, un rapport qui s'établit entre deux termes, semblable au rapport d'une cause avec son effet. Pour qu'une cause produise un effet, faut-il qu'elle lui communique tout ce qu'elle possède ? Non ; elle ne peut, par exemple, lui donner ce qui la fait être cause. De même il n'est pas nécessaire que l'infini communique ses attributs au fini, et que le fini lui impose ses imperfections. Ils peuvent s'unir sans qu'il existe un fondement commun à l'un et à l'autre.

* Rappelons-nous que toute comparaison est défectueuse. Si celles dont les théologiens ont coutume de se servir au sujet de cette question ne satisfont pas entièrement l'esprit, ce sont au moins des analogies qui nous montrent l'absence de toute contradiction dans le mystère du Verbe incarné. La certitude de son existence étant fondée sur la parole de Dieu, n'est-il pas aussi raisonnable d'y croire qu'aux mystères de l'ordre naturel, crus de tout le monde, et cependant enveloppés de voiles impénétrables ?

Voici les différences qu'on remarque entre l'union du corps avec l'âme d'une part, et de l'autre, l'union de la nature humaine avec la nature divine en Jésus-Christ : 1° L'âme est imparfaite sans le corps, à plus forte raison le corps sans l'âme, parce que la nature humaine consiste dans leur union. Les deux natures en Jésus-Christ sont parfaites l'une sans l'autre, et séparées aussi bien que réunies, il ne leur manque rien.

2° D'où résulte la personnalité humaine ? De l'union de l'âme et du corps réunis, non de l'un ni de l'autre séparés. La personnalité du Verbe, qui est celle de Jésus-Christ, ne résulte pas de l'union des deux natures, mais existait parfaite avant d'*informer* la nature humaine.

3° On peut dire de Jésus-Christ que le Dieu est homme et que l'homme est Dieu : il serait absurde de dire d'un homme que son âme est corps et que son corps est âme. (V. le P. Petau, *De Incarn.*)

QUEST. III. *De l'union accomplie en ce mystère, du côté de la personne qui a pris le nature humaine.* — 1. Est-ce une personne ou la nature divine qui a pris, élevé vers elle, une nature créée ?

Le mot prendre avec soi (*ad se sumere*) renferme deux choses, un principe et un terme. Le principe a été une personne, car c'est aux personnes, aux suppôts qu'appartiennent les actions : *actiones sunt suppositorum ;* mais il venait de la nature divine commune aux trois personnes.

Quel est le terme de cette *assomption?* Nous l'avons vu, ce ne peut être que la personne. Donc c'est une personne qui a pris, élevé la nature humaine.

Cette assomption peut aussi s'attribuer, mais secondairement, à la nature divine, puisqu'elle s'est faite par la puissance de la nature. Je ne dis pas que la nature divine a pris, mais usant de la puissance de la nature, la personne du Verbe a pris et élevé jusqu'à la participation de sa personnalité, la nature humaine : « Nous disons, comme les bienheureux Athanase et Cyrille, que la nature de Dieu s'est incarnée. » (S. Jean Damascène.)

2. Le Fils pouvait-il seul s'incarner, ou aussi le Père et le Saint-Esprit ?

Le premier principe de l'assomption de la nature humaine, c'est la puissance divine. Or, la puissance, comme la sagesse, la bonté, est égale en chacune des trois personnes, qui est libre d'en user, comme nous le sommes, de porter nos facultés vers tel ou tel sujet. Si le Père s'était incarné, la puissance divine aurait terminé cette *assomption* dans la personne du Père ; si c'eût été le Saint-Esprit, elle l'eût terminée dans la troisième personne.

3. Était-il possible que plusieurs personnes prissent ensemble la nature humaine ?

Cette assomption s'est faite par la puissance de la nature divine. Or tout ce qui tient à la nature est commun aux trois personnes. Si l'une avait naturellement la faculté de s'incarner, les deux autres jouissaient de la même prérogative. Si elles en avaient usé simultanément, nous ne dirions pas que la nature humaine qui leur serait unie ne fait avec elles qu'une seule personne. Elle en ferait deux, trois, selon le nombre des personnes qui l'auraient prise ; mais plusieurs personnes ne feraient avec elle qu'un seul homme, comme plusieurs hommes ne font qu'un seul peuple.

4. Est-il quelque raison particulière pour laquelle le Fils devait s'incarner plutôt que le Père et le Saint-Esprit?

Comme l'artiste produit son œuvre d'après son verbe, sa parole intérieure, ainsi Dieu créa les êtres conformément à sa Parole, le Verbe fut la forme exemplaire de toutes choses. Quand un objet d'art tombe de vétusté ou qu'un accident le détériore, on le restaure selon son premier type, ses formes exemplaires. Il convenait donc que ce fût le Verbe qui vînt réparer l'œuvre faite à son image, en retoucher la forme mobile et changeante, selon sa forme immuable et éternelle : *instaurare omnia in Christo*. (Ephés.)

La sagesse, qui fait la perfection de l'homme, est une participation à la sagesse de Dieu. Qu'est-ce qui est en Dieu la sagesse? C'est son Verbe : « Le Verbe qui habite au plus haut des cieux est la source de la sagesse. » (Eccli., I, 5.) L'homme, pour être sage et parfait, doit donc se conformer au Verbe de Dieu, s'instruire à sa parole, comme l'élève à la parole de son maître.

La fin de l'Incarnation, c'est d'accomplir le nombre de ceux qui sont destinés à l'héritage céleste. Or, l'héritage n'est dû qu'aux enfants : « Si filii, et hæredes. » (Rom. VIII, 17.) Ne convenait-il pas que l'homme reçût l'adoption, par celui qui est le Fils selon la nature?

Un désir immodéré de savoir avait perdu le premier homme. Celui qui est la science même, le Verbe de Dieu, s'est fait son

Sauveur, et en le relevant, lui a donné cette science dont ce désir déréglé avait causé sa chute. Nous avions outragé Dieu en voulant avec désordre la science. Dieu non-seulement nous l'accorde, mais nous envoie, pour nous instruire, celui qui est la science même !

QUEST. IV. *De l'union accomplie en ce mystère, du côté de la nature humaine.* — Considérons maintenant l'union du Verbe, du côté de la nature qu'il a prise et élevée si haut. 1. Pourquoi a-t-il pris la nature humaine préférablement à toute autre nature ?

Rien ne l'y forçait, car nous n'avions aucun droit à l'ordre surnaturel ; nous ne pouvons en donner que des raisons de convenance.

La créature animale en était moins digne, n'étant pas, comme la nôtre, douée d'intelligence et d'amour : « Ses délices sont d'être avec les enfants des hommes. »

Elle était moins propre à cette union, parce qu'elle est privée de la substance spirituelle, qui est l'anneau de jonction entre le Verbe et l'homme.

La nature angélique, plus excellente que la nôtre, se rapproche davantage de la Divinité ; mais les anges restés fidèles n'ont pas besoin de sauveur, les anges prévaricateurs sont irrévocablement fixés dans le mal. Nous en avons dit ailleurs la raison : c'est que les anges ne pensent pas, comme nous, en allant lentement et péniblement d'une vérité à une autre. Leur intelligence saisit d'un seul regard ce qui est l'objet de son attention, de la même manière que nous saisissons les premiers principes. Ils sont libres avant de choisir ; leur choix, une fois fait, est irrévocable. S'ils ont fixé leur volonté dans le bien, elle y est à jamais confirmée ; si c'est dans le mal, elle ne peut plus en sortir, et leur péché est irrémissible.

2. Convenait-il qu'il prît la nature humaine issue d'Adam ?

C'est la nature humaine transmise d'Adam à tous ses enfants

qui a péché ; il convenait, pour satisfaire aux droits de la justice, que la même nature fît pénitence.

Le démon l'avait vaincue dans celui qui en était le principe ; elle a vaincu à son tour son antique ennemi.

N'était-ce pas aussi le moyen de faire éclater la gloire de Dieu qui, d'une nature faible et corrompue, fit en Jésus-Christ une nature douée de tant de puissance et de grandeur ? C'est pourquoi il convenait « qu'il fût en tout, excepté le péché, semblable à ses frères. » (Hébr., II, 17.)

QUEST. V. *Intégrité de la nature humaine en Jésus-Christ.* — 1. Le corps de Jésus-Christ était-il un corps semblable au nôtre, composé de chair et d'os ?

Il s'éleva dans les premiers siècles de l'Église, une foule d'hérétiques qui nièrent la réalité du corps de Jésus-Christ. Les uns disaient que c'était un fantôme, une apparence de corps humain ; les autres, que c'était un corps aérien, de même nature que les astres, etc.

Il est de foi que Jésus-Christ avait la nature humaine dans son intégrité. Avons-nous un corps aérien ? ou bien l'homme n'est-il qu'un fantôme ?

Jésus-Christ a éprouvé les mêmes besoins que nous, la faim, la soif, la fatigue, il a souffert et il est mort. S'il n'avait un corps de chair et d'os, comment admettre tous ces faits, que nous lisons à chaque page du Nouveau Testament ?

Il est la vérité même. Était-il digne de lui de paraître d'une manière fictive ?

Lorsque ses apôtres, effrayés de le voir tout à coup au milieu d'eux, le prenaient pour un esprit, un ange ou un démon : « Voyez, leur dit-il, mes mains et mes pieds. Touchez-moi et considérez qu'un esprit n'a ni chair ni os, comme vous voyez que j'en ai. » (S. Luc, dern. ch., 39.)

2. Avait-il une âme semblable à la nôtre ?

Le nier serait dire qu'il n'a pas eu la nature humaine, ce qui est une hérésie.

Le Sauveur fut accessible à des passions qu'une âme seule peut éprouver. L'ennui, la crainte, la tristesse s'emparèrent de lui et l'accablèrent à tel point qu'il s'écria : « Mon âme est triste jusqu'à la mort. »

Il a été dans l'étonnement et l'admiration. Or, nous admirons quand notre esprit voit un effet dont il ignore la cause.

Devant rendre libre l'homme tout entier, il devait prendre dans leur réalité son corps et son âme.

S'il n'a pas eu une âme humaine, l'incarnation n'est pas un fait accompli : car c'est par l'âme que le sang, la chair, les os forment un corps humain.

Lorsque saint Jean dit que le Verbe s'est fait chair, il nomme la partie pour le tout, et montre la grandeur de son amour. Combien ne nous a-t-il pas aimés, lui qui, pour nous sauver, a uni deux termes si éloignés, le Verbe et la chair !

QUEST. VI. *Ordre de l'union.* — Le Verbe s'est uni au corps humain par le moyen de l'âme.

Moyen veut dire milieu entre le principe et la fin. Il y a, entre tout principe et toute fin, un milieu, comme il y règne toujours un ordre. Or, il faut distinguer l'ordre de temps et celui de nature. Quel fut l'ordre du temps dans lequel s'accomplit *l'assomption* de la nature humaine au Verbe? Nous verrons, en parlant de sa conception, qu'il prit simultanément l'âme et le corps humains. Quant à l'ordre de nature, Dieu agissant d'abord par l'intermédiaire des substances qui sont le plus rapprochées de lui, et l'âme, substance spirituelle, l'étant plus que le corps, l'ordre de la Providence demandait que le Verbe s'unît au corps par l'âme, qu'elle fût leur milieu, leur anneau de jonction.

QUEST. VII. *Grâce de Jésus-Christ.* — Après avoir montré l'union du Verbe avec la nature humaine, il faut dire quels en furent les effets. Aucun ne s'accomplit dans le Verbe, car il est immuable et au-dessus de toute vicissitude. La nature humaine seule éprouva quelque changement. Quels furent, après son assomption à la personnalité divine, ses qualités et ses défauts ? C'est ce que nous étudierons dans les questions suivantes.

1. Peut-on dire que l'âme de Jésus-Christ avait la grâce habituelle ? Cette grâce est une participation à la nature divine. (II S. Pierre, I, 4.) Or, Jésus-Christ n'y participait pas seulement comme les créatures ornées de la grâce, mais était Dieu par nature ?

Plus un récipient s'approche de la source qui doit le remplir, plus il y puise abondamment. L'âme humaine étant naturellement apte à recevoir la grâce, et unie, en Jésus-Christ, à Dieu qui en est la source, des trésors de grâces durent remplir l'âme du Sauveur.

La nature humaine, hypostatiquement unie à la Divinité, devait faire des actions dignes d'un Dieu. Il fallait donc que son âme reçût par la grâce une force surnaturelle.

Médiateur entre Dieu et les hommes (I Tim., II), il devait posséder la grâce, afin de la répandre sur le genre humain, qu'il venait réconcilier avec Dieu : « Nous avons tous reçu de sa plénitude, et il nous a donné une grâce intérieure pour la grâce extérieure de la loi. » (S. Jean, I, 16.)

Je réponds à l'objection : Jésus-Christ avait la nature divine, mais aussi la nature humaine, qui en était distincte ; elle ne pouvait donc que participer, comme la nôtre, à la Divinité par la grâce.

2. Jésus-Christ eut-il toutes les vertus ? Il ne put exercer la libéralité et la magnificence, puisqu'il n'avait pas où reposer sa tête (S. Matt., VIII, 20), ni la tempérance, car il ne sentit pas l'aiguillon des passions mauvaises ?

La grâce descend sur l'essence même de l'âme, et c'est dans cette essence que s'épanouissent les vertus. D'où il suit que la grâce est la source première, le principe de toute vertu. Un effet participe toujours à l'excellence de son principe. Or, en Jésus-

Christ, la grâce était parfaite. Elle suffisait donc pour sanctifier toutes les puissances de son âme et produire en chacune d'elles la vertu.

La libéralité et la magnificence consistent à apprécier les richesses à leur juste valeur et à les fouler aux pieds pour atteindre un plus grand bien. N'est-ce pas ce que fit Jésus-Christ en vivant dans une si grande pauvreté, qu'il n'avait pas où reposer sa tête ?

Il exerça, d'une certaine manière, la libéralité, en persuadant aux autres de faire l'aumône, et en l'ordonnant quelquefois à ses disciples. Lorsqu'il dit à Judas : « Ce que vous faites, faites-le au plus tôt, » les apôtres crurent que Judas, portant la bourse, le Sauveur lui disait de donner quelque chose aux pauvres. (S. Jean, XIII, 27.)

Il pratiqua aussi la vertu de tempérance. Nous avons vu qu'elle consiste bien plus dans l'absence que dans la répression des passions désordonnées.

3. Est-ce que Jésus-Christ pouvait avoir la foi et l'espérance ?

Il avait, dès le premier instant de son existence, la vision intuitive qui exclut la foi. Cependant il eut le mérite de cette vertu, dont le caractère principal est la disposition où nous sommes d'obéir en toutes choses à Dieu, notre règle suprême : « Il a obéi jusqu'à la mort. » (Phil., II, 8.)

Comme l'objet de la foi est une vérité que l'on ne voit pas, l'objet de l'espérance est un bien dont nous n'avons pas la possession. Jésus-Christ, étant Dieu, ne pouvait, comme nous, espérer qu'il jouirait un jour de sa présence. Néanmoins il n'avait pas, avant sa mort, tout ce qui fait aujourd'hui sa perfection, l'immortalité et la gloire des corps ressuscités. Il espérait que Dieu lui donnerait ce bien, et avait sous ce rapport l'espérance.

4. Jésus-Christ avait-il les dons de l'Esprit-Saint ?

On appelle ainsi les grâces éminentes qui ornent notre âme, et par lesquelles elle se laisse mouvoir et conduire aux impulsions divines. Telle était, au degré le plus sublime, l'âme de Jésus-Christ : « Rempli du Saint-Esprit, il vint des bords du Jourdain, et fut conduit par le même Esprit dans le désert. (S. Luc, IV, 1.)

5. Est-ce qu'il pouvait avoir le don de crainte ?

On peut craindre le mal d'une juste punition, ou une puissance aux mains de laquelle il n'est pas facile de se soustraire, car on ne craint que ce que l'on ne peut éviter sans peine. Jésus-Christ, jouissant de l'impeccabilité, comme je le montrerai tout à l'heure, ne pouvait avoir la première de ces craintes ; mais il eut la seconde, c'est-à-dire, une crainte, un respect profond pour la grandeur et la majesté de Dieu : « Il a été exaucé pour son humble respect. » (Hébr., v, 7.)

6. Eut-il le don de prophétie ?

Le mot prophète veut dire, qui voit ou qui annonce des choses éloignées (*procul videns*). Il faut, pour être un prophète proprement dit, connaître et annoncer des choses naturellement inaccessibles aux sens et à l'intelligence de l'homme, des choses dont le temps ou le lieu nous est naturellement inconnu. Si quelqu'un annonçait en France un événement qui se passe actuellement en Turquie, ou qui s'accomplira, n'importe en quel pays, dans un temps qui échappe à toute prévision naturelle, cet homme serait un prophète ; la connaissance qu'il aurait ne pouvant venir que d'une révélation surnaturelle. Jésus-Christ fit-il des prophéties de ce genre ? Oui, entre autres celles de la dispersion de ses apôtres avant sa mort, de la prédication de son Évangile dans le monde entier, de la ruine de Jérusalem, avec toutes les circonstances qui devaient la précéder, l'accompagner et la suivre, et il en donna des détails si précis et si bien confirmés par l'événement, que l'Évangile qui les rapporte semble plutôt une histoire écrite sur les ruines de cette ville qu'une prophétie.

7. Eut-il la plénitude de la grâce ?

Nous avons la plénitude d'une chose quand nous la possédons entière et parfaite. Son intégrité consiste dans la quantité et la puissance : un corps aussi blanc qu'il peut l'être a la plénitude de la blancheur ; l'être qui a la vie au plus haut degré possède la vie dans sa plénitude. Elle n'est pas dans la plante et la bête, douées seulement de la vie sensitive et de la vie animale ; mais elle est dans l'homme qui a, de plus, la vie intellectuelle. Jésus-Christ possédait, dans ces deux sens, la plénitude de la grâce. L'union hypostatique lui permettait de puiser sans fin à la source des grâces et de recevoir toutes celles dont une créature est capable.

Comme c'est de lui qu'elles découlent dans nos âmes, personne ne peut en avoir une plus grande abondance, ni la manifester avec plus d'éclat : un ruisseau n'a pas plus d'eau que sa source ; un effet plus de puissance que sa cause : « Nous l'avons vu plein « de grâces. » (S. Luc, I, 14.)

L'ange Gabriel, en saluant Marie, dit aussi qu'elle était pleine de grâces (S. Luc, I, 28), et nous lisons aux Actes des apôtres « qu'Étienne était plein de grâce et de force. (VI, 81.)

Mais, en lisant avec attention le texte de saint Jean, on voit la raison pour laquelle l'apôtre attribue à Notre-Seigneur la plénitude de la grâce : c'est qu'il était le Fils unique du Père : « Vidimus « eum, *quasi Unigenitum à Patre*, plenum gratiæ... » Il la possédait donc au plus haut degré où elle puisse atteindre, et pouvait produire tous les effets possibles à la grâce. Si Marie et saint Étienne en réunirent aussi la plénitude, ce fut dans un autre sens, pour une raison différente, afin d'accomplir la mission à laquelle Dieu les avait appelés. Ils ne la possédèrent ni aussi abondante, ni aussi efficace ; ce n'était qu'une participation à la grâce dont Jésus-Christ seul avait la source et la plénitude.

8. Peut-on dire que la grâce en Jésus-Christ était infinie ?

La grâce de l'union se terminant dans le Verbe, était sans mesure et sans limite. Il n'en est pas ainsi de la grâce habituelle.

Reçue dans l'âme de Jésus-Christ comme dans son sujet, elle avait des limites, elle était créée.

Néanmoins on pourrait l'appeler infinie, en ce sens qu'elle réunissait toutes les conditions et pouvait s'étendre à tous les effets de la grâce : ainsi on dit infinie la lumière du soleil, parce que rien ne lui manque de ce qui est essentiel à la lumière, et qu'elle peut en produire tous les effets.

9. Si la grâce de Jésus-Christ était infinie, de quelque manière que ce soit, comment se fait-il qu'à mesure qu'il croissait en âge, il croissait en sagesse et en grâce devant Dieu et devant les hommes ? (S. Luc, II, 52.)

Dieu a fait toutes choses avec poids et mesure. Que la forme spécifique d'un être ne puisse augmenter, cela tient ou à la capacité du sujet qui la reçoit, ou à l'essence même de cette forme, arrivée au plus grand développement qu'il lui soit possible d'atteindre : par exemple, l'air n'est capable que d'une certaine quantité de chaleur ; il est des limites au delà desquelles on ne peut élever sa température. D'un autre côté, la chaleur du feu est la plus grande qu'il soit possible de trouver, parce qu'elle est la forme spécifique de toute chaleur ; pour la même raison, le poids qui fait tomber les corps graves ne saurait jamais dépasser le poids de la terre. Or, Dieu donne à une forme spécifique des limites plus ou moins étendues, selon la fin à laquelle il la destine. Quelle est la fin de la grâce ? L'union de la créature raisonnable avec Dieu. Comme il n'en est pas de plus intime que l'union avec une personne divine, il s'ensuit qu'en Jésus-Christ la grâce avait atteint son plus haut développement, et que son âme ne pouvait croître en grâce.

Ces paroles de l'Évangile signifient qu'à mesure qu'il croissait en âge, Jésus-Christ montrait aux hommes plus de sagesse et faisait des actes qui annonçaient plus de vertu.

QUEST. VIII. *Grâce de Jésus-Christ en tant que chef de l'Église.* — 1. Saint Paul compare l'Église au corps de l'homme, parce que, comme le corps avec ses membres, elle produit dans son unité des actes divers. Or, la tête est, de toutes les parties du corps, la première et la plus élevée : c'est pourquoi le commencement d'une chose en est appelé la tête. Tous les sens, soit intérieurs, soit extérieurs, s'y trouvent réunis ; le reste du corps n'a que le toucher. Enfin, c'est de la tête que partent les forces motrices et directrices du corps tout entier. De même Jésus-Christ occupe dans l'Église la place la première et la plus élevée, puisque sa nature humaine est hypostatiquement unie à la Divinité. Possédant la plénitude de la grâce, il réunit tous les sens de l'homme spirituel. C'est lui aussi qui, en épanchant la grâce sur tous ses membres, anime et dirige son corps mystique.

2. N'est-il pas, en un sens, le chef de nos corps ?

L'âme est la forme du corps ; c'est d'elle qu'il reçoit le mouvement, la vie, toutes les propriétés qui conviennent au corps humain. Or, nos âmes reçoivent de Jésus-Christ sa propre vie, et, vivifiant nos corps, leur communiquent la vie même de Jésus-Christ : « Consacrez-lui les membres de votre corps, pour lui servir d'armes de justice. » (Rom., vi, 13.)

Il est aussi leur chef, parce qu'un jour il leur procurera la vie de la gloire : « Celui qui a ressuscité Jésus-Christ d'entre les morts, donnera aussi la vie à vos corps mortels, par son esprit qui habite en vous. » (Rom., viii, 2.)

3. Est-il le chef de tous les hommes, même des infidèles ?

Il y a cette différence entre le corps mystique de l'Église et le corps humain, que les membres de celui-ci existent tous dans le même temps, mais les membres de l'Église se succèdent depuis le commencement jusqu'à la fin des siècles. Les uns sont unis à Jésus-Christ par la gloire, les autres par la charité, d'autres seulement par la foi. Il en est enfin qui n'ont avec lui d'autre lien que l'aptitude à croire. Parmi ceux-ci, les prédestinés seuls lui seront réellement incorporés ; les autres, qui déjà n'y tiennent que de loin pendant leur vie, cesseront totalement d'en être les membres quand la mort fera cesser leur puissance d'embrasser la foi.

Bien que les infidèles ne soient pas actuellement dans l'Église, ils ont la puissance d'y entrer, puissance qui vient de leur libre arbitre, et surtout de Jésus-Christ dont les mérites suffisent pour sauver le genre humain tout entier. Tels sont les divers modes d'union avec Jésus-Christ, les liens plus ou moins étroits par lesquels tous les hommes tiennent à son corps mystique.

4. Est-il aussi, en tant qu'homme, le chef des anges ?

On appelle corps toute multitude qui tend vers une seule et même fin : ainsi on dit un corps d'armée, un corps de nation. Les anges n'ont-ils pas la même fin que l'homme ? La fin commune aux uns et aux autres, c'est la vision intuitive. Où il n'y a qu'un corps, il ne faut qu'une tête. C'est le même Jésus-Christ qui donne aux anges et aux hommes la grâce et la gloire : « Il est la tête de toute principauté et de toute puissance. » (Coloss., II, 10.) Il en est de même des autres ordres célestes. C'est pourquoi « les anges s'approchèrent et le servirent. » (Matth., IV, 2.)

5. Quel est le chef de ceux qui font le mal ?

Non-seulement la tête influe sur les actes intérieurs, mais aussi elle préside aux actes extérieurs et les dirige vers une fin : c'est en ce sens qu'un prélat, un prince est dit la tête de la multitude qu'il gouverne. Le diable gouverne ainsi les méchants. Son péché fut le premier, et ils tendent tous de concert et sous sa conduite à une même fin, qui, sous prétexte d'affranchissement et de liberté, est l'aversion de la créature raisonnable, loin de Dieu.

Mais n'est-ce pas, selon l'Évangile, l'Antechrist qui est la tête des méchants ?

L'Antechrist ou le démon qui prévaudra à la fin du monde, ne pourra solliciter au péché les hommes qui auront vécu avant son règne, ni être par conséquent leur chef en les entraînant dans la révolte, mais il le sera par la gravité de son crime. Il aura la plénitude de la malice, comme on a vu en Jésus-Christ la plénitude de la grâce. Ainsi, tous les méchants sont ses hérauts et ses précurseurs : « le *mystère* d'iniquité se forme dès à présent. » (II Thess., II, 7.)

QUEST. IX, X, XI, XII. *De la science de Jésus-Christ.* — 1. Avait-il, outre la science divine, une science humaine ? Celle-ci, ce semble, eût été inutile. D'ailleurs la lumière divine devait effacer en lui toute autre lumière ?

L'âme de l'homme est d'abord vide de toute idée. C'est une table rase, une toile qui s'étend devant le peintre, en puissance de recevoir les couleurs et les empreintes qu'y tracera l'intellect actif. Ce qui est en puissance est moins parfait que ce qui est en acte. Mais comment supposer quelque chose d'imparfait dans Jésus-Christ qui unissait la divinité à l'humanité et nous apportait la perfection ?

La fin de toute chose, c'est d'agir, de développer son activité ; pourquoi Jésus-Christ aurait-il eu une âme humaine, sinon pour en exercer les facultés ? Or, il avait en acte tout ce que nous avons en puissance.

Il est une science naturelle à l'âme, celle qu'elle a des premiers principes. Le Verbe ayant pris notre nature tout entière, et Jésus-Christ possédant en acte tout ce que nous avons en puissance, je conclus qu'il avait une science créée.

Sans doute, la science divine suffisait à Jésus-Christ, mais la nature humaine était incapable de l'avoir, parce qu'elle ne pouvait produire un acte infini. Ces deux sciences n'étant pas de même nature, l'une n'effaçait pas l'autre, comme la lumière du soleil, celle de ma lampe. Au contraire, la science divine ajoutait à la clarté de la science humaine et la perfectionnait ; ainsi l'air reçoit du soleil l'éclat et la lumière.

2. S'il avait une science créée, c'était sans doute la vision intuitive ?

Comme il n'y a rien dans l'effet qui ne soit dans la cause, ce qui est en puissance ne saurait passer en acte que sollicité par un être qui jouit de cet état d'activité : le bois ou tout autre corps ne peut être allumé que par le feu. L'homme a la puissance de la vision intuitive. De qui en attend-il l'acte ? de Jésus-Christ ; donc le Sauveur avait la vision intuitive : « Il convenait que celui qui avait conduit de nombreux enfants dans la gloire... » (Hébr., II, 10.)

La nature humaine était unie au Verbe, qui est la lumière de Dieu, mais étant distincte de la nature divine, elle ne pouvait voir le Verbe que dans une lumière créée. C'est pourquoi elle n'en avait pas une connaissance entière et parfaite, l'acte d'une créature ne pouvant embrasser l'infini.

Les bienheureux voient dans la lumière de la gloire tout ce qui est essentiel à leur bonheur et à leur dignité. Jésus-Christ voyait dans cette lumière le passé, le présent et l'avenir, parce que toutes choses, au ciel et sur la terre, relèvent de lui. Il connaissait aussi les pensées des hommes. (S. Jean, II, 25.) Étant leur juge, il ne doit rien ignorer de ce qui concerne leur cause.

3. N'avait-il pas aussi la science infuse ?

La personnalité divine qui terminait la nature humaine veut que nous admettions en Jésus-Christ toutes les perfections dont la créature est capable. Or notre âme est en puissance de recevoir dans l'intellect passif les formes intelligibles de tout ce que nous pouvons comprendre. Mais ce qui est en puissance est imparfait. Il faut donc supposer dans l'âme de Jésus-Christ une science divinement infuse, qui aura mis en acte toutes ses puissances ; une science semblable à celle que Dieu donna aux anges, le jour de leur création. Saint Augustin distingue en eux la science du matin et celle du soir. Par la première, ils contemplaient toutes choses dans le Verbe ; par la seconde, leur intelligence percevait les formes intelligibles, comme nous voyons dans l'intellect passif, les formes que l'intellect actif a spiritualisées.

La science infuse mettait en acte toutes ses puissances. Deux agents peuvent produire cet effet, l'agent naturel et l'agent surnaturel. Donc Jésus-Christ eut la science infuse de ce que l'homme sait naturellement, et de ce qu'il apprend par une révélation surnaturelle.

4. Jésus-Christ avait-il une science acquise?

Il possédait, à un degré éminent, toutes les qualités dont Dieu a doué notre nature. Or, c'est le propre de la nature d'acquérir la science, et voici comment : L'intellect actif reçoit du dehors les images des objets sensibles, les spiritualise en les séparant des fantômes ou formes matérielles, et les présente à l'intellect passif, où ces images deviennent une idée, une connaissance acquise. Jésus-Christ, possédant la nature humaine, avait comme nous l'intellect actif et l'intellect passif. Si Dieu ne fait rien d'inutile dans les autres, à plus forte raison dans Jésus-Christ ; donc son intellect actif ne resta pas dans l'inaction, et acquit des connaissances.

L'intellect humain acquiert la science de deux manières : l'invention, qui est la plus noble, et l'audition. Jésus-Christ l'acquit de la première, qui est la plus excellente et la plus digne d'un grand esprit.

Comme il eut par infusion toutes les connaissances dont l'intellect passif est capable, il acquit par l'expérience tout ce qui est du domaine de l'intellect actif. Il ne faut rien supposer d'imparfait en Jésus-Christ. Tout en lui atteignit le plus haut degré de perfection où notre nature puisse être élevée. Ce n'est pas qu'il ait tout expérimenté, mais, aidé de quelques expériences, il alla comme nous par voie de déductions à des connaissances plus étendues.

C'est ainsi qu'en vertu de son union avec le Verbe, la nature humaine était conduite à la science, et de toute part inondée de lumière.

QUEST. XIII. *Puissance de l'âme de Jésus-Christ.* — 1. L'âme de Jésus-Christ était-elle toute-puissante?

Un être ne peut sortir des limites de sa forme spécifique, qui est sa sphère d'activité, déterminée et infranchissable. Les deux natures de Jésus-Christ étant restées distinctes dans leur union, son âme n'avait qu'une forme créée, êt une puissance limitée.

2. Avait-elle une puissance illimitée, au moins à l'égard de son corps?

Jésus-Christ était en tout semblable à ses frères. (S. Paul.) Or, notre nature est telle que ce qui lui est propre et nécessaire, comme la santé, la nutrition et la croissance, dépend non de notre raison, mais de celui qui est l'auteur même de la nature. Son âme ne pouvait pas plus déroger à la disposition naturelle de son corps qu'à celle des corps qui lui étaient étrangers.

Comme instrument du Verbe, elle avait un empire absolu sur son corps, mais l'action appartenant à l'agent principal doit s'attribuer au Verbe plutôt qu'à l'âme de Jésus-Christ.

Cependant elle n'a jamais rien voulu qui fût au-dessus de sa puissance naturelle. Il ne convenait point à sa sagesse de vouloir des choses qui n'eussent pas relevé de son empire. Si elle a voulu la résurrection de son corps et tous les miracles que fit le Sauveur, elle ne les voulait que comme œuvres de la puissance divine.

QUEST. XIV, XV. *Défauts de la nature humaine en Jésus-Christ.* — Quelles que fussent en Jésus-Christ les qualités de la nature humaine, elle n'était pas sans défaut, sinon elle n'aurait pas été semblable à la nôtre.

1. Jésus-Christ prit-il le péché ou au moins le foyer du péché?

Jésus-Christ prit ceux de nos défauts qu'il lui fallait afin de pouvoir satisfaire pour nous, montrer en lui la réalité de la nature humaine, et nous donner l'exemple de la vertu; lui supposer d'autres défauts, serait outrager sa divine personne. Or, le péché, loin d'être nécessaire, est contraire à chacune de ces trois fins. Dieu n'a pas pour agréables les dons des méchants. (Eccl., xxxiv, 23.) Le péché ne tient pas à l'essence de notre nature, et il est de plus la négation de la vertu dont Jésus-Christ venait nous montrer le modèle accompli : « Il n'a pas fait le péché, nulle parole trompeuse n'est sortie de sa bouche. » (I S. Pierre, II, 22.)

Il ne prit pas non plus le foyer du péché : « Ce qui naquit en Marie était l'œuvre de l'Esprit-Saint. » (S. Matt., I, 20.)

Plus les puissances sensitives obéissent à la raison, plus l'ordre et le calme se font dans l'âme, et restreignent les limites du foyer du péché; lorsque la tempérance, la douceur ont dompté ces puissances, la raison règne presque sans combat. Jamais le plus léger désordre ne troubla, en Jésus-Christ, l'harmonie des puissances inférieures. Il revêtit la nature humaine exempte de tout désordre, après avoir éteint en elle le foyer qu'y alluma le péché du premier homme.

2. Sa nature humaine était-elle aussi exempte de passion ?

Fixons bien le sens que vous donnez au mot de passion. Entendez-vous une douleur résultant de la lésion du corps et perçue par l'âme à cause de l'union intime qui existe entre eux et n'en fait qu'un seul et même être ? Jésus-Christ y fut sujet, puisque son corps était comme le nôtre, passible et mortel.

Donnez-vous à ce mot le sens de passion proprement dite, c'est-à-dire, sont-ce des affections de l'appétit sensitif sollicité vers un bien sensible ? Jésus-Christ les éprouva aussi, mais d'une autre manière que nous : jamais elles ne le sollicitèrent à des choses illicites, ne prévinrent jamais l'usage de sa raison, n'en entravèrent jamais le libre exercice. Il ne faut pas oublier ces trois différences, sinon vous vous feriez une fausse idée des souffrances de sa passion et de sa mort.

3. Est-ce que la vision béatifique ne l'empêchait pas d'éprouver la douleur sensible ?

Il faut, pour avoir le sentiment de cette douleur, une lésion perçue par un sens. Le corps du Sauveur, passible et mortel, était-il à l'abri de toute lésion ? Et, doué de toutes les propriétés naturelles au corps humain, ne pouvait-il la percevoir ? « *Verè languores nostros ipse tulit, et dolores nostros ipse portavit.* » (Is., LIII, 4.)

Il retenait, dans la partie supérieure de l'âme, la joie de la vision intuitive, et ne la laissait pas descendre dans la partie inférieure, qu'il laissait en proie au martyre et aux plus violentes douleurs.

* Des maîtres de la vie spirituelle, entre autres M. Olier, disent que durant la Passion, la partie inférieure de son âme était privée de toutes les lumières qui n'étaient pas nécessaires pour agir moralement, c'est-à-dire avec le degré de connaissance qu'exige un acte libre. De là ce trouble du Sauveur, cette plainte qui s'échappe de ses lèvres, cet oubli des oracles qui annonçaient sa gloire.

4. La vision intuitive empêchait-elle le Sauveur de ressentir la passion de la tristesse ? — On peut faire la même réponse. Qu'est-ce qui produit en nous la tristesse ? C'est un mal intérieur, perçu par l'intelligence ou l'imagination. Je m'attriste en pensant à la perte de la grâce ou de ma fortune. Jésus-Christ saisit ainsi les maux de sa passion et de sa mort ; il vit la défection de ses apôtres, le crime que commettaient les Juifs déicides, etc., et aucune douceur de la contemplation ne venait tempérer l'amertume de sa tristesse : « Mon âme est triste jusqu'à la mort. »

Cependant, rappelez-vous les trois différences que nous avons signalées en parlant de sa douleur sensible.

5. Éprouva-t-il la passion de la crainte, de l'admiration, de la colère ?

« Il fut saisi de crainte. » (S. Marc, xiv, 33.) Cette passion est l'appréhension d'un mal futur, comme la tristesse est celle d'un mal présent. Je remarque dans cette appréhension l'appétit sensitif qui fuit naturellement le mal physique, et l'incertitude, comme lorsqu'au milieu des ténèbres nous entendons du bruit et n'en savons pas la cause. Jésus-Christ ayant une nature semblable à la nôtre, éprouva cette aversion de l'appétit ; il n'eut pas l'incertitude, si ce n'est peut-être durant sa passion, dans le sens que je viens de dire.

L'admiration naît en nous à la vue d'une chose nouvelle dont la cause nous est inconnue. Jésus-Christ ne pouvait admirer que pour montrer sa science expérimentale et nous enseigner ce qui est digne de notre admiration : *Omnes ergo tales motus, non perturbati animi signa sunt, sed docentis magistri.* (S. Aug.)

La colère vient de la tristesse et du désir de la vengeance. Recevant une injure ou percevant un autre mal présent, je brûle de le repousser loin de moi : voilà la colère. Elle est permise quand la raison la montre en harmonie avec la vérité et la justice. Telle fut la colère de Jésus-Christ lorsque, armé d'un fouet, il voulut faire cesser un mal commis dans le temple. Il éprouva aussi la colère de l'homme juste qui, ne pouvant empêcher le mal dont il est témoin, tolère et gémit. (S. Aug.)

6. Le corps de Jésus-Christ était-il soumis aux mêmes défauts, aux mêmes infirmités que le nôtre ?

Il convenait qu'il en fût ainsi, car Jésus-Christ venait satisfaire pour nous, et celui qui se met à la place du coupable doit subir la peine de la faute. Or, les peines du péché auxquelles nous sommes soumis, sont la mort, la faim, la soif, la fatigue, etc. : « Il a vraiment éprouvé nos langueurs. » (Is.)

En se soumettant aux faiblesses humaines, il montrait mieux aux incrédules la vérité de son incarnation. Qui aurait nié qu'il eût un corps humain, lorsqu'on le voyait s'asseoir fatigué, se nourrir, pressé par la faim? Ainsi la vue de ses plaies fit revenir saint Thomas à la foi qu'il avait perdue avant la résurrection.

Comme il voulait nous donner l'exemple de toutes les vertus, il convenait qu'il éprouvât nos infirmités, afin de nous servir de modèle et d'exemple de patience dans les adversités de cette vie : « Pensez donc à celui qui a souffert une si grande contradiction de la part des pécheurs, afin que vous ne vous décourageiez point et que vous ne tombiez point dans l'abattement. » (Hébr., xii, 3.) Serait-il raisonnable que sous un chef couronné d'épines, les membres fussent couronnés de fleurs ?

7. Y avait-il pour Jésus-Christ nécessité de souffrir ?

Il faut distinguer deux sortes de nécessités : l'une, celle de contrainte, vient d'un principe extérieur; l'autre, la nécessité naturelle, suit, ou la forme spécifique d'un être (il est nécessaire que le feu donne de la chaleur), ou sa forme matérielle (il est nécessaire que ce qui est composé tombe un jour en dissolution).

Jésus-Christ a subi la nécessité naturelle. Il fallait, à moins d'un miracle qui suspendît les lois de la nature, que son corps souffrît la faim, la fatigue, la mort. Il a subi la nécessité de coaction, en ce sens qu'il a senti la douleur des clous qui perçaient ses pieds et ses mains, des fouets qui déchiraient sa chair, et qu'il voulait naturellement s'y dérober, mais il ne l'a pas subie malgré lui. Il s'y est soumis volontairement, et comme Dieu et comme homme. Étant Dieu, il aurait pu appeler à son secours des légions d'anges qui l'auraient délivré. Sa volonté humaine se soumettait à la raison, jugeant qu'il était bon de souffrir. « Personne ne m'arrache la vie, je la donne de moi-même. » (S. Jean, x.)

8. Peut-on dire que Jésus-Christ a contracté nos défauts corporels ?

La cause de ces défauts, c'est le péché transmis par l'acte de la génération. (Rom.) Or, Jésus-Christ n'a pas été conçu de la masse commune que souille le péché. Sa nature humaine était celle d'Adam innocent. S'il en a pris les défauts, c'est donc volontairement, et pour mieux accomplir l'œuvre de la rédemption.

9. A-t-il pris, sans exception, tous nos défauts?

Il y en a qui sont incompatibles avec la science et la grâce de Jésus-Christ, comme l'ignorance, l'inclination au mal, la difficulté de faire le bien. D'autres sont les suites de péchés particuliers, comme la lèpre, les maladies, et Jésus-Christ n'a éprouvé ni les uns ni les autres. Sa chair, formée de la substance la plus pure en était affranchie, et son âme, douée de la vision intuitive, ne connut pas les ténèbres de l'ignorance ni les attraits de la concupiscence.

Quant à la faim, la fatigue, etc., il a éprouvé ces défauts, parce qu'ils sont, depuis le péché, inhérents à la nature qu'il venait sauver, et ne portaient aucune atteinte à son état de science et de sainteté, ni à la grandeur du mystère accompli en Jésus-Christ.

* Le corps du Sauveur était-il beau, ou d'un extérieur humble et abject ?

Cette question, qui d'abord peut paraître frivole, est assurément très-intéressante au point de vue biblique, et plus encore au point de vue de l'art. Lorsqu'on reproduira la beauté idéale, on la revêtira des grâces extérieures ou l'on négligera la forme, suivant l'opinion qu'on aura de Jésus-Christ, le type de toute beauté. C'est ce que l'expérience a montré. L'Église d'Occident, qui croyait à la beauté de Notre-Seigneur, a toujours entouré d'honneurs le culte de la forme, et il a produit dans tous les arts d'immortels chefs-d'œuvre. Les arts ont langui dans l'Église d'Orient, qui avait une opinion contraire.

Quatre sentiments divisent les théologiens et les interprètes : les uns pensent que le corps de Notre-Seigneur était d'une grande beauté ; d'autres, qu'il était très-difforme ; les uns, qu'il était d'une beauté ordinaire, et les autres, encore plus accommodants, disent qu'on n'en sait rien. Nous examinerons les raisons qui donnent à la première opinion le plus de vraisemblance ; on verra aisément, après cette simple exposition, la faiblesse des arguments contraires.

L'Église a toujours appliqué à Jésus-Christ ces paroles du roi-prophète : « Vous surpassez en beauté les enfants des hommes, et une grâce admirable est répandue sur vos lèvres. Servez-vous de votre beauté et de votre majesté, etc. » (Ps. XLIV.)

Les interprètes les plus versés dans la connaissance de l'Écriture, saint Jérôme, saint Grégoire de Nazianze, saint Bernard, etc., disent qu'il effaçait le reste des hommes par la beauté de son visage et l'élégance de son corps.

C'est une opinion généralement reçue dans l'Église latine

qu'il était le plus beau des enfants des hommes. On possède encore plusieurs de ses portraits, d'une origine très-ancienne, et où respire la grâce unie à la majesté. Telle est, en particulier, la vraie image (*la Véronique*), qui se voit à Rome. La toile, le marbre, ont reproduit à l'envi l'élégance et la grâce du fils de Marie.

La raison ne nous porte-t-elle pas à croire à la beauté d'un corps formé du sang le plus pur, uni à une âme qui jouissait de la vision béatifique, et dont aucune maladie n'altéra les traits?

Les apôtres, après sa résurrection, le reconnurent. Dira-t-on qu'un corps glorieux n'avait qu'un humble aspect, ou tout au plus une beauté vulgaire?

Saint Basile, le principal adversaire de notre opinion, avoue qu'il était beau dans son enfance, et que si, un jour, il se perdit dans la foule, c'est peut-être que tout le monde se le disputait pour admirer sa beauté. S'il était beau dans son enfance, pourquoi ne l'aurait-il plus été à la fleur de l'âge?

On objecte ces paroles d'Isaïe : « Il a paru sans gloire et dans une forme méprisable devant les hommes (LII); il nous a paru un objet de mépris, le dernier des hommes; il nous a paru sans beauté, sans éclat. Nous l'avons vu, et il n'avait rien qui attirât les regards, et nous l'avons méconnu » (LIII). Mais le prophète parle du Sauveur au temps de sa passion, lorsqu'il était le jouet de ses ennemis, rassasié d'opprobres et *couvert des crachats de cette canaille* (1).

Sa beauté, d'ailleurs, n'avait rien que de très-conforme au but de l'Incarnation. Le Sauveur, en faisant si peu de cas de ce que la frivolité des hommes a en si grande estime, réformait nos jugements et nous enseignait à désirer une beauté plus précieuse et plus durable.

QUEST. XVI. *Conséquences de l'union, quant à l'être de Jésus-*

---

(1) Expressions de Bossuet.

DE L'INCARNATION.   335

Christ. — Saint Thomas examine si l'on peut dire, en parlant de Jésus-Christ : *Dieu est un homme, un homme est Dieu*, et diverses autres propositions. Il suffit pour cela de savoir ce que c'est que la communication des idiomes.

C'est une figure de langage, en vertu de laquelle on attribue réciproquement à l'une des deux natures de Jésus-Christ les noms, les propriétés qui sont particulières (ἴδιος) à l'autre. Leur union était hypostatique, comme celle du corps et de l'âme. De même qu'attribuant à l'homme tantôt les propriétés des corps, tantôt celles des esprits, nous disons : L'homme est corporel, l'homme est spirituel, nous pouvons donner à Jésus-Christ les attributs de la Divinité et ceux de l'humanité, et dire : Jésus-Christ était Dieu, Jésus-Christ était homme.

Cette application réciproque ne doit se faire qu'avec intelligence et discrétion. Pour éviter toute erreur, il faut se conformer à ces deux règles : 1° Ne jamais user d'expressions qui détruisent en Jésus-Christ l'unité de la personne, ou qui effacent la distinction des natures. Ces deux propositions ne seraient pas orthodoxes : un Dieu était homme, la Divinité s'est faite humanité ; — 2° Ne jamais attribuer à une nature les propriétés de l'autre, qu'en vue de la personne divine. Elles ne sont unies que par le Verbe, et toute proposition qui affirmerait leur union sans renfermer l'idée du Verbe, serait fausse ; par exemple celle-ci : la Divinité est née, elle est morte. Il faut dire : Jésus-Christ est né, il est mort.

QUEST. XVII, XVIII, XIX. *Des choses qui appartiennent à l'unité de Jésus-Christ, sous le rapport de l'être, de la volonté et de l'opération.* — 1. Il n'y avait en Jésus-Christ qu'un seul être. Comme Jésus-Christ avait deux natures et une seule personne, il faut admettre que ce qui regardait la nature était multiple, ce qui regardait la personne était simple. Or, c'est à la personne qu'appartient l'être, la nature n'a que ce qui se rapporte à cet être. Qu'est-ce qui me fait avoir le personnalité d'un homme ? L'humanité, qui est éminemment simple. Mais je remarque dans ma nature une grande multiplicité. Je puis raisonner, marcher, lire ; je puis être peintre, musicien, avoir deux mains, deux pieds ; et ces aptitudes naturelles s'unissent dans la simplicité de ma personne ; de sorte que si, aveugle-né, Dieu me donne dans le cours de ma vie l'usage des deux yeux qui appartiennent à ma nature, je n'acquiers pas un être nouveau, il subsiste dans la même personne. La personne du Verbe, qui fut l'être de Jésus-Christ, subsista dans l'union de la Divinité et de l'humanité, lorsque celle-ci vint s'y adjoindre, et ne forma, avec elle, qu'un seul et même être.

2. S'il n'y avait en Jésus-Christ qu'un seul être, il n'y avait non plus qu'une volonté et qu'une opération, car c'est l'être qui veut et qui agit ?

Telle fut l'erreur des Monothélites. Tirant les conclusions de la doctrine des Eutychéens, qui disaient la nature humaine du Christ absorbée dans la nature divine, ils concluaient que Jésus-Christ n'eut qu'une volonté et qu'une opération, celle de Dieu. Mais on ne peut ouvrir l'Evangile, sans voir en Jésus-Christ une volonté et une opération distinctes de celles de la Divinité. Jésus-Christ s'assit fatigué, il pleura sur la tombe de Lazare, il répandit au jardin des Olives une sueur mêlée de sang. « Mon âme, dit-il, est triste jusqu'à la mort. Que ce calice s'éloigne de moi. Cependant que votre volonté, ô mon Père, s'accomplisse et non la mienne. » Comment attribuer à la Divinité seule, ces faiblesses et cette lutte intérieure ? Le sixième concile général nous en donne l'explication dogmatique : « Conformément à ce que les prophètes ont dit du Christ, à ce qu'il nous a enseigné lui-même, au symbole des Pères, nous disons qu'il y eut en Jésus-Christ deux volontés, deux opérations naturelles.

Ce n'est d'ailleurs que la conséquence de la doctrine qui nous enseigne qu'il réunit dans leur intégrité la nature divine et la nature humaine.

Il faut faire ici une remarque : sa volonté humaine fut toujours conforme à sa volonté divine. La sensibilité a naturellement horreur de la souffrance, mais elle peut être réprimée par la raison, qui voit une autre fin que la douleur physique. Je fuis le feu, je redoute le scalpel du chirurgien, cependant je m'y soumets lorsque je vois ma santé compromise si l'on ne porte le fer ou le feu dans ma blessure. De même, Jésus-Christ avait naturellement horreur des souffrances de sa passion et de sa mort, mais sa volonté les acceptait en vue de leur fin, le salut des hommes.

3. Il n'est pas moins facile de concilier ces deux opérations avec l'unité de sa personne. L'œuvre d'un moteur qui agit sous l'impulsion d'un moteur étranger, est double comme la forme spécifique de ces moteurs. Voyez l'œuvre d'une scie dans un arbre. La planche est l'œuvre du charpentier; celle de la scie, c'est l'incision. Ces deux moteurs, tout distincts qu'ils sont, ont produit, agissant de concert, une œuvre commune, la planche sciée qui s'attribue à l'agent principal. Il y avait en Jésus-Christ un premier et un second moteur : la divinité et l'humanité. Chacun avait une opération distincte comme leur forme, et néanmoins les opérations de Jésus-Christ s'attribuent à la personne du Verbe, parce que l'humanité était son instrument. Nier la distinction de ses opérations, c'est dire qu'il n'avait qu'une forme, la forme divine, c'est tomber alors dans l'hérésie de Nestorius ou dans celle d'Eutychès.

Cependant ces deux opérations étaient le complément l'une de l'autre. Quand l'action du feu est entière, il éclaire et échauffe à la fois.

4. Les opérations de Jésus-Christ lui acquirent-elles des mérites pour lui et pour les autres ?

Il est plus noble d'avoir par soi-même un bien, que de le devoir à la libéralité d'autrui. Mais quand on possède une chose méritée, on se l'est en quelque sorte donnée, on est censé ne la tenir que de soi-même. Donc les mérites que nous attribuerons à Jésus-Christ ne dérogent point à la dignité de sa personne. Quels furent les mérites du Sauveur? Les mêmes que nous pouvons acquérir, à moins qu'ils ne soient de telle nature qu'ils supposent des défauts antérieurs. Il ne mérita pas la grâce, ni la science, ni la béatitude ; on ne peut mériter que ce qu'on n'a pas nécessairement, et il faut attribuer à Jésus-Christ toutes les perfections dont notre nature est capable. Mais il mérita la gloire de la résurrection, l'ascension, le pouvoir judiciaire.

Mérita-t-il pour les autres? Il acquit des trésors de mérites, comme chef et tête de l'Église, dont les chrétiens sont les membres. Or, la gloire et les mérites de la tête rejaillissent sur tous les membres, et ceux-ci participent à tous les biens acquis par la tête qui préside à leurs mouvements.

QUEST. XX, XXI, XXII. *Rapports de Jésus-Christ envers Dieu le Père et envers nous.* — 1. En quoi Jésus-Christ était-il soumis à son Père?

Tout être possède nécessairement ce qui est inhérent à sa nature. Jésus-Christ ayant la nature humaine, la question est de savoir quels sont les rapports de notre nature avec Dieu. Nous tenons de Dieu tout ce que nous avons de bien, car notre bonté n'est qu'une participation, une effusion de la bonté divine. Il est notre maître, nous sommes ses serviteurs et relevons de sa puissance. Ses préceptes doivent toujours être la règle de nos actions. Jésus-Christ, en tant qu'homme, s'est reconnu, sous ces trois rapports, soumis à son Père. Il a dit hautement que Dieu seul est bon (S. Matt., xix, 17.) Il l'a servi, prenant la forme d'un esclave. (Phil., ii, 10.) Il a toujours fait ce qui plaisait à son Père (S. Jean, viii, 29), et lui a obéi jusqu'à la mort.

2. Convenait-il à Jésus-Christ de prier?

Prier, c'est exposer à quelqu'un nos désirs en l'invitant à nous en procurer l'accomplissement. S'il n'y avait eu en Jésus-Christ qu'une volonté, la volonté divine, il ne lui aurait pas convenu de prier, car la volonté d'un Dieu est assez puissante pour accomplir elle-même tout ce qu'elle désire. Mais Jésus-Christ avait encore la volonté humaine, qui est faible, impuissante, et a besoin, dans sa faiblesse, de recourir à un plus puissant qu'elle. C'est pourquoi l'Évangile dit qu'il allait prier sur la montagne et passait souvent les nuits en oraison.

3. Jésus-Christ a donc prié pour lui, ainsi que pour les autres?

Il a prié pour lui de deux manières : d'une volonté naturelle, demandant que le calice amer s'éloignât de lui ; d'une volonté réfléchie et délibérée, demandant, par exemple, la gloire de sa résurrection. En le faisant, il nous donnait aussi l'exemple de la prière, et nous montrait que comme il remerciait son Père de sa génération temporelle et lui demandait des biens qu'il n'avait pas encore, nous devons nous élever vers Dieu, soit pour le remercier de ses dons, soit pour lui demander des biens qui nous manquent.

QUEST. XXIII. *Du sacerdoce de Jésus-Christ.* — 1. Peut-on dire que Jésus-Christ fut prêtre?

Le prêtre remplit l'office de médiateur entre les hommes et Dieu. Il donne aux hommes les choses saintes (*sacerdos, sacra dans*), prie pour eux et offre à Dieu le sacrifice de la réconciliation. Telle fut la mission de Jésus-Christ, par qui Dieu nous a donné les plus grands bienfaits (S. Pierre, I, 4), par qui fut accomplie la réconciliation du ciel avec la terre. (Coloss., I, 19.) Cependant il ne voulut pas naître d'une famille sacerdotale, afin de montrer que son sacerdoce était autre que celui de l'ancienne loi.

2. Fut-il l'hostie de son sacerdoce? Il n'a pas trempé ses mains dans son sang et n'a pas été meurtrier de lui-même?

Le sacrifice visible est l'image du sacrifice invisible. Celui-ci consiste dans l'offrande de notre esprit à Dieu; de sorte que tout ce que nous offrons à Dieu en vue de notre union avec lui, peut être appelé un sacrifice. Il en est de trois sortes : le sacrifice expiatoire, dont la fin est d'effacer les péchés ; l'hostie pacifique, que nous offrons à Dieu pour obtenir la fermeté et la constance dans le bien ; l'holocauste, pour lui demander d'être un jour consommés en lui dans la gloire. Or, l'humanité de Jésus-Christ a été la victime de ces trois sacrifices. « Il s'est livré pour nos péchés. (Rom., IV, 25.) Il est devenu, pour tous ceux qui lui obéissent, la cause de la grâce qui sanctifie. (Hébr., v, 9.) Nous avons la confiance d'entrer dans le sanctuaire du ciel par le sang de Jésus-Christ. (*Ibid.*, x, 19.) De sorte que Jésus-Christ ne fut pas seulement prêtre, mais victime propitiatoire, hostie pacifique et holocauste.

Il ne s'est pas donné la mort, mais il a été son sacrificateur, en ce sens qu'il s'est livré volontairement à ses bourreaux.(Ephés., v, 2.)

3. Le sacerdoce de Jésus-Christ a-t-il eu la vertu d'effacer entièrement nos péchés?

Pour effacer les péchés du genre humain, il fallait en laver la tache, en expier la peine. C'est ce qu'a fait Jésus-Christ en sa qualité de prêtre. Son sang nous purifie de toute souillure. (S. Paul.) Il a pleinement satisfait pour nous, car « il a éprouvé nos langueurs, porté le fardeau de nos souffrances (Isaïe), » et la surabondance de sa satisfaction nous est appliquée par les sacrements.

4. Quelle est la durée du sacerdoce de Jésus-Christ?

Jésus-Christ prêtre revit dans le sacerdoce de la loi nouvelle, et continue au saint sacrifice de la messe l'offrande de la victime dont il versa une fois le sang. Jusqu'à la fin du monde l'oblation de son sacrifice, quoique d'une manière non sanglante, n'a pas d'interruption.

* Il n'est permis de dire la messe que le matin, mais comme le soleil en se couchant sur un point de l'horizon se lève sur un autre, c'est toujours le matin pour quelque région de la terre. Jésus-Christ ayant dans le monde entier des prêtres qui continuent son sacerdoce et son sacrifice, il s'ensuit que Jésus-Christ exerce, jusqu'à la fin des siècles et à tous les instants, les fonctions de prêtre et de sacrificateur. L'oblation de son sacrifice finira avec le monde, mais sa consommation, ou la fin pour laquelle il existe, la gloire, est éternelle. C'est pour figurer cette fin du sacerdoce de Jésus-Christ que le grand prêtre, une fois chaque année, entrait dans le saint des saints, figure du ciel, portant avec lui le sang de deux victimes immolées hors de l'enceinte sacrée. Jésus-Christ a été immolé sur la terre, et son sang nous a ouvert la voie du ciel, où son sacrifice est consommé.

QUEST. XXIII bis. *De l'adoption de Jésus-Christ.* — 1. Jésus-Christ peut-il être appelé, comme homme, fils adoptif de Dieu?

L'adoption n'est qu'une image, une imitation de la filiation naturelle. Jésus-Christ, étant fils de Dieu selon la nature, n'avait pas seulement en image, mais en réalité, la filiation divine, et comme la personne du fils de Dieu terminait la nature humaine, il s'ensuit qu'on ne peut en aucune manière l'appeler fils adoptif de Dieu.

* Une opinion qui lui donnait ce titre fit grand bruit au neuvième siècle. Les évêques de l'empire réunis à la sollicitation de Charlemagne condamnèrent deux évêques d'Espagne, Félix et Elipand, qui en étaient les plus ardents défenseurs. Leur sentence de condamnation fut prononcée aux conciles de Francfort, de Ratisbonne et de Rome.

2. Convenait-il que Dieu eût des enfants adoptifs?

Adopter quelqu'un, c'est lui donner droit à une partie ou à la totalité de notre héritage. Il faut pour cela être riche et bon. Si vous n'avez rien à donner, qui est-ce qui tiendra à être votre fils adoptif? D'un autre côté, il y a des personnes opulentes qui n'adoptent pas, parce qu'elles manquent de la bonté qui répandrait autour d'eux les bienfaits. Or, Dieu est éminemment riche et bon. C'est pourquoi il lui convenait de nous adopter en nous donnant l'héritage céleste.

Remarquez une différence entre l'adoption de Dieu et celle des hommes : la première nous donne même l'aptitude à être adoptés, la seconde la suppose déjà existante.

3. Est-ce le Père seul qui adopte?

Bien qu'on attribue au Père l'adoption, c'est l'œuvre de toute la Trinité, car il y a entre les trois personnes divines unité de nature, de puissance et d'opération extérieure.

Il faut faire ici plusieurs remarques : 1° le fils adoptif est dit fait, le fils selon la nature, engendré. Nous sommes aussi engendrés en Dieu, mais seulement dans le sens spirituel et mystique ; 2° nous sommes frères de Jésus-Christ, puisque nous avons un père commun, mais le Sauveur est fils de Dieu à un autre titre que nous. C'est pourquoi il ne dit pas : « Je retourne à *notre* Père, » mais : « Je m'en vais à *mon* Père et à *votre* père. » (S. Jean, xx.) 3° Les choses faites dans le temps sont l'image de ce qui se fait dans l'éternité. C'est pourquoi notre adoption est attribuée au Père comme à son modèle, au Fils comme à l'exemplaire ou modèle de cette adoption, au Saint-Esprit comme imprimant dans nos âmes ce modèle.

4. Toutes les créatures peuvent-elles être adoptées ?

L'adoption est une image, une ressemblance de la filiation naturelle. Une créature peut ressembler au Fils de Dieu de plusieurs manières. Elle est au moins la forme matérielle d'une idée que Dieu a conçue, comme un édifice est la forme matérielle de l'idée de l'architecte. Toutes les créatures sont, sous ce rapport, les enfants de Dieu, mais d'une manière très-éloignée. La ressemblance des créatures intelligentes avec le Verbe est plus parfaite. Douées de raison, éclairées des lumières de la révélation, elles en sont l'image, comme l'intelligence de l'élève est l'image de l'intelligence du maître. Enfin, leur union à Dieu par la charité leur donne un nouveau trait de ressemblance. C'est pourquoi l'Esprit-Saint, qui habite en elles, est appelé l'Esprit d'adoption des enfants. (Rom., viii.) L'aptitude à l'adoption proprement dite n'est donc que dans les créatures raisonnables.

La question XXIV, supprimée ici, traite de la prédestination de Jésus-Christ.

QUEST. XXV. *De l'adoration due à Jésus-Christ.* — Voyons maintenant les rapports de Jésus-Christ envers nous. — 1. Devons-nous l'adorer, c'est-à-dire, lui rendre le culte suprême de latrie ?

Je remarque, dans les honneurs que nous rendons à un homme, deux choses distinctes : sa personne, et la cause pour laquelle nous l'honorons. Lorsque nous baisons sa main, lorsque nous donnons des marques de respect à toute autre portion de lui-même, c'est à sa personne que nous offrons nos louanges. Quelle personne était en Jésus-Christ? La personne même du Verbe. Donc nous lui devons les honneurs de la Divinité.

Les causes qui nous concilient le suffrage des hommes et nous méritent leurs respects, ce sont la science, la vertu, les dignités. Or, en Jésus-Christ, Dieu et homme, était la dignité dont relèvent toutes celles de la terre, le principe de toutes les vertus et la sagesse éternelle : « Qu'au nom de Jésus-Christ tout genou fléchisse au ciel, sur la terre et dans les enfers. » (Phil., II, 10.)

Les Mages l'adorèrent (S. Matth., II, 11), conduits par l'Esprit-Saint. Il s'offrit lui-même aux adorations de l'aveugle-né (S. Jean, III, 38) et à celles de ses apôtres : « En le voyant, ils l'adorèrent. » (S. Matth., XXVIII, 17.)

Le cinquième concile général frappe d'anathème quiconque n'adore pas à la fois Dieu le Verbe et la chair qu'il s'est unie.

* Une question qui n'a pu avoir de place dans la *Somme* est celle de la dévotion au sacré cœur de Jésus.

Depuis le jour où la lance du soldat ouvrit le cœur de Jésus-Christ, il y a eu dans l'Église des âmes saintes qui l'ont honoré suivant l'élan de leur piété et de leur amour ; mais cette dévotion, telle qu'elle existe aujourd'hui, a une origine plus récente. Elle commença vers la fin du dix-septième siècle. Un jour, Notre-Seigneur apparut visiblement à une religieuse de la Visitation, Marie Alacoque, et lui montrant son cœur entouré de flammes, lui dit de l'honorer d'un culte particulier le vendredi d'après l'octave de la Fête-Dieu. Le P. Lacolombière, son directeur, après avoir pris les mesures que conseille, en pareilles circonstances, une piété éclairée, ne put s'empêcher de constater la réalité de l'apparition. Dès ce moment, il n'eut plus qu'un désir et qu'un soin, celui de propager une dévotion qui serait sans doute agréable à Dieu, puisqu'il en était l'auteur. Dieu n'abandonna point son œuvre. Sans parler des fruits de grâce qu'elle produisit dans les âmes, la ville de Marseille eut les prémices de ses bénédictions. C'est à la dévotion du Sacré-Cœur qu'on attribue la cessation du fléau qui désola cette ville l'année 1720. De la France, elle se répandit avec une rapidité prodigieuse en Italie, en Allemagne. Les souverains pontifes l'enrichirent de nombreuses indulgences, et enfin Pie VI l'approuva solennellement dans la bulle *Auctorem fidei*.

L'objet de cette dévotion, c'est : 1° le cœur matériel de Notre-Seigneur. Nous ne le séparons point de sa divinité. C'est pourquoi nous lui rendons, comme à l'humanité tout entière de Jésus-Christ, le culte suprême de latrie ; 2° son cœur symbolique, représentant la charité infinie dont le Sauveur nous a aimés.

Que ce soit une dévotion pieuse et sainte, où est le catholique qui oserait le nier ? Il accuserait d'erreur une décision dogmatique émanée d'une autorité infaillible ; il accuserait de superstition et d'idolâtrie l'Église universelle. Il n'est pas une église particulière où la fête du Sacré-Cœur ne soit célébrée avec la plus grande solennité, pas une âme pieuse, dans l'univers catholique, à qui cette dévotion ne soit chère et sacrée.

Si l'humanité unie à la personne du Verbe mérite les honneurs suprêmes, pourquoi ne serait-il pas permis de rendre le même culte à une portion de cette humanité, que notre esprit et notre cœur ne séparent point de la divinité ! Nos adversaires, la plupart jansénistes, sont en contradiction avec eux-mêmes. Ils avouent non-seulement qu'on peut adorer Jésus-Christ, mais aussi honorer d'un culte particulier de latrie les cinq plaies du Sauveur. S'il est permis d'adorer ses pieds, ses mains percés, sa tête couronnée d'épines, pourquoi serait-il défendu d'adorer son cœur brûlant d'amour pour nous ?

Ce n'est pas sans raison que nous adorons le cœur plutôt que la tête. L'Écriture, en parlant du cœur, le représente comme le siége de nos affections. Elle ne fait en cela que parler le langage communément reçu : le cœur a toujours été regardé comme le siége et le symbole de l'amour. Notre-Seigneur lui-même a dit : Apprenez de moi que je suis doux et humble *de cœur*. (S. Matth., XI, 29.) Ne convenait-il pas d'honorer d'un culte spécial ce cœur qui a tant aimé les hommes ?

Cette dévotion a-t-elle une fin contraire à la vraie piété ? Cette fin, c'est de nous inspirer un tendre amour pour celui qui nous a aimés jusqu'à la mort, de réparer les outrages faits à Notre-Seigneur dans le sacrement de son amour, de nous donner une part plus abondante aux grâces dont son cœur est la source, enfin, de mettre dans nos cœurs les sentiments qui animaient le cœur de Jésus, et, en nous faisant goûter combien le Seigneur est doux, de nous faciliter la voie de la perfection. Quoi de plus conforme à la piété chrétienne, que la fin de cette dévotion !

Les jansénistes, Ricci le premier, l'ont vivement combattue. Je puis, sans faire tort au lecteur, me dispenser de rapporter leurs objections. Il suffit, pour y répondre, de bien distinguer quel est l'objet de notre dévotion. Sa légitimité, comme celle de toutes les dévotions approuvées par l'Église, ne peut être contestée que par l'ignorance et la mauvaise foi.

Les mêmes raisons qui nous portent à rendre le culte de latrie au cœur de Jésus, ont inspiré à l'Église la pensée de décerner au cœur de la sainte Vierge le culte d'hyperdulie. A chaque fête établie en l'honneur de Jésus-Christ correspond une fête en l'honneur de Marie. Nous célébrons la conception de Marie, sa nativité, sa présentation, son assomption, comme nous célébrons l'incarnation, la nativité, la présentation, l'ascension de Notre-Seigneur Jésus-Christ. Nous avons la fête des cinq plaies de Jésus-Christ et la fête des sept douleurs de la sainte Vierge ; la fête du saint nom de Jésus et celle du saint nom de Marie ; la fête de l'intérieur de Jésus, et de l'intérieur de Marie ; nous avons la fête du sacré cœur de Jésus, donc nous devons avoir celle du sacré cœur de Marie.

Comme les saints sont les membres du corps mystique de Jésus-Christ et qu'ils ont si abondamment participé à sa vie, il ne sera peut-être pas hors de propos de parler ici du culte des saints.

Les protestants, qui semblent avoir pris à tâche de rejeter tout ce que le christianisme a de plus doux et de plus consolant, ne pouvaient conserver le culte des saints. Ils exhumèrent les arguments de ce pauvre Vigilance, tant maltraité par saint Jérôme ; de Fauste le manichéen, que saint Augustin combattit avec tant de force et d'éloquence. C'est, prétendent-ils, faire injure à Jésus-Christ ; le culte des saints est une idolâtrie.

Il n'est pas besoin d'un long discours pour montrer la légitimité de l'honneur décerné aux saints. Qu'est-ce que l'honneur ? c'est le témoignage rendu à l'excellence de celui auquel il s'adresse. Dieu étant l'être des êtres, l'auteur de tout don parfait, mérite seul l'honneur suprême de l'adoration. Mais s'il épanche au dehors son excellence ; si nous voyons des rayons divins briller dans des êtres créés, ne devons-nous pas les entourer de nos respects, et le culte que nous leur rendons ne procure-t-il pas la gloire de Dieu, auteur de l'excellence à laquelle nous rendons hommage ? Si le soleil avait la raison, serait-il jaloux de l'éclat que les astres empruntent à sa lumière ?

Où est notre idolâtrie, puisque nous ne rendons aux saints qu'un culte secondaire et que nous réservons à Dieu seul le culte suprême ? D'ailleurs, les catholiques admettent non-seulement l'existence de la grâce, mais aussi celle de la création, et la création une fois admise, il n'y a plus d'idolâtrie possible.

Nous voyons les plus saints personnages de l'Ancien Testament, Abraham, Loth, Josué, etc., honorer d'un culte spécial les envoyés et les serviteurs de Dieu. Dira-t-on que David, Josué, Abraham étaient des idolâtres ?

L'Église, en succédant à la synagogue, continua le culte que celle-ci avait reçu des patriarches. Les *Constitutions apostoliques*, qui parurent au troisième siècle, font mention de fêtes établies à la mémoire et à l'honneur des apôtres et des martyrs. (Livre VIII, ch. XXXIII.) Dès les premiers siècles de l'Église on leur éleva des temples, on leur dédia des autels, on célébrait chaque année le jour anniversaire de leur mort. Accusera-t-on de superstition et d'idolâtrie les Églises que les apôtres et les martyrs venaient de fonder?

Les protestants reconnaissent qu'on doit un culte civil, des honneurs et des marques de respect aux vertus, aux talents naturels. Nous pouvons honorer les ministres, les ambassadeurs d'un roi, sans crainte de porter atteinte à la majesté royale. Et les vertus surnaturelles ne mériteront de notre part aucun témoignage d'estime? Les honorer serait outrager celui qui en est l'auteur? La raison ne montre-t-elle pas que sans ce culte rendu aux amis de Dieu, aux princes de la cour céleste, sans ces hommages rendus aux membres de Jésus-Christ, il manquerait quelque chose au culte divin, à l'adoration qui est due au Sauveur?

Honorer les saints n'est pas les invoquer. Pouvons-nous, en leur rendant le culte de respect qui leur est dû, leur adresser aussi des prières et les invoquer?

Cette invocation n'est pas nécessaire au salut, mais, dit le concile de Trente, elle est pieuse et utile. (*Session* XXV.)

Il importe de préciser la question, car les protestants ne nous attaquent qu'en travestissant nos dogmes. Nous ne demandons pas aux saints de nous accorder telle grâce, mais de la solliciter pour nous. Les saints, en intercédant, s'appuient uniquement sur les mérites de Jésus-Christ, qui est toujours notre seul médiateur proprement dit. Ce sont des aides, des avocats qui plaident nos intérêts, qui demandent en notre faveur l'application des mérites de Jésus-Christ.

Il est permis, il est utile de demander aux saints, pendant leur vie, le secours de leurs prières. (Rom., XV, 30, et Thessal., V, 25.)

Pourquoi n'auraient-elles plus la même utilité après leur mort ? Ou bien ils ignoreraient les vœux et les prières que nous leur adressons, ou bien ils en auraient connaissance, mais ne pourraient nous prêter aucun secours. La parole de Dieu nous apprend qu'il n'en est pas ainsi. Il se fait une grande joie dans le ciel à la conversion d'un pécheur. (S. Luc, xvi.) Donc les habitants du ciel connaissent ce retour à Dieu. Les anges et les saints offrent à Dieu les prières des vivants. (Tobie, xii, 12, et Apocalypse, v, 8.) D'ailleurs, conviendrait-il à leur gloire et à leur félicité d'ignorer les supplications d'infortunés qui demandent leur appui, et qui, peut-être, leur furent unis par les liens les plus chers ?

Dira-t-on qu'ils en ont connaissance, qu'ils voient les mains suppliantes levées vers eux, mais qu'ils ne peuvent rien pour nous ? Comment supposer que Dieu rejette la demande de ceux qui sont ses élus, qu'il soit inflexible aux prières de ceux qu'il a tant de fois exaucés, et que leur charité fraternelle conduit suppliants devant lui ? Où est le roi qui n'accède volontiers à la demande de son favori ?

Si ni Dieu ni l'Église ne recommandaient le culte des saints, les plus doux penchants de la nature nous le feraient désirer. N'est-ce pas pour l'exilé une grande consolation de penser qu'il a dans la patrie de puissants intercesseurs ; dans le sein de Dieu, des amis sensibles à ses peines, et dont la mort ne l'a pas totalement séparé ?

Le culte des saints doit s'étendre à leurs reliques et à leurs images.

Examinons encore ici les sentiments de la nature, nous verrons lequel, du catholicisme ou du protestantisme, en a été le plus fidèle interprète. Lorsque la mort a ravi à notre amour un parent, un ami, un bienfaiteur, ne recueillons-nous pas avec empressement et avec bonheur, un objet qui leur a appartenu et qui est propre à nous en rappeler le souvenir ? Il n'est pas une famille au sein de laquelle on ne retrouve le culte des reliques. Où est le protestant qui ne conserve avec respect un cheveu de sa mère, un objet que son père avait coutume de porter? Les saints sont nos frères, nos intercesseurs, les amis de Dieu. Leurs corps furent les organes, les temples vivants de l'Esprit-Saint, et la résurrection donnera un jour à leurs cendres l'éclat du corps qu'avait Jésus-Christ ressuscité.

Quoi de plus propre à ranimer notre courage, à nous faire concevoir de grandes espérances, que la présence des reliques? Qui ne se sent plus fort, plus porté au bien, lorsqu'il a sous les yeux les restes de ceux qui ont traversé les mêmes périls, vaincu les mêmes ennemis; lorsqu'il voit les ossements d'un confesseur de la foi, d'un martyr qui arrosa de son sang l'Église naissante? Les saints ont été nos pères dans la foi, nos chefs dans les combats de la vertu. La vue de leurs restes doit enflammer nos cœurs, comme la vue des armes ensanglantées de son capitaine enflamme le cœur du soldat.

Le culte des tombeaux n'est pas autre chose que le culte des reliques. Pourquoi un fils se plaît-il à entourer de magnificence le tombeau de son père; un peuple, le tombeau de son roi? Pourquoi la dispersion des cendres, la violation des tombeaux est-elle regardée comme une horrible profanation?

Si ce culte était impie et idolâtrique, il faudrait en accuser Dieu lui-même, car il l'a recommandé par les nombreux miracles qu'il a faits en présence des reliques des saints : « Le peuple apportait les malades dans les places publiques et les mettait sur de petits lits et sur des couchettes afin que, lorsque Pierre passerait, son ombre au moins couvrît quelqu'un d'eux et qu'ils fussent guéris de leurs maladies. » (Actes, v, 15.) « Dieu faisait des miracles extraordinaires par les mains de Paul, jusque-là même que lorsque les mouchoirs et les tabliers qui avaient touché son corps étaient appliqués aux malades, ils étaient guéris de leurs maladies. » (*Ibid.*, xix, 2.)

D'innombrables monuments nous en montrent l'existence dès

les premiers siècles. On sait avec quel empressement les premiers chrétiens recueillaient, même au péril de leur vie, les ossements et le sang des martyrs ; de quels honneurs ils entourèrent en particulier les restes de saint Ignace et de saint Polycarpe. C'étaient, pour toute l'Église, de précieux et sacrés trésors. L'Église devenue libre leur éleva des monuments, les enchâssa dans l'or et les pierreries.

Quant au culte des images, il faut remarquer : 1° Qu'il n'est pas essentiel à la religion, et qu'il appartient par conséquent à l'Église de déterminer les règles qui doivent présider à ce culte. C'est ce qu'elle a fait dans plusieurs conciles. 2° Ce culte est relatif, c'est-à-dire, n'a pas pour objet la pierre, la toile peinte, mais le prototype, le saint dont elle représente l'image.

Il a avec notre nature, la même harmonie que le culte des reliques. Nous aimons à voir l'image d'un parent, d'un ami absent. Nous éprouvons pour l'image de quelqu'un, les sentiments d'amour ou de haine, de respect ou de mépris que nous avons pour lui-même. On s'incline devant l'image d'un roi qui s'est concilié le respect et l'affection de ses sujets ; lorsque le peuple en fureur s'élève contre lui, il brise ses statues, déchire ses images. Si, de l'aveu des protestants eux-mêmes, les vertus civiles méritent aux images le respect des hommes, et les vices, la vindicte publique, pourquoi ne rendrions-nous pas nos hommages aux images des saints, pour leurs vertus surnaturelles ?

Les images, en nous rappelant le souvenir de ceux qu'elles représentent, ont aussi la puissance de nous exciter au bien. Pourquoi conservons-nous, suspendues à nos murs, les images de nos ancêtres ? L'image d'un père vertueux ne fait-elle pas entendre au fils dégénéré, une voix qui lui reproche ses faiblesses et l'accuse de flétrir son nom ? Peut-il sans rougir, tourner vers elle ses regards ? En la voyant, ne se sent-il pas animé d'ardeur, prêt à marcher sur les traces de ceux qui lui ont montré le chemin de la gloire et du bonheur ?

Sous l'ancienne loi, Dieu établit le culte des images, mais avec précaution, à cause des tendances du peuple juif à l'idolâtrie : « Vous mettrez aux deux extrémités de ce propitiatoire, deux chérubins d'or battu, un chérubin d'un côté, et un chérubin de l'autre..... et ils se regarderont l'un l'autre, ayant le corps un peu penché et le visage tourné vers le propitiatoire qui couvrira l'arche. » (Exode, xxv, 19 et suiv.) Lorsqu'au désert les Israélites mouraient des blessures des serpents, Dieu dit à Moïse de faire une image à laquelle lui-même donnerait la vertu de guérir tous ceux qui la regarderaient. (Nombres, xxi, 8.) S'il était permis d'honorer le serpent d'airain, figure de Jésus-Christ élevé en croix, pourquoi serait-il défendu d'honorer une image qui représenté le Sauveur même ou un de ses membres vivants ?

L'Église chrétienne a conservé avec respect le culte des images. C'est sous ses auspices que les arts ont jeté tant d'éclat, et c'est elle qui les a préservés d'une ruine totale, lorsque la civilisation ancienne tombait sous les coups des Barbares. Il est également certain que le culte remonte aux premiers siècles de l'ère chrétienne.

On sait que les premiers chrétiens gravaient sur le bois, le marbre, les faits les plus marquants de l'Ancien et du Nouveau Testament. Les fouilles pratiquées dans les anciens cimetières en ont donné des preuves visibles et palpables. Les protestants eux-mêmes le reconnaissent. Qu'ils examinent bien les conséquences de cet aveu, et répondent à cette difficulté : si le christianisme était tombé, dès les premiers siècles, dans l'erreur et l'idolâtrie, qu'étaient devenues les promesses d'éternelle durée que le Sauveur avait faites à son Église? Gamaliel disait aux Juifs : Il est inutile de poursuivre les chrétiens. Si leur religion vient de Dieu, vous avez beau faire, vous n'en arrêterez pas les progrès. Si elle vient des hommes, laissez-la, elle périra d'elle-même. (Actes.) C'est donc cette dernière hypothèse qui se serait réalisée, et Jésus-Christ, ayant failli à sa parole, ne serait plus Dieu ? Le chrétien conséquent avec lui-même, est donc obligé d'admettre le culte des images.

Quant au culte de la croix, je n'en parlerai pas après ce qui vient d'être dit. S'il s'agit de la vraie croix, elle est une relique, et doit avoir la première place dans le culte que nous rendons aux reliques des saints. Si c'est une croix ordinaire, image de Jésus crucifié, elle est comprise dans le culte des images. Cependant, on peut *adorer* toutes les croix, en faisant remonter le culte suprême au prototype de cette image, à Jésus-Christ Dieu et homme. Ainsi, nous adressons la parole à la croix comme à Jésus-Christ même : « Je vous salue, ô Croix, mon unique espérance. »

QUEST. XXVI. *Jésus-Christ médiateur.* — « Il n'y a qu'un seul médiateur entre Dieu et les hommes, Jésus-Christ. » (I Tim., II, 5.) L'office d'un médiateur est de rapprocher entre eux deux termes opposés, car les extrêmes se réunissent dans le milieu. Le péché nous avait jetés loin de Dieu. Il fallait donc, pour nous en approcher de nouveau et nous réunir à lui, un médiateur qui, tenant d'un côté à Dieu, et de l'autre à l'humanité, fût capable de faire descendre du ciel notre pardon, et de faire cesser notre état d'hostilité avec Dieu. C'est ce qu'a fait Jésus-Christ. Il est venu à nous avec sa nature divine, il s'est présenté à Dieu avec notre nature mortelle, et s'est offert ainsi, comme une victime de réconciliation. (II Cor. v, 16.) Mortel, il s'est mis entre Dieu et nous pour nous rendre l'immortalité par le triomphe de sa résurrection.

QUEST. XXVII. *Sanctification de la bienheureuse Vierge Marie.* — Il nous reste à dire ce que fit, ce que souffrit le Verbe incarné. Nous verrons son entrée dans le monde, ses progrès dans la vie ; comment, sa mission accomplie, il quitta la terre, et l'exaltation qui a suivi sa mort.

Pour raconter son entrée dans le monde, il faut parler du principe passif et du principe actif de sa génération temporelle. La bienheureuse Vierge Marie, qui fut le premier de ces principes, n'a-t-elle été coupable d'aucun péché?

* Il serait aujourd'hui hors de propos de prouver avec saint Thomas que Marie a été sanctifiée avant sa naissance, et on ne pourrait, sans cesser d'être catholique, soutenir avec lui qu'elle a été souillée de la tache originelle, quand même on l'en supposerait purifiée dès le sein de sa mère. « Pour être catholique, il faut croire de cœur, et confesser de bouche, fermement et constamment, que la doctrine qui enseigne que la bienheureuse Vierge Marie, dès le premier instant de sa conception, a été, par une grâce singulière du Tout-Puissant et par un privilége unique, en vue des mérites de Jésus-Christ sauveur du genre humain, préservée de toute atteinte du péché originel, est une doctrine révélée de Dieu. (*Lettre apost. de Pie IX.*)

Mais les savants ont élevé des doutes sur l'authenticité de cette thèse, l'attribuant à la main subreptice de théologiens qui auraient voulu se prévaloir du grand nom de saint Thomas, en des temps où il était permis de révoquer en doute l'immaculée conception de Marie. On cherche en vain, disent-ils, cette proposition dans les éditions de Venise et de Paris du seizième siècle ; elle manque également dans plusieurs manuscrits anciens. Je ne sais ce qu'il faut penser de leur opinion. Six manuscrits du quatorzième siècle, un du treizième (1), que j'ai vus de mes yeux, la reproduisent tous et dans les mêmes termes, excepté quelques variantes sans importance. Celui du treizième me paraît de la plus haute valeur, car, de l'antériorité des manuscrits dépend toute la question. Malheureusement l'original, qui pourrait seul la trancher, n'existe plus, ou du moins n'a pas été retrouvé.

Mais, dit-on, comment supposer que cette proposition soit l'œuvre de saint Thomas, quand ses autres écrits nous apprennent qu'il a été d'un sentiment contraire?

(1) Ce dernier se trouve à la bibliothèque impériale parmi les manuscrits de la Sorbonne ; il porte le n° 548.

On cite, en effet, son commentaire sur le *Livre des Sentences* (*In primam sent. dist.* 44, *quæst.* 1, *art.* 3), son explication de l'Épître aux Galates (*in cap. tert.*) et de l'Ave Maria (sur ces mots : *Gratiâ plena*), où il dit que Marie n'a été coupable d'aucun péché actuel ni du péché originel ; mais ces passages, s'ils sont authentiques (ce qui est très-contestable), ne prouvent rien, sinon que le sentiment de saint Thomas a varié, qu'il s'est contredit touchant ce point de doctrine, et qu'après avoir été dans le vrai, il est tombé dans le faux, car c'est à la fin de sa vie qu'il a écrit la *Somme théologique*. Je ne suis pas de ceux qui ferment les yeux à l'évidence plutôt que de convenir que l'Ange de l'école se soit parfois contredit ou trompé.

1. Marie ne commit pas de péché mortel ni de péché véniel. Quand Dieu forme des desseins sur nous, il nous accorde toujours des grâces proportionnées à la mission à laquelle il nous destine. « Il nous a rendus capables d'être les ministres de la nouvelle alliance. » (II Cor., III, 6.) Appelant Marie à la gloire de la maternité divine, pouvait-il la laisser tomber dans l'ignominie du péché? Si « les parents sont la gloire des enfants » (Prov. xx, 6), ne peuvent-ils aussi en être la honte? Or, le déshonneur du péché en Marie aurait rejailli sur Jésus.

Le Verbe de Dieu, la Sagesse éternelle, devait habiter le corps et l'âme de Marie. Or, « la sagesse n'entrera point dans une âme perverse, et n'habitera pas un corps livré au péché. »(Sag., I, 4.) Il faut donc reconnaître qu'elle ne commit jamais un péché actuel, et qu'en elle se sont accomplies les paroles du Cantique : « Vous êtes toute belle, ma bien-aimée, il n'y a point de tache en vous. » (IV, 7.)

2. Elle n'eut pas non plus le foyer du péché, qui est en nous la suite du péché originel. Les puissances inférieures, ordonnées et soumises, comme celle d'Adam innocent, ne conspirèrent point contre les puissances supérieures. Le jour pur et serein de sa conception éclaira sa vie tout entière, sans que le plus léger

nuage en ait terni l'éclat : c'est une conséquence de sa conception immaculée.

3. Elle reçut une plus abondante effusion de grâces que le reste des hommes.

Plus on s'approche d'un principe, plus on participe à ses effets. Les anges, plus près de la Divinité que nous, en reçoivent de plus abondantes lumières et une plus grande félicité. Or « la grâce et la vérité nous viennent par Jésus-Christ. » (S. Jean, I, 17.) Sa divinité est la source de la grâce, son humanité, l'instrument qui la déverse dans les âmes saintes. Jean-Baptiste et Jérémie furent sanctifiés dès le sein maternel, mais n'avaient pas la même abondance de grâces. Ils ne touchaient pas d'aussi près que Marie à l'humanité du Sauveur.

QUEST. XXVIII. *Virginité de Marie mère de Jésus-Christ.* — 1. Marie conçut-elle sans perdre sa virginité ?

« Une vierge concevra. » (Isaïe.)

Eût-il convenu à la dignité du Père, qu'un homme partageât avec lui la paternité de Jésus-Christ ?

Notre intelligence conçoit son Verbe, sans en éprouver aucun préjudice : elle n'en est même que plus parfaite. Ainsi la chair que le Verbe prenait devait être conçue sans la corruption de sa mère, ajouter même à l'éclat de son intégrité.

Une conception ordinaire n'aurait pu donner à Jésus-Christ qu'une chair corrompue par le péché, ce qui était incompatible avec sa qualité d'Agneau sans tache qui efface les péchés du monde.

Enfin il venait nous faire enfants de Dieu par une renaissance spirituelle que produit non la volonté d'un homme, mais celle de Dieu. (S. Jean.) Il convenait donc qu'il montrât dans sa conception l'intervention de la puissance qui nous fait enfants adoptifs, et le modèle de notre génération spirituelle.

Saint Joseph en est dit le père, *ut putabatur*, selon l'opinion commune, non qu'il le fût en réalité.

L'évangéliste qui rapporte la généalogie temporelle du Sauveur, ne parle que des ancêtres de Joseph. Il s'est conformé en cela à la coutume qu'avaient les Juifs, de ne nommer, en rapportant la généalogie d'un homme, que ses ancêtres paternels. C'était d'ailleurs montrer la généalogie de Marie, puisqu'ils étaient tous deux de la même tribu.

2. Mit-elle au monde l'enfant Jésus sans perdre sa virginité ?

« Une vierge... enfantera. » (Is.)

Non-seulement notre verbe est conçu dans notre intelligence, mais il en sort par la parole sans nuire à nos puissances intellectuelles. De même le Verbe incarné sortit du sein de Marie sans porter aucune atteinte à sa virginité.

Il est venu détruire le péché, effacer les taches qu'il fait à notre âme. Convenait-il qu'il commençât son œuvre en causant une tache à sa mère ?

Il venait commander aux enfants d'honorer leurs parents. Sa parole aurait-elle eu la même autorité, si, en naissant, il avait fait perdre à sa mère la gloire de la virginité ?

3. Conserva-t-elle une virginité perpétuelle ? Dans ce cas, comment expliquer ces paroles : « *Antequam convenirent.* » (S. Matth., I, 28.) *Donec peperit filium suum primogenitum.* Il descendit à Capharnaüm, lui et sa mère et ses frères. » (S. Jean, II, 12.)

Dire qu'elle perdit sa virginité, ce serait soutenir une proposition injurieuse : 1° A Jésus-Christ. Comme il est le fruit parfait et unique du Père, il convenait qu'il fût le fruit parfait et unique de sa mère ; 2° injurieuse au Saint-Esprit, dont Marie était le temple ; 3° injurieuse à Marie, à qui un tel fils n'aurait point suffi ; 4° injurieuse à Joseph, qui aurait manqué de respect à celle dont un ange lui avait révélé la fécondité miraculeuse. Telle fut l'hérésie d'Helvétius qui attira sur lui les foudres de l'Église.

Les deux particules *antequam, donec,* désignent ce qui ne s'était point fait jusqu'à ce moment, mais ne disent pas que cela se fit plus tard.

L'Écriture appelle *premier-né* non-seulement le fils qui naît avant des frères et des sœurs, mais aussi celui qui est fils unique.

Elle donne également le nom de frères à ceux qui ont la même nationalité, la même parenté et qu'unissent seulement les liens de l'amitié.

4. Avait-elle fait vœu de virginité ?

Ce que nous faisons, liés par un vœu, est plus méritoire, plus beau et plus agréable à Dieu. La virginité devant mériter à Marie les complaisances du Très-Haut, il est probable qu'elle en releva le mérite par un vœu. Une tradition rapporte qu'elle le fit dès son enfance. Il ne fut sans doute, à ce moment, que conditionnel, car la loi paraît avoir défendu la virginité ; mais Dieu lui ayant fait savoir que ce vœu lui était agréable, il devint absolu, même avant l'Annonciation. N'est-ce pas ce que donnent à entendre ces paroles de Marie à l'ange : « Comment cela se fera-t-il ? je ne connais point d'homme. »

QUEST. XXIX. *Du mariage de la Mère de Dieu.* — 1. Pourquoi le mariage de la sainte Vierge ?

Si Jésus-Christ fût né d'une mère non mariée, Hérode et les Juifs auraient pu donner pour raison de leur mépris et de leur hostilité, l'illégitimité de sa naissance. Le mariage de Marie leur ôta cette excuse.

Lorsqu'on cherche la généalogie de quelqu'un, on demande aussitôt quel fut son père. Marie consentit au mariage pour éviter le déshonneur de son divin Fils, en lui donnant un père putatif.

Ce mariage valut à saint Joseph la gloire de servir de ses propres mains l'enfant Jésus, et d'en être appelé le père nourricier : il éloigna de Marie le déshonneur et la mort, car les Juifs l'auraient sans doute accusée d'adultère et lapidée selon la loi. Les filles étaient condamnées à la même peine que les femmes mariées, quand il leur arrivait de faillir.

Nous y trouvons aussi pour nous de précieux enseignements. La conduite de saint Joseph réduit au silence l'impie qui voudrait nier que Marie, en concevant, fût restée vierge. La conduite de Marie condamne les vierges qui exposent imprudemment leur réputation. Enfin ce mariage condamne et les hérétiques qui blâment la virginité et ceux qui blâment le mariage.

2. Celui de la sainte Vierge fut-il un vrai mariage ?

Une chose est dite *vraie*, quand elle atteint sa perfection. Il faut distinguer deux perfections différentes : la première est celle qui donne à une chose sa forme spécifique ; la seconde est l'acte par lequel une chose atteint sa fin. Quelle est la forme spécifique, ou l'essence du mariage? C'est la tradition du droit conjugal. Marie et Joseph consentirent à ce droit réciproque ; ils se donnèrent mutuellement le consentement sans lequel il n'y a pas de mariage. Quels actes sont la fin du mariage? la génération et l'éducation des enfants. Marie et Joseph ne produisirent jamais le premier, qui n'est pas essentiel au mariage. Ils n'y consentirent que conditionnellement, supposé que telle fût la volonté de Dieu. Ils accomplirent le second, se prêtant leur concours pour élever l'enfant Jésus.

Si l'on demande comment Marie, qui dès son enfance avait fait vœu de virginité, donnait à Joseph le pouvoir *in radice* sur son corps, on peut supposer qu'elle avait reçu de Dieu la révélation qu'il n'userait point de son droit, et ne serait, comme il le fut en effet, que le gardien de sa virginité.

QUEST. XXX. *De l'Annonciation*. — 1. Était-il nécessaire que ce qui devait s'accomplir en Marie lui fût annoncé ?

Nous y trouvons plusieurs raisons de convenance. Marie concevait ainsi le Fils de Dieu dans son esprit, avant de le concevoir dans son corps, et était plus heureuse, dit saint Augustin, de la première que de la seconde conception. Elle était plus certaine de ce mystère, l'ayant appris d'une manière surnaturelle, et de la bouche d'un ange.

Elle fit à Dieu le sacrifice qui lui est le plus agréable, lui offrit le plus beau des présents, celui d'une humble obéissance : « Voici la servante du Seigneur ; qu'il me soit fait selon votre parole. »

L'Annonciation nous montre une sorte de mariage entre le Fils de Dieu et la nature humaine, dont Marie était en ce moment le représentant. C'est pourquoi l'ange sollicite son consentement, qui est de l'essence de tout mariage.

Il faut faire ici une remarque : Marie, connaissant l'Écriture qu'elle avait méditée toute sa vie, avait foi en l'Incarnation, mais, dans son humilité, elle ne pouvait croire que Dieu daignât la choisir, et que ce fût par elle que s'accomplirait ce grand mystère. C'est pourquoi elle avait besoin d'en recevoir de Dieu même la certitude.

2. De quelle manière convenait-il que ce mystère fût annoncé ?

Le Fils de Dieu, invisible aux yeux du corps, allait paraître visiblement. Marie devant le recevoir dans son esprit et dans son corps, ses yeux et son esprit avaient besoin d'être frappés. La vision purement intellectuelle est sans doute plus excellente que la vision du corps, mais l'état de la vie présente ne permet pas la première. Les yeux passent pour des témoins irréprochables, et les choses qui tombent sous leur domaine sont reconnues les plus assurées. C'est pourquoi il convenait que le mystère de l'Incarnation fût annoncé par une créature naturellement invisible, revêtue d'une forme corporelle, qui attirât les regards et les réjouît en les fortifiant.

Marie, dit l'Évangile, fut troublée. Nous sommes naturellement émus à l'apparition d'une puissance supérieure. Il semble qu'elle nous ravisse à nous-mêmes, et le trouble s'empare de nous ; ainsi, lorsque la chaleur naturelle afflue au dedans, les extrémités tremblent. L'ange, qui connaissait notre nature, rassure aussitôt Marie : « Ne craignez point, vous avez trouvé grâce devant Dieu. » C'est là une différence entre les apparitions des bons et celles des mauvais anges; ceux-ci ne rassurent point, ils laissent après eux le trouble et l'agitation. Cependant on peut attribuer son trouble à la timidité d'une vierge qui n'ose lever ses regards sur un homme. On peut croire aussi que, familiarisée avec les anges, elle trembla non point de ce qu'elle voyait l'ange Gabriel, mais étonnée et ravie du mystère qu'il lui annonçait, *in sermone ejus*.

3. Quel ordre suivit l'ange en lui annonçant ce mystère?

Il fallait rendre Marie attentive, lui apprendre les desseins de Dieu sur elle, et obtenir son acquiescement. C'est ce qu'il fait par une salutation inaccoutumée : « Vous êtes pleine de grâce. » Ces paroles étaient bien propres à surprendre Marie, par conséquent à exciter son attention, car il n'est rien qui étonne plus un esprit humble que le récit de ses louanges. L'ange dit ensuite qu'elle concevra et enfantera. Comment s'accomplira ce mystère? « La vertu du Très-Haut vous couvrira de son ombre. » Pour mettre fin à toutes ses incertitudes et faire cesser ses irrésolutions, il lui propose l'exemple de sa cousine Élisabeth, à qui Dieu a accordé la faveur de concevoir dans un âge très-avancé. Marie, attentive et instruite, ne pouvait refuser de consentir : « Qu'il me soit fait selon votre parole. » A ce moment s'accomplit dans son sein le mystère de l'Incarnation.

QUEST. XXXI. *Conception du Sauveur.* — Voyons maintenant de quelle matière fut formé le corps de Jésus-Christ.

1. Il fut conçu d'une chair issue d'Adam.

L'Incarnation, selon l'ordre de la divine sagesse, devait guérir la nature humaine de la lèpre du péché dont elle était originairement infectée. Notre nature n'était souffrante et n'avait besoin de remède qu'en tant que blessée et corrompue en Adam. Pour appliquer le remède à nos maux, il convenait donc que Jésus-Christ prît un corps d'une matière dérivée d'Adam. Si l'Apôtre appelle le second Adam, c'est-à-dire Jésus-Christ, un homme céleste, ce n'est pas à cause de la nature de son corps, mais à raison de la vertu de l'Esprit-Saint qui l'a formé. Ainsi le corps de Jésus-Christ vient d'Adam, selon la matière, non selon les raisons séminales ; il n'a pas été formé selon les voies ordinaires de la génération, mais, par l'opération de l'Esprit-Saint, conçu du sang de Marie qui était fille d'Adam.

2. Pourquoi, parmi les ancêtres de Jésus-Christ, l'Évangile nomme-t-il d'une manière spéciale, Abraham et David ?

C'est à Abraham que la promesse du Messie a été faite avec le plus de solennité : « Je bénirai dans un de tes descendants toutes les nations de la terre. » (Gen., XXII, 18.) Avec Abraham commencent la circoncision et la séparation du peuple de Dieu d'avec les peuples étrangers. David, changeant la houlette pour un sceptre, placé sur le trône par une faveur toute spéciale, nous montre que Dieu cependant ne restreindra point ses faveurs, et qu'un jour il répandra sa rosée sur toute la surface de la terre. Nommer Abraham et David, c'est dire : Jésus-Christ vient sauver les Juifs et les Gentils, et ceux qui font partie de son peuple choisi et ceux qui jusqu'alors n'avaient point partagé ses faveurs.

3. Convenait-il qu'il naquît d'une femme ?

Il venait sauver l'un et l'autre sexe. Comme celui de l'homme est le plus noble, il prend la forme de l'homme. Il naît d'une femme pour montrer qu'elle n'est point exclue du bienfait de la rédemption et rendre ainsi manifeste la délivrance des deux sexes.

Il a aussi montré par là, la réalité de son incarnation. S'il était apparu tout à coup au milieu des hommes, sa présence aurait causé plus d'étonnement. Mais on aurait pu douter de la réalité de son corps, et sa puissance en paraissant avec plus d'éclat aurait nui à l'œuvre de sa miséricorde.

4. Son corps a donc été formé de la substance de Marie ?

Il y a, dans la génération du corps sacré de Jésus-Christ, quelque chose de naturel, et quelque chose de surnaturel. Il est naturel qu'il naisse d'une femme, et de son sang le plus pur ; il est au-dessus de la nature qu'il naisse d'une vierge. Or la femme qui conçoit, n'est que principe passif. Elle présente la matière, que le principe actif de l'homme a la vertu de féconder. Telle a été Marie, dans la génération de la chair adorable de Jésus-Christ.

QUEST. XXXII. *Du principe actif.* — 1. Quel a été le principe actif dans la génération du corps de Jésus-Christ?

« La vertu du Très-Haut vous couvrira de son ombre. » (S. Matth.) La Trinité tout entière a formé le corps du Sauveur, parce que c'était une œuvre *ad extrà* et qu'à toutes ces œuvres les trois Personnes ont une part égale. Cependant on l'attribue spécialement au Saint-Esprit : « *Inventa est in utero habens de Spiritu sancto.* » Le Saint-Esprit est l'amour du Père et du Fils. Or, c'est l'amour qui a fait descendre sur la terre le Fils de Dieu. (S. Jean, III, 16.)

Il n'y venait pas par devoir, ni attiré par nos mérites; l'Incarnation est une grâce, et la plus précieuse de toutes les grâces. Or, c'est à l'Esprit-Saint que nous les attribuons. (I Cor., XII, 4.)

L'Incarnation nous a faits enfants de Dieu et nous a sanctifiés; ce qui est aussi l'œuvre du Saint-Esprit : « Il a envoyé dans nos cœurs l'esprit de son Fils, qui nous fait appeler Dieu notre Père.

2. On peut donc dire que l'Esprit-Saint est le père de Jésus-Christ?

La paternité suppose la génération d'un être vivant, et la similitude de substance avec le principe générateur. On ne dit point, sinon par métaphore, que tel feu est fils de tel feu ; ni l'un ni l'autre ne sont vivants. Il faut de plus la ressemblance substantielle ; un tableau n'est pas fils du peintre qui l'a fait. Et quand même il y aurait génération d'un être vivant et substantiellement semblable, tout dans cet être, par exemple, ses cheveux, ne pourrait pas être dit fils du père : il n'a engendré que que ce qui est essentiel à la nature. Appliquant ces principes à Jésus-Christ, on voit que, ni comme Dieu ni comme homme, il ne peut être dit fils du Saint-Esprit. Comme Dieu, il est de même substance que le Saint-Esprit sans en être engendré ; comme homme, il n'est pas consubstantiel au Saint-Esprit ; c'est pourquoi nous disons son corps conçu *par* l'opération du Saint-Esprit, et non pas conçu *du* Saint-Esprit.

QUEST. XXXIII. *Ordre de la conception de Jésus-Christ.* — Il a été entièrement formé dès le premier instant de sa conception. Il faut distinguer, dans une conception, le mouvement local du sang vers le lieu destiné à la génération, le mélange des éléments qui en sont la matière, et l'accroissement qui suit. Sous le premier et le troisième rapport, la formation du corps de Jésus-Christ n'a pas été instantanée, car tout mouvement et tout accroissement supposent succession ; et où il y a succession, la simultanéité n'est pas possible. Mais le mélange, dans lequel consiste principalement la conception, n'a pas été successif. La puissance du principe actif, étant infinie, a formé instantanément tout le corps de Jésus-Christ.

C'est à ce moment même que le Verbe se l'est uni ; sinon il aurait eu une autre hypostase que celle du Verbe.

Il eut aussi, au premier instant de sa conception, une âme raisonnable. Nous l'avons vu, l'âme fut l'intermédiaire par lequel le Verbe prit un corps humain.

QUEST. XXXIV. *Perfection du fruit conçu.* — Plusieurs conséquences découlent de ces principes. Jésus-Christ, dès le premier instant de son existence, fut rempli de la grâce qui sanctifiait son corps et son âme. Comment cette âme, ce corps, hypostatiquement unis au Verbe, n'y auraient-ils pas puisé la plénitude de la grâce sanctifiante ?

Il eut, à ce moment, l'usage de son libre arbitre ; car il faut attribuer à l'humanité du Sauveur toute la perfection dont nous sommes capables. En quoi consiste-t-elle ? Dans l'opération, qui est, pour un être, comme sa seconde actualité. Jésus-Christ eut donc, aussitôt formé dans le sein de Marie, l'opération de l'âme qui peut s'accomplir en un seul instant. Telle est celle du libre arbitre. Les deux facultés qui le constituent, l'intelligence et la volonté, agissent avec plus de rapidité que le regard. C'est pourquoi, si nous supposons en Jésus-Christ toutes les perfections dont l'humanité est capable, il faut admettre en lui l'usage du libre arbitre aussitôt que l'être : il est de la nature du feu de répandre la chaleur et la lumière aussitôt qu'il est, supposé qu'aucun obstacle ne vienne en entraver l'action.

Il put, dès ce moment, mériter ; car le mérite s'attache à toute œuvre produite par un libre arbitre qui tend vers Dieu, sous l'inspiration de la charité.

Il eut, au même moment, la vision béatifique. La grâce était en lui sans mesure, et comme elle ne restait pas inactive, il faut admettre qu'il contempla toujours l'essence divine, et la vit dans une plus grande lumière que le reste des créatures, même les plus saintes.

QUEST. XXXV. *De la naissance de Jésus-Christ.* — 1. Faut-il l'attribuer à sa personne, ou à ses deux natures ?

Si nous considérons la naissance d'un être dans le sujet qui vient au monde, il faut l'attribuer à la personne, car tout être naît pour subsister dans un suppôt ou une personne. Jésus-Christ, sous ce rapport, n'a eu qu'une naissance. Mais le terme de la naissance est la nature, la forme spécifique de l'être qui naît. Jésus-Christ ayant deux natures, il faut lui attribuer deux naissances, l'une éternelle, puisqu'il procède éternellement du sein de son Père, l'autre temporelle, qui date du moment où il sortit du sein de sa mère.

C'est ainsi, dit saint Augustin, qu'en supposant l'âme humaine créée dès le commencement du monde, puis, dans la suite des temps, infuse dans un corps, serait dite naître avec ce corps, bien qu'à proprement parler elle n'eût pas acquis l'être par la naissance de l'homme.

2. Marie l'a-t-elle enfanté dans la douleur ?

Non, elle le mit au monde sans douleur et sans effort. Comme il avait été conçu d'une manière surnaturelle, il ne suivit pas en naissant les voies ordinaires, mais le moment de sa naissance étant venu, il s'épanouit miraculeusement dans les mains de Marie comme une fleur sur sa tige, et la sainte Vierge, se prosternant, l'adora : « Elle fleurira, elle germera de toute part, elle sera dans une effusion de joie et de louanges. » (Is., xxxv, 2.) Il sortit du sein maternel sans causer à Marie la plus légère blessure, comme plus tard il sortit du tombeau sans briser les sceaux qui le fermaient, et entra, les portes closes, dans le lieu où ses disciples étaient assemblés.

3. Pourquoi voulut-il naître à Bethléem ?

« Il est né, selon la chair, dans la famille de David » (Rom., i, 3), à qui Dieu en avait fait la promesse. Pour montrer qu'elle était accomplie, le Sauveur vint au monde dans la ville qui avait entendu la promesse, et donné le jour à David.

Bethléem veut dire *maison de pain*. N'est-ce pas là que devait naître celui qui est pour tous les fidèles le pain vivant descendu du ciel ?

QUEST. XXXVI. *De la manifestation de Jésus-Christ.* — Sa manifestation suivit immédiatement sa naissance. — 1. Pourquoi Dieu ne voulut-il pas montrer à tous les hommes des signes évidents de la naissance du Messie promis et attendu ?

« S'ils l'avaient connu, ils ne l'auraient jamais crucifié » (1 Cor., ii, 8), et la rédemption du genre humain, si elle s'était accomplie, n'aurait pas eu lieu d'une manière aussi touchante.

Où serait le mérite de la foi, si nous ne voyions l'humanité à côté de la divinité, la faiblesse à côté de la puissance ? Dans toutes les circonstances de sa vie, le Dieu se montre assez pour être vu des cœurs sincères ; il se voile assez pour ne pas contraindre notre esprit, et c'est ce tempérament d'ombre et de lumière qui fait le mérite de la foi.

S'il n'avait voilé l'éclat de sa divinité, il serait bien plus difficile de croire qu'il fût homme. S'il ne passait de l'enfance à la jeunesse, s'il ne prenait comme nous sa nourriture et son sommeil, la puissance ne détruirait-elle pas l'œuvre de la miséricorde ?

2. Supposé qu'il ne dût pas révéler à tous sa naissance, quelle classe d'hommes devaient voir les premiers sa lumière ?

« En Jésus-Christ il n'y a ni homme ni femme, ni juif, ni gentil, ni esclave, ni homme libre. » (Coloss., III, 2.) Il convenait donc que Jésus-Christ se manifestât à des hommes de tous les pays, de toutes les conditions. Les bergers étaient Israélites, les Mages étaient gentils ; les uns venus de près, les autres de loin, mais tous s'unissant à la pierre angulaire. (S. Aug.) Les premiers étaient ignorants et d'humble condition, les seconds étaient des savants et de haute naissance. Il se manifesta aux justes dans la personne de Siméon et d'Anne ; aux pécheurs, dans la personne des Mages. Siméon et la prophétesse Anne représentaient aussi les hommes et les femmes, qui devaient tous indistinctement participer aux bienfaits de l'Incarnation.

3. Quel est l'ordre de temps suivant lequel se firent ses différentes manifestations ?

Le jour même de sa naissance, les Juifs dans la personne des pasteurs, viennent à son berceau. Il convenait qu'ils eussent les prémices de son culte, en considération de leurs pères, et parce qu'ils étaient le peuple choisi. Le treizième jour, c'est le tour des gentils. S'ils étaient venus un an ou deux plus tard, ils n'auraient plus trouvé l'enfant à Bethléem, comme les prophéties l'avaient annoncé : les cérémonies légales étant accomplies, Joseph et Marie s'en retournèrent avec l'enfant à Nazareth, ville de Galilée. Les bergers, hommes pauvres, obscurs, avaient représenté les apôtres et les premiers des Juifs qui se firent chrétiens, « parmi lesquels on ne remarquait pas beaucoup de puissants, beaucoup de nobles. » (I Cor., 1.) Le quarantième jour il se présente dans leur temple, pour montrer qu'il appelle tous les Juifs, représentés par quelques justes.

4. Qu'était-ce que l'étoile des Mages?

Ce n'était pas, dit saint Augustin, une de ces étoiles dont Dieu sema le firmament au commencement du monde; car elle éclairait les Mages même pendant le jour, elle se cachait, reparaissait tour à tour : arrivés à Jérusalem, ils ne la virent plus. Elle reparut lorsqu'ils quittèrent Hérode. Son mouvement n'était pas continu : elle s'arrêtait, elle marchait avec eux comme la colonne de nuée dans le désert. Enfin elle s'arrêta au-dessus du lieu où reposait l'enfant. » (S. Matth., II, 9.) Il n'est donc pas vraisemblable que ce fût une étoile du firmament.

Des interprètes pensent que c'était le Saint-Esprit sous la forme d'une étoile ; d'autres, que c'était l'ange qui, après avoir annoncé aux bergers le *sujet d'une grande joie*, alla l'annoncer aux mages. Il est plus probable que c'était une étoile nouvelle que Dieu créa dans l'air voisin de la terre et qu'il dirigeait à son gré. Il était juste qu'une étoile extraordinaire vînt éclairer le Fils d'une Vierge.

QUEST. XXXVII. *Soumission de l'enfant aux observances légales.* — 1. Pourquoi fut-il circoncis, lui qui n'avait pas le péché originel à effacer?

Le sang qui coula sous le couteau de la circoncision prouvait la réalité de sa chair et confondait les hérétiques qui devaient plus tard la nier.

Il montrait qu'il était de la race d'Abraham, à qui Dieu ordonna la circoncision.

S'il ne s'était soumis à cette observance, les Juifs auraient rejeté sa doctrine comme celle d'un incirconcis.

Accomplissant une loi qui n'était pas faite pour lui, il nous donnait l'exemple de l'obéissance et nous enseignait à respecter au moins les lois qui nous sont imposées.

Il prenait la ressemblance des pécheurs, lui qui venait détruire le péché.

Il a porté le fardeau de la loi, afin d'en affranchir ceux qui y étaient assujettis. (Gal., IV, 5.)

2. Pourquoi lui donna-t-on le nom de Jésus?

Souvent le nom d'un homme est une allusion à un fait qui le concerne spécialement. C'est tantôt la fête d'un saint, qu'on célébrait le jour de notre naissance; tantôt la parenté : ainsi on donne à un fils le nom de son père, ou de quelqu'un de ses parents. Les parents de Jean-Baptiste ne voulaient pas l'appeler de ce nom, parce que personne dans la famille ne le portait. Le nom rappelle quelquefois un événement qui a accompagné notre naissance. Joseph, en voyant son premier-né, fut rempli d'une si grande joie qu'il oublia toutes ses peines. (Gen., XLI, 51.) C'est pourquoi il l'appela Manassès, qui veut dire *oubli*. C'est quelquefois un signe particulier, une qualité qui nous distingue des autres hommes, comme celui d'Ésaü, qui veut dire *roux*. Lorsque Dieu détermine lui-même le nom qu'un homme portera, il signifie un don particulier et surnaturel : « Tu t'appelleras Abraham, c'est-à-dire, père « de la multitude, parce que je t'ai établi pour être le père d'une « multitude de nations. » (Gen., XXVI.) « Tu es Pierre, et sur « cette pierre je bâtirai mon Église. » (S. Matt., XVI, 18.) Pouvait-on donner au Christ un nom qui lui convînt mieux que l'adorable et beau nom de Jésus, Sauveur? C'est pourquoi l'ange dit non-seulement à sa mère, mais aussi à saint Joseph, qui devait être son père nourricier : « L'enfant sera appelé *Jésus*. » Ce nom renferme ceux d'Emmanuel, d'Admirable, d'Orient, et tous les autres que lui donne l'Écriture.

3. Pourquoi sa présentation? Jouissant de la vision intuitive, il avait Dieu constamment présent devant lui, et ne cessait d'être présent devant Dieu.

Il a accompli la loi, afin de délivrer de l'obligation de la loi ceux qui y étaient soumis. Or, elle imposait deux préceptes touchant les enfants nouveau-nés. Le premier concernait tout enfant mâle ou femelle et ordonnait deux sacrifices : l'un, expiatoire, pour le racheter du péché dans lequel il avait été conçu ; l'autre était un holocauste, par lequel en offrant l'enfant à Dieu pour la première fois, on témoignait qu'il appartenait au Maître et Seigneur de toutes choses. Le second précepte regardait les enfants premiers-nés. Ils étaient, en naissant, la propriété de Dieu. Pour conserver parmi son peuple la mémoire de la captivité à laquelle la mort des premiers-nés de l'Égypte avait mis fin, Dieu ordonna qu'on rachetât par une offrande les premiers-nés des Israélites. Jésus-Christ, né d'une mère israélite, et le premier entre beaucoup de frères (Rom., VI, 29) devait donc se soumettre à ces deux préceptes. Ils portèrent l'enfant à Jérusalem pour le présenter au Seigneur, selon qu'il est écrit dans la loi : « Tout mâle qui naîtra le premier sera consacré au « Seigneur. » Ils accomplirent aussi le précepte qui regardait tous les enfants : « pour donner ce qui devait être offert en sacrifice, conformément à la loi du Seigneur. » (S. Luc, I, 22.)

Il était toujours présent devant Dieu ; mais pourquoi s'était-il fait homme et soumis à la circoncision ? Ce n'était pas pour lui, il n'avait pas besoin de nous ; c'était *pour nous faire des Dieux*, et nous enseigner que la circoncision spirituelle, en purifiant nos regards, nous rend seule dignes de contempler la Divinité. Il s'est présenté à Dieu afin de nous enseigner à lui faire la même offrande.

Remarquez qu'on fit pour le Sauveur l'offrande des pauvres. Celle des riches était un agneau et une tourterelle, ou une colombe ; celle des pauvres, deux petits de colombes, ou deux tourterelles. C'est l'offrande que firent la sainte Vierge et saint Joseph pour celui qui, lorsqu'il était riche, s'est fait pauvre afin de nous enrichir par sa pauvreté. Il l'avait assez montré le jour de sa naissance, couché dans une étable et enveloppé de pauvres langes.

QUEST. XXXVIII. *Baptême de saint Jean.* — 1. Convenait-il que Jean baptisât avant Jésus-Christ ?

Ce baptême donnait à Jean l'occasion d'annoncer Jésus-Christ à la foule accourue pour demander ou voir la cérémonie. Il accoutumait les Juifs au baptême de Notre-Seigneur, et les préparait par la pénitence à recevoir ce sacrement.

Jésus-Christ, en le recevant, bénit les eaux et préluda ainsi au sacrement qu'il devait plus tard établir.

2. Le baptême de Jean venait-il de Dieu et était-il un sacrement ?

Il venait de Dieu en ce sens que Jean-Baptiste en avait reçu de Dieu la pensée; mais tout homme, sans une mission spéciale, peut faire ce que faisait Jean-Baptiste au désert.

Ce n'était point un sacrement, mais seulement une cérémonie qui préparait au baptême de la loi nouvelle. Jean n'était qu'un serviteur, un ouvrier qui dispose la matière brute à recevoir le ciseau de l'artiste. Aussi saint Paul ordonnait-il à ceux qui n'avaient reçu que le baptême de Jean, de recevoir le baptême de Jésus (Actes, xix), ce qu'il n'aurait pas fait, si le premier avait été un sacrement.

QUEST. XXXIX. *Du baptême de Jésus-Christ.* — 1. Convenait-il que Jésus-Christ fût baptisé ? Il n'avait pas de tache à laver ?

En recevant le baptême d'eau, il sanctifiait par un saint attachement l'élément qui devait être la matière du sacrement de baptême.

Il montrait que la chair humaine a des souillures à laver, et qu'avant d'avoir été plongée dans des eaux régénératrices, elle n'est point assez pure pour entrer au ciel.

Il nous donnait le premier l'exemple de ce que nous devons faire : « C'est ainsi qu'il faut que nous accomplissions toute justice. » (S. Matt., i, 15.)

2. Trois circonstances accompagnèrent le baptême de Notre-Seigneur : les cieux s'ouvrirent, le Saint-Esprit descendit sous la

forme d'une colombe et la voix de Dieu le Père se fit entendre. Que signifiait chacune de ces circonstances?

Les cieux s'ouvrirent. Comme son baptême était le prélude et la consécration du nôtre, il convenait qu'il montrât en le recevant tout ce qui fait l'excellence de notre baptême. Or, c'est du ciel qu'il tire sa puissance, son efficacité.

Ce sacrement nous initie à la foi, qui nous montre les choses du ciel inaccessibles à la nature humaine.

Le ciel nous était fermé, le baptême seul nous en ouvre l'entrée : « Si quelqu'un ne renaît par l'eau et l'Esprit, il ne peut « entrer dans le royaume du ciel. » Cet accès au royaume était signifié par le fleuve du Jourdain, que les Hébreux traversèrent pour entrer dans la terre promise, figure du ciel.

Jésus-Christ à son baptême pria, pour nous montrer qu'après la réception de ce sacrement nous avons encore besoin du secours de Dieu. Nous portons au dedans de nous le foyer du péché; nous avons à vaincre au dehors le monde et le démon. Il nous faut, pour en triompher, la prière faite en vue de Jésus-Christ. C'est ce que montraient les cieux ouverts. Dieu semblait dire : « Je vous donnerai le ciel, grâce à Jésus-Christ. » Tel un roi qui accorde le pardon d'un de ses sujets à la prière de son ministre, disant : « Je vous l'accorde, non à lui, ou je le lui « accorde, à cause de vous. »

Le Saint-Esprit descendit sous la forme d'une colombe. La colombe est l'emblème de la simplicité : « Soyez simples comme des colombes. » (S. Matt., x, 16.) Celle qui apparut au baptême de Notre-Seigneur montrait la disposition avec laquelle nous devons recevoir le baptême et tous les sacrements, la simplicité et la candeur.

Elle figurait dans ses mœurs les sept dons du Saint-Esprit, que nous devons recevoir au baptême. La colombe se plaît au bord des ruisseaux, afin que si elle aperçoit dans les airs l'oiseau de proie, elle échappe au danger en se plongeant dans les flots :

voilà l'image de la Sagesse. L'âme sanctifiée par le baptême doit se plaire à l'étude de la sainte Écriture, qui est un fleuve de sagesse, découlant de la sagesse éternelle. Elle s'y plonge pour échapper à l'ennemi du salut. Ainsi Notre-Seigneur répondit aux tentations du démon par des paroles tirées de l'Ecriture.

Elle ne se nourrit que de graines choisies, rejette toute nourriture malsaine. C'est le don de Science, qui évite avec soin les doctrines empoisonnées de l'erreur.

Elle partage sa nourriture avec les petits des autres oiseaux : c'est le Conseil, qui éclaire par la parole et par l'exemple, les pécheurs, imitateurs du démon comme les petits des animaux sont les imitateurs de leurs pères.

Elle est innocente; ni son bec ni ses ongles ne déchirent : c'est l'Intelligence, qui ne combat point la vérité comme font les hérétiques.

Elle n'a point de fiel : c'est la Piété, aimable et douce envers tout le monde.

Elle fait son nid dans le creux des rochers ; c'est la Force, qui met dans les plaies du Sauveur son refuge et ses espérances.

Elle gémit plutôt qu'elle ne chante : c'est la Crainte, qui pleure ses fautes passées.

L'effet principal du baptême, c'est la réconciliation de Dieu avec les hommes. La colombe est aussi l'emblème de la réconciliation et de la paix. Lorsque le déluge eut accompli la réconciliation du ciel avec la terre, une colombe l'annonça, portant dans son bec un rameau d'olivier.

Le baptême a un autre effet, c'est de ne faire de tous les hommes qu'une seule Église, une seule société de frères, n'ayant qu'un cœur et qu'une âme : *Una est columba mea.* (Cantiques.) Or, les colombes aiment la vie commune, et jamais querelle ne trouble l'harmonie de leur société, si nombreuse qu'elle soit.

La voix du Père se fit entendre. Le baptême de Jésus-Christ

étant la forme exemplaire du nôtre, qui nous est conféré au nom du Père, du Fils et du Saint-Esprit (S. Matt.), il convenait que les trois personnes divines fussent présentes à ce baptême et elles y parurent d'une manière sensible : le Fils est baptisé, le Saint-Esprit descend sur lui, le Père proclame que c'est là son Fils bien-aimé.

QUEST. XL. *Du genre de vie que choisit Jésus-Christ.* — Nous connaissons les principes de la génération de Jésus-Christ, et son entrée dans le monde. Considérons le Sauveur plus avancé dans la vie.

1. Ne convenait-il pas qu'il se retirât dans la solitude plutôt que de vivre au milieu des hommes ? La solitude favorise la contemplation, qui est le genre de vie le plus parfait ?

Il devait conformer sa manière de vivre à la fin de l'Incarnation. Pourquoi le Verbe s'était-il fait chair ? Afin de pouvoir, revêtu d'une forme sensible, enseigner la vérité à des hommes captivés par les sens : « Je suis né et je suis venu en ce monde « pour rendre témoignage à la vérité. » (S. Jean, xviii, 37.) Comment atteindre cette fin, sinon par une vie publique ? « Il faut que j'annonce encore l'Évangile du royaume de Dieu « à d'autres villes, car c'est pour cela que j'ai été envoyé. » (S. Luc, iv, 43.)

Il venait guérir les maladies morales, chercher la brebis égarée. Médecin charitable, il est allé trouver les malades retenus sur un lit de douleur ; bon pasteur, il est allé au-devant de la brebis errante, nous donnant ainsi l'exemple d'un entier dévouement au salut de nos frères.

Il venait en ce monde, afin de nous donner accès auprès de Dieu. Il fallait auparavant faire cesser de justes craintes, relever nos espérances, exciter nos cœurs à la confiance par des discours familiers, des exemples touchants : « Il arriva que comme Jésus était à table dans la maison de cet homme, il y vint beaucoup de publicains et de gens de mauvaise vie, *qui se mirent à table avec*

Jésus et ses disciples. » (S. Matt., ix, 10.) Comment attirer les pécheurs, les toucher par un accueil si bienveillant, sinon en vivant au milieu d'eux ?

Il est plus parfait de se livrer à la vie contemplative qu'à la vie active, mais il vaut encore mieux, après avoir contemplé, redescendre la montagne pour distribuer aux autres les lumières de la contemplation.

2. Ne convenait-il pas que sa vie fût de la plus grande austérité ?

Il faut se conformer à ceux avec lesquels on vit : *Omnibus omnia factus sum.* (S. Paul.) Jésus-Christ vivant au milieu des Juifs, il convenait qu'il se nourrît des mêmes aliments, qu'il portât les mêmes habits et suivît leur genre de vie pour gagner le cœur des hommes et les attirer à lui par la douceur de sa conversation. Ses ennemis, qui épiaient toutes ses actions, ne pouvaient manquer de lui en faire un crime, si elles eussent été trop austères. Aussi, le comparant à Jean-Baptiste, qui n'usa d'aucune viande délicate, d'aucune liqueur en usage chez les Juifs, ils l'accusèrent d'aimer la bonne chère.

3. Cependant la vie de Jésus-Christ fut une vie pauvre et laborieuse : « il n'avait pas où reposer sa tête, encore moins de quoi payer le tribut imposé par la loi. » Cette pauvreté, qui le forçait à recevoir des autres les choses nécessaires à la vie, loin de nuire à la mission des âmes, qu'il venait remplir, en favorisait puissamment le progrès. Il enseignait les peuples, il apportait au genre humain le bienfait de la science et de la foi. Or, le Maître doit se livrer à la contemplation, et pour cela, s'affranchir des soins qu'entraîne l'administration des biens temporels. C'est pourquoi il dit aux apôtres : « Ne possédez ni or, ni argent. » (S. Matt., xviii, 9.)

Comme il s'est soumis à la mort corporelle pour nous donner la vie spirituelle, il convenait qu'il prît la pauvreté temporelle pour nous procurer la richesse spirituelle : « Vous savez quelle a été la bonté de Notre-Seigneur Jésus-Christ, qui, étant riche, s'est rendu pauvre pour l'amour de vous, afin que vous devinssiez riches par sa pauvreté. » (II Cor. VIII, 9.)

S'il avait eu des richesses, ses ennemis si ombrageux lui en auraient fait un reproche, attribuant à l'avarice son zèle pour la vérité.

Sa pauvreté, son abjection laisse paraître avec plus d'évidence la puissance divine, qui n'a pas besoin des moyens humains pour assurer le succès de son œuvre. Celui qui a attiré à lui le monde entier, choisit une mère pauvre, une patrie obscure, naît dans une étable, est enveloppé dans quelques langes pauvres !

QUEST. XLI. *De la tentation de Jésus-Christ.* — 1. Pourquoi voulut-il être tenté ?

Ce ne fut point par nécessité, mais de plein gré, semblable à un athlète généreux qui se présente volontairement au combat.

Comme il venait mourir pour ressusciter et donner à l'homme la force de vaincre la mort, il permet qu'on le tente, afin de mettre dans nos mains les armes avec lesquelles il nous sera facile de repousser les attaques de l'ennemi.

Il montrait que, si avancé qu'on soit dans la perfection, on n'est jamais à l'abri du danger, et qu'il faut toujours nous tenir sur nos gardes si nous ne voulons être renversés du siège même le plus élevé de la vertu : « Mon fils, lorsque vous entrez au service de Dieu, demeurez ferme dans la justice et dans la crainte du Seigneur, et préparez votre âme à la tentation. » (Eccl. II, 1.)

Il nous donnait l'exemple de la résistance. Il ne lie pas conversation avec le démon, comme fit la première femme, mais lui dit aussitôt : « Retire-toi, Satan ! »

Nous l'invoquons avec plus de confiance, sachant qu'il a subi les mêmes épreuves, passé par la voie des mêmes tribulations : « Le pontife que nous avons n'est pas tel qu'il ne puisse compatir à nos faiblesses, mais il a éprouvé comme nous toutes sortes de tentations. (Hébr. IV, 15.)

Vous direz peut-être : Comment le démon osa-t-il le tenter? Il n'avait que des doutes sur la divinité de Jésus-Christ. Il n'ignorait pas que le Fils de Dieu viendrait sauver les hommes, mais voyant le Sauveur éprouver toutes les faiblesses humaines, il avait des difficultés de croire que ce fût le Messie, bien qu'il lui eût vu faire des prodiges. Il n'avait que des doutes, ne pouvait faire que des conjectures. C'est pourquoi il lui dit : « *Si tu es* le Fils de Dieu, etc. »

2. L'Évangile rapporte-t-il dans un ordre convenable les trois tentations de Jésus-Christ.

Un ennemi ne peut nous tenter que par suggestion, en nous faisant des propositions qu'il croit séduisantes. Or lorsqu'on veut attirer un homme dans un piège, on lui suggère des pensées conformes à ses goûts et à ses inclinations. Si c'est un homme versé dans les choses spirituelles, on n'ira pas tout d'abord lui proposer ces vices grossiers dans lesquels ne tombent que les gens corrompus, mais seulement des choses qui semblent n'être pas fort opposées à la perfection. Voyez comme le démon tenta Ève innocente : « Goûte de ces beaux fruits » (tous les hommes, même les plus spirituels, n'ont-ils pas besoin de nourriture ?) Puis il flatte son amour propre : « Vos yeux s'ouvriront, et vous verrez une autre lumière. » Enfin il ne met plus de bornes à son orgueil : « Vous serez comme des Dieux. » On retrouve dans la tentation de Jésus-Christ le même ordre et les mêmes artifices. Le tentateur lui propose de la nourriture, au moment où il a faim, épuisé par un jeûne de quarante jours. Puis il le flatte en lui demandant de faire éclater sa puissance : « Si tu es fils d'Abraham, etc. », ce qui est de l'ostentation et de la vaine gloire. Enfin il lui montre tous les royaumes du monde et lui promet l'empire de la terre et les richesses du monde, ne disant plus : Si tu es le Fils de Dieu mais, « si tu te prosternes devant moi, » ce qui eût été le crime d'idolâtrie.

Jésus-Christ confond le démon par l'Écriture et sans recourir à sa puissance divine, pour l'humilier davantage, et vaincre comme homme l'ennemi du genre humain.

QUEST. XLII. *De la doctrine de Jésus-Christ.* — 1. Pourquoi ne voulut-il prêcher qu'en Judée?

Jésus-Christ n'accordant le bienfait de sa parole qu'aux Juifs, montrait en lui l'accomplissement des promesses faites à leurs pères : « Je dis que Jésus-Christ a été le ministre de la Circoncision » (Rom., xv, 8), c'est-à-dire l'apôtre et le prédicateur des Juifs, pour montrer l'infaillibilité de la parole de Dieu.

Quæ a Deo sunt ordinata sunt : c'est pourquoi l'ordre providentiel voulait que les Juifs eussent les prémices de sa doctrine. La foi au Messie et l'unité du culte en ayant fait le premier peuple du monde, la nation qui s'approchait le plus de Dieu, c'est de la Judée que la lumière du christianisme devait partir et rayonner sur les Gentils : ainsi dans la hiérarchie céleste les rayons de la divinité descendent des anges supérieurs aux anges inférieurs : « J'enverrai *ceux d'entre eux* qui auront été sauvés, vers les nations qui sont au delà des mers, dans l'Afrique, dans la Libye, dont les peuples sont armés de flèches ; dans l'Italie, dans la Grèce, dans les îles les plus reculées, vers ceux qui n'ont jamais entendu parler de moi et qui n'ont point vu ma gloire, et ceux que j'enverrai, annonceront ma gloire aux Gentils. » (Is., LXVI, 19.)

S'il avait évangélisé les Gentils et les Samaritains, les Juifs auraient saisi ce prétexte pour répudier sa doctrine. En ne sortant pas des limites de la Judée, il ôtait toute excuse à leur obstination.

« Si le grain de froment ne meurt après qu'on l'a jeté en terre (le verbe dans l'argile humain), il demeure seul ; mais quand il est mort, il porte beaucoup de fruits. » (S. Jean, xii, 24.) C'est par sa mort et la victoire de la croix que Jésus-Christ a obtenu l'empire et la souveraineté sur les nations. Avant sa passion, il refuse d'aller à elles, disant qu'il n'a été envoyé qu'aux brebis d'Israël (S. Matth., xv), mais après sa mort le moment de les évangéliser est venu, il dit à ses apôtres : « Allez, enseignez *toutes* les nations. » (S. Matth., dern. ch., 16.)

2. Il ne faut blesser personne. Or Jésus-Christ, en prêchant sa doctrine, offensait les anciens Scribes et les Pharisiens qu'il reprenait publiquement ?

Le salut de la multitude est préférable au bien, à la tranquillité de quelques-uns. Si leur perversité s'alarme de ce que dit le prédicateur ou le docteur, il ne doit point s'en inquiéter : « La parole de Dieu n'est pas enchaînée. » Lorsque la vérité scandalise les méchants, il vaut mieux souffrir leur scandale, que d'abandonner la vérité. » (S. Grég.) Quels étaient ceux qui troublaient la doctrine du Sauveur ? Les anciens du peuple, vieux en âge, jeunes en sagesse ; les Scribes, les Pharisiens, gens qui semaient la corruption par la dépravation de leurs mœurs, et combattaient par malice la vérité qui seule pouvait sauver la multitude : « Laissez ces misérables, ce sont des aveugles, conducteurs d'autres aveugles. Si un aveugle en conduit un autre, ils tomberont tous deux dans la fosse. » (S. Matth., xv, 12.)

3. Pourquoi n'a-t-il pas laissé sa doctrine par écrit ?

Au meilleur docteur convient la meilleure méthode d'enseignement. La plus excellente, la plus digne d'un grand maître, ce n'est pas d'écrire sa doctrine dans des livres, mais de l'enseigner de vive voix et de la graver dans le cœur de ses disciples : on ne l'écrit qu'en vue de la faire pénétrer dans les cœurs. Pythagore et Socrate ne voulurent rien écrire. Or Jésus-Christ « les enseignait comme un homme qui a autorité. » (S. Matth., vii, 29.)

On aurait cru, s'il avait écrit sa doctrine, qu'elle ne renferme que ce qui est dans la lettre, tandis que « le monde ne pourrait contenir les livres qu'on en écrirait. » (S. Jean, xxi, 25.)

L'ordre devant présider à la diffusion de sa doctrine comme à toutes ses œuvres, il convenait qu'il la communiquât directement à ses apôtres, et, par leur entremise, au reste des hommes : « La sagesse a envoyé ses servantes appeler les conviés ; elle les a envoyées à la forteresse et aux murailles de la ville. » (Prov., IX, 3.)

QUEST. XLIII. *Des œuvres de Jésus-Christ.* — 1. Avait-il besoin de faire des miracles ?

Quand un homme se présente à nous comme envoyé de Dieu, et nous annonçant de sa part une vérité surnaturelle, nous avons droit de lui en demander la preuve. La vérité dont il est le héraut surpassant notre raison, il ne peut trouver dans ses lumières naturelles, une preuve décisive ; il lui faut des arguments surnaturels, il ne portera la conviction dans les esprits qu'en faisant des miracles. Dieu étant seul maître de la nature et pouvant seul en suspendre les lois, les miracles sont comme le sceau qu'il imprime à une doctrine pour montrer qu'elle vient de lui. En voyant une lettre qui porte le sceau royal, je dis sans crainte de me tromper : Voilà une lettre du roi. Ainsi, en voyant une doctrine confirmée par des miracles, je puis dire : Cette doctrine vient de Dieu. Il convenait donc que Jésus-Christ fît des miracles pour montrer qui il était, et lorsque la fureur des Juifs contre lui allait croissant, il les renvoyait à ces miracles comme à des arguments invincibles : « Si vous ne croyez à ma parole, croyez à mes œuvres. Les œuvres que le Père céleste m'a donné de faire rendent de moi un témoignage convaincant. » (S. Jean.)

2. A quelle époque de sa vie convenait-il qu'il fît des miracles ?

Au commencement de sa vie publique, parce que c'est à ce moment qu'il commença d'enseigner et que ses miracles avaient pour but de confirmer sa doctrine. Le premier fut celui de l'eau changée en vin, aux noces de Cana.

D'un autre côté, en donnant à sa divinité un éclat prématuré, il aurait nui à l'évidence de son humanité. Il convenait qu'avant de faire des prodiges, son humanité eût atteint son régulier et complet développement, ce qui n'arrive que vers l'âge de trente ans.

3. Les miracles qu'il fit prouvaient-ils suffisamment sa divinité ?

— Ils la prouvaient assez, car Jésus-Christ n'aurait pas eu l'imprudence d'y renvoyer ses ennemis pour savoir qui il était.

D'ailleurs, de qui auraient pu venir des merveilles qui étaient au-dessus de toute puissance créée ? « Depuis le commencement du monde on n'a point entendu dire que personne ait ouvert les yeux à un aveugle-né. » (S. Jean, IX, 32.)

Il est deux circonstances qu'il ne faut pas perdre de vue, et qui le distinguent de tous les thaumaturges : c'est d'abord qu'il faisait ses miracles par lui-même, sans invoquer le secours d'une puissance étrangère : « Il sortait *de lui* une puissance qui les guérissait tous. » (S. Luc, VI, 19.) *Je le veux*, dit-il au paralytique, sois guéri. (S. Matth., VIII, 3.) *D'une parole*, il chassait d'eux les malins esprits et guérissait tous les malades. (Ibid., 16.)

Il se disait Dieu et s'attribuait la même puissance qu'au Père. Dieu aurait-il confirmé par des miracles la doctrine d'un imposteur ?

QUEST. XLIV. *Principaux miracles opérés par Jésus-Christ.* — 1. En faisant des miracles sur les substances spirituelles, par exemple, lorsqu'il chassa les démons, ne cherchait-il pas à empêcher l'œuvre de la rédemption ? « S'ils l'avaient connu, ils ne l'auraient point crucifié. » (S. Paul.)

Pourquoi forcer les démons à lui rendre hommage ? « La louange n'est pas belle dans la bouche des pécheurs. » (Ecclés., xv, 9.)

Ces miracles avaient pour but l'utilité de ceux qui en étaient l'objet. Or, un possédé souffrit tant et fut agité avec une si grande violence qu'il resta comme mort. (S. Marc, IX, 25.) Les Juifs en éprouvèrent même des pertes temporelles. Un troupeau de porcs fut précipité dans la mer, et le peuple effrayé vint trouver Jésus, le priant de sortir de leur pays ? (S. Matt., VIII.)

Ses miracles étaient des preuves de la vérité de la doctrine qu'il enseignait. Les temps étaient près d'arriver, où cette doctrine allait vaincre le démon par la foi des hommes. Il convenait qu'il délivrât les possédés du démon, préludant ainsi à la ruine totale de son empire : « Bientôt le prince de ce monde en sera chassé. » (S. Jean, xii, 31.)

Le démon, comme je viens de le dire, n'avait au sujet de Jésus-Christ que des doutes, ne faisait que des conjectures. Il dit, à la vérité : « Je sais qui vous êtes, le Saint de Dieu. » (S. Marc.) Mais, lorsqu'il le voyait dans l'infirmité de la chair, souffrant la faim, la soif, succombant de fatigue, le doute succédait à la certitude, et il restait indécis, ne sachant que croire de cet homme extraordinaire : « Aucun des princes de ce monde ne l'a connu. » (I Cor., ii.)

Il ne cherchait pas la louange des démons pour elle-même, mais pour le bien des hommes. Le témoignage d'un ennemi n'aurait pas dû leur être suspect. Si quelquefois il imposa silence aux démons, c'était afin qu'ils ne prévinssent pas le ministère des Apôtres, et aussi afin que la première bouche qui chanterait sa gloire ne fût pas une bouche fétide.

Des pertes temporelles suivirent quelques-uns de ses miracles. C'était pour montrer que les biens spirituels sont les plus précieux, et que, si Dieu ne s'y opposait, les démons causeraient au genre humain des préjudices encore plus grands.

Le possédé éprouva un surcroît de souffrance ; mais Jésus-Christ le guérit aussitôt. Il fut comme mort, pour montrer que le pécheur, en se convertissant, « meurt à son ancienne vie. » (Coloss., iii, 2.)

2. Pourquoi fit-il des prodiges dans les corps célestes ?

« Toute la terre fut couverte de ténèbres jusqu'à la neuvième heure, le soleil s'obscurcit, etc. » (S. Luc, xxiii, 44), pour ne point voir la malice des Juifs qui le sacrifiaient.

Bien des causes peuvent agir sur les corps terrestres, peu sur les corps célestes. Les accidents survenus dans les corps immobiles, comme le soleil, étaient donc plus étonnants et offraient aux hommes qui les voyaient des preuves authentiques de la divinité du Sauveur.

Quant à la manière dont se fit cette éclipse au moment où Jésus-Christ expira, les théologiens l'ont expliquée différemment. Les uns disent que le cours des astres, qui mesure le temps, ne fut pas suspendu. Le soleil continua de répandre ses rayons; mais la Toute-Puissance divine les empêcha d'arriver à la terre. D'autres prétendent que ce fut une éclipse ordinaire, c'est-à-dire que la lune placée entre la terre et le soleil, en intercepta les rayons. C'est l'opinion de saint Denis, et saint Thomas la croit la plus vraisemblable.

Mais comment se fait-il que les écrivains profanes n'en aient point parlé? Les calculs de la science humaine ne pouvant faire connaître d'avance les événements surnaturels, les savants ne s'attendaient pas à voir une éclipse en ce moment, et lorsqu'elle arriva, ils eurent beau consulter la science, ils ne purent expliquer cet événement, et crurent que ce n'était qu'un trouble de l'atmosphère, un accident sans importance. Origène dit cependant qu'un écrivain, nommé Phlégon, en a parlé dans ses *Chroniques*. Elle fut remarquée de saint Denis et de ses compagnons, qui étaient alors en Égypte. Ce prodige, dans un pays qu'éclaire un ciel toujours pur, les émut profondément, et saint Denis en a écrit à saint Polycarpe : « Nous voyions la lune subitement, placée entre le soleil et la terre. » (Chap. 7.)

3. Jésus-Christ fit aussi des prodiges sur les hommes.

Un homme sage proportionne toujours les moyens à la fin. Pourquoi le Sauveur faisait-il des miracles? pour sauver les hommes : « Dieu n'a pas envoyé son Fils pour juger le monde, mais pour que le monde soit sauvé. » (S. Jean, III.) Il convenait donc que Jésus-Christ se montrât le Sauveur des hommes en faisant en eux des prodiges qui les guérissaient de leurs infirmités. Sa mission n'apparaissait-elle pas avec plus d'évidence lorsqu'il rendait la vue à un infortuné privé de la lumière, le mouvement à un paralytique, la vie à un fils qui venait consoler sa mère éplorée, que lorsqu'il commandait aux démons, ou faisait des prodiges dans le ciel? Lorsqu'il guérissait les corps, qu'il rappelait un homme des ténèbres de la mort à la lumière de la vie, il montrait qu'il ne lui était pas moins facile de guérir les âmes, et de les rappeler de la nuit du péché au jour de la grâce.

Il faut faire ici une remarque : la fin des miracles qu'il opéra dans les créatures humaines était de sauver la partie supérieure de l'homme. Il fallait pour cela procurer aux hommes la lumière de la sagesse et la justification. Le premier de ces bienfaits suppose le second, « car la sagesse n'entrera point dans une âme maligne et n'habitera point dans un corps assujetti au péché. » (Sag., I, 4.) Or, la justification ne s'accomplit point en nous sans notre libre consentement. Il est dans la nature de l'homme d'agir librement, de tendre vers le bien de son plein gré, sans qu'aucune force l'y contraigne. C'est pourquoi les miracles du Seigneur ne justifiaient que ceux dont la volonté aspirait vers Dieu. Ses prodiges extérieurs étaient les moyens, non la fin des miracles.

Il donna la sagesse aux Apôtres, hommes simples, animés d'une volonté sincère et droite. On ne met pas au nombre des miracles visibles leur lumière intérieure, mais seulement le prodige d'entendre parler avec tant d'éloquence et de force, des hommes qui étaient sans lettres. (Actes, IV, 13.)

Cependant Jésus-Christ a fait des miracles dans les âmes, en agissant sur leurs puissances inférieures. L'éclat qui rayonnait de ses yeux, la majesté de son visage, dit saint Jérôme, attirèrent à lui plusieurs qui en furent témoins. Sa parole foudroya les soldats qui venaient le saisir : (S. Jean, 18.) « *Deus enim latebat in carne.* » (S. Aug.) Lorsqu'il se cacha et sortit du temple (S. Jean, VIII, 59), il ne se retira point dans un angle de l'édifice ni derrière une colonne ; mais il se déroba par sa toute-puissance à leurs mains homicides, *et per medium illorum ibat.* Ainsi Jésus-Christ sauvait les hommes non-seulement en répandant les rayons de sa lumière en ceux qui avaient la volonté droite, et en les justifiant de leur plein gré, mais en les sollicitant extérieurement, en les frappant quelquefois de crainte et d'étonnement.

J'ajoute que la créature inanimée et sans raison fut aussi le théâtre de ses prodiges, afin de montrer que tout lui appartient et lui obéit. L'eau changée en vin, la multiplication des pains, la pêche miraculeuse, la tempête apaisée, le figuier frappé de stérilité, les tombeaux ouverts, la terre tremblante, les rochers fendus, prouvaient que l'univers entier relevait de sa puissance, en même temps qu'ils donnaient aux hommes de sublimes enseignements.

QUEST. XLV. *De la Transfiguration.* — Une circonstance qui précéda immédiatement la Passion du Sauveur, fut sa transfiguration.

1. Pourquoi voulut-il apparaître transfiguré en présence de quelques-uns de ses disciples ?

Pour avancer, il faut savoir le but vers lequel nous tendons : un archer ne saurait viser juste et atteindre un but qu'il ne verrait pas. Il est d'autant plus nécessaire d'avoir les yeux fixés sur le but que la voie à parcourir avant d'y arriver est rude et difficile. La gloire du ciel, voilà le but des souffrances de Jésus-Christ et des nôtres. « Il fallait que le Christ souffrît et entrât ainsi dans la gloire. » (S. Luc.) Il convenait donc qu'avant d'entrer dans la voie douloureuse de sa Passion, Jésus-Christ animât fortement le courage de ses Apôtres, en leur montrant que la souffrance conduit à la gloire et le chef et les membres : « C'est par beaucoup de tribulations que nous entrerons dans le royaume du ciel (1). (Actes, xiv, 21.)

Sa transfiguration est aussi le gage et le modèle de la nôtre : « Il réformera notre corps, tout vil et abject qu'il est, afin de le rendre conforme à son corps glorieux. » (Philipp., iii, 21.) Ce-

---

(1) L'Église nous donne le même enseignement, lorsqu'elle nous fait célébrer la fête de la Transfiguration au commencement de la sainte quarantaine. Pour nous engager à entrer résolûment dans la voie de la pénitence, elle nous montre la gloire qui nous attend à la fin de la carrière.

pendant il y a une différence entre notre corps ressuscité et celui de Jésus-Christ à la transfiguration : la lumière de notre âme rayonnera naturellement sur notre corps; au jour de sa transfiguration, le Sauveur laissa descendre dans son âme les rayons de sa divinité, et l'âme en revêtit miraculeusement son corps mortel.

2. Les témoins de sa transfiguration furent-ils choisis à dessein? Pourquoi d'un côté Moïse et Élie, de l'autre Pierre, Jacques et Jean?

Il voulut sa transfiguration, afin d'inspirer aux hommes le désir du ciel en leur montrant la gloire qui sera le prix de leurs souffrances. Or, c'est par Jésus-Christ seul que nous pouvons l'espérer. Lorsqu'à la veille de sa passion il fit son entrée triomphante à Jérusalem, ceux qui le suivaient et ceux qui le précédaient chantaient hosanna (salut et rédemption), montrant que tous les hommes, ceux qui l'avaient précédé, ceux qui le suivraient en ce monde, attendaient de lui leur salut. C'est pourquoi il convenait qu'il eût pour témoins de sa transfiguration, des hommes qui appartinssent aux deux Testaments : Moïse et Élie représentaient l'Ancien ; Pierre, Jacques et Jean, le Nouveau. Or, une vérité se trouve suffisamment établie par le témoignage de deux ou trois personnes qui l'ont vue de leurs yeux.

3. Pourquoi, à la transfiguration, entendit-on la voix de Dieu le Père?

L'adoption des enfants de Dieu est une image de la filiation éternelle de son Fils. La grâce dessine en nous les premiers traits de cette image. Elle ne sera parfaite que dans la gloire, lorsqu'il nous apparaîtra, lorsque nous le verrons tel qu'il est. Le baptême nous donnant les prémices de la grâce, le Père fit entendre sa voix au baptême de Notre-Seigneur, baptême qui était le modèle du nôtre. De même il convenait qu'il fît entendre encore sa voix au moment de la transfiguration de Notre-Seigneur. Elle nous montrait sa gloire et celle qui couronnera les souffrances d'une vie chrétienne.

QUEST. XLVI. *De la Passion de Jésus-Christ.* — Nous savons comment le Verbe incarné est entré dans le monde, la manière dont il a vécu parmi les hommes. Comment en est-il sorti? C'est ce que nous dirons en parlant de sa Passion, de sa mort, de sa sépulture et de sa descente aux enfers. Nous parlerons ensuite de son exaltation. Elle comprend sa résurrection, qui est le plus grand de tous ses miracles et le fondement de notre foi; son ascension dans le ciel, l'office qu'il remplit assis à la droite du Père, et le pouvoir judiciaire qu'il exercera sur le genre humain tout entier.

1. Était-il nécessaire que Jésus-Christ souffrît pour racheter le genre humain?

Une chose est dite nécessaire lorsqu'elle ne peut pas exister autrement, ou que la négation de son existence impliquerait contradiction : il est nécessaire que le tout soit plus grand que la partie, que Dieu soit éternel. La Passion n'était nécessaire en ce sens ni du côté de Dieu ni du côté de l'homme. Dieu a, de toute éternité, ce qui lui est nécessaire, et la Passion n'est pas éternelle. Il n'y a rien en l'homme de nécessaire, et il pouvait d'ailleurs être racheté autrement que par les souffrances de Jésus-Christ.

Il est une autre nécessité, celle de contrainte, qui vient d'un principe externe : si vous m'enchaînez sur un siége, il est nécessaire que j'y reste. Une pareille nécessité ne forçait pas Jésus-Christ à souffrir. « Il s'est offert, parce qu'il l'a voulu. » (S. Paul.) « Personne ne m'arrache la vie malgré moi, je la donne volontairement. Ne pourrais-je pas, si je le voulais, prier mon Père, et il m'enverrait des légions d'anges qui me mettraient à l'abri de vos coups? » (S. Matth., XXVI, 3.)

Enfin, il est une nécessité qui a sa raison d'être dans une fin que l'on se propose d'atteindre. La Passion était nécessaire en vue de la fin que Jésus-Christ se proposait. « *Il faut* que le Fils de l'homme soit élevé de terre, afin que quiconque croit en lui ne périsse point, mais qu'il ait la vie éternelle. » (S. Jean, III, 14.)

Elle était nécessaire pour mériter à Jésus-Christ l'exaltation qui l'a suivie : « Ne *fallait-il* pas que le Christ souffrît et qu'il entrât ainsi dans sa gloire ? » (S. Luc, XXIV, 26.)

Elle était nécessaire pour accomplir la parole de Dieu, qui avait prédit si longtemps d'avance les souffrances du Rédempteur : « Voilà ce que je vous disais, étant encore au milieu de vous, qu'il *fallait* que tout ce qui est écrit de moi dans la loi de Moïse, dans les prophètes et dans les psaumes s'accomplît. » (S. Luc, XXII, 44.)

Remarquez que la Passion a été une œuvre de justice et de miséricorde. Elle a satisfait à la justice de Dieu, car elle a rétabli entre Dieu et nous l'égalité, qui est l'essence de la justice. Sa satisfaction a même été surabondante, Jésus-Christ ayant versé jusqu'à la dernière goutte de son sang, lorsqu'une seule suffisait pour la rédemption du genre humain. Elle a été une œuvre de miséricorde. Dieu voyait l'homme coupable, tombé dans un abîme d'infortunes sans qu'il pût espérer de lui-même des destinées plus heureuses. Touché de pitié, il nous a donné son Fils, qui a porté le poids de nos iniquités et payé le prix de notre rédemption.

2. La justice veut que la réparation soit égale à l'offense. Celle que l'homme avait faite à Dieu étant infinie, ne pouvait être réparée que par des souffrances qui eussent un mérite infini. Donc il fallait, supposé la rédemption, que Jésus-Christ souffrît sa Passion ?

« Il n'y a rien d'impossible à Dieu. » (S. Luc, I, 37.) Il aurait trouvé, s'il l'avait voulu, bien d'autres moyens de racheter les hommes. Il n'aurait eu qu'à nous pardonner gratuitement, comme un créancier qui dirait à son débiteur : « Allez, je vous remets tout ce que vous me deviez. » En parlant ainsi, eût-il violé les droits de la justice ? Un juge ne peut absoudre un coupable qui m'a offensé. Il a mes droits à venger, et de plus il relève d'un supérieur qui lui ordonne de frapper les coupables.

Or Dieu ne connaît point de supérieur, et comme il était l'offensé, il pouvait, sans injustice, céder tous ses droits à telles conditions qu'il lui aurait plu de le faire.

3. Convenait-il que Jésus-Christ nous rachetât par les souffrances de sa Passion plutôt que par un seul acte de sa volonté ?

Un mode est d'autant plus convenable qu'il renferme plus de moyens d'atteindre une fin. Ainsi la nature emploie plusieurs instruments pour remplir une seule et même fonction, afin de procurer plus sûrement son effet : elle met deux yeux à la tête pour assurer et perfectionner en nous la faculté de voir. De même la Passion nous a procuré le salut d'une manière plus noble et plus efficace qu'un seul acte de la volonté de Dieu. En effet, outre la délivrance de nos péchés, ne trouvons-nous pas dans les souffrances de la Passion, de nombreux et puissants moyens de salut ? Elle nous a montré l'immense charité de Dieu pour les hommes. Lorsque nous étions ses ennemis, il nous donne son Fils, qui nous a rendu son amitié à jamais perdue, qui a cimenté de son sang la réconciliation du ciel avec la terre. (Rom.)

La Passion nous a montré un modèle accompli d'obéissance, d'humilité, de constance, en un mot, de toutes les vertus qui conduisent au salut éternel : « Jésus-Christ a souffert pour vous, vous laissant un exemple, afin que vous marchiez sur ses pas. » (S. Pierre, II, 21.)

Elle nous a mérité, outre la délivrance du péché, la grâce en ce monde et la gloire en l'autre.

Maintenant que nous connaissons les souffrances et la mort de Jésus-Christ, oserions-nous commettre de nouveau le péché et fouler aux pieds le prix de notre rédemption ?

Enfin la Passion a relevé la dignité de l'homme. Le démon nous avait vaincus en nous entraînant au péché, et en nous assujettissant par le péché à la mort. La Passion nous a mérité la victoire sur le démon et sur la mort : « Grâces à Dieu qui nous a donné la victoire par Notre-Seigneur Jésus-Christ. » (1 Cor. xv.)

4. Pour quelle raison voulut-il mourir sur une croix?

C'est de tous les supplices le plus affreux, et celui que les hommes ont le plus en horreur. La loi, chez les Romains, ne permettait de crucifier que les esclaves : on aurait cru déshonorer l'état d'homme libre, si l'on avait attaché au gibet un citoyen romain. Jésus-Christ voulut mourir du dernier supplice, afin de montrer que rien ne doit nous détourner de la droite voie, et que nous devons subir le genre de mort le plus affreux plutôt que de trahir la vérité.

Adam avait péché en mangeant du fruit d'un arbre ; il convenait que Jésus-Christ réparât cet attentat criminel, attaché à un arbre : *Lignum tunc notavit, damna ligni ut solveret.* (Hymne *Pange, lingua.*)

Suspendu dans les airs, il sanctifiait cet élément, comme il avait sanctifié la terre en marchant dessus.

Les bras de la croix regardaient les quatre points cardinaux. Ils montraient que Jésus-Christ rachetait tous les peuples, que son sang découlant de la croix arroserait les quatre parties du monde, ou l'univers entier. Les quatre branches de la croix signifiaient aussi la puissance divine et la providence qui s'étendent à tout. Jésus-Christ, en mourant, ouvrit les bras pour montrer qu'il répandait avec une égale abondance ses faveurs sur le peuple ancien et sur les peuples nouveaux.

Il nous montrait le chemin du ciel en nous forçant à lever les yeux pour voir notre Sauveur. La croix suspendue en l'air est un degré à l'aide duquel nous franchirons l'espace qui nous sépare du ciel.

5. Quelles sont les souffrances que Jésus-Christ endura dans sa passion ?

Il éprouva toutes les douleurs dont l'homme est capable, excepté les maladies, qui sont, comme nous l'avons dit, la suite de péchés particuliers. Nous voyons, conjurés contre le Sauveur, des ennemis de toutes les conditions, des Juifs, des Gentils, des hommes, des femmes (les servantes qui accusaient Pierre d'être un des siens), les princes des prêtres, les docteurs de la loi, les grands et le peuple. La prophétie s'est accomplie : « Pourquoi les nations se sont-elles soulevées avec un grand bruit, et pourquoi les peuples ont-ils formé de vains projets? Les rois de la terre se sont réunis, et les princes se sont joints ensemble contre le Seigneur et contre son Christ. » (Ps. II.)

Il a souffert dans ses amis, qui tous l'abandonnèrent au premier danger. Deux d'entre eux allèrent plus loin : Pierre nia qu'il le connût, Judas le trahit.

Il souffrit dans sa réputation, lorsque ses ennemis vomirent contre lui d'épouvantables blasphèmes. Il souffrit dans son honneur et sa gloire, lorsqu'on lui jeta l'insulte et la dérision ; dans le seul bien qu'il possédât, sa robe, qu'on tira au sort. Il a souffert dans son âme, qui fut en proie à la tristesse, à l'ennui, et saisie de crainte.

Voyez les tourments qui affligèrent chaque partie de son corps. Les épines enfonçaient leurs pointes dans sa tête, des clous perçaient ses mains et ses pieds, son visage reçut des soufflets, fut couvert de crachats, la flagellation meurtrit son corps tout entier, et il éprouva encore, s'il était possible, un surcroît de douleur lorsque les bourreaux lui arrachèrent ses habits collés sur ses plaies.

Il n'est pas un de ses sens qui n'ait souffert; le toucher, à la flagellation et au crucifiement ; le goût, lorsqu'on lui donna à boire du fiel et du vinaigre ; l'odorat, lorsqu'il arriva au Calvaire, le lieu où se trouvaient les corps d'anciens suppliciés ; l'ouïe, lorsqu'il entendit les cris et les blasphèmes de ses bourreaux ; la vue, lorsque ses regards mourants aperçurent au pied de la croix sa mère et son disciple bien-aimé.

6. Ces douleurs, le Sauveur les éprouva-t-il aussi vives que le reste des hommes ?

La douleur extérieure vient d'une lésion du corps ; la douleur intérieure appelée tristesse est produite en nous par la perception d'un mal présent. Jésus-Christ éprouva l'une et l'autre, et à un plus haut degré que le reste des hommes. La douleur extérieure s'étendait sur son corps tout entier, qui était *blessé, broyé*, et n'offrait qu'une plaie depuis les pieds jusqu'à la tête. Il n'est pas de supplice aussi douloureux que celui des crucifiés. Le bourreau leur perce les mains et les pieds, qui sont les parties du corps les plus nerveuses et les plus sensibles. Le poids de leur corps suspendu augmente à chaque instant leurs douleurs, et une mort prompte n'y met pas fin, comme il arrive à ceux qui ont la tête tranchée.

Il ne manqua rien non plus à sa douleur intérieure, et il but jusqu'à la lie le calice d'amertume. Le Sauveur avait pris sur lui tous les péchés des hommes, de ceux qui l'avaient précédé, de ceux qui devaient le suivre dans la vie, et ces péchés étaient les siens : « *Longe a salute mea verba delictorum meorum.* » Il voyait la défection de ses Apôtres, il voyait son agonie et la mort, dont la seule pensée nous fait frémir.

Une autre cause ajoutait à l'intensité de ses douleurs : c'était la perfection de son corps formé par l'Esprit-Saint. Ce qui naît miraculeusement est toujours plus parfait que ce que produit la nature : ainsi le vin aux noces de Cana. C'est pourquoi il saisissait plus vivement que nous et la lésion physique et les motifs de tristesse qui se réunissaient pour l'accabler.

Quelquefois, la considération d'une grande vérité, le témoignage qu'on se rend de souffrir pour la justice tempère la vivacité de la douleur, adoucit l'amertume de la tristesse. La joie descend des puissances supérieures aux puissances inférieures dont elle soutient les forces, comme une huile qui adoucit les plaies et les rend moins sensibles. Il n'en fut pas de même de Jésus-Christ. « Il permit à chacune de ses puissances d'agir isolément, selon le mouvement qui lui est propre. » (S. Jean Damascène.) (1)

(1) Nous avons dit l'opinion de M. Olier à ce sujet : il pense, et avec lui plu-

Enfin, s'il faut apprécier les moyens à la grandeur du but, quelles ne durent pas être des souffrances qui satisfaisaient pour les iniquités du genre humain tout entier ? C'est pourquoi le prophète Isaïe le fait parler en ces termes : « Considérez et voyez si, entre toutes les douleurs, il en est une semblable à celle que je souffre. »

7. Convenait-il qu'il fût crucifié entre deux voleurs ?

En le permettant, il montrait qu'il était coupable, couvert d'ignominie, et que sa place était parmi les scélérats : « Il sera vu, jugé entre les criminels, et estimé comme l'un d'eux. » (Is.)

Nous voyons à la croix la séparation qu'il fera un jour, des bons d'avec les méchants.

La croix était déjà un tribunal du haut duquel Jésus-Christ absolvait l'un, condamnait l'autre.

Les Juifs pensaient ternir l'éclat de sa vie, et espéraient qu'attaché à la croix, il tomberait dans le même mépris que les autres crucifiés ; mais, dit saint Chrysostome, depuis qu'il l'a touchée, la croix est un signe d'honneur et d'espérance. Elle brille sur le diadème et les armes des rois, elle rayonne comme le soleil dans l'univers entier ; tout chrétien la salue avec respect, et la porte comme le plus glorieux des insignes.

QUEST. XLVII. *Cause efficiente de la Passion.* — 1. Faut-il l'attribuer à ses bourreaux, ou à Jésus-Christ même ?

Les bourreaux en furent la cause directe, car ils en avaient l'intention, et elle fut suivie d'effet. Mais il en fut lui-même la cause indirecte. Nous avons dit plus haut ce que c'est que cette cause : par exemple, s'il pleut sur moi parce que vous ne fermez pas la fenêtre, vous êtes la cause indirecte de mon inondation. Jésus-Christ étant hypostatiquement uni à la divinité, pouvait,

---

sieurs auteurs de la vie spirituelle, que Jésus-Christ, pendant sa passion, fut laissé à d'affreuses ténèbres, privé de toute lumière qui n'est pas nécessaire pour agir librement. Comme s'il était abandonné de Dieu et des hommes, il s'écrie : « Mon Dieu, mon Dieu, pourquoi m'avez-vous abandonné ? »

de mille manières, repousser ses agresseurs. D'un autre côté, il pouvait soutenir sa nature mortelle, et l'empêcher de succomber aux coups qu'on lui portait. Il ne le voulut point. C'est pourquoi nous disons qu'il donna lui-même sa vie, qu'il mourut volontairement.

2. Convenait-il qu'il souffrît par obéissance ?

« Il a obéi jusqu'à la mort. » (Philipp., II, 8.)

Comme le péché est entré dans le monde par la désobéissance d'un seul, il convenait que l'obéissance d'un seul y fît rentrer la justification.

La réconciliation de Dieu avec le genre humain devait s'accomplir par le plus excellent et le plus agréable des sacrifices. Or, il n'en est pas dont l'odeur soit plus agréable à Dieu que l'obéissance (I Rois, xv, 22) ou le sacrifice volontaire.

Un soldat ne remporte la victoire qu'en obéissant à son chef. Jésus-Christ, qui voulait triompher de la mort et de son auteur, devait donc obéir : *Vir obediens loquetur victorias.* (Prov., XXI, 28.)

Il a accompli tous les préceptes de l'ancienne loi : les préceptes moraux, qui consistent dans la charité, en souffrant par amour pour son Père et pour nous : « afin que le monde sache que j'aime mon Père et que je fais ce qu'il m'a commandé, levez-vous, sortons d'ici » (S. Jean, XIV, 31), et allons vers le lieu de ma Passion. « Il m'a aimé et s'est livré pour moi. » (Gal., II, 20.) Il a accompli dans sa Passion les préceptes cérémoniels : les sacrifices qu'ils réglaient n'étaient que la figure de celui de sa Passion, et le représentaient comme l'ombre représente le corps. Les préceptes judiciaires avaient pour but principal la réparation des injustices. Jésus-Christ a réparé les nôtres en satisfaisant par le prix de ses souffrances et de sa mort à une dette qu'il n'avait point contractée : « *Quæ non rapui, tunc exsolvebam.* » (Ps., LXVIII, 5.) Attaché à l'arbre de la croix, il répara l'injustice dont Adam et Ève s'étaient rendus coupables, lorsqu'ils détachèrent de l'arbre le fruit défendu. De sorte qu'avant de rendre le dernier soupir, il put dire avec vérité : « *Consummatum est*, tout est consommé. »

3. Peut-on dire que le Père l'a livré au supplice de la Passion? C'est une injustice et une cruauté de livrer à la mort un innocent. D'ailleurs, c'est lui-même qui a donné sa vie pour nous ?

Le Père l'a livré, en ce sens qu'il l'a destiné de toute éternité aux souffrances de sa Passion : « Le Seigneur a jeté sur lui le poids de toutes nos iniquités. » (Is., LIII, 6.)

Le Père l'a livré, en lui inspirant la charité qui l'a porté à mourir pour nous.

Il l'a livré, le laissant entre les mains de ses bourreaux, à ce point que le triste abandon où il se voyait lui arracha ce cri : « Mon Dieu, mon Dieu, pourquoi m'avez-vous délaissé! »

C'est une injustice et une cruauté de traîner à la mort un innocent qui refuse de se dévouer ; mais le Fils y a consenti, sa volonté a toujours été en harmonie avec celle de son Père. C'est pourquoi nous pouvons dire tout à la fois que le Père l'a livré, et qu'il a donné volontairement sa vie. Nous voyons, d'un côté, la rigueur de Dieu, qui, pour ne pas laisser l'offense impunie, n'épargne point son propre Fils (Rom., VIII, 32); et, de l'autre, sa bonté qui nous a donné une *victime de propitiation*.

4. Ses persécuteurs le connurent-ils ?

« Mon Père, pardonnez-leur, car *ils ne savent ce qu'ils font*. » (S. Luc, XIII, 34.)

Il faut distinguer parmi les Juifs les grands et les petits. Les grands, comme les princes des prêtres, les docteurs de la loi, connaissant l'Écriture, savaient qu'un Messie viendrait. Ils se doutaient bien que c'était Jésus-Christ ; mais la haine, la jalousie, des passions de toute sorte fermèrent leur esprit et leur cœur à la lumière qui s'offrait à eux. Malgré ses miracles, ils ne faisaient, comme les démons, que des conjectures. Était-il un Dieu, était-il un homme ordinaire? C'est ce qu'ils ne savaient pas. Néanmoins leur ignorance était coupable, parce que ses paroles et ses œuvres montraient assez qu'il était Dieu : « Si je n'étais venu et si je ne leur eusse point parlé, ils n'auraient pas de péché pour n'avoir point cru en moi, mais maintenant leur péché d'incrédulité n'a pas d'excuse. » (S. Jean, xv, 22.)

Le plus grand nombre d'entre le peuple ne sut ni qu'il fût le Messie promis, ni qu'il fût Dieu. Quelques-uns, il est vrai, se convertirent, mais la foule resta incrédule. « Je sais que vous l'avez fait par ignorance. » (Actes, iii, 17.) Ses prodiges les étonnaient, un grand nombre auraient sans doute reconnu sa divinité, si les grands ne les avaient séduits et aveuglés. Quant aux Gentils, comme Pilate qui le livra, et les soldats qui le crucifièrent, n'ayant aucune connaissance de la loi et des prophètes, ils furent les moins coupables de tous ceux qui participèrent à sa mort.

QUEST. XLVIII. *Manière dont la Passion a opéré notre salut.*
— 1° En méritant pour nous. Jésus-Christ souffrant méritait, non-seulement en tant que personne, mais aussi en qualité de tête de l'Église, et par conséquent répandait sur tous les membres de son corps mystique, les mérites que lui acquérait sa Passion. Sans doute il a mérité pour nous dès le premier moment de sa conception, mais parce que des obstacles empêchaient ses membres de participer à ses mérites, *oportuit Christum pati.*

2° En satisfaisant pour nous. Je satisfais pour vous si je fais en votre nom une chose plus agréable à la personne que vous avez blessée, que votre offense ne lui a déplu. Voyez d'un côté les iniquités du genre humain; de l'autre, les souffrances d'un Homme-Dieu, son obéissance, son humilité, l'immense charité qu'il a témoignée à Dieu, et vous trouverez qu'il a satisfait surabondamment pour tout le genre humain : « Il est la victime de propitiation qui a effacé nos péchés, non-seulement les nôtres, mais ceux du monde entier. » (I Saint Jean, ii, 2.)

3° En offrant à Dieu une hostie pacifique. Jésus-Christ s'est offert sur l'autel de la croix, et la victime a été détruite en l'honneur de Dieu.

4° En nous rachetant de l'esclavage. Le péché nous avait imposé deux servitudes : l'une envers le démon, qui nous possédait par droit de conquête : *A quo quis superatus est, hujus et servus est* (II Saint Pierre, II, 19) ; l'autre envers Dieu, qui nous tenait assujettis à la peine du péché. Jésus-Christ en effaçant nos péchés, a détruit la cause de la première captivité, brisé les liens qui nous enchaînaient au démon. Il a mis fin à l'autre captivité en offrant ses souffrances à la place des nôtres, en donnant, pour nous racheter, non de l'argent, mais lui-même.

QUEST. XLIX. *Effets de la Passion.* — 1. Il n'est pas vrai, ce semble, de dire qu'elle nous a délivrés de nos péchés : un grand nombre n'étaient pas encore commis, et on ne peut délivrer que de ce qui existe ? — Une cause suffisante n'a pas besoin, pour produire son effet, du concours d'autres causes. Or, il nous faut, outre la Passion, le baptême et la pénitence ?

« Il nous a aimés et nous a lavés de nos péchés dans son sang. » (Apoc., I, 5.)

La Passion est un aiguillon de l'amour, en ce qu'elle nous montre d'une manière bien touchante l'amour dont Dieu nous a aimés. Elle provoque de notre part un amour réciproque, allume dans nos cœurs ce feu de la charité qui nous obtient le pardon de nos péchés : « Beaucoup de péchés lui sont remis, parce qu'elle a beaucoup aimé. » (S. Luc, VII, 47.)

La tête, en souffrant, a justifié les membres : c'est comme si ma main faisait une œuvre qui obtînt le pardon d'une offense commise par mes pieds.

La Divinité se servait du corps de Jésus-Christ comme d'un instrument pour expulser de ce monde le péché, renverser son empire et nous rendre la liberté des enfants de Dieu ; dira-t-on que ses efforts ont été impuissants ?

Il se commet encore des péchés depuis la Passion, mais elle nous en a délivrés, en mettant entre nos mains les moyens de les effacer. Si un médecin trouvait un remède souverain qui eût la vertu de guérir toutes les maladies qui nous menacent à l'avenir, ne dirait-on pas qu'il a guéri le genre humain ?

Le baptême et la pénitence sont nécessaires ; mais c'est de la Passion de Jésus-Christ que les sacrements tirent leur efficacité. Ils sont l'application du moyen que Jésus-Christ nous a donné pour effacer nos péchés.

2. Je ne vois pas comment la Passion nous a délivrés de la servitude du démon. Il exerce sa puissance et fait encore tous les jours des victimes ?

Le péché étant détruit, l'esclavage qui en est la suite n'existe plus. La Passion nous a arrachés à l'empire du démon en nous réconciliant avec Dieu et en nous rendant la vraie liberté.

Le démon avait abusé de son pouvoir en conspirant contre Jésus-Christ et en procurant la mort du Juste. Jésus-Christ lui a ôté son pouvoir, et a libéré ceux qui étaient ses débiteurs.

Il peut encore nous solliciter au mal, tourmenter nos corps et nous entraîner à notre perte éternelle, mais nous avons dans la Passion des armes qui briseront sa puissance et nous déroberont à ses mains, si nous savons en user comme doivent le faire des soldats dignes de leur chef.

3. La Passion nous a-t-elle délivrés des peines du péché ? Non, car il n'y a pas de rédemption pour ceux qui descendent aux enfers. On impose aux pénitents des peines satisfactoires. La mort est la solde du péché. (Rom.) Or, les hommes meurent après comme avant la Passion : ce qui n'arriverait pas si elle nous avait mis à l'abri des peines du péché ?

Nous l'avons vu, la satisfaction que Jésus-Christ souffrant offrit à Dieu était plus que suffisante pour réparer l'offense du genre humain et payer la dette du péché. Si un de vos amis, agissant en votre nom, offrait à votre créancier la somme totale que vous lui devez, et même au delà, auriez-vous encore envers ce créancier aucune obligation ?

Vous parlez de peines qui existent encore après la Passion,

mais la Passion du Sauveur n'est qu'un remède, et pour qu'un remède opère, il faut qu'il soit appliqué. Ne pouvant plus l'être aux damnés, il ne leur fera jamais sentir sa salutaire influence.

Comment ceux qui sont dans la voie doivent-ils s'appliquer le remède de la Passion? En se conformant à Jésus-Christ crucifié. Le baptême, surtout tel qu'on l'administrait dans la primitive Église, en étant la vive image, on n'impose pas de peine satisfactoire aux nouveaux baptisés. Mais le baptême ne se réitère point, Jésus-Christ n'est mort qu'une fois. C'est pourquoi ceux qui, après avoir reçu ce sacrement, retombent dans le péché, ne peuvent plus ressembler à Jésus-Christ souffrant, par conséquent, avoir part aux mérites de sa Passion, qu'en subissant des peines satisfactoires.

Il est facile de voir pourquoi les chrétiens ne sont pas affranchis de la mort. Nous n'avons part aux effets de la Passion que comme membres de Jésus-Christ. Son corps ayant subi la mort, il faut que nous la subissions à notre tour, afin qu'après l'avoir suivi dans la tombe, nous le suivions dans la gloire : « Si nous sommes enfants, nous sommes aussi héritiers, héritiers de Dieu, cohéritiers de Jésus-Christ, pourvu toutefois que nous souffrions avec lui, afin qu'avec lui aussi nous soyons glorifiés. » (Rom., VIII, 17.)

4. J'ajoute que la Passion nous a réconciliés avec Dieu et nous a ouvert l'entrée du ciel.

Le péché avait attiré sur nous les colères du ciel : « Le Très-Haut déteste les pécheurs (Eccl., XII, 3), il hait également l'impie et son impiété. » (Sag., XIV, 9.) La Passion a effacé le péché, qui offensait les regards de Dieu et l'irritait contre nous. Elle a offert un sacrifice dont l'effet principal est d'apaiser Dieu. Dieu a oublié les offenses du genre humain lorsqu'il a vu tant de bien dans une créature humaine et ceux qui lui sont si étroitement unis.

Elle nous a ouvert l'entrée du ciel. Ouvrir, c'est ôter ce qui

DE L'INCARNATION.   399

ferme, éloigner l'obstacle qui empêche d'entrer. Quel obstacle tenait la porte du ciel fermée sur nous? Le péché et la peine qui lui est due : « Cette voie sera appelée la voie sainte, et rien de souillé n'y passera. » (Is., xxxv, 8.) Nous en étions exclus par le péché originel : Dieu, après avoir chassé Adam du paradis terrestre, image du ciel, plaça à l'entrée, pour le garder, un chérubin armé d'une épée de feu. Il montrait que l'homme était à jamais banni du ciel, si un Sauveur ne l'aidait pas à franchir les obstacles qui lui en fermaient la voie.

Il nous fallait, de plus, effacer les souillures de nos péchés actuels. C'est le bienfait que nous procurent la foi, l'espérance, la charité, et surtout les sacrements qui nous unissent à Jésus-Christ souffrant, et font couler son sang dans nos âmes. « Jésus-Christ, le pontife des biens futurs et célestes, étant venu dans le monde, est entré une fois pour toujours dans le ciel ; il y est entré, non avec le sang des boucs et des taureaux, mais avec son propre sang, nous ayant acquis par l'effusion de ce sang adorable, une rédemption éternelle. » (Hébr., ix.)

C'est ce que figurait l'ancienne loi dans le châtiment qu'elle infligeait à l'homicide involontaire : « Il demeurera dans la ville où il aura trouvé asile, jusqu'à la mort du grand prêtre, qui a été sacré de l'huile sainte. » (Nombres, xxxv, 25.)

5. Est-ce la Passion qui a mérité à Jésus-Christ d'être exalté ?

Le mérite suppose l'égalité de la justice. L'ouvrier qui a travaillé *mérite* un salaire. Lorsqu'un homme s'attribue au delà de ce qui lui appartient, sa volonté injuste lui *mérite* de subir, dans ce qui lui appartient, une perte égale, afin qu'elle soit châtiée. Si vous renoncez volontairement à ce qui vous appartient, en faveur de celui qui n'y a aucun droit, vous *méritez* de sa reconnaissance qu'il vous rende ce que vous lui avez donné, avec un surcroît égal. C'est dans ce sens que Jésus-Christ a dit : « Celui qui s'abaisse sera élevé. » (S. Luc, xiv, 11.) Or, le Sauveur, durant sa Passion, s'est abaissé de quatre manières principales : En subissant la mort à laquelle il n'était point assujetti, en descendant dans le tombeau, en consentant à être le jouet d'une vile populace, et la victime d'une condamnation inique. La mort volontaire lui méritait la résurrection : « Vous m'avez connu, Seigneur, soit que je fusse assis, soit que je fusse levé. » (Ps., cxxxviii, 2.) La sépulture dans le sein de la terre lui a mérité son ascension dans le ciel : « Le même qui était descendu, c'est lui qui est monté au-dessus de tous les cieux. » (Éph., iv, 8.) Ses affronts, les opprobres dont il fut rassasié lui ont mérité l'éclat et les honneurs de la divinité : « Il a obéi jusqu'à la mort, à la mort de la croix : *c'est pourquoi* Dieu l'a exalté et lui a donné un nom qui est au-dessus de tout nom. » (Phil., ii, 9.) L'injuste sentence prononcée contre lui, lui a mérité le pouvoir judiciaire en vertu duquel il jugera et ses juges et tout le genre humain : « Votre cause a été jugée comme celle de l'impie, mais vous gagnerez votre cause et vous aurez à votre discrétion le jugement de tous. » (Job.)

QUEST. L. *De la mort de Jésus-Christ.* — 1. Convenait-il que Jésus-Christ mourût?

Celui qui satisfait pour un coupable doit subir la peine de sa faute. Or, la peine de mort avait été prononcée contre nous, le jour où Adam mangea du fruit défendu. (Gen., ii, 17.)

Jésus-Christ montrait par sa mort qu'il avait réellement pris la nature humaine. S'il s'était dérobé subitement à la vue des hommes, s'il avait disparu de ce monde sans qu'on eût vu la mort finir ses jours, n'aurait-on pas été porté à croire qu'il n'était qu'un fantôme, non une créature semblable à nous?

En nous précédant dans la tombe, il nous enseignait à ne pas craindre la mort, ou du moins en adoucissait les terreurs : n'est-ce pas une pensée bien consolante pour le chrétien arrivé au moment suprême, de penser que la mort va lui donner un nouveau trait de ressemblance avec son Sauveur?

Il nous enseignait à mourir spirituellement au péché, et à ne plus vivre qu'en Dieu, que pour Dieu.

Enfin, il se procurait par là le moyen de faire éclater la puissance divine qui l'a ressuscité, et nous donnait l'espérance d'être un jour, comme lui, arrachés des bras de la mort.

2. Pendant les trois jours que dura sa mort, la Divinité fut-elle séparée de son corps et de son âme?

« Les dons de Dieu sont immuables, et il ne s'en repent point. » (Rom., xi, 29.) Le péché seul nous les fait perdre. Le corps que le Fils de Dieu avait pris ayant toujours été pur et innocent, fut toujours, même durant les trois jours de sa mort, uni au Verbe, ne fit avec le Verbe qu'une même hypostase ou personne. A plus forte raison l'âme, qui est l'intermédiaire entre le Verbe et le corps de Jésus-Christ, ne fut point séparée de la Divinité, mais elle le fut de son corps. On ne peut dire que durant ces trois jours Jésus-Christ ait encore été un homme, sinon un homme mort.

3. Comment sa mort nous a-t-elle procuré la vie?

On peut considérer la mort comme future ou comme accomplie. La mort future, c'est la tendance naturelle ou violente du corps vers la dissolution. Telle fut, par rapport à nous, la vie tout entière de Jésus-Christ. Elle ne fut qu'une passion continue, car il souffrit et mérita pour nous à chaque moment de sa vie. Quant à sa mort accomplie, elle nous a procuré la vie, en éloignant de nous ce qui était la mort de l'âme, le péché; et ce qui était la mort de notre corps, sa séparation d'avec l'âme, en nous assurant la résurrection : « La mort a été absorbée et détruite par une entière victoire. » (I Cor., xv, 54.)

QUEST. LI. *De la sépulture de Jésus-Christ.* — 1. Convenait-il qu'après sa mort Jésus-Christ reçût la sépulture?

Il le fallait afin que sa mort fût bien constatée. Pilate, en permettant qu'on le détachât de la croix, ordonna qu'auparavant on s'assurât qu'il était mort.

Il nous donnait par là l'espérance de sortir comme lui du tombeau qui aura reçu notre dépouille mortelle : « Tous ceux qui sont dans les sépulcres entendront la voix du Fils de Dieu, et ceux qui l'auront entendue vivront. » (S. Jean, v, 28.)

Le silence de son tombeau montrait que ceux qui sont morts spirituellement doivent fuir le tumulte du monde et chercher Dieu dans le silence de la solitude : « Vous êtes morts au monde et votre vie est cachée en Dieu avec Jésus-Christ. » (Coloss., III, 3.)

2. Peut-on donner la raison des circonstances qui accompagnèrent sa sépulture ?

Il fut enseveli dans un jardin, pour montrer que sa mort nous délivrait de celle à laquelle le péché d'Adam, commis dans un jardin, nous avait assujettis. Il reçut la sépulture de mains étrangères et dans un lieu qui ne lui appartenait pas, afin de montrer que s'il était mort, ce n'était pas pour lui, mais pour le salut des autres. Il montrait aussi par là sa pauvreté. Une étable l'avait vu naître, il n'avait eu que de pauvres langes pour mettre à l'abri du froid ses membres délicats ; la mangeoire des animaux avait été son premier berceau. Il faut qu'après sa mort on lui prête un linceul et un tombeau ! Ce monument n'avait servi à personne, afin qu'après sa résurrection il fût facile de constater que c'était son corps et non celui d'un autre qui en était absent. Ce monument nouveau marquait aussi le sein virginal dans lequel son corps avait été conçu. Il signifiait la vie nouvelle des chrétiens régénérés en lui et celle qu'ils trouveront dans le tombeau. Il était taillé dans le roc, et on roula à l'entrée une grosse pierre. La Providence le voulut ainsi, afin que les Juifs ne pussent dire : « Son corps, il est vrai, a été déposé dans ce tombeau et ne s'y trouve plus, mais ses disciples ont creusé la terre et l'ont enlevé. »

Les parfums et le linge blanc qui servirent à la sépulture, ne furent pas les témoignages d'une dépense superflue, mais, dit saint Augustin, une instruction qui nous apprend à observer en la sépulture des morts, la coutume des lieux où l'on se rencontre. Ils avaient aussi une signification mystique : la myrrhe et l'aloès représentaient l'amertume de la pénitence, par laquelle nous conservons Jésus-Christ dans nos âmes et nous nous préservons de la corruption du péché.

L'odeur aromatique signifiait la gloire de ce sépulcre, que les prophètes avaient prédite, et sa renommée, qui se répandit par toute la terre comme un doux parfum. La blancheur du linceul annonçait la pureté requise en celui qui reçoit le corps de Jésus-Christ à la sainte communion.

3. Pourquoi ne permit-il pas que son corps tombât en dissolution ? « *Non dabis sanctum tuum videre corruptionem.* »

C'était afin qu'on ne pût attribuer sa mort à la faiblesse d'une nature qui succombe. Notre corps enseveli se dissout, il se putréfie, parce que la nature a perdu la force de cohésion qui tient unis ses divers éléments. Il n'en fut pas de même de Jésus-Christ. Comme il s'était livré volontairement à la mort, et que la violence, non la maladie, l'avait fait mourir, en ne permettant pas la dissolution de son corps il montrait sa puissance divine : « L'éclat des grands hommes peut durer autant que leur vie, mais il s'évanouit dans la tombe, leur grandeur est ensevelie avec eux, leur corps se convertit en cendre, leur gloire en fumée. C'est le contraire pour Jésus-Christ. Avant la croix, presque tout en lui est faible, tout est humble, sans apparence. Après la croix, il jette un éclat qui rayonne au loin, afin que vous sachiez que ce n'est pas seulement un homme qui a été crucifié. » (S. Jean Chrys.)

QUEST. LII. *De la descente de Jésus-Christ aux enfers.* — 1. Dans quels enfers descendit Jésus-Christ, car les Juifs désignaient par ce mot et le lieu où les âmes des justes attendaient le Messie, et le lieu où étaient retenus les damnés, et le purgatoire, où les âmes saintes achèvent de se purifier ?

Une chose peut être présente dans un lieu par l'effet qu'elle y produit, ou par son essence. Jésus-Christ descendit dans les trois enfers, mais sa présence s'y fit sentir différemment. Elle convainquit les damnés de leur incrédulité et de leur malice ; les âmes du purgatoire en reçurent l'espérance de voir bientôt la lumière du ciel ; les justes furent inondés des rayons de sa gloire : tels furent les effets de sa descente aux enfers.

Il ne descendit, quant à son essence, que dans l'enfer des justes, afin de réjouir par la présence de son âme et de sa divinité, ceux qu'il avait déjà visités par sa grâce. Son âme n'était qu'en un seul lieu, et néanmoins tous les justes sentirent l'effet de sa présence : ainsi il est mort au Calvaire, et le monde entier a senti l'effet de sa mort.

2. Jésus-Christ descendit-il tout entier aux enfers, et combien de temps resta-t-il dans l'empire de la mort ?

Il y descendit tout entier, comme il était tout entier dans le tombeau ; l'hypostase divine n'ayant jamais cessé d'exister, sa divinité resta toujours unie à son corps et à son âme.

Il est probable que son âme resta aux enfers aussi longtemps que son corps dans le tombeau.

3. Descendu aux enfers, Jésus-Christ délivra-t-il des âmes ?

Il a opéré aux enfers par la vertu de sa Passion, qui a délivré le genre humain du péché et de la peine due au péché. Les justes, cela est évident, n'avaient à subir que la peine du péché originel. Elle comprend la mort du corps et l'exclusion du ciel. Jésus-Christ ne pouvait les affranchir d'une peine qu'ils avaient soufferte, mais il mit fin à la seconde en brisant les portes de l'enfer, « *vectes ferreos confregisti* », et en ouvrant l'entrée du ciel aux patriarches, aux prophètes, à toutes les âmes saintes de l'ancienne loi. « Il a dépouillé les principautés et les puissances infernales. » (Coloss., II, 15.) « C'est vous, ô Roi de paix, qui, par le sang de votre alliance, avez fait sortir vos captifs du fond du lac qui était sans eau. » (Zach., IX, 11.)

Il n'a délivré aucun damné. Tous étant séparés de lui, les uns faute de charité, les autres faute de foi, ils ne pouvaient participer aux bienfaits de sa Passion.

Il ne délivra même aucun des enfants morts dans le péché originel. Un principe qu'il ne faut jamais perdre de vue, c'est qu'il n'y a point de salut possible sans l'union avec Jésus-Christ souffrant. Comment ces enfants auraient-ils pu lui être unis? Ce n'était point par leur propre foi, ils n'avaient pas l'usage de la raison, qui est le fondement de la foi ; ce n'était point par celle de leurs parents, elle ne suffit pas pour justifier les enfants ; ce n'était point au moyen d'un sacrement, il n'en existait pas sous l'ancienne loi qui eût par lui-même la vertu de justifier.

D'ailleurs la vie éternelle est la grâce sanctifiante : « *Gratia Dei vita æterna.* » (Rom., VI, 23.) Ces enfants n'avaient pas ce don de Dieu, puisqu'ils étaient morts dans le péché originel et la corruption de la nature déchue.

QUEST. LIII. *De la résurrection de Jésus-Christ.* — 1. Etait-il nécessaire que Jésus-Christ ressuscitât ?

Il le fallait pour faire éclater la justice de Dieu. Comme il s'était abaissé, il méritait d'être exalté. « Vous m'avez connu lorsque j'étais assis, c'est-à-dire, humble et souffrant; vous avez voulu me connaître aussi glorieux et triomphant. » (Ps., CXXXVIII.)

Il le fallait, afin de donner à notre foi un fondement inébranlable. Sans la résurrection, croyant Jésus-Christ mort comme le reste des hommes, nous le croirions semblable à nous : « Si Jésus-Christ n'est pas ressuscité, notre prédication est vaine, et votre foi n'a plus de fondement. » (1 Cor., xv, 14.) « Quelle utilité retirerez-vous de ma mort (*si je ne ressuscite*), et quel avantage aurez-vous lorsque je descendrai dans le tombeau ? Est-ce que la poussière pourra vous louer? ou publiera-t-elle votre vérité ? » (Ps., XXXIX, 10.)

La résurrection du Sauveur est un gage certain de la nôtre. Si la tête est glorieuse, les membres partageront sa gloire : « Si Jésus-Christ est ressuscité, comment quelques-uns parmi vous disent-ils qu'il n'y a pas de résurrection des morts? » (I Cor., xv, 12.) Elle eut lieu au lever du jour, pour montrer qu'elle était l'aurore de notre gloire future.

Elle nous montre que le chrétien, mort au péché et ressuscité à la vie de la grâce, doit désormais mener une vie nouvelle, vivre de la vie de Jésus-Christ, c'est-à-dire voir avec les yeux, entendre avec les oreilles de Jésus-Christ, parler, penser et aimer comme le ferait Jésus-Christ, s'il était à notre place.

La résurrection est donc la base de notre foi. Il faut, pour avoir la foi, croire à la divinité et à l'humanité de Jésus-Christ ; car l'un ne suffit pas sans l'autre. C'est pourquoi Jésus-Christ n'a pas voulu nous faire attendre de longues années sa résurrection, qui a montré dans la plus grande splendeur sa divinité. D'un autre côté, s'il était ressuscité immédiatement après avoir rendu le dernier soupir, on aurait pu croire que sa mort n'était pas réelle. Il attendit un espace de temps suffisant pour ôter tout soupçon de léthargie ou d'évanouissement.

2. Pourquoi est-il appelé le premier-né d'entre les morts?

Ressusciter, c'est briser les liens de la mort et revenir à la vie. On le peut d'une manière plus ou moins parfaite, selon que l'on est ou non à jamais affranchi de la nécessité de mourir. Ceux dont la résurrection précéda ou accompagna celle de Jésus-Christ restèrent sous l'empire de la mort, condamnés à traverser une seconde fois les ombres du tombeau ; leur résurrection ne fut qu'imparfaite. Le Christ ressuscité ne mourant plus (S. Paul), sa résurrection fut la première parfaite ; voilà pourquoi il fut le premier-né d'entre les morts, et sa résurrection est appelée « les prémices de ceux qui dorment. » (S. Paul.)

3. Est-ce Dieu le Père qui l'a ressuscité?

Durant le temps de sa mort, sa divinité ne fut point séparée de son corps ni de son âme, qui ne formaient avec elle qu'une seule et même hypostase. Il n'eut donc pour les réunir et les rendre à la vie qu'à user de sa propre puissance, et c'est là une différence entre sa résurrection et celles de Lazare, du fils de la veuve de Naïm, etc. « Bien qu'il ait été crucifié dans l'infirmité de la chair, il vit néanmoins maintenant par la vertu de Dieu, dont il était rempli. » (II Cor., XIII, 4.)

QUEST. LIV. *Qualités de Jésus-Christ ressuscité.* — 1. Jésus-Christ ressuscité avait-il réellement un corps humain ? Il n'aurait pu entrer, les portes fermées, dans le lieu où étaient réunis les apôtres ? Il ne se serait pas, un autre jour, évanoui à leurs yeux ?

« Dans le trouble et la frayeur dont ils étaient saisis, les apôtres s'imaginaient voir un esprit. Et Jésus, voulant les rassurer et les détromper, leur dit : Regardez mes mains et mes pieds, c'est moi-même. Touchez-moi, et considérez qu'un esprit n'a ni chair ni os comme vous voyez que j'en ai. » (S. Luc, XXIV.)

Ressusciter, c'est relever ce qui était tombé. Le corps de Jésus-Christ était tombé tout entier sous les coups de la mort, par sa séparation d'avec l'âme qui le vivifiait. Sa résurrection n'aurait pas été réelle et entière, si elle ne lui avait rendu un corps humain composé de chair et d'os comme il l'avait avant sa mort.

Nous verrons, en parlant de la résurrection générale, les qualités des corps glorieux. Doués de subtilité, ils peuvent traverser tous les obstacles matériels par un seul acte de la volonté de leur âme. Quant à Jésus-Christ, qui était Dieu, il le pouvait à un autre titre : il n'avait qu'à user de sa toute-puissance.

Une autre qualité des corps ressuscités, c'est l'agilité. Ceux qui ont laissé dans la tombe leur dépouille mortelle n'ont, pour être vus, qu'à le vouloir, et pour disparaître aux regards des autres, qu'à produire de même un acte de leur volonté, sans s'évanouir ou se changer en une substance invisible.

2. Jésus-Christ avait donc un corps glorieux, comme le nôtre après la résurrection générale ?

« Le corps est mis en terre tout difforme, il ressuscitera tout glorieux. » (I Cor., XV, 44.) Or, comme nous le verrons ailleurs, la résurrection de Jésus-Christ est la cause efficiente et exemplaire de la nôtre, et la cause est plus excellente que l'effet, l'exemplaire plus parfait que la copie.

L'humiliation de son corps pendant la Passion lui avait mérité la gloire : « Maintenant mon âme est troublée, » dit-il, faisant allusion à sa Passion ; puis il demande la gloire des corps ressuscités : « Mon Père, glorifiez votre nom. » (S. Jean.)

Dès le premier moment de sa conception, son âme, jouissant de la vision intuitive, était glorieuse ; et, si sa gloire ne rejaillissait pas sur son corps, c'était pour qu'il pût souffrir. Après la Passion, il n'avait plus de raison d'empêcher le corps de participer à la gloire.

Il mangea, il but avec ses disciples (S. Jean, dern. chap.), mais ce fut sans remplir les fonctions de la vie végétative et animale. « Une terre aride absorbe l'eau ; c'est aussi ce que fait le soleil : la terre mue par le besoin, le soleil usant de sa puissance. De même Jésus-Christ ressuscité mangea et but, non pressé par le besoin de nourriture, mais consommant les aliments par la vertu divine qui habitait en lui. (Vénér. Bède.)

3. Pourquoi Jésus-Christ conserva-t-il les cicatrices de sa Passion ?

Ce n'était point par impuissance de les guérir, mais pour montrer à jamais son triomphe. « Peut-être, dit à ce sujet saint Augustin, peut-être verrons-nous dans le ciel les cicatrices des martyrs. Elles ne seront pas des défauts, mais les ornements de leurs corps. De leurs blessures rayonnera une lumière qui en relèvera la gloire et la beauté.

Les apôtres, en voyant ses cicatrices, ne pouvaient s'empêcher de le reconnaître et de croire ; la vérité les entourait, que dis-je ? les étreignait de toutes parts. Aussi Thomas, le plus rebelle, se rendit-il lorsqu'il eut posé ses doigts dans les cicatrices de ses pieds, de ses mains et de son côté. « Mon Seigneur et mon Dieu ! » s'écria-t-il, en l'adorant.

Notre avocat, notre intercesseur auprès du Père, il prie pour nous, en lui montrant ses cicatrices, qui disent assez ce que lui a coûté notre salut.

Au dernier jour, il confondra les méchants et les convaincra de malice, en les forçant à fixer leurs regards sur les cicatrices de ses plaies. Comme si elles avaient l'usage de la voix, elles diront aux réprouvés : « Voici celui que vous avez crucifié ; regardez ces blessures que vous lui avez portées ; reconnaissez ce côté que vous avez frappé, qui a été ouvert par vous et pour vous, et dans lequel vous n'avez pas voulu chercher un asile ! Malheureux ! la lance de vos crimes avait ouvert en ce corps un passage à la gloire, et vous avez refusé de le suivre, et vous n'avez pas voulu entrer par cette porte ouverte dans le royaume des cieux. » (S. Aug.)

QUEST. LV. *Apparition de Jésus-Christ ressuscité.* — 1. Jésus-Christ se manifesta après sa résurrection. Pourquoi ne se montra-t-il pas à tout le peuple, « puisqu'il est ressuscité pour la justification de tous ? » (Rom., iv, 25.) Pourquoi au moins n'apparut-il pas à ses ennemis ? Leur témoignage serait d'un plus grand poids que celui des apôtres ?

Nous pouvons tous connaître, de la même manière et par les seules lumières de la raison, ce qui n'est pas au-dessus de notre nature. Il suffit pour cela d'être raisonnable. Il n'en est pas ainsi de ce qui est surnaturel. Dieu seul peut nous le révéler, nous ne le connaissons qu'en recevant de lui une lumière spéciale. Or Dieu, suivant l'ordre accoutumé de sa providence, agit d'abord sur les êtres les plus rapprochés de lui, et c'est d'eux que la lumière et la grâce descendent par degrés sur les autres créatures. Donc il convenait que Jésus-Christ manifestât d'abord sa résurrection aux anges et par eux à quelques hommes choisis, dont le témoignage suffit pour la faire connaître au reste des hommes.

* Il est aisé de voir la raison pour laquelle Jésus-Christ ressuscité n'apparaît pas à tous. Jean-Jacques dit : « Qu'il m'apparaisse, et je croirai ! ». Tout le monde pourrait élever la même prétention, et si elle était fondée, si Jésus-Christ devait y satisfaire, il faudrait qu'il suspendît à chaque moment, et jusqu'à la fin des siècles, les lois ordinaires de la Providence. Il ne se présente pas à tous, mais il donne à tous des motifs suffisants de certitude, un témoignage revêtu des conditions requises pour mériter une croyance ferme et inébranlable. Ceux qui ne l'acceptent point seraient fort embarrassés de dire pourquoi ils croient aux témoignages de Tacite, de Tite-Live et de tous les écrivains profanes.

Les incrédules demandent pourquoi il ne s'est pas montré à ses ennemis, dont le témoignage leur serait moins suspect. Jésus-Christ ne l'ayant pas jugé à propos, qui a le droit de lui en demander la raison? D'ailleurs, la conduite de ses ennemis leur avait-elle mérité cette faveur? S'il ne parut point à leurs yeux, il leur donna un témoignage qui suffit à toute âme sincère.

2. Il apparaissait, disparaissait tour à tour aux yeux de ses apôtres; pourquoi ne restait-il pas avec eux comme il faisait avant sa mort?

Quel était son dessein en revenant au milieu de ses apôtres? De leur montrer la vérité et la gloire de sa résurrection. Il en rendit la vérité sensible, lorsqu'il conversa familièrement avec eux, lorsqu'il partagea leur nourriture, lorsqu'il leur fit voir et toucher ses plaies. Il leur manifesta sa gloire en les quittant. C'était leur montrer que sa vie n'était plus la même, qu'il n'avait plus la mortalité : « Telles sont les paroles que je vous disais, lorsque j'étais encore avec vous » dans une chair mortelle.

3. Pourquoi apparut-il à quelques-uns sous une figure étrangère?

Il convenait qu'il manifestât sa résurrection suivant le mode dont les choses divines se manifestent aux hommes. Ce mode diffère comme les diverses dispositions qui nous animent: on ne va point proposer une vertu héroïque à un homme grossier et charnel : « L'homme animal n'entend rien aux choses de Dieu. » (I Cor., II, 14.) Quand l'homme est sincère, la vérité divine, répondant à sa candeur et à sa bonne foi, se montre telle qu'elle est : c'est pourquoi Jésus-Christ apparut quelquefois sous ses propres traits. Quand l'homme est dans l'erreur ou flotte indécis, il ne mérite pas de voir immédiatement la vérité. Les disciples d'Emmaüs doutaient, leur foi était chancelante : « Nous *espérions*, disent-ils, qu'il serait le rédempteur d'Israël. » Jésus-Christ leur apparut sous une forme étrangère et feignit d'aller plus loin pour montrer qu'il était étranger à leur esprit, et encore loin de leur cœur.

4. Jésus-Christ a-t-il donné des preuves suffisantes de sa résurrection ?

Il l'a prouvée par des témoignages et par des signes. Les témoignages sont ceux des anges, qui l'annoncèrent aux saintes femmes, comme tous les évangélistes l'ont rapporté; ceux des saintes Écritures, qu'il a donnés lui-même comme preuves de sa résurrection. (Saint Luc, XXIV.)

Les signes sont ceux par lesquels il prouva que, ressuscité, il avait réellement un corps humain, une âme qui lui était unie de nouveau, puisqu'il exerça les fonctions de la vie nutritive, sensitive, intellectuelle, ceux enfin par lesquels il montra sa divinité. Car il mangea et but, saluait les apôtres, répondait à leurs questions, ce qui suppose l'usage des sens; il leur expliquait les divines Écritures, ce qui demande une opération de la vie intellectuelle.

Il prouva sa divinité par le miracle de la pêche miraculeuse, la gloire de sa résurrection en paraissant tout à coup au milieu des apôtres, sans ouvrir les portes de leur appartement, et disparaissant comme une ombre, ce qui n'appartient qu'aux corps ressuscités. Enfin il s'éleva au ciel en leur présence, montrant que le lieu de son séjour n'était plus ici-bas, et que la terre n'était plus digne de le posséder. Ce n'est donc pas sans raison que ces signes et ces témoignages sont appelés, dans les Actes des apôtres, du nom d'*arguments*.

* Je ne rapporterai pas, outre les nombreux témoignages des évangélistes, la preuve que l'on tire des miracles opérés par les apôtres, *au nom de Jésus-Christ ressuscité*; de la conduite des

Juifs, de leurs artifices pour expliquer la disparition du corps de Jésus-Christ, artifices où le ridicule le dispute à la plus insigne mauvaise foi ; de la conversion des premiers Juifs et des premiers païens ; mais je ne puis m'empêcher de citer ici un argument sur lequel les théologiens ont le tort de ne pas assez insister.

Jésus-Christ avait dit qu'il ressusciterait, donc il est ressuscité. Qu'il ait prédit sa résurrection, il faudrait, pour le nier, n'avoir jamais ouvert le livre des Évangiles : « Cette nation perverse demande des prodiges dans le ciel. Il ne lui en sera pas donné d'autre que celui de Jonas, etc. » « Je puis détruire ce temple (mon corps), et le rebâtir en trois jours. » Les Juifs étaient si convaincus de cette prédiction, qu'il avait à peine rendu le dernier soupir, lorsqu'ils allèrent trouver le gouverneur, disant : « Nous nous souvenons, *recordati sumus*, que ce séducteur a dit étant encore en vie : Je ressusciterai trois jours après ma mort. Commandez donc que son sépulcre soit gardé jusqu'au troisième jour, de peur que ses disciples ne viennent dérober son corps, et ne disent au peuple : Il est ressuscité d'entre les morts. Et ainsi la dernière erreur serait pire que la première. » (S. Matth., xxviii.) Allez, leur répondit Pilate, vous avez des gardes (les soldats romains qui gardaient le temple), mettez-en autour du tombeau, et faites comme vous l'entendrez. » Ils roulèrent dessus une grosse pierre, y apposèrent les sceaux de la ville, et en confièrent la garde à des soldats romains, qui, certes, avaient donné des preuves de leur valeur, et offraient des garanties. J'en conclus que Jésus-Christ est ressuscité. Cette conséquence, qui d'abord paraît prématurée, est cependant rigoureuse. Lorsque Jésus-Christ avait prédit sa résurrection, ou il y croyait, ou il n'y croyait pas. Dans le premier cas, deux hypothèses sont seules possibles : ou bien il était Dieu, et alors sa parole ne pouvait faillir ; ou bien il était un de ces insensés qui, dans le délire de leur imagination, rêvent qu'ils sont rois, capitaines commandant des armées triomphantes. Mais, dans ce cas, comment expliquer ce qui avait précédé cette prophétie? D'où venait cette belle, cette sage doctrine qui avait laissé loin derrière elle, la doctrine des plus grands philosophes? Je ne sache pas qu'un incrédule ait porté l'audace et la mauvaise foi jusqu'à soutenir ce blasphème.

Dans le second cas, celui où Jésus-Christ n'aurait pas cru à sa parole, quelle audacieuse extravagance! Doué d'un génie puissant, il pouvait espérer qu'il parviendrait à fonder un établissement soit politique, soit religieux. Sa doctrine commençait à prendre racine dans le peuple, il exerçait sur les masses un prestige qui allait croissant; et le voilà qui donne pour preuve de sa mission, pour criterium de la vérité de sa doctrine, une chose inouïe, qu'il sait bien ne devoir jamais jamais arriver? C'est lui supposer une extravagance dont l'histoire, qui en est si féconde, n'offre pas d'exemple.

Dira-t-on qu'en faisant cette prophétie, il comptait sur le concours de ses disciples? Ou bien ils sont d'avance convaincus de sa divinité, et alors ils savent qu'il n'a pas besoin d'eux pour ressusciter; ou bien ils doutent, ils chancellent, et dans ce cas ils attendront, pour croire, qu'ils le voient vainqueur de la mort.

De magnifiques espérances brillant à leurs yeux les auraient-elles déterminés à seconder les desseins d'un fourbe? La récompense promise à leur dévouement eût été, en cette vie, d'affreux tourments, suivis d'une mort ignominieuse; et, en l'autre, des supplices éternels. Cet argument est en même temps si simple et si fort, qu'il suffit pour prouver d'une manière invincible, le fait qui est le fondement de notre foi.

QUEST. LVI. *Effets de la résurrection de Jésus-Christ.* — 1. Comment la résurrection de Jésus-Christ est-elle la cause de la résurrection de nos corps et de celle de nos âmes?

« *Illud quod est primum in quolibet genere, est causa omnium quæ sunt post.* » Or, la résurrection de Jésus-Christ a été la première dans le genre des vraies et parfaites résurrections : « Il est les prémices de ceux qui dorment. » (S. Paul.)

Nous en voyons la raison dans la nature même du Verbe, « qui est une fontaine de vie. » (Ps., xxxv, 10.) Il a d'abord ressuscité son corps, l'action d'une cause se faisant sentir d'abord à ce qui l'entoure de plus près : ainsi l'air le plus voisin du soleil en reçoit le premier la chaleur ; puis la résurrection de son corps s'étendra jusqu'aux nôtres, qui en sont les membres mystiques.

Elle ressuscite aussi nos âmes en leur apportant la vie surnaturelle. La puissance divine qui a ressuscité Jésus-Christ, agit en lui et dans ses membres. Or, c'est de cette puissance que l'âme reçoit la grâce, principe de vie surnaturelle.

La résurrection de Jésus-Christ nous offre une image de la vie nouvelle, qui doit être celle d'une âme ressuscitée à la grâce.

QUEST. LVII. *De l'ascension de Jésus-Christ.* — Quarante jours après la résurrection du Sauveur eut lieu son ascension.

1. Jésus-Christ étant Dieu, je ne vois pas comment il a pu s'élever ?

Il n'est rien de plus élevé que la nature divine ; elle n'est d'ailleurs pas capable de mouvement local. C'est donc la nature humaine de Jésus-Christ qui fit son ascension dans le ciel. Un lieu doit toujours être proportionné à la dignité de celui qui l'habite. La terre étant un lieu de génération et de corruption, il convenait que Jésus-Christ ressuscité n'y demeurât pas longtemps, mais qu'abandonnant ce lieu destiné aux choses corruptibles, il montât au ciel, le lieu de l'immortalité.

2. Est-ce la puissance du Père qui l'éleva ?

Jésus-Christ réunissait tout ce qui est le propre de la Divinité et de l'humanité. Sa nature humaine, après sa résurrection, jouissait des propriétés des corps glorieux ; c'est-à-dire, son corps se portait en un clin d'œil où l'âme le voulait. Quel lieu, sinon le ciel, mérite d'être le séjour d'un corps glorieux et immortel ? Jésus-Christ a donc accompli son ascension par sa puissance divine et par sa puissance humaine. Cependant, la première de ces puissances étant commune au Père, on peut dire que le Père l'a élevé au ciel, comme nous disons qu'il l'a retiré du tombeau.

3. Comment son ascension a-t-elle été la cause de notre salut?

Elle a augmenté en nous la foi, l'espérance, la charité, vertus qui conduisent au ciel.

Élevé dans le ciel, il nous y prépare une place selon la promesse qu'il fit aux apôtres (S. Jean, xiv, 2), et il a tracé devant nous le chemin que nous devons suivre un jour. Les membres suivront le corps; car, dit-il, « je veux que vous soyez où je suis. » En signe de notre future ascension, il conduisait à sa suite les âmes des justes, encore exilées loin de la patrie.

Dieu le Père ne sera-t-il pas sensible à nos supplications, touché de pitié pour ceux dont son Fils bien-aimé a pris la nature? Pourrait-il lancer ses foudres sur nous et frapper le genre humain, maintenant qu'il voit notre nature relevée, anoblie, maintenant que nous avons auprès de lui un si puissant protecteur?

Placé à la source des bienfaits, il les répand sur nous : « Il s'est élevé au-dessus des cieux, afin de remplir le monde entier de ses bienfaits. » (Éphés., iv, 10.)

QUEST. LVIII. *De la séance de Jésus-Christ à la droite du Père.*
— Quel est le sens de ces paroles : Jésus-Christ est assis à la droite du Père. Dieu n'a ni gauche ni droite, puisqu'il est esprit? D'ailleurs, saint Étienne dit : « Je vois les cieux ouverts et le Fils de l'homme *debout* à la droite de Dieu. »

Nous disons qu'il est assis, pour désigner le repos dont il jouit après le grand travail de notre rédemption. Cette place est aussi l'image du pouvoir royal et judiciaire qu'il exerce de concert avec Dieu le Père : ainsi un roi fait asseoir à sa droite le ministre qui partage son pouvoir.

Nous ne prétendons pas que Dieu ait une droite et une gauche; nos paroles désignent l'honneur et la gloire de Jésus-Christ élevé au-dessus de toute puissance créée. Dieu n'a jamais dit à l'ange, qui est cependant la plus excellente des créatures : « Asseyez-vous à ma droite. » (Hébr., i, 13.)

Saint Etienne le vit debout; c'est l'attitude de celui qui encourage et protége. Jésus-Christ, du haut du ciel, encourageait son premier martyr et lui envoyait la force de confesser son nom jusqu'à la mort.

QUEST. LIX. *Pouvoir judiciaire de Jésus-Christ.* — 1. Pourquoi attribue-t-on à Jésus-Christ le pouvoir de juger?

« Dieu l'a établi juge des vivants et des morts. » (Actes, x, 42.)

Un jugement équitable suppose, en celui qui le porte, le pouvoir de contraindre les inférieurs, l'amour de la justice et la sagesse. Cette dernière condition est toujours accompagnée des deux autres; l'homme n'est point sage s'il n'aime la justice, et la sagesse le revêt d'autorité. C'est aussi dans la sagesse et la vérité que consiste l'essence d'un bon jugement. Or, Jésus-Christ est la Vérité même, la Sagesse éternelle, qui procède du Père et lui est égale.

2. C'est donc en sa qualité de Dieu qu'on lui attribue le pouvoir judiciaire?

« Le Père lui a donné le pouvoir de juger, parce qu'il est Fils de l'Homme. » (S. Jean, v, 27.)

Les juges de la terre ne prononcent une sentence qu'en vertu de l'autorité divine, dont ils sont les représentants : « Dei est judicium, » il n'appartient qu'à Dieu de juger. (Deut., I, 16.) Or, Jésus-Christ a reçu de Dieu l'empire sur toutes choses. C'est donc l'homme qui, en Jésus-Christ, est établi souverain juge des vivants et des morts.

Ne convenait-il pas que Dieu, se servant, pour agir au dehors, de l'intermédiaire des créatures qui se rapprochent le plus de lui, confiât le pouvoir de juger les hommes à la créature qui touchait le plus près à la Divinité? N'est-il pas plus consolant pour nous de voir notre sentence remise entre les mains d'un juge qui a éprouvé toutes nos tentations, hors le péché, et souffert toutes nos faiblesses? « Allons donc nous présenter avec confiance devant le trône de sa grâce, afin d'y recevoir miséricorde. » (Hébr., IV, 16.)

Nous ressusciterons par lui, il convient que par lui nous soyons jugés.

Il est bon que les accusés voient leur juge. Les méchants ne verront en Jésus-Christ que la forme d'esclave qu'il avait prise pour eux. Les justes seuls verront sa divinité.

3. Peut-on dire qu'il a *mérité* le pouvoir judiciaire?

On peut tenir un bien de plusieurs causes différentes : ainsi la gloire des corps ressuscités, dont le Sauveur jouissait, lui venait à la fois de sa divinité, de la vision intuitive et de sa passion. De même, il possédait le pouvoir de juger à cause de sa divinité, de la plénitude de la grâce qui était en lui, et parce qu'il est la tête de l'Église, son corps mystique. Néanmoins il a *mérité* le pouvoir judiciaire, parce qu'il a combattu, succombé pour la justice, et que le triomphe a suivi son injuste condamnation. « J'ai vaincu, c'est pourquoi je suis assis sur le trône de mon Père. » (Apoc., III, 21.) Ce trône est le tribunal suprême, selon ces paroles du roi-prophète : « Vous êtes assis sur un trône, ô vous qui jugez la justice de la terre. »

4. L'homme est jugé immédiatement après sa mort; pourquoi le juger une seconde fois à la fin du monde?

Une chose inconstante et variable ne peut être définitivement jugée, qu'après son entier accomplissement. Vous vous exposeriez à porter un jugement faux, si vous prononciez sur une action qui n'est point accomplie, ou dont l'effet dure encore ; telle action qui paraissait bonne, a plus tard des effets désastreux, et réciproquement. Vous ne pouvez porter, sur un homme qui vit encore, un jugement définitif et absolu. Est-il bon? Il peut devenir meilleur, ou se pervertir. Est-il méchant? Il peut se corriger, ou tomber encore plus bas dans l'abîme. C'est pourquoi « il est arrêté que les hommes meurent une fois, et qu'*ensuite* ils sont jugés. » (Héb., IX, 27.) Mais, même après sa mort, il reste quelque chose de l'homme en ce monde; la tombe ne le renferme pas tout entier. Il peut laisser une réputation bonne ou mauvaise, contrairement à la vérité. Il revit dans ses enfants, qui peut-être marchent sur ses traces, imitant ses vices ou ses vertus : « Le père est mort, et il ne le semble pas, parce qu'il a laissé après lui un autre lui-même. » (Eccl., xxx, 4.) L'homme depuis longtemps descendu dans la tombe, revit quelquefois dans ses œuvres, et il en est qui produiront jusqu'à la fin du monde, de salutaires ou de funestes effets. Combien le juste juge doit prononcer une sentence différente sur les auteurs de ces livres qui respirent le parfum de la vertu, que l'on ne peut lire sans devenir meilleur, et les auteurs de ces livres immoraux qui tous les jours distillent goutte à goutte le poison dans les âmes !

Il faut aussi que justice soit rendue à nos corps. Quelquefois celui du méchant est enterré avec pompe et repose dans un magnifique tombeau, tandis que celui du juste ne reçoit pas même les honneurs de la sépulture.

L'homme a mis ses affections dans les choses temporelles, qui passent plus ou moins vite, et tout ce qui tient à lui de près ou de loin est du ressort de la justice divine. C'est pourquoi il convient qu'à la fin du monde, quand le temps ne sera plus et que tout cessera, le juste juge manifeste ce qui était caché et prononce une dernière sentence.

5. Le pouvoir judiciaire de Jésus-Christ ne s'étend-il que sur les hommes ?

« Ne savez-vous pas que nous jugerons les anges ? » (I Cor., vi, 3.) Or, les saints n'auront qu'un pouvoir reçu de Jésus-Christ.

La nature humaine de Jésus-Christ étant plus près de la divinité que celle des anges, c'est par l'intermédiaire de cette nature qu'ils reçoivent la lumière. Jésus-Christ a, par conséquent, juridiction sur eux.

L'humiliation qu'il a subie aux jours de sa Passion lui a mérité de voir tout genou fléchir devant lui, au ciel, sur la terre et dans les enfers. C'est pourquoi « tous les anges se tenaient autour de son trône. » (Apoc., vii, 11.)

Ils ne sont auprès des hommes que des dispensateurs ; ils doivent rendre à Jésus-Christ le compte de leur administration : « Tous les anges ne sont-ils pas des esprits qui tiennent lieu de serviteurs et de ministres, étant envoyés pour exercer leur ministère en faveur de ceux qui doivent être les héritiers du salut ? » (Hébr., I, 14.) Les bons et les mauvais anges relèvent de Jésus-Christ et ne font rien ici-bas avant d'en avoir sollicité le pouvoir : les anges le servaient, les démons lui demandèrent la permission d'entrer dans des pourceaux. Les premiers reçoivent de Jésus-Christ, leur juge, une récompense accidentelle : c'est la joie qui se fait parmi eux, à la conversion d'un pécheur. (S. Luc, xv, 10.) Les seconds en reçoivent une punition semblable, selon qu'il leur permet de subir leur peine dispersés en ce monde, ou qu'il veut les tenir enchaînés aux enfers : « Qu'y a-t-il à démêler entre vous et nous, Jésus de Nazareth ? Êtes-vous venu ici nous tourmenter *avant le temps,* » que Dieu a marqué pour nous chasser de dessus la terre et nous reléguer aux enfers ?

Les bons anges reçurent aussi de Jésus-Christ, qui est le Verbe de Dieu, leur récompense, et les démons leurs châtiments éternels ; c'est le Verbe qui, au commencement du monde, prononça leur sentence.

CHAPITRE X.

LES SACREMENTS.

* Nous connaissons les mystères du Verbe incarné, la voie que les hommes sont obligés de suivre pour retourner à Dieu et se réunir à leur principe. Mais Jésus-Christ a établi des sacrements où l'homme voyageur trouve la nourriture qui soutient ses forces, où il puise ces eaux vives qui rejaillissent jusqu'à la vie éternelle. Nous avons donc à parler des sacrements en général. Saint Thomas se préparait à mettre la dernière main à son œuvre, en traitant en particulier de chacun des sacrements, lorsque la mort vint suspendre son travail, et ce beau génie s'éteignit laissant son monument inachevé, comme si Dieu avait voulu se hâter de montrer la faiblesse de l'homme après avoir montré en lui tant de puissance et de grandeur. Le supplément que l'on suppose extrait de ses divers écrits, et principalement de son commentaire sur le IVe livre des *sentences* ne me paraît rien avoir de bien remarquable, sinon le traité de la résurrection qu'on lira à la fin de ce livre.

QUEST. LX. *Des sacrements.* — 1. Quelle idée faut-il avoir d'un sacrement ?

Un sacrement est le signe d'une chose sacrée qui nous sanctifie. Une chose tire quelquefois son nom d'une autre avec laquelle elle a des rapports. On appelle *sain* non-seulement l'animal qui est le sujet de la santé, mais aussi la médecine qui la produit, le régime qui la conserve, et tout ce qui en est le signe. Les sacrements empruntent leur nom d'une sainteté cachée dont ils sont le sujet. C'est ainsi qu'autrefois on appelait *sacrement* tout ce qui était réputé sacré et inviolable, comme les murs d'une cité, les personnes constituées en dignité.

Une autre raison pour laquelle on leur a donné ce nom, c'est parce qu'ils produisent et conservent en nous la sainteté, et surtout parce qu'ils sont le signe de la sainteté qu'ils entretiennent ou font naître dans les âmes. Ils sont le signe d'une chose sacrée, la grâce, qu'ils produisent par eux-mêmes et annoncent à ceux qui sans eux n'en auraient pas connu d'une manière certaine l'existence. Voyez l'office que les signes remplissent dans les affaires ordinaires de la vie : ce sont des moniteurs. Ils ont un langage de convention, ceux qui le connaissent voient en eux, outre ce qu'ils sont naturellement, ce que l'on est convenu de leur faire désigner. Les sacrements sont des signes par lesquels Jésus-Christ a voulu nous montrer une chose sacrée qui échappe à nos moyens naturels de connaître. Ainsi, veut-il nous accorder une grâce qui efface le péché originel ? Afin de nous assurer que nous avons reçu ce bienfait, il a établi un signe qu'il a doué d'une vertu surnaturelle, celle de nous faire enfants de Dieu en effaçant avec notre péché d'origine toutes les fautes dont nous pouvons être coupables. La vue de ce signe nous conduit à la connaissance de ce qu'il signifie, et qui nous serait resté inconnu si rien de sensible ne nous l'avait annoncé.

Mais si le sacrement nous annonce une chose sacrée et surnaturelle, voyez comme il le fait d'une manière conforme à notre nature. La Providence pourvoit aux besoins de chacun selon son mode d'être : « elle dispose tout avec douceur et suavité » (Sag. 8). « Il leur donnera selon la capacité de chacun d'eux » (S. Matth. xxv, 15). Or il est de la nature de l'homme d'aller aux choses spirituelles par l'entremise des choses sensibles : *nihil est in intellectu quod priùs non fuerit in sensu*. Pourquoi les écrivains, les orateurs quand ils veulent démontrer une vérité, s'aident-ils d'images, de comparaisons tirées du monde sensible? Pourquoi l'Écriture-Sainte elle-même enveloppe-t-elle de voiles sensibles, des vérités qui sont d'un ordre surnaturel? C'est que l'esprit de l'homme, fait pour vivre uni à un corps, ne connaît, ne reçoit rien sans le secours des sens. Les sacrements en nous faisant passer par la voie des sens pour obtenir et connaître la grâce, renferment donc la plus grande harmonie avec notre nature. On le verra encore mieux quand je prouverai la nécessité des sacrements.

Saint Thomas remarque que ces signes, en nous sanctifiant, rappellent une chose passée, montrent une chose présente, présagent une chose future. Ils rappellent le souvenir de la passion, cause de la grâce qui est présente; ils sont le gage de la vie éternelle, fin dernière de la passion.

2. Que faut-il pour faire un sacrement?

Il faut d'abord une matière déterminée par Dieu. Les sacrements nous sanctifient, mais d'où leur vient leur vertu? De Dieu, auteur de tout don parfait. Un autre que lui peut-il déterminer les conditions auxquelles il accordera ses dons? Il ne nous appartient pas de disposer des choses qui sont à autrui, à plus forte raison de celles dont Dieu seul est le maître. Les choses sensibles comme les plantes, les éléments simples, peuvent avoir une vertu naturelle capable de réparer la santé ; mais parmi les choses sensibles en est-il une seule qui soit, par sa vertu naturelle, ordonnée en vue de notre sanctification? Elle ne devient donc un sacrement que par l'institution divine.

Outre la matière que Dieu a choisie et déterminée à cet effet, il faut, pour faire un sacrement, des paroles : « la parole se joint à la matière, et le sacrement se fait. » (S. Aug.) Saint Thomas nous montre les raisons de convenance de la sanctification produite en nous par l'union de la parole à une chose matérielle. Elle représente le mystère de l'Incarnation. Le Verbe nous a procuré le salut en s'unissant à une chose sensible, la chair humaine, comme le verbe du ministre nous procure la grâce en s'unissant à l'élément matériel.

Cette union est conforme à la nature de l'homme, composé d'un corps et d'une âme. Le sacrement atteint ces deux portions de lui-même : la matière touche son corps, les paroles sollicitent l'adhésion de son âme par un acte de foi.

Enfin, de tous les signes dont l'homme peut se servir pour exprimer ses pensées, il n'en est pas de meilleur que la parole. Elle montre, d'une manière claire et précise, le sens d'une action qui paraît équivoque. Par exemple, vous versez en silence de l'eau sur la tête d'un enfant. Est-ce pour le rafraîchir ou pour le laver? C'est ce qu'on ne saurait affirmer, l'eau étant également propre à ces deux fins. Mais l'équivoque cesse et l'on peut affirmer que l'ablution matérielle est le signe de l'ablution spirituelle, si vous dites en versant l'eau : « Je te baptise, etc. »

* Le décret d'Eugène IV aux Arméniens déclare qu'il n'y a pas de sacrement sans une matière et une forme, et le concile de Trente dit quelle est la matière et la forme de chaque sacrement (Sess. xiv, ch. III.)

Il faut ajouter, afin de nous séparer des protestants qui changent à leur gré la forme de leurs sacrements, que les paroles ou les formes sacramentelles ne varient point. Tout être composé de matière ou de forme, reçoit de celle-ci son principe d'individuation. La forme est la fin, le terme de la matière, qui est d'autant plus parfaite, qu'elle est plus proportionnée à sa forme. Un bloc de marbre ne sera votre statue que quand il aura revêtu votre forme matérielle. Si le ciseau de l'artiste lui en donne une autre, ce ne sera plus votre statue, sa forme n'étant pas la vôtre.

3. On ne peut donc rien changer à la matière ni à la forme des sacrements ?

Tout changement dans la substance de la matière, ou dans le sens de la forme empêche la validité du sacrement. Si la variété dans l'une ou dans l'autre n'est qu'accidentelle, bien que défendue, elle n'annule pas le sacrement. Si elle était due à la malice ou à la négligence du ministre, ce serait un manque de respect aux choses saintes, un péché mortel. Le ministre ne peut jamais user d'une matière douteuse, même dans le cas de nécessité, et, supposé qu'il lui fût impossible de se procurer une matière non altérée, il devrait s'abstenir. La raison en est évidente : il n'appartient qu'à Dieu de fixer les conditions auxquelles il accordera ses dons : si vous ne vous y soumettez pas, vous n'avez aucun droit à ses faveurs.

QUEST. LXI. *De la nécessité des sacrements.* — 1. Les sacrements sont-ils nécessaires (1) ?

Il ne s'agit pas d'une nécessité absolue, car Dieu aurait pu sauver l'homme de mille manières différentes, mais d'une nécessité de convenance, conforme à l'ordre providentiel.

La religion chrétienne ne reçoit dans son sein que les hommes régénérés par les sacrements : ces signes sacrés sont aussi les liens qui unissent entre eux les membres de la grande famille chrétienne, et tiennent les enfants unis à leur père commun. Nier la nécessité des sacrements serait donc frapper le christianisme à sa base et le renverser de fond en comble.

Ne serait-ce pas d'ailleurs méconnaître la nature de l'homme, dont le propre est d'aller aux choses spirituelles en se servant des choses sensibles? Ne serait-ce pas faire injure à Dieu et accuser sa providence qui, pourvoyant aux besoins de chacun selon son mode d'être, devait placer nos moyens de salut dans des signes extérieurs et sensibles?

Il faut appliquer le remède où est la maladie. Le péché a rendu l'homme esclave des sens. Vaincu et subjugué par la matière, il n'aurait point saisi les secours qu'on lui aurait offerts, s'ils avaient été purement spirituels. La grâce, suivant la même voie que le péché, pénètre par la porte des sens dans le sanctuaire de

---

(1) Les rationalistes qui nient l'existence d'un ordre surnaturel, les protestants suivant lesquels la foi suffit pour nous justifier, ne reconnaissent pas la nécessité des sacrements.

l'âme et lui rend l'empire qu'elle avait perdu. Mais que l'homme ne se laisse point aller à des pensées d'orgueil. Quelle humiliation, de se voir obligé, pour aller à Dieu, de s'incliner vers la matière, de demander à des éléments grossiers la grâce en ce monde et la gloire dans l'autre !

L'esprit de l'homme, privé de signes sensibles qui fixent ses idées, n'ayant point un centre visible autour duquel se rallient ses pensées, bientôt s'égare et devient le jouet des plus folles illusions. Les sacrements offrent à l'âme un appui sensible sur lequel elle aime à se reposer; ce sont des exercices qui portent toutes les facultés de l'âme vers un point commun, et favorisent ainsi les rapports de l'homme avec le monde spirituel, en lui donnant aide et sécurité (1)

2. Si l'homme n'avait point péché, est-il à présumer que Dieu eût établi des sacrements ?

Tout aurait été sacrement en ce sens que, suivant le premier dessein de la Providence, toute créature aurait porté l'homme vers Dieu, mais il n'y aurait pas eu de sacrement proprement dit. Ils sont des remèdes contre le péché, des vulnéraires pour les blessures qu'il fait à l'âme. Si l'homme avait conservé sa première intégrité, à quoi bon des sacrements ? On ne donne de remède qu'aux malades.

Dans l'état d'innocence, les puissances supérieures de l'âme, soumises à Dieu, dominaient les puissances inférieures et les tenaient sous une dépendance absolue. Il n'eût pas été conforme à l'ordre accoutumé de la Providence que l'âme reçût aucune perfection par le corps et au moyen d'éléments matériels, comme il arrive dans les sacrements.

3. Existait-il des sacrements avant Jésus-Christ ?

Il n'est pas prouvé que sous la loi de nature les hommes aient eu des sacrements, excepté la circoncision pour effacer le péché

---

(1) Voyez les sectes protestantes qui ont voulu se passer des sacrements. Il n'est pas d'extravagance qu'elles n'aient admise dans leur culte.

originel, et la pénitence pour obtenir le pardon des péchés actuels. Les hommes offraient des sacrifices conformément au droit naturel, mais avaient-ils des sacrements ? La négative paraît plus probable, à part les exceptions que je viens de faire, car ni la tradition, ni les écritures ne font mention d'autres sacrements.

Il est certain que depuis le temps où ils reçurent la loi écrite, les Juifs firent usage de sacrements. L'homme ne peut être justifié et s'approcher de Dieu que par Jésus-Christ, médiateur universel. De tout temps la foi en Jésus-Christ a été nécessaire, et son nom, le seul qui pût sauver les hommes. Il fallait donc que l'homme manifestât sa foi en Jésus-Christ par des signes sensibles : c'est ce que nous appelons du nom général de sacrements. Les uns concernaient le culte : c'étaient la circoncision du peuple, la consécration des prêtres. Les autres regardaient les choses consacrées à Dieu, comme l'agneau pascal, les pains de proposition, etc. D'autres avaient pour effet d'effacer les péchés qui interdisaient aux coupables l'accès des autels : ainsi la tonsure des cheveux, la purification, etc.

Ces sacrements ne justifiaient point par eux-mêmes, sinon la passion de Jésus-Christ eût été inutile. Qu'on ne dise point qu'ils tirent leur vertu de cette passion future. La cause finale, il est vrai, peut bien être postérieure à son effet. Elle m'attire, elle sollicite un acte de ma volonté. Je la désire, je tends vers cette fin avant qu'elle n'existe. Il n'en est pas ainsi de la cause efficiente : toujours elle précède son effet. C'est pourquoi saint Paul appelle les sacrements de l'ancienne loi de faibles éléments, des observances défectueuses et impuissantes. Toute leur vertu, comme celle des préceptes, était de conférer la justice légale, et en figurant le Messie, d'exciter la foi et la charité. Si Dieu a donné des sacrements différents, suivant les différents âges, a-t-il changé de volonté ? Non, car ceux de l'ancienne loi avaient pour but de figurer la grâce attendue avant la venue du Messie. Ceux de la loi nouvelle montrent cette grâce produite en nous par

Jésus-Christ. Ainsi le père de famille ne change pas de volonté à l'égard de ses enfants lorsqu'il leur donne des préceptes différents suivant leurs différents âges : autres sont les préceptes de l'enfance, autres ceux de la jeunesse, autres ceux de l'âge mûr.

QUEST. LXII. *Effet principal des sacrements, la grâce.* — 1. « Vous tous qui avez été baptisés en Jésus-Christ, vous avez été revêtus de Jésus-Christ. » (Gal., III, 27.) Or, l'homme ne peut sans la grâce être uni à Jésus-Christ comme membre de son corps mystique.

* De quelle manière les sacrements produisent-ils la grâce dans nos âmes?

Il est de foi qu'ils la produisent *ex opere operato*, comme parlent les théologiens, c'est-à-dire, par eux-mêmes, en vertu d'un signe extérieur et sensible, établi à cet effet par Jésus-Christ. Les protestants disent que ce sont de simples signes de la justification reçue par la foi, des témoignages de notre piété envers Dieu. Cette erreur leur est venue d'une autre : la foi justifie sans les œuvres. Il est aisé de voir la fausseté de ce principe et les absurdes conséquences qui s'en suivraient lorsqu'on l'appliquerait au baptême, ou à tout autre sacrement.

Les catholiques reconnaissent que les sacrements produisent la grâce par eux-mêmes chaque fois qu'en les recevant nous ne mettons pas d'obstacle au don de Dieu, mais en sont-ils cause physique ou cause morale? controverse très-vive entre les théologiens. Les thomistes sont partisans de la cause physique. Selon eux, les sacrements, quand ils ne rencontrent en nous aucun empêchement volontaire, produisent la grâce comme le soleil produit la lumière, le feu la combustion des matières inflammables. Leurs adversaires soutiennent qu'ils ne sont que cause morale et déterminante. Ils portent Dieu à nous accorder la grâce, comme je vous porte à faire l'aumône, quand mes conseils vous y déterminent.

L'opinion des thomistes, on ne peut le nier, est plus conforme au principe catholique : les sacrements opèrent *ex opere operato*. Elle est plus conforme à l'Écriture qui dit : « Nous renaissons *par* l'eau. (S. Jean, III.) Jésus-Christ nous a sauvés *par* le bain de la régénération. » (Éphés.) Ces paroles ne désignent-elles pas une cause physique, aussi bien que celles-ci : « J'ai écrit cette page *avec* une plume, j'ai peint cette toile *avec* un pinceau? » L'opinion des thomistes fait éclater davantage la puissance et la bonté de Dieu qui, au moyen d'éléments si faibles et si communs, produit dans les âmes de si étonnants prodiges ! Cette goutte d'eau qui passe dans l'égoût vient d'apporter à une âme la grâce, l'innocence, les droits au ciel ! Voyez d'ailleurs combien l'opinion contraire se rapproche de l'hérésie protestante. Les adversaires des thomistes disent : « Les sacrements sont une monnaie qui, présentée à Dieu, le détermine à nous accorder la grâce : ainsi un denier de plomb à la présentation du quel le roi s'engagerait à payer cent livres : ainsi, dit saint Bernard, le livre dans l'investiture du chanoine, la crosse dans celle de l'abbé, l'anneau dans celle de l'évêque. » Mais si cette comparaison est juste, ne semble-t-il pas que les sacrements ne soient autre chose que des signes, des témoignages de la grâce déjà reçue ?

La principale objection que l'on fait aux thomistes est celle-ci : L'agent est plus que le patient. L'agent, dans les sacrements, est matière ; le patient est esprit, puisque c'est l'âme qui reçoit la grâce. Il s'en suit donc que l'eau du baptême est plus excellente que l'âme du baptisé !

La matière du sacrement n'est qu'agent secondaire ou instrument de la grâce. Or, je remarque dans tout instrument qui agit, deux actions distinctes : l'une lui est étrangère et vient de l'agent principal ; l'autre lui est propre, il la tient de sa forme spécifique. La statue faite est l'œuvre de l'artiste ; les incisions dans le marbre sont l'œuvre du ciseau qui, naturellement plus dur, peut le faire céder et le tailler en tout sens. Dans les sacrements, l'action propre de la matière c'est de toucher le corps ; la sanctification de l'âme est l'œuvre de la puissance divine : *aqua corpus tangit* (*sua virtute propria*), *cor abluit* (*virtute divina*).

Mais comment l'âme, sujet de la grâce, peut-elle la recevoir physiquement de ce qui ne la touche point, par exemple de l'eau dans le baptême ?

Il suffit, pour cela, que celui qui est la cause principale de la grâce, fasse sentir son influence à l'âme : malgré la distance qui peut les séparer, l'aimant n'attire-t-il pas le fer? le soleil ne fait-il pas sentir son influence dans des lieux souterrains ?

2. En quel sens les sacrements contiennent-ils la grâce?

Une chose peut être dans une autre de plus d'une manière. La grâce, nous venons de le voir, est dans les sacrements comme une chose est dans son signe et sa cause instrumentale. Ils ne la possèdent pas comme une cause qui renferme en elle un effet de même espèce, par exemple, comme le père renferme le fils, ni comme une cause d'espèce différente, mais de même ordre, de même que le soleil, par exemple, renferme les fleurs et les fruits qu'il fait naître et mûrir. La grâce, dans les êtres naturels, ne fait que passer, fugitive et incomplète.

Les sacrements ne sont pas non plus le sujet qui la reçoit. Elle n'y est point comme dans un vase qui a telles limites, elle y réside comme dans un instrument au moyen duquel on peut produire une action. Ainsi le prophète a dit : « Chacun a dans sa main un vase de mort, » c'est-à-dire, je puis, de ma main, tuer quelqu'un. Le sacrement, dans la main du ministre, est un signe de la grâce et un instrument avec lequel il la produit.

3. Les sacrements contiennent donc une vertu productive de la grâce? Ce qui paraît difficile à comprendre. S'ils possédaient une semblable vertu, ils la tiendraient d'eux-mêmes ou ils l'auraient reçue d'une cause étrangère. Ils ne l'ont pas d'eux-mêmes, car une vertu productive de la grâce est une chose spirituelle, et les sacrements, choses matérielles, ne peuvent en avoir une semblable, la vertu d'un être dérivant toujours de son essence. S'ils

la tenaient d'autrui, ils seraient le sujet qui reçoit, non la cause qui produit la grâce : conséquence contraire à la doctrine catholique.

Les sacrements, dis-je, sont cause instrumentale, agents secondaires de la grâce. Or il y a dans tout agent secondaire quelque chose de l'agent principal : c'est la même vertu ou puissance qui habite en eux. Toute la différence, c'est que l'agent principal la possède complète et permanente, l'agent secondaire incomplète et passagère : ainsi le mouvement entier et permanent dans le moteur, *passe* dans le mobile, où il n'est qu'un acte imparfait.

L'objection, si on saisit bien le sens de cette comparaison, tombe d'elle-même. Rien n'empêche qu'une chose spirituelle ne soit dans une chose matérielle qui en serait l'instrument, propre à recevoir d'un être spirituel le mouvement et à produire un effet spirituel. En voulez-vous un exemple ? Les sons de ma voix sont tout matériels : ce n'est que de l'air frappé et mis en vibration par ma langue et mes lèvres. Mon esprit meut cet air qui, malgré son essence matérielle, produit en vous un effet spirituel. Il excite, il éveille votre intelligence et lui fait recevoir ce que je voulais vous communiquer. De même les sacrements, tout matériels qu'ils sont, contiennent en eux-mêmes une vertu qui produit un effet spirituel, la grâce.

4. Pourquoi dit-on que cette vertu leur vient de la passion de Jésus-Christ ?

Il y a deux sortes d'instruments : l'un est séparé de l'agent, comme la plume dans ma main ; l'autre lui est uni comme la main, le pied tiennent à l'homme. C'est par l'intermédiaire de l'instrument conjoint et uni que l'instrument séparé communique avec l'agent principal et en reçoit sa vertu. Dieu, voilà l'agent principal de la grâce ; les sacrements en sont l'instrument séparé, l'humanité du Sauveur, l'instrument uni. Donc, la vertu bienfaisante des sacrements leur vient de l'humanité de Jésus-Christ.

Quelle en est, d'ailleurs, la fin ? La rémission des péchés et le culte conforme à la religion chrétienne. Nous avons montré que c'est par ses souffrances que Jésus-Christ nous a délivrés du péché, par sa passion qu'il a surabondamment satisfait et mérité pour nous. C'est aussi la passion qui a rendu à Dieu un culte digne de sa majesté en lui présentant une oblation et en lui offrant une victime d'agréable odeur. (Ephés., v.)

Le sang et l'eau qui sortirent du côté de Jésus souffrant étaient l'emblème de cette vertu des sacrements. Le sang représentait l'eucharistie, l'eau, le baptême : sacrements dont l'un est le plus auguste, l'autre le plus nécessaire.

5. Qu'appelle-t-on grâce sacramentelle ?

La grâce perfectionne l'âme, en lui donnant une certaine participation à l'être divin. Comme de l'essence de l'âme découlent des puissances qui la disposent à l'acte, du sein de la grâce découlent des perfections qui meuvent les puissances de l'âme, et leur donnent la force de produire les actes de la vie chrétienne. Ces perfections se diversifient selon les sacrements que nous recevons ; chacune nous imposant des devoirs particuliers, il nous faut un secours spécial pour l'accomplir et atteindre la fin du sacrement : c'est ce que nous appelons la grâce sacramentelle.

QUEST. LXIII. *Autre effet des sacrements, le caractère.* —1. Les sacrements ne produisent-ils pas un autre effet que la grâce?

Ils impriment dans l'âme un caractère. La grâce qu'ils nous confèrent efface nos péchés, et nous consacre au culte de la religion chrétienne. Dieu, en nous appelant, nous donne l'aptitude requise pour atteindre la fin du culte. Or, tout homme destiné à des fonctions spéciales doit être revêtu d'un caractère qui le distingue d'avec tous ceux qui n'ont point la même mission. Les soldats étaient autrefois marqués d'un signe distinctif, et portent encore aujourd'hui une livrée qui leur est propre, annonçant qu'ils appartiennent à la milice. C'est un signe matériel, de la même nature que l'office auquel il voue le soldat. Le caractère que les sacrements impriment dans l'âme est une marque spirituelle, l'office auquel il nous appelle, le culte de Dieu, étant tout spirituel.

2. Peut-on dire d'une manière plus précise ce que c'est que ce caractère ?

Il désigne les fonctions que le chrétien s'engage à remplir après avoir reçu les sacrements. Ces fonctions sont de rendre à Dieu le culte suprême selon le rite de la religion chrétienne. Or, tout le culte chrétien consiste à recevoir ou à administrer les choses divines. Pour recevoir, il faut en nous une puissance passive ; pour administrer, une puissance active. Ce caractère est donc une puissance spirituelle qui nous rend aptes à recevoir ou à donner aux autres les choses divines, conformément au culte de la religion chrétienne.

3. D'où vient cette puissance spirituelle ?

Du sacerdoce de Jésus-Christ. C'est un sceau annonçant une fin principale à laquelle le fidèle est appelé : tel est le sceau de la milice gravé sur le corps du soldat, le sceau royal sur une monnaie. Le chrétien est appelé à la gloire des élus, et la grâce est le sceau qui l'annonce : « Marquez le signe Thau sur le front des hommes qui gémissent et qui sont dans la douleur. » (Éz., ix, 4.) « Ne frappez point la terre, ni la mer, ni les arbres, jusqu'à ce que nous ayons marqué au front les serviteurs de Dieu. » (Apôt., vii, 3.) Une fin plus prochaine à laquelle nous sommes appelés, c'est de recevoir ou de donner tout ce qui concerne le culte divin, et le caractère sacramentel, je viens de le dire, en est le signe. Mais le culte chrétien tire son origine du sacerdoce de Jésus-Christ. Jésus-Christ en est la source, il est le pontife suprême de la religion qu'il a fondée, en sorte que le caractère sacramentel dont les fidèles sont revêtus n'est autre chose qu'une participation au sacerdoce de Jésus-Christ.

4. Combien de temps durera ce caractère ?

Il durera autant que le sacerdoce de Jésus-Christ et le sujet ou l'âme qui en est revêtue. Jésus-Christ a la plénitude du caractère sacerdotal, et celui qui orne mon âme lui ressemble comme l'imparfait au plus parfait, la participation à la plénitude d'une chose.

Or, il a été dit à Jésus-Christ : « Tu es prêtre pour l'éternité. » D'un autre côté, une chose reste consacrée tant qu'elle conserve son identité : ainsi une église, un calice, un autel. Le caractère du sacrement a été imprimé dans la partie intellectuelle de l'âme, siége de la loi. L'intelligence ne devant jamais s'éteindre, le caractère du sacrement est indélébile : ni la gravité des péchés ni la longueur des temps ne saurait l'effacer.

Mais cette thèse n'est pas à l'abri de l'attaque et invulnérable de tout côté. Le péché ne doit-il pas détruire ce caractère, puisqu'il nous fait perdre la grâce, qui en est une des fins ultérieures ? Il nous voue au culte chrétien ; mais si je renonce à ce culte par l'apostasie ?

Supposé même que je reste fidèle, un temps viendra où ce caractère sera inutile. Dans le ciel il n'y aura plus de culte extérieur : la vérité brillera aux yeux de tous, sans voile et sans image. A quoi bon un caractère nous consacrant à un culte qui ne sera plus ?

La grâce et le caractère sont dans l'âme d'une manière bien différente. La grâce l'habite comme sa forme tout entière, et y demeure selon la nature du sujet qui la reçoit. Or, il est de la nature de l'âme qui est dans la voie d'être libre, de pouvoir également se porter vers le bien ou vers le mal. Si elle choisit cette dernière alternative, on conçoit qu'elle perde la grâce ; mais il en est autrement du caractère. Il n'entre dans l'âme que comme puissance instrumentale et n'y existe que par participation, découlant du sacerdoce de Jésus-Christ, source éternelle qui s'épanche dans un sujet incorruptible ; or, le péché éteint-il l'intelligence de l'homme ?

L'apostasie n'efface pas davantage ce caractère, ne détruit point cette puissance instrumentale. Il est de l'essence de l'instrument de ne point se donner lui-même le mouvement, mais de le recevoir de l'agent principal. Quel est celui qui imprime en nous le caractère sacramentel ? Jésus-Christ, dont la volonté est toujours agissante et ne change point. C'est pourquoi on ne rebaptise jamais ceux qui, après avoir renié la foi, demandent à rentrer dans le sein de l'Église. Nous en trouvons des exemples fréquents dans l'histoire des premiers siècles. Quand la persécution sévissait, des chrétiens timides et *prudents*, abjuraient leur foi et couraient s'incliner devant les idoles. Le temps de la persécution passé, quelques-uns revenaient au christianisme, et quand l'Église les recevait, elle ne leur imposait point un second baptême : « Qu'un soldat déserteur, saisi de honte en voyant sur lui le signe de la milice, vienne implorer la clémence de l'empereur et en obtienne son pardon, on le recevra dans l'armée sans lui imprimer de nouveau le signe du soldat; on approuvera même celui qu'il porte, et qui a survécu à sa défection. La marque spirituelle que les sacrements impriment dans l'âme est-elle moins durable que ce signe gravé sur des corps? » (S. Aug., contre les donatistes qui rebaptisaient.)

Il n'y aura plus, dans le ciel, de culte extérieur, mais la fin pour laquelle il a été établi subsistera toujours. Il en sera de même du caractère qui en est le signe distinctif. Il subsistera éternellement pour la gloire des uns, la confusion des autres. Ce sera une étoile radieuse sur le front du juste, un stigmate sur le front du réprouvé. Ainsi le signe de la milice reste, après la bataille pour la gloire des vainqueurs, la honte des vaincus.

5. Tous les sacrements impriment-ils ce caractère ?

Non. La raison en est que tous ne se rapportent pas directement au culte de Dieu : la pénitence, par exemple, ne fait que nous rétablir dans l'état où nous étions avant le péché, sans nous rien donner de nouveau concernant le culte divin. L'eucharistie, il est vrai, se rapporte directement au culte puisqu'elle est un sacrifice, mais elle ne donne pas de caractère sacramentel : elle est la fin, la consommation du culte et de tous les sacrements. Il en est trois qui nous vouent spécialement au culte et nous donnent une marque distinctive de notre consécration : le baptême, la confirmation et l'ordre. Le baptême nous fait enfants de Dieu et nous donne en cette qualité la puissance de recevoir les choses divines : il est la porte de l'Église et des sacrements. La confirmation nous fait soldats de Jésus-Christ et nous consacre à la milice chrétienne. L'ordre confère une puissance active, celle de dispenser aux autres les choses divines. Il n'y a ainsi que trois sacrements qui impriment en nous un caractère spécial.

QUEST. LXIV. *De la cause des sacrements.* — 1. Dieu seul est l'auteur des sacrements, lui seul pouvant en opérer l'effet intérieur : « C'est Dieu qui justifie. » (Rom., VIII, 33.)

On peut produire un effet, comme cause principale ou comme agent secondaire. Les sacrements faisant en quelque sorte descendre Dieu dans notre âme, Dieu seul en est la cause principale. La grâce, d'ailleurs, est un don gratuit, dont Dieu seul peut être l'auteur. Le ministre n'est que l'agent secondaire de l'effet que les sacrements produisent en nous.

On dit : Des prières cependant accompagnent toujours l'administration solennelle des sacrements; la prière des justes étant plus agréable à Dieu que celle des méchants. (S. Jean, IX, 3) le sacrement reçu des mains d'un ministre saint ne vaut-il pas mieux que s'il venait d'un ministre coupable?

Une chose inanimée n'a rien qu'un être vivant ne possède, et à un degré plus parfait. Or, « l'eau touche le corps et lave le cœur. » (S. Aug.) A plus forte raison, le ministre doit-il être la cause de quelque effet intérieur?

Le ministre d'un sacrement ne prie pas en son nom, mais au nom de l'Église et de Jésus-Christ, dont il est le représentant et l'instrument. Néanmoins, sa dévotion peut attirer des grâces spéciales sur celui auquel il dispense les sacrements. Il n'opère pas, il *obtient de Dieu* cet effet. De sorte que Dieu reste toujours, à proprement parler, la seule cause des sacrements.

Jésus-Christ a-t-il établi lui-même la matière et la forme de tous les sacrements?

Jésus-Christ est l'auteur de tous les sacrements de la loi nouvelle : cette proposition est de foi. (conc. de Trente, sess. 7, can. 1.) Mais il aurait pu les établir de diverses manières : ou, en déterminant lui-même la matière et la forme de chacun d'eux, ou, en disant à ses apôtres : « Je veux qu'il y ait dans mon Église sept sacrements. Allez, je vous donne le pouvoir de les établir. Choisissez des signes sensibles et des paroles qui soient en rapport avec la grâce particulière à chacun d'eux. » Ainsi un général d'armée voulant donner à ses soldats un uniforme qui fût en harmonie avec leur arme, dirait à des officiers subalternes : « Choisissez l'étoffe, faites le dessin de chaque partie de l'uniforme, et revêtissez-en mes soldats. » Il est constant, par l'Écriture, que Jésus-Christ a établi lui-même la matière et la forme de deux sacrements, le baptême et l'eucharistie. En est-il ainsi des autres sacrements? *Alii negant, alii affirmant.* La négative me paraît la plus vraisemblable et la mieux prouvée ; l'opinion contraire laisse sans réponse de trop graves difficultés. Si Jésus-Christ avait établi la matière et la forme de tous les sacrements, l'Écriture, qui rapporte celles du baptême et de l'eucharistie, n'en ferait-elle pas mention? La matière de l'ordre et de la confirmation diffère dans l'église orthodoxe d'Orient et d'Occident. Néanmoins, de l'aveu de tous les théologiens, ces deux sacrements sont valides dans l'une et dans l'autre église. Comment cela, sinon parce que Jésus-Christ avait laissé aux apôtres la liberté de choisir les signes sensibles auxquels il voulait donner la vertu de produire la grâce? Les adversaires de cette opinion avouent qu'il n'a pas établi la forme de tous les sacrements. Pourquoi n'en serait-il pas ainsi de leur matière?

2. Un sacrement conféré par un ministre coupable de péché mortel est-il valide ?

L'instrument n'agit que par la vertu de l'agent principal : toute sa puissance lui vient de celui qui le meut. Peu m'importe la santé ou la maladie du médecin, pourvu que son instrument, conduit par une main habile, me guérisse. Peu m'importe que le canal qui verse la grâce dans mon âme soit de plomb, ou d'or, ou d'un bois commun, pourvu que je reçoive la rosée du ciel. Le ministre coupable, n'ayant pas la charité, est un instrument séparé de l'agent principal, mais la hache dans les mains de l'ouvrier n'est pas un instrument uni, et cependant fait une incision dans l'arbre qu'elle frappe. « Ce n'est pas moi qui baptise, dit saint Paul, c'est Jésus-Christ. » Ce que donnait Pierre, Paul et Juda venait de Jésus-Christ. On a réitéré le baptême de Jean, non celui de Juda, parce que le premier était le baptême de Jean ; le second, le baptême de Jésus-Christ. (S. Aug.) (1).

Les mêmes arguments prouvent que la foi n'est pas nécessaire dans le ministre, pour la validité des sacrements.

3. S'ensuit-il que l'administration des sacrements soit permise à un ministre coupable?

Chacun est obligé d'agir conformément à l'ordre ; une règle doit présider à toutes nos actions. Or, l'ordre veut que les ministres offrent en eux l'image de celui qu'ils représentent, et apportent aux fonctions sacrées la sainteté de Dieu même : « Vous « serez saints, parce que je suis saint. (Lév., xix, 2.) Tel le juge, « tels ses ministres. » (Eccl., x, 2.) Donc le ministre coupable qui confère un sacrement, viole la règle de ses actions et commet un désordre.

D'ailleurs, il manque de respect à Dieu, et profane des choses qui étant saintes ne doivent être touchées que par des mains pures et innocentes.

4. Les anges peuvent-ils être ministres des sacrements?

« Tout pontife, dit l'Apôtre, est choisi d'entre les hommes. » La raison en est que la vertu des sacrements vient de la passion de Jésus-Christ, et que le Sauveur a souffert en la nature humaine. Comment, s'il n'est revêtu de cette nature faible et infirme, le ministre se rendra-t-il conforme à Jésus-Christ souffrant? Or, la na-

(1) Un décret du concile de Trente en a fait une proposition de foi.

ture des anges, exempte de toute infirmité, est bien différente de la nôtre.

Dieu cependant n'a pas tellement attaché la grâce aux sacrements, qu'il ne pût la conférer sans eux et communiquer aux anges le pouvoir de les administrer. Les anges étant toujours des messagers de vérité, si l'un d'eux, par une permission spéciale de Dieu, administrait un sacrement, il faudrait le tenir pour bon et légitime : il est rapporté que des églises ont été consacrées par le ministère des anges (1).

* Les protestants qui ont bien voulu conserver des sacrements, disent que tout chrétien en est ministre. Quel désordre et quelle confusion ce principe, une fois admis, n'apporterait-il pas dans la société chrétienne? S'il appartenait à tous de dispenser les richesses spirituelles déposées dans les sacrements, elle serait en proie à la plus affreuse anarchie. Dans quel état vit-on les ressources publiques livrées aux mains de chacun? Le droit de les dispenser est réservé à des ministres particuliers que le souverain a choisis et nommés à cet effet. Ainsi en est-il de la société religieuse. « Personne ne se donne à soi-même cet honneur, mais celui qui est choisi de Dieu comme Aaron. » (Hébr., v.) Ces paroles « faites ceci en mémoire de moi... Allez, enseignez, etc., je suis avec vous... » n'ont pas été dites à tous les disciples, encore moins à tous les fidèles, mais seulement aux apôtres et à leurs successeurs dans le ministère évangélique.

Le concile de Trente frappe d'anathème ceux qui attribueraient le pouvoir sacerdotal aux simples fidèles.

Il faut pourtant excepter le baptême et le mariage. Jésus-Christ, dans sa sollicitude pour notre salut, n'a voulu mettre aucune entrave à la réception du sacrement sans lequel personne ne peut être sauvé. En cas de nécessité tout le monde peut et doit baptiser, et le sacrement est valide, fût-il administré par un juif, un

---

(1) On lit dans la *Vie des saints* qu'un ange apporta plusieurs fois la communion à sainte Magdeleine.

idolâtre. Le mariage étant un simple contrat que Jésus-Christ a élevé à la dignité de sacrement, une opinion très-accréditée en théologie enseigne que les contractants sont ministres, supposé toutefois leur consentement accompagné de la condition prescrite par l'Église, je veux dire donné en présence de leur propre curé.

5. L'intention du ministre est requise pour la validité du sacrement (1).

Une chose qui, de sa nature, est également propre à plusieurs effets, ne produira celui qu'on se propose, que lorsqu'on l'y appliquera d'une manière précise et déterminée. Or les choses qui constituent les sacrements peuvent produire des effets divers : l'eau du baptême lave, rafraîchit le corps. Il faut donc, pour purifier l'âme, que l'intention du ministre lui assigne un but déterminé, ce qu'il fait en prononçant ces paroles : « Je te baptise, au nom du Père, etc. »

L'instrument inanimé et sans raison peut produire un effet sans se le proposer lui-même, le mouvement qu'il reçoit de l'agent principal lui tenant lieu d'intention. Il n'en est pas ainsi de l'agent raisonnable. Il se meut lui-même et tend spontanément vers l'effet qu'il doit produire. Or, c'est l'intention qui est le premier principe des actes humains.

On dit : les sacrements ne tirent pas leur efficacité du ministre, simple instrument, mais de Jésus-Christ agent principal ?

Jésus-Christ, ayant établi les hommes ministres des sacrements, n'agit que par l'intermédiaire d'instruments raisonnables, qui, par conséquent, se meuvent à dessein et avec intention. Si, en exerçant mon ministère, je ne veux pas produire une chose sacrée, il est évident que je n'agis pas au nom de Jésus-Christ et que je n'use plus du pouvoir dont il m'a fait dépositaire. On objecte

---

(1) Il ne s'agit ici que d'une intention habituelle ou morale. Quand on se l'est proposée, elle existe sans que le ministre ait besoin de la renouveler toutes les fois qu'il confère un sacrement, et aussi longtemps qu'un acte de volonté contraire ne l'a point fait cesser.

l'exemple du feu qui, approché de matières inflammables, les brûle indépendamment de toute intention humaine; mais peut-on comparer ce qui, de sa nature brûle nécessairement près du feu, avec ce qui est un acte moral, essentiellement dépendant de la volonté et de l'intention de l'agent? (1)

Enfin, ce qui arrive sans que l'intention de l'agent ait eu part à son accomplissement, est accidentel et fortuit. Dire qu'un sacrement peut exister sans l'intention du ministre, n'est-ce pas méconnaître et la dignité du ministre et celle du sacrement?

* « Si quelqu'un dit que l'intention, au moins de faire ce que fait « l'Église n'est pas requise dans les ministres lorsqu'ils font ou « confèrent les sacrements, qu'il soit anathème. » (Sess. 5, can. II.)

Mais que faut-il entendre par ces mots : « Faire ce que fait l'Église? » Suffit-il d'une intention tout extérieure, c'est-à-dire que j'observe d'une manière apparente mais sérieuse, le rite du sacrement? ou faut-il l'intention intérieure de faire ce que l'Église regarde comme une chose sacrée? Ici commence la divergence entre les théologiens catholiques. Les uns, pour les raisons que je viens d'exposer, disent que la dissimulation du ministre entraîne la nullité du sacrement. Suivant d'autres, il suffit d'une œuvre toute matérielle. Quand le ministre applique, *ritu legitimo*, la forme à la matière d'un sacrement, il agit au nom de l'Église, qui supplée, par les paroles de la forme, au défaut de son intention. Instrument de la grâce, il ne saurait manquer de produire son effet, toutes les fois qu'en appliquant la forme et la matière, il se met dans les mains de l'agent principal.

Si l'effet des sacrements dépendait de l'intention du ministre, dans quelle perplexité Jésus-Christ n'aurait-il pas laissé son Église! Le ministre peut faillir, arriver même à un tel degré de malice,

(1) Si cet exemple était une preuve concluante, les luthériens pourraient dire : Le feu, mis à des étoupes d'une manière dérisoire, les réduit en cendres ; de même le sacrement, fait d'une manière dérisoire, est valide, n'importe l'intention du ministre : erreur formellement condamnée par le concile de Trente. (Voir Billuart, *Dissertatio V, de causa sacramentorum*, art. VII, § 2.)

qu'en exerçant ses fonctions il refuse de conférer un sacrement. Quelles en seraient les conséquences? Des milliers de personnes qui se croient baptisées pourraient être encore souillées de la tache originelle. L'Eglise, croyant embrasser un de ses enfants, pourrait embrasser un idolâtre, un enfant du démon! Des hommes qui remplissent les fonctions sacerdotales, pourraient n'avoir pas reçu le sacerdoce. Les sacrements qu'ils auraient conférés seraient par conséquent frappés de nullité, et des diocèses entiers, privés de ministres, ne puiseraient jamais aux sources de la grâce!

Une opinion très-commune en théologie, c'est que les contractants sont ministres du sacrement de mariage. Or combien parmi les fidèles croient que c'est le prêtre, et seraient étrangement surpris s'ils apprenaient qu'ils sont eux-mêmes les ministres du sacrement qu'ils reçoivent! Ils se confèrent à eux-mêmes un sacrement sans en avoir l'intention. Donc l'intention n'est pas nécessaire.

Les partisans de l'opinion contraire disent : Il n'y a pas d'acte humain sans intention; car l'intention est le désir d'une fin vue par l'intelligence, choisie par la volonté, et tout acte, pour être humain, suppose le concours de ces deux facultés. Un sacrement peut-il être valide, si l'acte qui le confère n'est pas un acte humain? Non, puisque les hommes seuls en sont ministres.

Je réponds : L'Église, par les paroles de la forme, supplée au défaut d'intention du ministre qui la représente.

Je dis plus : Un ministre, quoiqu'il dise ou qu'il fasse, a l'intention d'administrer un sacrement toutes les fois qu'il le fait *ritu legitimo*. Quand un agent a deux intentions qui sont en conflit, celle qui le détermine à l'acte est évidemment son intention principale et dominante, la seule même qu'il se propose au moment où il agit. Vous avez beau dire, en voyant un pauvre qui sollicite votre charité : Mon intention est de ne lui rien donner. Si vous lui faites l'aumône, n'en avez-vous pas réellement l'intention? N'ai-je pas l'intention, quoique j'atteste le contraire, de mettre une machine en mouvement si je fais jouer la détente qui la retient immobile?

Cependant la partie adverse ne manque pas de preuves. La meilleure est, sans contredit, la condamnation portée par Alexandre VIII, avec l'assentiment de toute l'Église, contre la proposition suivante : « Valet baptismus collatus a ministro qui omnem ritum externum formamque baptizandi observat, *intus vero in corde suo apud se* resolvit, non intendendo facere quod facit Ecclesia. » Cette définition gêne beaucoup les partisans de l'opinion contraire; il n'est pas de stratagèmes qu'ils n'aient imaginés, de ruses qu'ils n'aient inventées pour la tourner; mais le succès n'a pas répondu aux efforts. C'est une de ces questions que l'Église abandonne aux disputes des théologiens, et ils usent largement de cette liberté.

QUEST. LXV et suiv. *Du nombre des sacrements.* — 1. Était-il convenable qu'il n'y eût dans l'Église ni plus ni moins de sept sacrements?

La fin pour laquelle Jésus-Christ a établi les sacrements, c'est de perfectionner en nous la vie spirituelle et de nous offrir des remèdes contre le péché. Pour savoir l'économie de la vie spirituelle, il suffit d'examiner les commencements et les progrès de la vie corporelle, car le monde des corps est l'image du monde des esprits. L'un et l'autre viennent de Dieu, qui, essentiellement un, a mis le sceau de l'unité dans toutes les œuvres sorties de ses mains. Or le premier pas de l'homme pour arriver à la perfection de la vie, c'est de naître : Prius est esse quam esse talis.

L'enfant ne produit point les actions de la vie physique aussitôt après sa naissance; il ne le peut qu'après avoir atteint un certain développement. C'est pourquoi la nature ne l'abandonne pas à sa faiblesse. Imitant Dieu, qui conduit tout à la perfection, elle fortifie, développe peu à peu ses membres délicats, brise leurs entraves et leur donne bientôt la faculté de produire des actions d'hommes, à moins qu'une mort prématurée ne l'arrête en chemin.

Mais pour conserver la vie, le corps a besoin de nourriture. Les forces s'épuisent, la vie nous échappe si des aliments ne réparent cette perte continue.

Quelquefois le chemin est rude, semé de périls. Le pied du voyageur rencontre un obstacle qui entraîne sa chute, et *tant qu'on reste tombé on n'avance pas*. Comment nous relever, si une main secourable ne nous prête son appui?

Quand nous avons repris notre course, nous portons avec nous les suites de la chute qui nous a précipités, il nous reste les cicatrices de nos blessures, et il nous faut un vulnéraire pour achever de les guérir.

L'homme n'est pas un être solitaire. Destiné à vivre en société, il doit aussi atteindre la perfection de la vie sociale. C'est pourquoi deux choses lui sont nécessaires : une puissance qui régisse la multitude et fasse les actes publics, et de plus, le moyen de propager les citoyens.

La vie spirituelle a aussi les mêmes phases ou périodes, et à chacune correspond un sacrement. Le baptême nous fait naître à la vie spirituelle. L'eau, qui est la matière de ce sacrement, représente notre génération. L'élément aqueux, dit saint Thomas, se retrouve dans toutes les semences d'où naissent les plantes, les arbres, les animaux, en un mot, tous les êtres vivants. L'eau est diaphane : cette propriété est l'emblème de la foi dont le chrétien régénéré doit vivre. Les signes de croix si multipliés que fait le ministre, montrent les souffrances que cet enfantement spirituel a coûtées à Jésus-Christ, source de la vie chrétienne.

La confirmation développe en nous la vie et nous donne la force d'agir en parfait chrétien. C'est ce que montre l'huile dont l'évêque oint le front du confirmant. Elle nous prépare aux combats de la vertu, comme autrefois les flots d'huile coulant sur les membres de l'athlète le préparaient aux combats du cirque. L'olivier a un feuillage toujours vert : la source de la grâce est inépuisable, et toujours, quand nous le voudrons, elle coulera dans nos âmes. Le baume auquel l'évêque l'a mêlée répand une odeur suave et préserve de la corruption. Le chrétien doit répandre autour de lui les parfums de la vertu, la bonne odeur de Jésus-Christ, et conserver pure la foi qu'il reçut au baptême. Le signe de la croix est le drapeau que l'évêque, comme un général d'armée, remet au confirmant. Le drapeau doit être porté en haut lieu, exposé aux yeux de tous, défendu jusqu'à la mort. Le signe de la croix est gravé sur le front pour montrer qu'il doit toujours attirer les regards du chrétien, dominer sa vie tout entière, sans jamais s'incliner ni voiler son éclat : l'homme ne couvre jamais son front.

Nous y trouvons encore un autre enseignement : ce qui nous empêche de confesser Jésus-Christ, c'est la crainte ou la honte. Quand ces deux passions nous émeuvent, elles paraissent aussitôt sur le front : la première, à cause de la proximité du front et de l'imagination, siége de la crainte; la seconde, parce qu'elle fait monter et affluer les esprits vitaux, du cœur au front. Le front pâlit et rougit, selon que nous sommes sous l'empire de la crainte ou de la honte. Or, le chrétien ne doit jamais céder à l'une ni à l'autre. Soldat de Jésus-Christ, il n'a ni à craindre ni à rougir.

A force de marcher et de combattre, les forces spirituelles s'en vont. La chaleur de la concupiscence épuise l'âme, comme la chaleur naturelle épuise le corps. Aux germes de mort que le chrétien porte dans son sein, se joignent les ennemis extérieurs, le démon avec sa haine, le monde avec ses attraits perfides et ses mille séductions. Où est la nourriture qui soutiendra nos forces, le pain qui nous empêchera de succomber? Le corps se nourrit d'aliments sortis de la terre, parce que la terre est le lieu de son origine. Il est sorti de la terre, il vit sur la terre et la terre qui l'a porté et nourri sera encore sa dernière demeure. Voilà pourquoi il demande à la terre les aliments grossiers qui soutiennent son existence. Il n'en est pas ainsi de l'âme. Elle a une origine et des destinées plus excellentes : c'est pourquoi il lui faut une autre nourriture. Venue de Dieu, appelée à le voir, à contempler éternellement sa divine beauté, *quem panem expectamus in patria*, elle ne se nourrit que de Dieu. L'eucharistie lui offre ce pain des forts, voilé sous les apparences du pain et du vin ordinaires. Le pain et le vin soutiennent les forces qui nous restent, réparent celles que nous avons perdues, et produisent dans le corps une certaine délectation. C'est ce que fait l'eucharistie dans l'âme du chrétien : « Ma chair est vraiment une nourriture, mon sang est véritablement une boisson. » Le chrétien nourri de cet aliment céleste continue avec joie sa course, combat victorieusement les ennemis du salut, et arrive plein de vie et de courage, au lieu de repos : « S'étant levé il mangea et but, et fortifié par cette nourriture, il marcha quarante jours et quarante nuits, jusqu'à la montagne de Dieu appelée Horeb. » (III. Rois, xix, 8.)

La nourriture ne met pas le voyageur à l'abri des maladies, ne l'empêche point de ressentir parfois des défaillances. Malgré ce viatique, il en est, hélas ! qui tombent. La pénitence les relève. Les actes qu'ils font, agenouillés aux pieds du prêtre, montrent que leur libre arbitre après avoir quitté Dieu pour s'attacher désordonnément à la créature, a fait un mouvement contraire et quitté les créatures pour s'attacher de nouveau à Dieu. Le prêtre leur tend une main qui les guérit et les relève. Leur âme un moment séparée de celui qui est sa vie, renaît à la vie spirituelle, comme un corps mort que l'âme viendrait de nouveau vivifier, et ils continuent leur pèlerinage vers le ciel.

Mais le voyageur qui a fait des chutes en porte les cicatrices et elles pourraient entraîner des défaillances funestes dans le passage du temps à l'éternité. L'Église qui a accompagné tous les pas du chrétien, ne l'abandonne pas arrivé à la fin de sa carrière. Elle lui offre dans l'extrême-onction, un vulnéraire qui efface les restes de ses blessures. Comme il touche au moment suprême et que le remède qu'il reçoit est le dernier, il faut qu'il soit parfait, c'est-à-dire qu'il atteigne toutes les blessures, s'insinue dans les cicatrices et fasse sentir à tout son être une salutaire influence. C'est ce que représente dans l'extrême-onction, *l'huile des malades*. L'huile a la propriété de se répandre avec facilité, de pénétrer et de s'insinuer jusqu'à la substance des corps. C'est aussi ce que signifie le lieu où se font les onctions saintes. Pour connaître le principe de nos péchés, il faut savoir quel est le principe de nos actions, car tous les péchés sont des actes, intérieurs ou extérieurs. Or, l'homme a trois grands principes d'activité : la puissance qui connaît, celle qui veut, celle qui exécute. On fait des onctions sur tous les sens, parce que c'est des sens que viennent toutes les connaissances de l'homme : sur le cœur, qui est le siége de la volonté ; sur les pieds, qui meuvent le corps et qui ont tant de fois, dans la vie, couru à l'iniquité.

L'huile représente aussi la douceur du remède offert au mourant. Il doit être doux, afin de donner l'espérance, si nécessaire à ceux qui s'en vont !

Les paroles ou la forme de ce sacrement ne sont pas indicatives, comme celles du baptême, de la confirmation, etc. Elles sont suppliantes. Le prêtre, sans exiger du malade aucun effort, prie pour lui. On le croit si faible, qu'il n'a plus la force de prier, et on le dépose comme un enfant tendrement aimé, entre les mains de son père.

Ce sacrement remet, outre les restes des péchés et les peines temporelles qui lui sont dues, le péché lui-même et les peines éternelles, si le malade est coupable et n'oppose point d'obstacle volontaire à l'effet du sacrement. Il rend même la santé du corps quand elle répond à l'effet principal de l'extrême-onction, la guérison spirituelle.

L'ordre donne à l'Église les chefs auxquels il appartient de la gouverner. Le prêtre légitimement ordonné reçoit avec une éminente dignité, le pouvoir sur les choses divines. L'évêque le bénit pour montrer que brisant les liens qui l'unissaient à la société temporelle il devient *l'homme de Dieu* (S. Paul), et doit désormais se vouer aux intérêts de la société spirituelle. Il lui impose les mains : c'est l'image de la descente du Saint-Esprit et de la diffusion de ses dons dans l'âme du prêtre. Les onctions qui consacrent ses mains et les parfument de l'huile sainte, lui donnent un pouvoir qu'il a seul sur la terre, celui de toucher l'auguste sacrement de l'eucharistie. La principale de ses fonctions étant de consacrer le pain et le vin au corps et au sang de Jésus-Christ, c'est de la tradition des vases sacrés et surtout du calice qu'il reçoit le pouvoir et le caractère sacerdotaux.

Enfin le mariage assure à l'Église la légitime propagation de ses enfants.

Vous le voyez, les sacrements ne négligent aucun acte important de la vie. Ils l'embrassent, la suivent d'une extrémité à l'autre, offrant une consolation à toutes les douleurs, un appui à toutes les faiblesses. La raison de leur nombre est évidente. Plus de sept seraient superflus ; si nous en avions moins, nous regretterions une lacune dans la société chrétienne et dans l'économie de la vie spirituelle.

2. Tous les sacrements sont-ils nécessaires ?

Il faut distinguer deux sortes de nécessité : la première suppose une condition sans laquelle il est absolument impossible d'atteindre une fin : ainsi la nourriture est nécessaire pour vivre. L'autre suppose une condition qu'il est utile, non indispensable de remplir pour arriver au but proposé ; c'est ainsi qu'un cheval est nécessaire pour voyager. Ces préliminaires établis, le baptême est d'une nécessité tellement absolue, que : « si quelqu'un ne renaît par l'eau et l'Esprit, il ne peut entrer dans le royaume des cieux. » (S. Jean, III.) Ces paroles du Sauveur ne permettent aucune restriction, et ne donnent lieu à aucune équivoque. Vous auriez beau, connaissant la révélation, suivre la loi naturelle et dire qu'elle vous suffit, le ciel vous serait à jamais fermé ; il n'est le partage que de ceux qui sont nés à la vie surnaturelle. N'est-il pas nécessaire de naître avant d'avoir la plénitude de la vie?

Le baptême d'eau peut néanmoins être suppléé. Pourquoi nous ouvre-t-il les portes du ciel ? Parce que ensevelissant le vieil homme qui nous en excluait, et nous rendant conformes à Jésus-Christ souffrant, il nous fait vivre de la vie de Jésus-Christ. Mais on peut autrement revêtir l'homme nouveau et s'enter sur Jésus-Christ. L'infidèle qui souffre le martyre, comme on l'a vu plus d'une fois dans la primitive Église, reçoit le baptême dans son sang. Le martyre est la ressemblance la plus parfaite avec Jésus-Christ et le meilleur de tous les baptêmes : « ce sont ceux qui sont venus ici après avoir passé par la grande tribulation, et qui ont lavé et blanchi leurs robes dans le sang de l'agneau. » (Apoc.)

Le désir de recevoir le baptême d'eau, ou seulement de s'unir à Jésus-Christ, joint à l'impossibilité de recourir aux moyens ordinaires qu'il a établis, peut aussi remplacer le sacrement de baptême : ainsi le Sauveur dit au bon larron qui n'avait pas été baptisé : « Vous serez aujourd'hui avec moi dans le paradis. » Dieu a établi cette loi générale du baptême d'eau, il en veut la nécessité; cependant rien ne l'empêche d'y faire des exceptions. Ne trouvons-nous pas dans l'ordre naturel des exceptions à une loi générale ? Celui qui met la main dans le feu se brûle communément : Dieu suspendit cette loi en faveur des enfants dans la fournaise (1).

Les autres sacrements ne sont point absolument nécessaires. N'en eût-il reçu aucun, celui qui meurt sans avoir péché depuis son baptême, est sûr de recevoir l'héritage acquis par le sang du Rédempteur. Néanmoins l'eucharistie et la confirmation sont

---

(1) Le soldat n'est admis à la pension de retraite, qu'après trente ans de services. Il y a cependant des années qui comptent pour deux, et le soldat pourrait avoir sa retraite après quinze ans, même plus tôt, si, comme dans certains pays on récompensait les actions d'éclat par des sabres d'honneur ou des décorations qui valent dix ans passés sous les drapeaux : on a vu, par exemple, des militaires âgés de vingt-trois ans, qui comptaient vingt-quatre ans de services. Ces exceptions loin de la détruire, confirment la loi générale.

moralement nécessaires pour conserver et développer la vie surnaturelle reçue au baptême.

La pénitence, ou le désir de recevoir ce sacrement, n'est d'une nécessité absolue que supposé le péché actuel. C'est une guérison, mais il n'est pas nécessaire d'être malade, et ceux qui se portent bien n'ont pas besoin de remède. C'est une planche après le naufrage, mais il n'est pas nécessaire au passager de voir les débris de son navire dispersés par la tempête.

Quant à l'extrême-onction, elle est à la pénitence ce que la onfirmation est au baptême : le couronnement et la perfection de ce qui est commencé.

L'ordre et le mariage sont nécessaires à la société ; l'ordre, pour la gouverner, car « où il n'y a personne qui gouverne, le « peuple périt. » (Prov., xi, 14); le mariage, pour remplir les vides que fait la mort. Ni l'un ni l'autre de ces deux sacrements n'est nécessaire à tout membre de la société pris individuellement. Chacun doit suivre à ce sujet la vocation à laquelle il se croit raisonnablement appelé.

CHAPITRE XI.

DE LA RÉSURRECTION GÉNÉRALE.

* Les sacrements ne nous délivrent pas seulement de la mort spirituelle que le péché avait donnée à notre âme, ils nous affranchissent aussi de la mort corporelle qui est la suite du péché. La résurrection générale en accomplira l'entière rémission. Elle relèvera toutes les ruines que le péché avait faites, purifiera tout ce qu'il avait souillé. Les tombeaux fermés depuis le commencement du monde s'ouvriront et rendront leur dépouille spiritualisée. Les éléments seront confondus et renouvelés; la nature qui avait été témoin du péché et y avait contribué de près ou de loin, sera consumée par le feu, et une nouvelle terre, de nouveaux cieux seront le séjour des hommes rendus par Jésus-Christ à leur sainteté primitive. Il semble qu'un cours de théologie ne serait pas complet si, après avoir montré Dieu, l'Être des êtres, avec ses infinies perfections, les créatures venant de lui, gravitant vers lui chacune selon les lois de sa nature, l'homme y arrivant par l'intermédiaire du Verbe incarné, il ne parlait de l'événement qui marquera la fin des temps et fixera les destinées éternelles de chaque créature.

QUEST. LXIX (du supplément à la 3ᵉ partie). *Du lieu des âmes après la mort.* — Pour bien comprendre un événement, il faut examiner les circonstances qui le précèdent, qui l'accompagnent et qui le suivent.

1. Quels lieux habitent les âmes aussitôt après leur séparation d'avec le corps?

Dieu gouverne le monde matériel par l'intermédiaire des esprits, en ce sens que les corps les plus excellents sont assignés aux substances spirituelles les plus nobles et les plus élevées. Ne convient-il pas que les âmes habitent des lieux divers, des lieux d'un aspect agréable et splendide, ou bien triste et lugubre, afin que, suivant leur excellence et leurs mérites, elles en conçoivent de la joie ou de la tristesse? C'est pourquoi une demeure leur est assignée. Elles n'y sont pas comme formes vivifiantes et motrices, mais de la manière dont il est propre aux esprits d'habiter un lieu.

Dieu ayant donné aux lieux une perfection qui répond à leur proximité avec la substance première, plus une âme est parfaite, plus elle habite un lieu rapproché de la Divinité. « Dieu habite le ciel, la terre est l'escabeau de ses pieds. » (Isaïe.) Le ciel est donc la demeure des âmes saintes ; celles des réprouvés habitent les lieux qui sont opposés au ciel.

2. Ces demeures leur sont-elles assignées immédiatement après leur séparation d'avec le corps?

« Que ne suis-je dégagé des liens du corps et avec Jésus-Christ ! » L'Apôtre suppose qu'aussitôt après avoir dépouillé son enveloppe mortelle, il sera dans la société de Jésus-Christ. Or, c'est un article de foi que Jésus-Christ est au ciel. Les âmes des réprouvés suivent une voie contraire : « Le riche mourut et fut enseveli dans les enfers. » (S. Luc, iv, 22.)

Le mérite et le démérite sont pour les âmes séparées ce que sont pour les corps la légèreté ou la pesanteur. Le centre de la terre est le terme du mouvement qui les entraîne, et elles y tendent de toutes leurs forces. De même les âmes qui ont démérité, dégagées des liens de la chair, se précipitent avec la rapidité de l'éclair vers le lieu de leurs peines. Les âmes pures de tout péché, même véniel, et affranchies de toute peine temporelle, s'élèvent droit au ciel.

Mais quelquefois un obstacle retient les corps pesants, et les empêche d'aller vers leur centre et d'atteindre au terme de leur mouvement : ainsi le péché véniel ou la peine qui reste à subir du péché mortel pardonné arrête l'essor de l'âme juste et l'empêche de s'élancer dans le ciel. Elle est retenue en un lieu d'expiation, appelé le purgatoire.

3. Les âmes détenues dans l'un de ces trois lieux : le ciel, le purgatoire, l'enfer, peuvent-elles en sortir et apparaître aux vivants?

Les âmes des saints ne peuvent perdre le ciel, ni celles des damnés briser les portes de l'enfer et sortir pour toujours, du lieu de leurs tourments, ni celles du purgatoire fuir le séjour où les retient la justice divine; mais ne peuvent-elles, les unes et les autres, en sortir pour un temps et apparaître aux habitants de la terre? La question change, elle mérite une autre réponse. Il faut distinguer ce que peut la nature et ce que peut la divine Providence. L'âme unie au corps ne peut communiquer directement avec les esprits; car elle ne connaît rien que par l'intermédiaire des sens. Séparée du corps, elle est en dehors du monde sensible, et ne peut avoir de rapport avec lui, selon le cours de la nature. Cependant il peut entrer dans les desseins de la Providence que les âmes des morts apparaissent quelquefois, et se mêlent encore aux affaires humaines. La vie des saints nous en offre de nombreux exemples. Le martyr Félix apparut aux habitants de Nole assiégée par les barbares, et sa présence ranima leur courage. (S. Augustin.) Dieu peut aussi permettre aux damnés de revenir sur cette terre pour frapper les méchants d'une terreur salutaire; aux âmes du purgatoire, pour demander des prières : des faits, qui reposent sur des témoignages irrécusables, en font foi. Cependant il y a cette différence entre les réprouvés et les saints, que les premiers reviennent malgré eux et contraints, les seconds, seulement quand ils en ont la volonté et le désir, de même que, vivants, ils opéraient des prodiges.

Il faut faire ici une remarque : leur absence du lieu qui leur a été assigné pour demeure n'augmente ni ne diminue nullement leurs joies ou leurs peines : ces âmes ne reçoivent rien, sinon d'une manière indirecte, des lieux où elles se trouvent.

4. Quel lieu appelle-t-on le sein d'Abraham et les limbes ?

Les âmes des morts ne peuvent arriver à Dieu que par le mérite de la foi : « Accedentem ad Deum *oportet credere*. (Hébr., II, 6.) Or, Abraham est le premier qui se soit séparé des nations idolâtres et ait porté le signe de la foi : c'est pourquoi il est dit le père des croyants. Mais avant Jésus-Christ, la foi n'introduisait pas immédiatement dans le ciel : il fallait que Jésus-Christ vînt en ouvrir la porte, fermée le même jour que celle du paradis terrestre. Le lieu dans lequel les justes de l'ancienne loi, les patriarches, les prophètes, l'attendaient, est appelé le sein d'Abraham et les limbes. Le premier de ces noms montre le repos dont jouissaient déjà ces âmes fidèles ; le second, limbes ou seuil de l'enfer, annonce qu'il manquait quelque chose à ce repos, à ce bonheur, et qu'il n'apportait pas avec lui la satisfaction de tout désir et la quiétude parfaite.

Les limbes, suivant les interprètes, n'étaient point séparés du lieu où les damnés souffrent leurs peines. Ils en étaient l'entrée, le vestibule. Comme au ciel, il y a dans les enfers différentes demeures, plus ou moins profondes et douloureuses, selon la malice des réprouvés. Les moins coupables habitent les demeures les plus voisines de la lumière. Un peu au-dessus étaient les limbes. Ils différaient de l'enfer des réprouvés, en ce qu'ils étaient un séjour de bonheur et devaient cesser d'être, au jour où ils recevraient la visite du Sauveur. Depuis ce jour, le repos des justes étant parfait, les limbes n'existent plus.

QUEST. LXX. *Qualités de l'âme séparée du corps.* — 1. L'âme séparée du corps possède-t-elle encore les puissances qu'elle avait lorsqu'elle lui était unie ?

Il est certain qu'elle conserve les puissances supérieures, comme l'intelligence et la volonté : on ne perd ce qui est de son essence qu'en perdant l'être. Conserve-t-elle les puissances sensitives ? Elles périssent en tant qu'elles résident dans le corps comme en leur sujet, mais elles demeurent radicalement dans l'âme séparée, c'est-à-dire comme l'arbre est dans sa racine, les conséquences dans leurs principes. Et il le faut bien, car elle conserve la vertu d'influer de nouveau sur ces puissances lorsque la résurrection générale lui rendra son corps, et on ne peut dire que cette vertu ou cette propriété soit surajoutée, soit étrangère à l'essence de l'âme.

2. Un feu matériel peut-il les faire souffrir ?

Après la résurrection, les damnés souffriront la même peine que les démons : « Allez, maudits, au feu éternel, qui a été préparé pour le diable et ses anges. » Le feu pouvant avoir prise sur les démons, qui sont de purs esprits, pourquoi ne pourrait-il faire souffrir les âmes qui furent unies à des corps ?

Un être matériel ne peut agir sur un esprit, le tourmenter, l'appesantir, sans lui être uni. « Le corps appesantit l'âme » (Sag., IX, 15.), mais il ne fait avec elle qu'un seul et même être. L'union d'un esprit avec un corps peut s'accomplir de diverses manières : l'esprit devenant la forme spécifique d'un corps, l'esprit n'en étant que le moteur, l'esprit n'y tenant que comme un lieu qui le renferme. L'âme des réprouvés, cela est évident, n'est pas la forme du feu de l'enfer comme mon âme est la forme de mon corps. Il ne viendra à l'esprit de personne de dire qu'elle en soit le moteur ; le feu est seulement le lieu qui contient l'âme des réprouvés. Le corps qui est la demeure d'un esprit, n'est pas sa prison. L'esprit est libre d'en sortir : il le quitte, le reprend à son gré. Il n'en est pas ainsi du feu de l'enfer et de l'âme des réprouvés. Elle y est retenue captive, enchaînée, sans pouvoir briser les liens qui l'empêchent de suivre le mouvement de sa volonté. Instrument de la vengeance divine, le feu la pénètre, et elle en a horreur. Une aversion invincible succède à cette affection qu'elle avait durant la vie, pour le corps qui lui était uni. Ainsi, ce qui donne au feu la propriété d'agir sur l'âme des damnés, c'est qu'il est l'instrument de la vengeance divine. Il faut, pour satisfaire à ses droits, que l'âme qui s'est soumise aux choses corporelles en commettant le péché, leur soit soumise dans la peine. L'instrument n'agissant point par la vertu de sa propre nature, mais par celle de son agent principal, rien n'empêche que ce feu, par la vertu de Dieu agent principal, n'ait prise sur l'esprit de l'homme ou du démon.

QUEST. LXXI. *Des suffrages pour les morts.* — 1. Les suffrages des vivants peuvent-ils être utiles aux morts ?

L'acte que nous produisons peut se rapporter à deux fins ultérieures : l'état même auquel nous aspirons, ou ce qui n'en est que l'accessoire, comme la peine, la récompense accidentelle. Deux voies peuvent nous conduire à chacune de ces deux fins : la voie du mérite, qui a pour fondement les droits d'une justice rigoureuse; la voie de la prière, qui repose uniquement sur la libéralité de celui qu'on implore. La gloire du ciel nous est donnée selon nos dispositions intérieures, qui dépendent de nos propres actions, non de celles des autres ; on ne peut la mériter que pour soi-même, on ne moissonnera que ce qu'on aura semé. La prière peut obtenir au prochain, s'il est encore dans la voie, et l'état et ce qui s'y rapporte : l'état, en ce que ma prière, fondée sur la miséricorde et la libéralité de Dieu, peut vous obtenir la grâce première, ce qui en est l'accessoire des deux manières suivantes. Les liens de la charité donnent à tous ceux qui possèdent cette vertu, le droit de participer aux mérites les uns des autres. Leurs œuvres, outre les mérites particuliers qu'elles procurent, acquièrent des mérites communs, qui forment le trésor de l'Église, et sont reversibles sur ceux de ses enfants qu'unit la charité. C'est pourquoi les saints dans le ciel reçoivent un accroissement de bonheur, de la charité qui les anime et les fait participer à toutes les œuvres de charité. Il en est de même des âmes du purgatoire, puisqu'elles ont la charité, en vertu de laquelle les justes participent aux mérites les uns des autres.

L'autre manière de les soulager, c'est de leur appliquer les œuvres que nous faisons, en les offrant à Dieu comme venant d'elles, et sollicitant pour elles ses faveurs. Nos œuvres peuvent ainsi leur tenir lieu de satisfaction et racheter la peine qu'elles auraient subie, peut-être durant de longues années.

2. Les œuvres d'un homme qui est en état de péché mortel peuvent-elles servir aux âmes des morts?

Le pécheur ne saurait faire de lui-même une œuvre utile devant Dieu, dont il est l'ennemi; ses suffrages ne sont point agréés de la majesté qu'il outrage. Mais il peut les présenter à un autre titre, en sa qualité d'envoyé, de représentant de l'Église, et chargé d'agir en son nom. Ce n'est plus alors lui qui prie, c'est le maître qui l'envoie, c'est l'Église dont il est l'organe, et dont Jésus-Christ, son chef, ne manque jamais d'exaucer les vœux.

Cependant la piété du ministre ajoute à l'excellence de ses suffrages. Dieu doit prêter une oreille plus favorable à la prière prononcée par des lèvres pures, qu'à la prière qui sort d'une bouche souillée.

3. Les suffrages appliqués aux morts ne servent-ils point aussi à ceux qui les offrent?

Les suffrages expiatoires établissent une compensation, une sorte d'égalité entre la peine du coupable et la justice qui réclame ses droits. S'ils ont la vertu de satisfaire à ces droits envers une âme du purgatoire, il ne s'ensuit pas qu'ils aient une surabondance de mérites, réversibles sur celui qui en est l'auteur. Mais ils peuvent d'ailleurs lui être utiles : c'est lorsqu'ils viennent de la charité, car cette vertu assure à ceux qui la possèdent des droits au ciel, et ainsi les bonnes œuvres appliquées aux morts par mode de suffrage sont encore plus utiles à leur auteur qu'aux âmes des morts : *Non solum prodest ei pro quo fit, sed facienti magis.*

« Ces suffrages, dit le Psalmiste, redescendent dans le sein de celui qui les offre ». Comme celui qui frotte quelqu'un d'une eau odoriférante s'en parfume le premier, ainsi celui qui, en état de grâce et par motif de charité, applique au soulagement des morts ses bonnes œuvres, est le premier à en recueillir le fruit.

4. Quelles sont les œuvres des vivants les plus utiles aux morts?

Nos suffrages leur sont applicables à deux titres : comme œuvres qui proviennent de la charité, comme œuvres faites en leur nom, et que nous leur appliquons par une intention formelle. Qu'elle est l'œuvre de charité la plus excellente et la plus parfaite? C'est le saint sacrifice de la messe. Ses liens mystiques embrassent tous les chrétiens, il nous offre celui qui est le fondement de l'Église, la pierre angulaire de l'édifice qui unit tous les peuples, toutes les générations.

L'aumône étant une œuvre de charité, aide puissamment à procurer aux morts le repos de leurs âmes.

Quant aux œuvres qui leur sont utiles, eu égard à l'intention de l'auteur, la principale, c'est la prière. Suivant la voie de notre intention, elle monte au trône de la miséricorde, et redescend en rosée de grâces et de bénédictions, non-seulement sur celui qui la fait, mais surtout, je viens de le dire, sur celui au nom de qui elle est faite.

5. Outre le saint sacrifice de la messe, la prière et l'aumône, n'y a-t-il pas un puissant moyen de porter secours aux âmes du purgatoire?

On peut aussi leur appliquer les indulgences. Si l'Église, dépositaire des trésors de mérites acquis par Jésus-Christ, la sainte Vierge et les saints, peut les répartir entre les vivants, pourquoi ne pourrait-elle pas appeler à la même participation, ceux de ses enfants qui souffrent, implorent sa pitié et la conjurent d'abréger par ses suffrages, la durée de leurs peines? Mais toutes les indulgences ne leur sont pas applicables. Cette réversibilité dépend de celui qui les accorde. Il emploie une forme différente d'après son intention de réserver telle indulgence à ceux qui rempliront les conditions requises pour la gagner, ou de l'étendre selon le vœu des fidèles qui auront satisfait à ces conditions. Il dit, par exemple : « J'accorde cent jours d'indulgence à celui qui visitera le tombeau de tel saint. Ou bien : celui qui visitera telle Église gagnera cent jours d'indulgences, et elles seront applicables aux âmes du purgatoire. » S'ensuit-il que le pape ou un évêque, à qui il a été dit : « Tout ce que tu délieras sur la terre sera délié dans le ciel », puisse à son gré délivrer toutes les âmes, à force d'indulgences ? Non ; elles ne servent aux vivants et aux morts, qu'accordées pour une cause légitime.

6. De quelle utilité sont les funérailles ?

Elles servent aux vivants et aux morts. Elles cachent aux regards des premiers ce qui serait pour eux un objet de dégoût et d'horreur : l'odeur et la vue d'un cadavre. Elles donnent à l'esprit de graves et salutaires enseignements. Ainsi elles publient la foi en la résurrection, et leur magnificence, sous ce rapport, est une protestation contre le néant. Elles rappellent à l'homme la fragilité des choses humaines : la jeunesse, la beauté, la fortune, ce qu'il voit briller aujourd'hui sera demain la proie du tombeau. Enfin, n'est-ce pas une consolation, si grand que soit notre malheur, de dire le suprême adieu à un père, à une mère, au milieu d'emblèmes qui rappellent l'immortalité ?

Les funérailles et les tombeaux peuvent soulager les morts de bien des manières. Les païens croyaient que la sépulture donne le repos aux morts, et qu'ils ne sont pas admis dans le séjour du bonheur, tant que leurs restes n'ont pas reçu les honneurs de la sépulture. Le christianisme a rejeté ce que cette croyance avait d'exagéré, et conservé ce qu'elle avait de vrai. Les tombeaux sont des monuments (*monere mentem*) qui avertissent l'homme, naturellement oublieux, de ne pas perdre le souvenir de telle personne qui lui fut chère. Ils sollicitent la prière d'une âme charitable, comme l'indiquent souvent de pieuses inscriptions. Ils mettent les morts sous la protection du saint auquel est dédié le cimetière où reposent leurs restes, et les recommandent aux prières de ceux qui gardent où visitent ces lieux.

Enfin les pompes de la sépulture servent au soulagement des pauvres et à la décoration des églises : c'est pourquoi les dépenses qu'elles occasionnent sont des sortes d'aumônes, et applicables, par mode de suffrage, au soulagement des morts.

QUEST. LXXII. *Invocation des saints.* — Les saints, si éloignés de nous, connaissent-ils les prières que nous leur adressons?

L'essence de Dieu est un miroir où se contemplent toutes les beautés divines, où se réfléchissent toutes les choses humaines. Ceux qui la voient connaissent-ils tout ce qu'elle renferme? Non, il faudrait pour cela l'embrasser tout entière, et l'intelligence créée n'est point capable de l'infini. Les anges supérieurs révèlent à ceux qui leur sont inférieurs, bien des choses que ceux-ci, abandonnés à eux-mêmes, auraient ignorées. Les derniers des anges voient, dans un principe, des conséquences qu'une intelligence humaine n'aurait pas aperçues, et, parmi les hommes, les esprits éminents pénètrent mieux un principe que les esprits vulgaires. Les saints, bien qu'ils contemplent l'essence divine, ne la pénètrent pas tous également, et, parmi ceux qui la voient, pas un, même le plus élevé, n'y saurait découvrir tout ce qu'y voit l'œil de Dieu. Mais chacun des saints y voit tout ce qui est de l'essence de son bonheur ou ce qui tient à sa gloire, comme les vœux, les prières qu'on lui adresse, la dévotion dont il est l'objet.

2. Nous pouvons donc les prier d'intercéder pour nous?

Conformément à l'ordre que la Providence a établi, les êtres inférieurs doivent être ramenés à Dieu par les êtres intermédiaires. D'un côté, les saints touchent à Dieu ; d'un autre côté, ils sont les médiateurs entre Dieu et nous, qui voyageons encore dans la terre de l'exil, notre corps mortel. Comme ils nous apportent les bienfaits de Dieu, ils doivent, suivant l'ordre de la Providence, présider à notre retour vers Dieu, par conséquent, intercéder pour nous. (Voir ce qui a été dit plus haut sur le culte des saints.)

Mais, dit-on vulgairement, Dieu vaut bien ses saints? S'ils sont miséricordieux, puissants, etc., Dieu l'est encore plus qu'eux? J'aime mieux m'adresser directement à lui, et je tiens inutile le concours d'aucun intermédiaire.

Si je faisais tant que d'avoir de la dévotion envers les saints, au moins devrais-je la restreindre aux plus grands, aux premiers du paradis. Leur intercession ne serait-elle pas plus puissante que celle des saints obscurs?

Pourquoi Dieu a-t-il voulu, dans le gouvernement de sa providence, le concours des causes secondes? Ce n'est pas par défaut de puissance, sa main divine pouvant s'étendre à tout, directement. C'est afin de manifester sa bonté et la grandeur de certaines créatures, qu'il associe ainsi au gouvernement de sa providence, et qui partagent avec lui la sublime dignité de cause. Il faut donc nous empresser de nous soumettre à l'ordre établi, et recourir avec bonheur à l'intermédiaire des saints pour aller à Dieu.

Notre dévotion ne doit pas se borner à ceux que nous croyons les plus grands dans le ciel, mais s'étendre à tous, puisque tous sont les amis de Dieu et nous offrent leur appui. L'effet de la prière dépend de la dévotion, dont elle est le parfum, et notre dévotion est quelquefois plus grande envers un saint qui a jeté peu d'éclat, qu'envers un autre à qui il a plu à Dieu de donner plus de gloire, même en ce monde. Des liens particuliers peuvent nous attacher à lui. Dieu lui-même ne semble-t-il pas solliciter cette dévotion par certaines grâces dont il nous a prévenus, par un instinct secret qui nous montre, dans tel saint, un ami et un protecteur? De là les dévotions particulières des peuples envers les saints de leur pays ou les saints de pays étrangers, suivant le genre de calamité qui les afflige, les divers besoins qu'ils éprouvent. D'ailleurs, la dévotion restreinte à peu de saints pourrait devenir fastidieuse, et la variété, en prévenant l'ennui, renouvelle la ferveur. Tous sont dignes de nos hommages, tous justifient assez la dévotion dont ils sont l'objet.

Inutile de répéter que leur médiation appuyée sur celle de Jésus-Christ, notre seul et vrai médiateur, ne tire pas d'eux-mêmes son efficacité.

QUEST. LXXIII. *Des signes qui précéderont le jugement.*—Après avoir dit l'état des âmes séparées du corps, il faut parler des signes qui précéderont immédiatement le jugement général. 1. Et d'abord, pourquoi des signes précurseurs?

Ce sera pour montrer la majesté du juge qui prononcera notre dernière sentence. Le pouvoir judiciaire s'entoure d'un appareil imposant, afin d'inspirer aux hommes la crainte et le respect. Jésus-Christ paraîtra revêtu de gloire et de majesté, et les signes qui annonceront sa venue avertiront les hommes de se préparer à ce grand événement. Quels seront ces signes? C'est ce que l'on ne peut affirmer d'une manière certaine, ceux dont parle l'Évangile se rapportant à la fois à la ruine de Jérusalem, au jugement dernier, au jugement particulier par lequel, dit saint Augustin, Dieu visite tous les jours son Église.

Le soleil et la lune ne seront point obscurcis, mais renouvelés avec le reste de l'univers, ou si l'on dit qu'ils seront littéralement couverts d'un voile lugubre, il faut supposer que cette obscurité aura lieu avant le moment même de l'arrivée du souverain juge, Dieu le permettant afin de frapper les hommes d'épouvante et de consternation.

Les vertus des cieux seront ébranlées, c'est-à-dire les anges seront dans l'étonnement et l'admiration à la vue des prodiges qui s'accompliront, ou bien les anges qui président au mouvement des corps célestes, *virtutes cœlorum*, cesseront leurs fonctions désormais inutiles, comme les anges préposés à la garde des hommes.

QUEST. LXXIV. *De l'embrasement du monde.* — 1. Quel besoin le monde a-t-il d'être renouvelé et purifié?

De même que l'homme a été fait pour Dieu, le monde a été fait pour l'homme. C'est une demeure conforme à notre nature, en rapport avec nos douleurs et notre mortalité. Mais avant d'entrer dans la gloire, il faut que l'homme soit changé et transformé : « La corruption ne possédera point l'héritage incorruptible : rien de souillé n'entrera dans la cité de la gloire. » Il faut donc, avant de prétendre voir la lumière de Dieu, éloigner de nous les défauts opposés aux qualités de l'état glorieux. Ce qui nous fermait à jamais les portes du ciel, c'est la corruption et l'infection de la faute. Le monde matériel, il est vrai, ne contracte pas directement cette souillure, mais comme il est le théâtre de nos crimes, elle rejaillit sur le monde et sur tout ce qui le touche. Ainsi les lieux où certain crime fut commis ne peuvent servir à des usages sacrés avant d'avoir été purifiés. Nous-mêmes nous ne pouvons les voir, encore moins les habiter, sans frémir ; ils portent, ce semble, une tache qui nous fait horreur. Combien de crimes, depuis le commencement du monde, ont souillé la face de la terre ! Il faut donc, pour qu'elle puisse devenir le séjour de la gloire, qu'elle soit renouvelée et purifiée. Alors seulement elle sera en harmonie avec l'état de nos corps ressuscités. Nos regards si purs, en s'abaissant sur elle, ne trouveront rien qui les offense, et elle sera un palais digne de nous.

La création, dans l'état présent, doit offrir à l'homme un aliment pour son corps, un enseignement pour son âme. Les plantes, les animaux lui donnent le premier ; les créatures, qui portent d'une manière visible la trace de leur auteur, nous apprennent la vérité et nous instruisent. Mais après la résurrection, le corps spiritualisé ne se nourrira plus d'aliments matériels. La création ne présentera plus seulement quelques reflets de la Divinité, elle sera tout éclatante de lumière, et nos yeux verront si clairement Dieu dans le monde, les corps ressuscités et surtout l'humanité de Jésus-Christ, qu'ils en auront presque la joie de la vision intuitive : « Je m'en vais créer de nouveaux cieux et une terre nouvelle ; tout ce qui a été, s'effacera de la mémoire sans qu'il revienne dans l'esprit. » (Is., LXV, 17.) « Je vis un ciel nouveau et une terre nouvelle ; car le premier ciel et la première terre avaient disparu. » (Apoc., XXI, 1.)

2. Pourquoi cette purification se fera-t-elle par le feu ?

Je réponds d'abord que telle est la volonté de Dieu : « L'ardeur du feu dissoudra les cieux et fera fondre tous les éléments. » (II. S. Pierre, 3, 12.)

Le monde a besoin d'être purifié, afin de laver la tache que nos crimes ont fait retomber sur lui, de séparer les corps dont le contact est impur, et de donner aux créatures matérielles la perfection de la gloire. Nous pouvons de là savoir la raison pour laquelle Dieu a choisi le feu. C'est le plus noble des quatre éléments. La lumière qu'il répand ressemble déjà à l'éclat des corps glorieux. Il subtilise les êtres matériels, sépare l'un d'avec l'autre tous les éléments qui les composent. Il est doué d'une force active qui empêche son immixtion avec des corps hétérogènes, tandis que l'air la terre et l'eau se mêlent ensemble. Le feu s'élève, il semble fuir le lieu que nous habitons. Enfin, n'étant pas d'un usage aussi commun que l'eau, la terre et l'air, il a moins de part à la contagion universelle.

QUEST. LXXV. *De la résurrection des corps.* — Sur quels fondements repose ce dogme de notre foi ?

La parole de Dieu nous en offre des témoignages irrécusables, et la raison, sans en donner des preuves invincibles, en démontre au moins la vraisemblance. « Je *sais* que mon Rédempteur est vivant et que je ressusciterai au dernier jour. Je sortirai de la terre, dans laquelle je suis sur le point d'entrer, et je serai une seconde fois revêtu de ma peau et je verrai Dieu dans ma chair. Je le verrai, dis-je..... et je le contemplerai de mes propres yeux. » (Job, XIX.) Un langage aussi assuré laissera-t-il le doute entrer dans notre esprit, la défaillance dans nos cœurs quand nous serons, comme Job, sur le point de rentrer dans la terre ?

Écoutez maintenant l'Apôtre bien-aimé : « Tous ceux qui sont dans le tombeau entendront la voix du Fils de Dieu, et ceux qui l'auront entendue vivront. » (S. Jean, viii, 28.)

Les membres doivent suivre le chef. Si Jésus-Christ, le chef des chrétiens, est ressuscité, « comment se trouve-t-il parmi nous des personnes qui osent dire que les morts ne ressusciteront point? S'ils ne ressuscitent point, Jésus-Christ non plus n'est point ressuscité, et qu'arrive-t-il? notre foi est vaine : nous qui croyons, nous sommes des insensés et les plus misérables des hommes. Mais consolez-vous, Jésus-Christ est assurément sorti du tombeau, vainqueur de la mort ; il est devenu les prémices *de ceux qui dorment.* » (S. Paul, 1 Cor.) Ainsi, suivant l'Apôtre, la mort n'est qu'un sommeil, dont le réveil sera la résurrection.

Saint Paul en donne une autre preuve, tirée de la comparaison qu'il fait entre Adam et Jésus-Christ. D'Adam nous est venue la mort ; de Jésus-Christ nous viendra la résurrection et la vie « chacun en son rang, Jésus-Christ le premier, puis ceux qui sont à lui. » (*Ibid.*)

Ce n'est d'ailleurs qu'une conséquence de l'immortalité de l'âme. S'il est vrai qu'après la mort, les bons recevront leur *juste* récompense, et les méchants le châtiment qu'ils méritent, il faut que leurs corps soient de nouveau rendus à la vie. Le corps des saints a été le compagnon de leurs souffrances (1), il doit participer à leurs joies ; celui des méchants a été le complice de leurs crimes, il doit en subir la peine. Ainsi les arguments qui démontrent la nécessité du jugement général, prouvent aussi la nécessité de la résurrection.

Nous ne pouvons jeter les yeux sur la nature sans trouver partout la résurrection des corps. Toutes les plantes se corrompent, aucune ne périt. Le grain de blé déposé dans un sillon se dissout, puis il renaît. L'homme pour qui tout ressuscite, ce corps le chef-d'œuvre des mains de Dieu, qui fut le temple de l'Esprit-Saint, resterait à jamais dans la poussière du tombeau?

(1) *Il a été à la peine, il mérite d'être à la gloire.*

Les désirs innés en l'homme doivent avoir leur accomplissement, sinon l'auteur de la nature, en nous les inspirant, se serait joué de nous, ce qui est un blasphème. Or, l'âme aime naturellement la société du corps. Elle a horreur de la mort qui l'en sépare ; elle tremble à la pensée du coup qui brisera des liens si chers, et, tout en désirant la gloire du ciel, elle voudrait, s'il était possible, y arriver sans être dépouillée de son corps : « Nolumus expoliari, sed supervestiri. » (II Cor.) Elle voudrait que la gloire fût un second vêtement qui couvrît le premier, et que ce qu'il y a en nous de mortel fût absorbé par la vie sans que la mort vînt nous l'arracher. Ne manquerait-il rien au bonheur de l'âme dans l'éternité, si elle n'était réunie à ce corps pour lequel elle a tant de sympathie et dans la société duquel elle était primitivement destinée à vivre ?

Les apôtres du néant disent : Mais comment faire revivre des corps pulvérisés? réunir des membres dispersés en différents pays, jetés au fond de la mer, dévorés par les animaux, évaporés dans les airs? Ils jettent ce défi à la puissance de Dieu. Insensés! celui qui les a faits de rien ne pourra-t-il les refaire, rassembler leurs membres épars et leur rendre ce qu'il leur avait donné une première fois? Ce qui se brise et tombe en ruines, ce sont les accidents, non la substance. La substance des corps est inaltérable ; les forces de l'univers conjurées ne pourraient l'anéantir. Celui qui l'a créée et conservée, ne pourra-t-il lui donner des accidents nouveaux ou semblables à ceux dont elle a été revêtue une première fois? Supposé même qu'elle fût anéantie, ce qui est contraire à l'ordre de la Providence, qui osera mettre des bornes à la puissance divine, et dire qu'elle ne saurait la faire renaître ? Au moindre signe de sa volonté, en un clin d'œil, *in ictu oculi*, la tombe laissera échapper sa proie, les abîmes de la mer rendront les débris de nos corps. Nos membres se reformeront. « Les os s'approcheront les uns des autres, chacun à sa jointure. Les nerfs, les muscles, les chairs et la peau se recouvriront ensuite et formeront des corps parfaits. Le même esprit qui anima autrefois le premier homme, s'élèvera des quatre vents, soufflera sur ces morts qui reprendront tous la vie, et une armée innombrable se lèvera sur ses pieds. » (Ezéch. XXXVII.)

Isaïe, à cette vue, s'écrie : « Louez le Seigneur, ô vous qui dormez dans la poussière, parce que la rosée qui tombe sur vous est une rosée de lumière, et vos ossements se ranimeront comme l'herbe qui refleurit. » (VI, 14.)

QUEST. LXXVI. *Cause de la résurrection.* — 1. L'humanité de Jésus-Christ est l'intermédiaire qui unit de nouveau l'homme à Dieu. C'est par elle que Dieu verse en nous ses dons gratuits, la grâce qui nous rend la vie spirituelle : « nous avons tous reçu de sa plénitude. » (I Jean, I, 16.) C'est aussi par elle qu'il nous rendra la vie du corps, accomplissant ce que le Christ a commencé dans ses membres lorsqu'il s'est levé du tombeau. Ainsi l'humanité de Jésus-Christ est la cause efficiente de notre résurrection.

Elle en est aussi la cause exemplaire. Quelquefois la forme spécifique d'un principe produit elle-même sa ressemblance avec son effet : le feu répand de lui-même la chaleur et la lumière. Quelquefois elle ne le produit point par elle-même : ce sont les principes essentiels à cette forme. Qu'est-ce qui fait la blancheur de l'enfant issu d'un blanc ? ce n'est pas la blancheur de son père, mais les principes qui forment son teint coloré. Ainsi la puissance divine commune au Père et au Fils, cette puissance qui a tiré le Sauveur du tombeau, nous en fera sortir à notre tour : « Qui suscitavit Jesum a mortuis vivificabit et mortalia corpora vestra. » (Rom., VIII, 2.)

2. Que veut dire ce signal de la trompette, qui se fera entendre ?

Des liens communs unissent toujours la cause à son effet, car l'agent et l'œuvre, le moteur et le mobile existent en même temps. La résurrection de Jésus-Christ étant la cause de la nôtre, il faut qu'il y ait entre elles un lien commun et sensible. Quel sera-t-il? Selon les uns, ce sera la voix du Fils de Dieu, commandant aux morts de se lever, et ils obéiront à sa parole, comme autrefois les vents et la mer. Selon d'autres, ce ne sera que la présence du Fils de Dieu, et cette apparition soudaine comme celle de l'éclair qui part de l'Orient et brille à l'Occident, sera un signal, une voix souveraine, à laquelle la nature tout entière obéira.

Cette voix est appelée tantôt un cri, tantôt le son d'une trompette. Ce sera le cri du héraut qui annonce l'arrivée du juge. Elle ressemblera au son d'une trompette, c'est-à-dire ce sera une voix éclatante qui retentira à toutes les oreilles et d'un bout du monde à l'autre. Ou bien l'apôtre fait allusion à une coutume des Juifs. C'est au son de la trompette que les Juifs s'assemblaient, qu'ils marchaient au combat, et qu'ils étaient invités aux solennités religieuses. Les hommes ressusciteront pour la grande assemblée du jugement, pour le combat « que l'univers livrera aux insensés » (Sag., v, 2) et pour la fête qui n'aura pas de lendemain.

3. Que signifie la voix de l'ange, au signal de laquelle « le Seigneur descendra du ciel et les morts ressusciteront? »

La matière brute, les corps grossiers reçoivent d'êtres qui sont plus subtils, le mouvement et la direction, et il règne entre eux une hiérarchie, un ordre parfait; de sorte que Dieu gouverne les corps en les subordonnant aux esprits. C'est pourquoi il convient que les anges président au changement que les corps subiront en ressuscitant. Ils recueilleront nos cendres éparses dans le monde, et prépareront ainsi la restauration de nos corps.

QUEST. LXXVII. *Du temps de la résurrection.* — 1. Elle n'aura pas lieu avant la fin du monde. « Ces personnes, auxquelles l'Église rend un témoignage si avantageux à cause de leur foi, n'ont pas encore reçu la récompense promise, » c'est-à-dire la pleine béatitude de leur âme et de leur corps, « Dieu ayant voulu, par une faveur signalée qu'il nous a faite, qu'ils ne reçussent qu'avec nous l'accomplissement de leur bonheur. » (Hébr., xi. 39.) Comment contribuerons-nous à ce bonheur? Le voici : la joie et la gloire de chacun rayonnera sur tous, ajoutera à la gloire et à la joie communes : or, la gloire ne nous sera donnée qu'après la résurrection : « Il transformera notre corps tout vil et abject qu'il est, et le rendra semblable à son corps glorieux. (Phil., iii, 21.) Les *fils de la résurrection* seront comme les anges dans le ciel, (S. Matt., xxii, 30.)

Un texte de l'Apocalypse, mal interprété, a donné lieu à l'erreur des millénaires. « J'ai vu les âmes de ceux qui ont eu la tête tranchée pour avoir rendu témoignage à Jésus et pour la parole de Dieu, et ils ont vécu et régné mille ans avec le Christ. Les autres morts ne sont revenus à la vie qu'après mille ans accomplis. » Saint Jean parle ici d'une résurrection spirituelle qui précèdera de mille ans ou d'un temps indéterminé, celle des corps. Il ne nomme que les martyrs, usant d'une figure de langage qui prend la partie pour le tout. Les justes, avant la dernière catastrophe, verront enfin le triomphe de cette vérité qu'ils auront aimée et défendue, pour laquelle plusieurs d'entre eux seront morts.

2. Mais quand arrivera la fin du monde?

C'est ce que personne ne peut dire, ce que l'on ne devrait pas même chercher à savoir, après ces paroles de Jésus-Christ : « Ce jour et cette heure, personne ne les connaît, pas même les anges du ciel. » (S. Matt., iv, 36.) Le regard des anges n'est-il pas plus pénétrant que celui des hommes ?

Les apôtres reçurent les prémices de l'Esprit-Saint, *et tempore prius, et cœteris abundantius.* Or, il leur a été dit : « Ce n'est pas à vous de savoir le temps et les moments que le Père a mis en son pouvoir et dont il s'est réservé la connaissance. » (Actes, i, 7.) Où est l'homme assez insensé pour prétendre à une vérité qui n'a pas été connue des anges ni des apôtres ?

Si le jour en est inconnu, on peut au moins en *présumer* l'heure. Il est vraisemblable qu'elle aura lieu le matin, au lever du jour, parce que la résurrection de Jésus-Christ, image de la nôtre, s'accomplit à ce moment. Le soleil montera à l'Orient, et la lune descendra à l'Occident. C'est, à ce que l'on croit, la place où, sortant des mains du créateur, ils commencèrent à éclairer le monde.

QUEST. LXXVIII. *Terme d'où se fera la résurrection.*

1. Ce sera la mort de tous les hommes sans exception.

Il est permis de croire que les hommes vivants, au temps de la résurrection échapperont à la mort, et paraîtront devant le souverain juge sans passer par le tombeau; mais, selon l'opinion la mieux fondée, ils subiront la condition commune. La mort est une peine portée contre le péché d'Adam ; tous en étant coupables, tous sont tributaires de la mort.

Tous ressusciteront. Or, pour se relever, il faut être tombé.

Ce qui porte en soi des germes de mort ne revient à une vie pleine et entière qu'après sa dissolution : tel est l'ordre de la nature. La nature humaine, affaiblie et mourante depuis le péché, ne peut renaître à l'immortalité qu'en se dissolvant dans la mort.

Donc ceux qui, au dernier jour, seront trouvés vivants, mourront pour ressusciter aussitôt. Sans doute il serait plus prompt de transporter les hommes tout vivants à l'immortalité de la gloire que de les faire mourir auparavant ; mais cette voie ne convient pas à la justice divine ni à l'ordre de la nature. C'est pourquoi la sagesse divine n'a pas dû la choisir. Il ne suffit pas pour nous déterminer à le prendre qu'un chemin soit le plus court et le plus commode ; il faut qu'il soit aussi le plus propre à nous conduire au terme.

QUEST. LXXIX ET LXXX. *État des corps ressuscités ; leur identité et leur intégrité.*

1. Les corps ressuscités seront les mêmes qu'avant la mort, sinon le prodige qui les tirera de la poussière ne serait pas une vraie résurrection : « *Resurrectio est ejus quod cecidit secunda surrectio.* » Nous retrouverons, après de longues années de sépara-

tion, ces yeux que la mort avait éteints, ces oreilles qu'elle avait fermées, ces pieds, ces mains qu'elle avait glacés et réduits en poussière : « Je verrai dans *ma propre chair* Dieu mon Sauveur. »

2. La résurrection rétablira aussi nos corps dans leur intégrité, c'est-à-dire qu'ils posséderont de nouveau tout ce qui tient à la nature humaine, tout ce que l'âme était appelée à perfectionner. « S'il ne doit pas périr un seul cheveu de notre tête » (S. Matt.), à plus forte raison rien de ce qui constitue l'intégrité du corps.

QUEST. LXXXI. *Qualité des corps ressuscités.*

1. Peut-on, sinon savoir, au moins présumer quels seront l'âge, la taille des corps ressuscités, et s'ils seront de sexe différent comme ils l'étaient avant la mort ?

Il est à présumer que Dieu réparera la nature humaine, et lui rendra par la résurrection sa perfection primitive. Une première fois, elle sortit de ses mains parée de grâces, exempte de défauts. Ceux qu'elle éprouve aujourd'hui seront réparés. Elle est défectueuse lorsqu'elle n'est pas encore arrivée à son entier développement, ou qu'après l'avoir atteint, elle est déchue de sa perfection. Le premier de ces défauts apparaît dans les enfants, le second dans les vieillards. Il est donc à présumer que nous ressusciterons à l'âge qui est également éloigné de l'enfance et de la vieillesse ; à cet âge où finit l'accroissement du corps et où commence l'époque de sa décadence. Tel fut probablement l'âge où furent créés Adam et Ève, sans qu'on puisse cependant le fixer d'une manière précise (1).

La taille du corps ressuscité sera sans doute celle qu'il aurait eue, arrivé à la maturité de l'âge, supposé que rien n'en eût empêché le développement régulier. Dieu rendra à notre nature et l'i-

---

(1) Châteaubriand est moins timide que saint Thomas : « L'homme, dit-il, naquit à trente ans, afin de s'accorder par sa majesté avec les antiques grandeurs de son nouvel empire, de même que sa compagne compta sans doute seize printemps, qu'elle n'avait pourtant point vécu, pour être en harmonie avec les fleurs, etc. (*Génie du Christianisme*).

dentité de son espèce et l'identité de son nombre, ou de sa quantité. L'espèce a des limites qu'elle atteint toujours et ne dépasse jamais, sinon elle s'égare et produit un monstre. Elle est la même dans tous les êtres humains : les pygmées sont des hommes aussi bien que les géants. Le nombre ou la quantité de la créature varie suivant que le chaud ou l'humide prévaut dans le développement de l'individu, étend ou restreint ses limites. Tous les individus ne ressusciteront donc pas avec des corps de même mesure. Ils auront celle qu'un développement normal leur aurait donnée si rien ne les avait conduits au-delà ni ne les avait arrêtés en deçà de la quantité proportionnée à l'élément qui domine en eux. La puissance divine ajoutera le déficit ou retranchera l'excédant de leur taille, et lui donnera les dimensions qu'elle devrait avoir en ne supposant ni excès ni défaut.

De même que la nature de chaque individu produit parmi les hommes différentes mesures, la perfection de l'espèce demande des sexes différents. Cette différence dans le genre humain ressuscité, loin de causer de la confusion, produira une émotion agréable comme celle qui naît à la vue des fleurs, parce que la concupiscence sera à jamais bannie de notre sang, et le corps affranchi des passions qui font rougir.

2. Les corps ressuscités jouiront-ils de la vie animale ?

L'homme a deux sortes de perfection : l'une est l'intégrité de ses facultés naturelles ; l'autre sa fin dernière. Ce n'est pas pour avoir la première que nous ressusciterons : des causes naturelles suffisent pour la donner et la conserver. L'homme peut ici bas manger, boire, dormir, engendrer, produire tous actes de la vie animale, mais comme ils ne tiennent pas à l'essence du bonheur, *in resurrectione talia non erunt.*

La délectation qui accompagne ces actes est un appât qui nous sollicite à les produire. Elle fait perdre de vue les inconvénients qu'ils entraînent et dont la crainte, éloignant les hommes, aurait amené la ruine de l'individu et éteint l'espèce.

Cette délectation est aussi l'indice d'une maladie qui afflige l'humanité. Quelquefois l'homme s'y arrête et s'y complaît *comme si c'était là la vraie délectation*, ce bonheur suprême pour lequel nous sommes faits : ainsi, celui qui a le sens du goût malade, trouve bon ce que d'autres, qui ont le goût sain, trouvent détestable. La délectation de l'esprit est la seule vraie, la seule à laquelle on doive aspirer pour elle-même, la seule qui soit de l'essence du bonheur. C'est pourquoi après la résurrection il n'y aura plus de vie animale ni de délectation sensible, comme prétendent les juifs charnels et les grossiers sectateurs du Coran.

QUEST. LXXXII. *Condition des corps glorieux, l'impassibilité.* Le mot *passion* peut se prendre en deux sens : il signifie l'acquisition d'une chose qu'on n'avait pas, qu'elle convienne ou non à l'objet qui la reçoit. Mais ce n'est point le sens qu'on lui donne communément. Il signifie à proprement parler *un mouvement qui fait violence à la nature*. S'il ne lui était pas contraire, ce serait une opération, non une passion. Les corps ressuscités ne seront pas impassibles dans le premier sens, car ils recevront, sans jamais en rien perdre, tout ce qui est de la perfection. Ils seront impassibles en ce sens que rien de violent, rien de ce qui fait souffrir la nature, ne pourra les atteindre. Pourquoi le patient souffre-t-il? C'est que l'agent le domine, l'étreint, entraîne malgré lui la matière hors du domaine de la forme qui lui est propre et à l'ombre de laquelle il voudrait rester ; arraché violemment à son propre domaine, il est forcé d'entrer dans la sphère d'activité de l'agent. C'est cette impulsion étrangère qui cause la passion ou la souffrance. Les corps ressuscités seront à l'abri de ces sortes de passion. L'âme entièrement soumise à Dieu tiendra le corps dans une soumission parfaite. En le dominant, elle en pénétrera toutes les parties, en éloignera les maladies, la fatigue, la mort et jamais la plus légère souffrance ne viendra troubler le bonheur de leur harmonie.

Cela veut-il dire qu'ils n'éprouveront aucune sensation ? Non, car ce serait plutôt un sommeil qu'une veille, et le sommeil n'étant pas l'acte le plus parfait de la vie du corps, n'étant même qu'une demi-vie, *dimidium vitæ*, ne convient pas à la perfection des corps ressuscités. Ils seront flattés de douces et agréables sensations, mais ils les percevront d'une manière conforme à l'état de l'âme glorieuse, c'est-à-dire, l'impression des choses extérieures et sensibles ne produira pas dans l'organe une altération comme en éprouve ma main échauffée par l'attouchement de la flamme, mais une altération spirituelle par laquelle une qualité sensible est perçue d'une manière spirituelle : ainsi l'œil voit de loin le feu, la blancheur, sans devenir ni chaud ni blanc.

QUEST. LXXXIII. *De la subtilité.* — « Il est mis en terre comme un corps animal, il ressuscitera comme un corps tout spirituel ». Or l'esprit est doué de subtilité. Le corps, matière spiritualisée, pourra pénétrer les corps les plus compactes et les plus durs, comme la lumière traverse le verre sans le briser.

On appelle subtil un corps qui a la vertu de pénétrer aisément les autres corps. Cette vertu tient à deux causes : à la petitesse de la quantité et à la ténuité de la matière. Un corps est pénétrant, lorsqu'il a peu de largeur et peu de hauteur : la longueur quelle qu'elle soit, n'empêche pas la puissance de pénétration.

La matière est petite lorsqu'elle est entièrement dominée par la forme et que celle-ci en tient unies et pressées toutes les parties; tels sont le soleil dont la lumière traverse tous les corps diaphanes; l'air, l'un des corps les plus pénétrants. Or les esprits n'ont ni quantité ni matière, et les corps ressuscités seront spirituels, c'est-à-dire entièrement soumis à l'âme qui les vivifiera, ils tiendront de la nature des esprits. Si on appelle *subtil* l'esprit qui aperçoit dans un principe les conséquences les plus éloignées, et dans une chose ses propriétés les plus cachées ; si on dit *subtile* la vue qui saisit les plus petits objets, combien, à plus forte raison, doit-on attribuer cette propriété à des corps transformés par une âme glorieuse et doués de sa puissance?

La subtilité n'empêche pas un corps glorieux de se laisser toucher quand il veut, par un corps mortel. Saint Thomas posa son doigt dans les plaies du Sauveur, mais une autre fois le Sauveur s'évanouit et disparut aux yeux de ses apôtres, afin de leur montrer que les corps ressuscités ont la même nature, mais une autre gloire que les corps sujets à la mort. Nous serons à notre gré vus ou invisibles, sinon le corps ne serait pas un instrument parfaitement docile et tout entier sous la dépendance de l'âme.

QUEST. LXXXIV. *De l'agilité.* — L'agilité sera une autre qualité des corps réssuscités : « Ils sont mis en terre privés de mouvement, ils ressusciteront pleins de vigueur. » (1, Cor., xv.)

La soumission du corps ne sera pas seulement une conformité parfaite à la volonté de l'esprit, telle qu'elle était en Adam ; ce sera une propriété en vertu de laquelle le corps se livrera entièrement à la discrétion de l'âme, s'en constituera le mobile, prêt à exécuter tous ses ordres, de sorte que pour le faire agir, le mouvoir d'un lieu dans un autre, l'âme n'aura qu'à vouloir: « Ils prendront des ailes et ils voleront comme l'aigle. » (Is., XL, 31.)

Lorsqu'on dit qu'ils seront portés par les anges, on ne suppose pas qu'ils aient besoin de ce secours : c'est pour montrer les témoignages de respect qu'ils recevront de toutes les créatures, même des plus excellentes.

QUEST. LXXXV. *De la clarté.* — Enfin nos corps seront tout brillants de clarté : « Les justes brilleront comme le soleil dans le royaume de leur Père. » (S. Matth., XIII, 43.) « Ils brilleront, ils étincelleront comme des feux qui courent au travers des roseaux desséchés. » (Sag., v, 7.) « Le corps est mis en terre tout difforme, il ressuscitera tout glorieux. » (1, Cor., XVI.)

Cette gloire, c'est la clarté, puisqu'un peu auparavant, saint Paul la compare à la clarté des étoiles dans le firmament. Mais, d'où leur viendra cette lumière? Elle rejaillira de l'âme sur le corps, qui sera inondé de ses rayons. Cette lumière, comme celle des étoiles, sera plus ou moins éclatante, selon le mérite de l'âme glorifiée, de sorte qu'on verra dans le corps d'un saint le mérite et la gloire de son âme, comme on voit à travers le cristal la couleur du liquide qu'il contient.

Les réprouvés la verront, car ils seront saisis de trouble, touchés de regret lorsqu'ils connaîtront le bonheur de cette belle et radieuse tribu des enfants de Dieu ; or comment connaîtraient-ils ce bonheur, s'ils ne voyaient l'éclat de leur gloire?

Il faut faire ici une remarque : la lumière de la gloire viendra d'une autre cause, mais sera de même espèce que la lumière de ce monde. L'une et l'autre, faite pour les yeux de l'homme, les réjouira en s'offrant à eux. Celle de la gloire, quoique brillant d'un plus vif éclat, ne les offensera point. Une lumière blesse la vue, lorsqu'en frappant les yeux, elle n'agit pas de concert avec l'âme, échauffe l'organe et en disperse les esprits. Mais quand l'âme saisit la lumière, si vive qu'elle soit, la vue, loin d'être blessée, la fixe et y trouve une certaine délectation. Ainsi la lumière de la gloire, toujours perçue par l'âme, fera les délices des yeux qui la verront. Saint Jean la compare, sous ce rapport, à la lumière douce et tempérée que répandent les feux du jaspe.

QUEST. LXXXVI. *Condition des corps des damnés après la résurrection.* — Les qualités que nous venons de décrire sont celles des justes. Mais les réprouvés, dans quel état ressusciteront-ils? N'auront-ils pas, au lieu de qualités, des difformités effrayantes?

Ils seront exempts des difformités qui proviennent de la mutilation d'un ou de plusieurs membres, et qui ne sont qu'un défaut de proportion entre cette partie du corps et le tout. Le créateur de toutes choses les rétablira toutes dans leur intégrité primitive.

Il y a une autre sorte de difformité, c'est celle qui résulte du défaut de proportion et de symétrie des parties entre elles. Elles peuvent ne pas avoir la grandeur, la place ou la qualité qu'elles devraient avoir; de là les excès, les défauts et les maladies du corps. Saint Augustin se demandant si les corps des réprouvés y seront sujets, n'ose trancher la question. Saint Thomas incline vers la négative, et pense que Dieu rendra à tous les corps la perfection qu'ils auraient eue, si la nature, en se développant, avait suivi son cours régulier.

Les corps des damnés seront incorruptibles. La justice divine demande qu'ils vivent toujours, afin qu'ils puissent toujours souffrir, et que leur peine soit éternelle : « Ibunt hi in supplicium *æternum.* » (S. Matth., xxv, 46.) « En ce temps-là, les hommes chercheront la mort, et ils ne pourront la trouver ; ils demanderont de mourir, et la mort s'enfuira loin d'eux. » (Apoc., ix, 6.)

Ils n'auront aucune des qualités des corps des justes. Il est évident que leur âme, privée de la gloire, n'aura pas de lumière à répandre sur eux.

QUEST. LXXXVII. *De la connaissance que les ressuscités auront de leurs mérites et de leurs démérites.* — 1. L'homme, au jugement général, aura-t-il connaissance de tous ses péchés ?

Il connaîtra ses bonnes et ses mauvaises actions, ses mérites et ses démérites.

Un jugement humain ne peut porter que sur des faits extérieurs et sensibles ; mais Dieu regarde et juge les cœurs. Il ne prononcera néanmoins la sentence de chacun qu'après lui avoir manifesté sa conscience. L'homme étant alors son propre témoin et son accusateur, il faudra qu'il connaisse la cause, et elle aura pour objet le bien et le mal que l'homme fait pendant sa vie mortelle. (II Cor., v, 10.) « En ce jour où Dieu jugera, la conscience de chacun lui rendra témoignage, et il verra ses pensées l'accuser ou le défendre. (Rom., ii, 15.) C'est pourquoi nous lirons toutes nos actions écrites dans nos consciences. Nous y trouverons les pièces judiciaires, les instruments de notre procès, comme il s'en trouve dans les jugements des hommes. « Des livres furent ouverts » (les saints de l'Ancien et du Nouveau Testament montrèrent en eux l'accomplissement des préceptes), « puis on ouvrit encore un autre livre, qui est le livre de vie, et les morts furent jugés selon ce qui est écrit dans ce livre, selon leurs œuvres. » (Apoc. xx, 12.) Ce second livre, le livre de vie, c'est la puissance divine rappelant à la mémoire de chacun toutes les actions de sa vie passée.

Ces souvenirs n'auront rien de triste et d'affligeant pour les justes. Les joies de la patrie feront oublier les malheurs de l'exil. S'ils voient des fautes dans le tableau de leur vie, ils verront aussi leur pénitence, et la miséricorde qui a pardonné. De même les anges gardiens voient sans douleur l'homme abandonné de la grâce tomber dans le mal, et ils continuent de veiller à son salut, heureux que la justice divine soit satisfaite, et certains que Dieu saura la concilier avec sa miséricorde.

2. La conscience de chacun ne sera-t-elle révélée qu'à lui seul?

La justice divine sera manifestée aux yeux de tous. Il faudra donc que le juge et les assesseurs connaissent la cause, et voient le motif de la récompense à décerner, du châtiment à infliger. Comment en avoir connaissance, sans la manifestation des consciences aux yeux de tous? Que de bonnes œuvres l'humilité a dérobées aux regards des hommes! Que de crimes, enveloppés dans les ténèbres de la nuit, n'ont pas eu de témoins! Mais ces ténèbres n'étaient que des toiles d'araignée que le souverain juge dissipera d'un souffle de sa bouche. Les bonnes œuvres faites dans l'obscurité seront mises au grand jour, et ainsi la conscience de chacun sera révélée au genre humain tout entier. Il suffira pour cela d'un seul regard, la toute-puissance qui se déployera en ce grand jour multipliant les prodiges, et montrant de toutes parts la gloire du souverain juge

Des théologiens soutiennent cependant que les fautes effacées par la pénitence ne seront pas révélées aux yeux de tous; mais cette opinion, dit saint Thomas, ne me paraît pas fondée. Pourquoi les saints en éprouveraient-ils de la peine, puisqu'en même temps qu'on verra la faute, on verra la pénitence qui l'a réparée? L'Église publie tous les jours les désordres de Magdeleine, la grande pécheresse; n'est-ce pas à sa gloire, plutôt qu'à sa confusion? « Beaucoup de péchés lui sont remis, parce qu'elle a beaucoup aimé (1). »

On les dit effacés, parce que si Dieu s'en souvient encore, ce n'est plus pour les punir.

QUEST. LXXXVIII. *Du jugement général.* — Il nous reste maintenant à dire ce qui suivra la résurrection. Est-il certain qu'un jugement général réunisse un jour tous les hommes?

Nous en avons vu la nécessité lorsque nous parlions de la puissance judiciaire donnée à Jésus-Christ. Il serait facile, si on le voulait, de multiplier les textes qui le prouvent. « Les Ninivites s'élèveront, *au jour du jugement*, contre cette nation, et la condamneront. » (S. Matth., XII, 41.) « Ceux qui auront fait de bonnes œuvres sortiront de leurs tombeaux pour ressusciter à la vie; ceux qui en auront fait de mauvaises, pour ressusciter au jugement qui les condamnera (S. Jean, V, 29.).

Nous avons prouvé d'ailleurs que, s'il y a une Providence, il faut un jugement *général*.

Quand se fera-t-il? le temps en est incertain. « Je viendrai comme un voleur, au milieu de la nuit, » c'est-à-dire, au moment où l'on s'y attend le moins.

Le lieu des grandes assises sera, suivant les conjectures des interprètes, la vallée de Josaphat. Plusieurs passages de l'Écriture autorisent cette hypothèse. « J'assemblerai toutes les nations, je les amènerai dans la vallée de Josaphat, et *là*, j'entrerai en jugement avec elles. » (Joël, III, 2.)

On verra Jésus-Christ revenir comme on le vit s'élever au jour de l'ascension. Or il s'éleva du mont des Oliviers, qui domine la vallée de Josaphat, ainsi appelée depuis que le roi Josaphat y fit ériger un arc de triomphe en mémoire d'une expédition

---

(1) Le confesseur ne se sent-il pas pénétré du plus profond respect pour le pénitent qui avoue courageusement de grands crimes?

heureuse qu'il avait faite contre les Ammonites et les Iduméens.

Le même Dieu qui aura ouvert les tombeaux fera que le genre humain tout entier pourra se réunir dans un espace aussi peu étendu.

QUEST. LXXXIX. *De ceux qui jugeront et seront jugés.* — 1. Jésus-Christ sera-t-il le seul juge du genre humain ?

Les hommes lui seront associés : « Vous serez assis sur douze trônes et vous jugerez avec lui les douze tribus d'Israël. » (S. Matt., xix, 28.) « Le Seigneur viendra juger avec les anciens de son peuple. » (Is., iii, 14.)

On peut donner à un homme le nom de juge, pour différentes raisons ; parce que, comparé à vous, il est la cause de la sentence qui vous condamne : tels seront au dernier jour les Ninivites comparés aux Juifs (S. Matt. xii, 14) et tous les hommes, bons ou méchants ; les premiers, parce que vous n'aurez pas imité leurs œuvres ; les autres, parce que vous aurez surpassé ou égalé leurs impiétés.

Un homme peut être votre juge, en ce sens qu'il applaudit à votre sentence : c'est ainsi que « les saints jugeront les nations. » (Sag., iii, 8.)

Il peut l'être enfin, à cause du siège éminent qu'il occupe devant votre tribunal : tels seront les justes, *qui viendront au devant du Christ dans les airs.*

Mais cela ne répondrait pas encore à la promesse qui leur fut donnée, de juger assis sur des trônes. Il faut dire qu'au jugement général les consciences des justes, révélées à tous les regards, seront des livres où les hommes liront les décrets de la justice divine, et ces livres jugeront, comme on dit en parlant d'une loi : elle vous jugera. De plus, ils feront connaître à tous la raison de la sentence que Jésus-Christ aura portée, en vertu de son autorité suprême.

2. Tous les hommes, sans exception, paraîtront devant son tribunal, afin de répondre du sang qu'il a versé pour le salut de

chacun d'eux, et d'être les témoins de la gloire de célui qui a été établi juge des vivants et des morts. Les saints qui, bannissant de leurs cœurs toute affection terrestre, ne se seront attachés qu'aux choses du ciel et auront élevé sur le fondement de la foi un édifice d'or, d'argent et de pierreries (S. Paul.), recevront la couronne qui leur est due, sans la discussion de leurs mérites. Cette discussion aura lieu à l'égard de ceux qui conserveront encore une affection immodérée pour les choses de la terre, sans toutefois y établir leurs joies, ni les préférer à l'amour de Jésus-Christ. Ils élèvent sur le fondement de la foi un édifice de bois, de foin et de paille (S. Paul.), qui sera brûlé, afin de montrer la différence entre les œuvres parfaites et les œuvres imparfaites, et de faire éclater aux yeux de tous la sagesse de Dieu dans ses jugements.

Quant aux anges, ni les bons ni les mauvais ne seront soumis au jugement de discussion : il a été prononcé au commencement du monde. Ils attendent en leur faveur ou contre eux une sentence de rétribution, selon la part qu'ils auront eue au salut ou à la ruine des hommes. La sentence du souverain juge procurera aux uns un accroissement de bonheur, aux autres un redoublement de peine.

QUEST. XC et suiv. *De la forme du juge.* — 1. Pourquoi Jésus-Christ jugera-t-il, revêtu d'une forme humaine ?

Pour juger légitimement un homme, il faut avoir juridiction sur lui : « Qui êtes-vous, vous qui jugez le serviteur d'autrui ? » (Rom., xiv, 4.) Jésus-Christ est notre juge, et nous relevons de lui à deux titres : c'est notre Créateur et notre Rédempteur. Comme il n'a accompli l'œuvre de notre rédemption qu'en prenant la forme humaine et durant les jours de sa chair, il convient qu'il juge, revêtu de notre humanité. Quelques-uns, il est vrai, entendront une sentence favorable et seront reconnus dignes de la vie éternelle, mais quelle est la source de leurs mérites ? Les bienfaits de la création ne suffisent pas pour nous conduire au ciel, à cause de la souillure dont le péché du premier homme a infecté notre nature. Si nous voyons les portes du ciel s'ouvrir devant nous, nous devrons notre félicité à Jésus-Christ notre rédempteur : « Il a pacifié par le sang de la croix ce qui est au ciel et sur la terre. » (Coloss. I, 20.) La Passion ayant acquis à Jésus-Christ le souverain domaine de toutes choses, il convient qu'il siége à son tribunal, revêtu de cette humanité qui a racheté le monde.

2. Ne conviendrait-il pas qu'il revêtit, au lieu d'une forme glorieuse, une forme souffrante, comme au temps de sa Passion ?

Jésus-Christ est médiateur entre Dieu et les hommes. (I. Tim.) Il faut pour cela qu'il communique avec les deux termes qu'il doit unir ; qu'il apporte aux hommes les dons de Dieu son Père, et à son Père, la satisfaction du genre humain. Au temps de son premier avénement, il a paru avec nos misères et nos langueurs, afin de nous transmettre les bienfaits du Père : « Je leur ai donné la clarté que vous m'avez donnée. » (S. Jean, XVII, 22.) A son second avénement, il manifestera dans son humanité les bienfaits et la gloire du Père ; c'est pourquoi il paraîtra dans l'*éclat et la justice*.

La croix qu'il tiendra dans ses mains sera le signe de sa faiblesse passée, de sa puissance présente. Elle fera voir la justice de la sentence qui frappera les méchants, surtout ses persécuteurs et ses bourreaux. Les cicatrices de ses plaies montreront combien est puissant celui qui a triomphé avec de si faibles moyens ! Elle rappellera à tous le souvenir de la mort qui leur aura procuré la vie.

3. La seule vue de sa divinité ne procurera-t-elle pas de la joie ?

« La vie éternelle consiste à vous connaître, ô vous qui êtes le seul Dieu véritable (S. Jean, XVII, 3). Donc on ne peut voir Dieu sans en ressentir quelque joie.

L'essence de la divinité n'est autre chose que l'essence de la vérité. Quelle plus douce jouissance que celle de voir la Vérité ! et si la découverte d'une seule vérité, éparse dans le monde, apporte à l'âme de si suaves délices, quel bonheur doit causer la contemplation de celui qui est la plénitude de la vérité!

Il faut considérer dans tout ce qui est délectable, ce qui délecte et la raison pour laquelle il produit la délectation. Le délectable peut subir le mélange de choses étrangères; d'un côté réjouir, de l'autre être nuisible et amer. Mais la raison pour laquelle il me délecte, l'être ou la bonté, est simple, ne souffre ni mélange ni composition. Pourquoi la vue de Dieu réjouit-elle et fait-elle tressaillir les saints? Parce qu'il est l'être, la bonté pure et simple. Donc on ne peut jamais le voir sans en ressentir de la joie. Les réprouvés ne verront pas cette bonté, sa vue ferait trève à leurs souffrances. Ils ne verront que la justice irritée et vengeant ses droits.

4. Les saints verront-ils l'essence même de Dieu?

« Lorsqu'il paraîtra, nous serons semblables à lui, et nous le verrons tel qu'il est (S. Jean III, 2). Ce ne sera plus seulement à travers le voile des créatures et des sacrements, mais sans intermédiaire et en lui-même, ce qui ne peut se faire que supposé la vision de son essence.

Le désir des âmes saintes ne saurait être illusoire, ni leurs espérances trompées. Or, toutes ont nourri l'espérance de le voir, et c'était leur unique désir : « Montrez-nous votre gloire (Exode XXXIII, 13). « Montrez-nous votre visage et nous serons sauvés (Ps. LXXII, 20). Montrez-nous le Père, et il nous suffit (S. Jean XIV, 8).

L'acte propre de l'homme, celui qui le distingue éminemment c'est l'acte de l'intelligence. L'homme aura donc atteint sa fin dernière et sa béatitude lorsqu'il produira l'acte le plus parfait dont son intelligence soit capable. S'il pouvait le produire sans voir l'essence divine, que s'en suivrait-il? L'intelligible étant la perfection de l'intelligent, Dieu ne serait pas la perfection de l'homme et il faudrait chercher ailleurs qu'en Dieu, le bonheur qui est notre fin dernière. Il ne serait pas non plus notre principe, car c'est l'union avec son principe qui fait la perfection d'un être, et l'homme pourrait être parfait sans être uni à Dieu : ce qui est contraire à la foi et à la raison.

Mais comment s'accomplit l'acte de l'intelligence qui perçoit l'essence divine? La réponse à cette question, si abstraite qu'elle soit, n'est pas insaisissable. Toute connaissance suppose en elle une forme qui est vue ou connue. D'où vient cette forme dans l'être qui connaît et qui voit? Il ne l'a pas abstraite de choses composées ; ce n'est pas non plus une impression produite dans notre intelligence par une substance qui en est séparée ; c'est cette substance même, unie à notre intelligence comme sa forme, de sorte que c'est elle qui est comprise, et c'est par elle que nous comprenons. De même, l'essence divine *informe* l'intelligence des saints ; c'est elle et par elle qu'ils comprennent, car aucune forme créée ne pourrait donner à notre intelligence accès dans l'essence de la divinité.

Il ne faut pas en conclure que l'essence de Dieu devienne la propre forme de notre intelligence, qu'elles se fondent ensemble et ne fassent qu'un seul et même être, comme dans les êtres naturels la forme unie à la matière. L'essence divine ne fait que se mettre à la portée de l'intelligence des saints, qu'établir entre elle-même et leur intelligence la même égalité, les mêmes proportions qu'entre la forme et la matière d'un être. Ainsi nous voyons quelquefois deux êtres reçus dans un troisième, le plus parfait étant à l'égard de celui qui l'est le moins, comme la forme à l'égard de la matière : lorsque la lumière et une couleur sont reçues dans un corps diaphane, la première est à la seconde ce que la forme est à la matière. De même, l'intelligence des saints a une lumière qui serait la couleur de ce corps diaphane, et de plus l'intelligence divine qui l'inonde de ses clartés, comme le soleil éclaire les corps à mesure qu'ils s'en approchent.

Peuvent-ils comprendre entièrement l'essence divine ? Nous en avons vu ailleurs l'impossibilité absolue.

5. Les saints verront-ils Dieu avec les yeux du corps? Leurs yeux après la résurrection seront-ils plus purs et plus pénétrants que durant cette vie mortelle?

Les sens ne peuvent percevoir Dieu ni en ce monde ni en l'autre; il n'a rien qui tombe sous les sens. Les yeux ne peuvent saisir que ce qui est coloré, et en Dieu il n'y a pas de couleur. Les sens, il est vrai, seront plus purs et plus parfaits, mais ils conserveront la même nature qu'avant la résurrection. Dieu ne rayonnant pas directement sur eux, ne leur donnera qu'une lumière réfléchie. Elle brillera dans la création renouvelée et radieuse, dans les corps glorieux, et surtout dans l'humanité de Jésus-Christ. Là, nos yeux le verront d'une manière bien plus éclatante qu'à travers les voiles du monde présent.

D'un autre côté, l'âme unie au corps verra Dieu avec tant de clarté, que les yeux liront ses traits dans toutes les créatures, et sembleront les y reconnaître, de même qu'on sent la vie de l'homme dans sa parole.

6. La résurrection augmentera-t-elle le bonheur des saints?

On voit aisément qu'il en résultera un accroissement de bonheur. L'homme sera heureux à la fois dans son corps et dans son âme, et ces deux portions de lui-même contribueront réciproquement à leur félicité.

L'âme est appelée à perfectionner le corps en agissant de concert avec lui. Pourquoi, durant cette vie mortelle, le corps trouble-t-il si souvent le bonheur de l'âme qui lui est unie? C'est qu'il l'appesantit, c'est qu'il nuit à ses opérations intellectuelles. Après la résurrection, il n'en sera plus de même. Aucun obstacle ne s'opposera plus au perfectionnement du corps par l'âme, et elle-même en recevra une certaine perfection, la partie étant plus parfaite, unie au tout, que lorsqu'elle en est séparée. La nouvelle société du corps complétera l'être, par conséquent le bonheur de l'âme. L'harmonie qui les unira exclura du corps toute tendance à la rébellion et en fera le docile instrument de l'âme. Or, plus un être est parfait, plus parfaites sont ses opérations. De même qu'avant la résurrection l'âme séparée opérait avec plus de liberté et de perfection, nos opérations, après la résurrection, ayant un élément de plus, seront plus entières et plus parfaites. Comme ce qui est imparfait aspire sans cesse à la perfection, et qu'il est heureux quand il l'atteint, l'âme voyant enfin accomplir ses désirs de réunion avec le corps qui lui fut donné pour compagnon, on conçoit qu'elle en éprouve un accroissement de bonheur.

7. Quelles sont, dans le ciel, les différentes demeures dont parle saint Jean? (xiv, 2.)

Plus l'homme sera uni à Dieu, plus il trouvera dans son sein de repos et de bonheur. Cette union suivra la mesure de notre charité ; de sorte que, plus nous serons trouvés aimants au moment de notre mort, plus notre félicité sera grande. C'est cette diversité de bonheur qui fait la différence des demeures que les saints occupent dans le ciel.

Cette diversité tient à deux principes : la charité dans la patrie, la charité dans la voie. La première donne à l'homme la capacité de recevoir immédiatement la clarté de Dieu, et, dit saint Thomas, il la recevra d'autant plus abondante, que sa charité sera plus vive. La seconde donne à nos actes leur mérite; car, qu'est-ce qui rend ici-bas nos actes méritoires? Ce n'est pas leur substance même, c'est l'habitude de la vertu qui les vivifie et donne à notre activité une puissance surnaturelle. Cette vertu, c'est la charité. Donc, la charité des saints pendant cette vie, déterminera leur demeure et le degré de bonheur dont ils jouiront au ciel.

8. Qu'appelle-t-on l'auréole des saints?

Deux sortes de récompenses leur sont décernées : l'une, essentielle, consiste dans l'union parfaite de l'âme avec celui qu'elle voit, qu'elle aime parfaitement. On l'appelle couronne ou *aurea*, parce qu'elle rémunère des mérites acquis dans les combats : « La vie de l'homme sur la terre est une milice, » (Job. vii, 1.)

et aussi parce qu'elle est le prix qui nous fait participer à la divinité, par conséquent, à la puissance royale : « Vous nous avez faits rois avec Dieu, et nous règnerons. » (Apoc., III, 10.) La couronne est l'insigne propre de la royauté.

Elle est par sa forme circulaire le signe de la perfection, et, à ce titre, représente bien la perfection des saints.

L'autre récompense n'est qu'accidentelle, et comme l'accessoire est moins que le principal, appelé *aurea*, on la dit l'*auréole* des saints. Elle consistera dans l'éclat que répandront les corps glorieux, et surtout dans la joie que leur causera le souvenir et le mérite de leurs plus belles victoires.

9. Quelles seront les dispositions des saints à l'égard des réprouvés ?

Ils verront les tourments des réprouvés. Il faut supposer les saints en possession de tout ce qui peut contribuer à leur bonheur. Or, il n'est rien qui fasse plus apprécier le bonheur et qui relève plus l'éclat de la gloire, que le contraste avec le malheur et l'infamie.

Et la compassion ne viendra pas en diminuer l'effet. Point de pitié pour ceux que la justice divine aura frappés. Comment les saints seraient-ils accessibles à la compassion, puisqu'ils jouiront de l'impassibilité ?

La raison nous inspire de la pitié pour un infortuné, lorsque nous le voyons souffrir un mal que nous voudrions éloigner de lui. Dieu, les anges et les saints ont pitié du pécheur qui est encore dans la voie ; il peut, sans porter atteinte à la justice divine, sortir de son malheur et entrer dans la béatitude ; mais le damné, fixé dans le mal, est perdu sans retour.

Je dis plus : « Les justes tressailliront de joie lorsqu'ils verront la vengeance. » (Ps. LVII, 2.) Ce ne sera pas précisément la peine des réprouvés qui les remplira d'allégresse. Les saints ne se repaîtront point des pleurs et des gémissements d'autrui, mais ils se réjouiront en voyant l'ordre providentiel, le triomphe de la justice, leur délivrance de maux si redoutables.

Quelle sera la nature et la durée de la peine que souffriront les damnés? Comment la concilier avec l'infinie bonté de Dieu? Quel sera éternellement l'objet de leur intelligence et de leur volonté? Nous avons traité ces questions lorsqu'en parlant du péché nous avons montré quelles en sont les peines.

FIN DU SECOND ET DERNIER VOLUME.

TABLE ANALYTIQUE DES MATIÈRES

CONTENUES DANS LE TOME SECOND.

Deuxième division de la seconde partie...................... 1

CHAPITRE PREMIER.
La foi.

QUEST. I. De la foi. 1. L'objet de la foi est la Vérité première........ 1
2. L'erreur peut-elle être l'objet de la foi?...................... 2
3. Peut-on avoir la science de ce qui est de foi?................ 2
4. Pourquoi a-t-on divisé en articles les vérités qui sont de foi?... 3
5. Les articles de foi peuvent-ils changer?..................... 3
6. Nous comptons douze articles de foi........................ 4
7. Pourquoi résumer la foi en symbole ou abrégé?.............. 5
QUEST. II. Acte de foi. 1. Qu'est-ce que croire intérieurement?........ 5
2. L'acte intérieur peut se considérer sous plusieurs aspects...... 6
3. Est-il nécessaire au salut de croire des vérités surnaturelles?... 7
4. Est-il nécessaire d'avoir la foi touchant les choses que l'on peut connaître par les seules lumières de la raison?............. 7
5. Sommes-nous obligés de croire quelque chose d'une manière explicite?... 8
6. Tous les fidèles sont-ils tenus à la même foi explicite?........ 8
  * Salut des infidèles...................................... 9
7. La connaissance que nous pouvons avoir des motifs de crédibilité diminue-t-elle le mérite de la foi?........................ 10
QUEST. III. Acte extérieur de foi. Sommes-nous obligés de confesser extérieurement notre foi?... 11
QUEST. IV. Vertu de foi. 1. Ce que c'est d'après saint Paul............ 11
2. La charité est la forme vivifiante de la foi.................... 12
3. La foi vivifiée par la charité est une vertu véritable............ 12

4. Quelle place occupe-t-elle parmi les vertus?.................... 13
5. La foi a-t-elle une aussi grande certitude que la science et les autres vertus intellectuelles?...................................... 13
QUEST. V. Quels sont ceux qui peuvent avoir la foi. 1. Les anges....... 14
2. Les démons.. 14
3. Celui qui rejette un seul article de foi a-t-il encore la foi touchant les articles auxquels il adhère?................................ 15
4. La foi peut-elle être plus grande dans l'un que dans l'autre?.. 15
QUEST. VI. Cause de la foi. Il faut une cause intérieure et une cause extérieure... 16
QUEST. VII. Effets de la foi. La crainte et la pureté.................. 16
QUEST. VIII. Dons de l'Esprit-Saint qui correspondent à la foi. L'intelligence et la science. 1. Comment l'intelligence est-elle un don de l'Esprit-Saint?... 17
2. Tous ceux qui ont la grâce ont-ils le don d'intelligence?........ 17
3. La grâce est-elle nécessaire pour avoir le don d'intelligence?.... 17
4. Comment ce don diffère-t-il des autres dons de l'Esprit-Saint?... 17
QUEST. IX. Don de science. 1. Ce que c'est que ce don............... 17
2. Cette science est-elle spéculative ou pratique?................. 17
3. Béatitude de l'Évangile qui correspond à la science............. 18
QUEST. X. Péchés opposés à la foi. 1. Qu'est-ce que l'infidélité?.... 19
2. L'infidélité est-elle un péché?................................. 20
3. Les actions des infidèles sont-elles toujours des péchés?....... 20
4. Est-il bon de discuter publiquement sur des matières de foi?.... 21
5. Peut-on forcer les infidèles à accepter la foi?................. 21
6. Est-il permis aux fidèles d'avoir des rapports avec les infidèles?. 22
7. Les infidèles peuvent-ils avoir puissance et juridiction sur les fidèles?... 23
8. Doit-on, dans un pays chrétien, tolérer les rites et coutumes des infidèles?... 24
9. Est-il permis de baptiser malgré leurs parents les enfants des infidèles?... 24
QUEST. XI. Vice opposé à la foi extérieure. L'hérésie. 1. L'hérésie est une infidélité.. 25
2. Quelles sont les matières touchant lesquelles l'erreur peut être hérésie?... 25
3. Doit-on tolérer les hérétiques dans un pays?................... 25
QUEST. XII. L'apostasie. 1. Ce que c'est........................... 26
2. L'Église peut-elle priver de son domaine temporel un prince qui vient d'apostasier?... 27
* Le droit public, au moyen âge, était conforme au droit divin... 28
QUEST. XIII. Le blasphème. 1. Est-il toujours un péché mortel?...... 32
2. Les damnés blasphèment-ils?................................. 32
QUEST. XIV. Péché contre l'Esprit-Saint. 1. Ce que c'est............. 32
2. En quel sens ce péché est-il irrémissible?.................... 33
QUEST. XV. Vices opposés aux dons d'intelligence et de science. 1. L'aveuglement de l'esprit est-il un péché?............................ 34

. L'affaiblissement du sens est-il autre chose que l'aveuglement de l'esprit ?... 35
3. Quelle est communément la cause de ces deux vices ?............ 36
QUEST. XVI. Précepte de foi... 36

CHAPITRE II.
L'espérance.

QUEST. XVII. 1. L'espérance est une vertu............................. 37
2. Elle a pour objet le bonheur éternel et le moyen d'y arriver..... 37
3. L'espérance est une vertu théologale................................. 38
4. Comment se distingue-t-elle des autres vertus théologales ?..... 38
5. Quel rang occupe-t-elle parmi ces vertus ?......................... 38
* Le quiétisme... 39
QUEST. XVIII. Sujet ou siége de l'espérance. 1. C'est une vertu de la volonté... 41
2. Elle n'est pas dans les saints.. 42
3. Elle n'est pas possible aux damnés.................................... 42
QUEST. XIX. La crainte, don de l'Esprit-Saint qui correspond à l'espérance. 1. Quelles sont les différentes sortes de crainte ?....... 42
2. Toutes ces craintes sont-elles également bonnes et utiles au salut ?... 43
3. La crainte servile n'est-elle pas incompatible avec la charité ?... 44
4. Comment la crainte est-elle le commencement de la sagesse ?... 44
5. La crainte filiale est-elle un don de l'Esprit-Saint ?................ 45
6. La crainte croît-elle dans la même proportion que la charité ?... 45
QUEST. XX. Vices opposés à l'espérance. 1. Le désespoir et la présomption... 46
2. Le désespoir peut-il entrer dans une âme qui a la foi ?........... 46
3. Est-il un grand péché ?... 47
4. Quelle est la cause du désespoir ?..................................... 47
QUEST. XXI. Présomption. 1. Sur quoi le présomptueux appuie-t-il ses espérances ?.. 48
2. La présomption est-elle toujours un péché ?........................ 48
3. Quelle est la cause de la présomption ?.............................. 48
QUEST. XXII. Précepte de l'espérance.................................... 49

CHAPITRE III.
La charité.

QUEST. XXIII. 1. Ce que c'est que la charité........................... 50
2. Elle est la reine de toutes les vertus.................................. 51
3. Des vertus peuvent-elles exister sans la charité ?.................. 51
QUEST. XXIV. Siége de la charité. 1. C'est une vertu de l'intelligence et de la volonté.. 52
2. Elle est produite en nous par une effusion de l'Esprit-Saint..... 52

3. Elle est susceptible d'augmentation ou de diminution tant que nous sommes dans la voie... 53
4. Peut-elle être parfaite en cette vie?............................... 54
5. Quels sont les principaux degrés de la charité?................. 52
6. Suffit-il d'un seul péché mortel pour nous faire perdre la charité?... 55

QUEST. XXV. Objet de la charité après Dieu. 1. Elle doit s'étendre au prochain... 56
2. Peut-on l'aimer elle-même?.. 56
3. L'homme doit s'aimer par charité................................... 57
4. Doit-il avoir de la charité pour son corps?...................... 57
5. La charité doit-elle s'étendre aux pécheurs?................... 58
6. Les méchants ont-ils pour eux-mêmes un véritable amour?...... 58
7. Notre charité doit-elle s'étendre à nos ennemis?.............. 59
8. Aux anges et aux démons?... 60

QUEST. XXVI. Ordre de la charité. 1. La charité doit être ordonnée..... 60
2. Quel est l'objet le plus digne de notre charité?................ 60
3. Devons-nous aimer Dieu plus que nous-mêmes?................... 61
4. Un homme doit-il s'aimer plus que le prochain?................. 61
5. Devons-nous avoir pour tous une égale charité?................. 62
6. Nous devons un amour de préférence aux plus grands saints et à nos plus proches parents.. 62
7. Devons-nous plus aimer ceux qui nous sont unis par les liens du sang que ceux qui nous sont unis par d'autres liens naturels?... 63
8. La charité dans le ciel sera-t-elle ordonnée comme elle l'est sur la terre?.. 64

QUEST. XXVII. Actes de la charité : le premier est la dilection. 1. Doit-on aimer Dieu pour lui-même?... 64
2. Pouvons-nous en cette vie faire de Dieu l'objet direct, immédiat de notre amour?.. 65
3. Quelle doit être la règle de notre amour pour Dieu?.......... 66

QUEST. XXVIII. Effets de la charité. La joie. 1. Comment la joie est-elle un effet de la charité?... 66
2. Ne souffre-t-elle aucun mélange de tristesse?.................. 67

QUEST. XXIX. La paix, autre effet de la charité......................... 67
QUEST. XXX. La miséricorde... 68
QUEST. XXXI. La bienfaisance. 1. Sommes-nous obligés de faire du bien à tous?... 69
2. Devons-nous faire plus de bien à ceux qui nous sont unis par des liens particuliers?... 69

QUEST. XXXII. De l'aumône. 1. Existe-t-il un précepte de l'aumône?.. 70
2. Quelles sont les différentes manières de faire l'aumône?..... 75
3. Laquelle vaut le mieux, l'aumône corporelle ou l'aumône spirituelle?.. 76

QUEST. XXXIII. Correction fraternelle. 1. Comment est-elle un acte de charité?.. 76
2. Est-elle de précepte?... 77

TABLE ANLYTIQUE DES MATIÈRES.   493

 3. Oblige-t-elle tout le monde?.. 77
 4. Un inférieur peut-il se permettre de donner la correction fraternelle à son supérieur?.. 77
 5. Un pécheur peut-il se permettre de donner la correction fraternelle?.. 78
 6. Que faire, si on prévoit que la correction ne profitera pas au coupable?.. 78
 7. L'admonition secrète doit-elle précéder l'admonition publique?.. 78
QUEST. XXXIV. Vices opposés à la charité. La haine. 1. Est-il possible de haïr Dieu, le souverain bien?... 79
 2. La haine de Dieu est-elle un grand péché?.................................. 79
 3. Ne peut-on quelquefois haïr le prochain sans péché?................ 80
QUEST. XXXV. Vices opposés à la joie que produit la charité. La paresse. 80
 1. La paresse est-elle un péché?.. 80
 2. Est-elle un péché mortel?... 80
QUEST. XXXVI. L'envie. 1. Ce que c'est... 81
 2. Est-elle un péché?... 81
QUEST. XXXVII. Vice opposé à la paix que produit la charité. La discorde. 82
QUEST. XXXVIII. Discorde dans les paroles, ou contention................ 82
QUEST. XXXIX. Discorde dans les actes. D'abord le schisme. 1. Est-il un péché différent des autres péchés, même de l'infidélité et de l'hérésie?.. 83
 2. Quel pouvoir spirituel peut encore avoir un prêtre schismatique?... 84
QUEST. XL. La guerre. 1. Est-elle permise aux chrétiens?................. 84
 2. Pourquoi défendre la guerre aux ecclésiastiques?...................... 86
QUEST. XLI. La rixe... 86
QUEST. XLII. La sédition. 1. Comment diffère-t-elle de la rixe et de la guerre?.. 86
 2. La sédition est-elle toujours un crime?.. 86
QUEST. XLIII. Le scandale. 1. C'est le vice opposé à la bienfaisance.... 87
 2. Le scandale est-il toujours un péché?.. 88
 3. Ce péché est-il mortel ou véniel?.. 88
 4. Les parfaits sont-ils à l'abri du scandale?.................................... 89
QUEST. XLIV. Précepte de la charité. 1. Pourquoi deux préceptes, l'un regardant Dieu, l'autre le prochain?.. 89
 2. Quel est le sens de ces paroles : Vous aimerez le Seigneur votre Dieu de toutes vos forces, etc... 89
 3. Pouvons-nous, ici-bas, accomplir parfaitement le principe de la charité?.. 90
QUEST. XLV. Don de sagesse correspondant à la charité. 1. La sagesse est un don du Saint-Esprit... 90
 2. Elle a son siège dans l'entendement de l'homme...................... 91
 3. Elle n'habite qu'avec ceux qui sont en état de grâce............... 91
QUEST. XLVI. Vice opposé à la sagesse. La folie.................................. 91
 2. La folie peut être un péché... 92

CHAPITRE IV.

La prudence.

QUEST. XLVII. Siége de cette vertu. 1. La prudence est dans la raison.. 93
  2. Elle est une vertu... 94
  3. Comment diffère-t-elle des autres vertus?........................ 94
  4. Elle ne concerne pas la fin, mais les moyens qui y conduisent... 95
  5. La prudence montre aux vertus morales le milieu qu'elles doivent atteindre... 96
  6. Son acte principal est de commander.............................. 96
  7. Ne regarde-t-elle que nous-mêmes, ou s'étend-elle aussi au gouvernement de la multitude?................................... 96
  8. N'est-elle que dans celui qui commande, ou aussi dans ceux qui obéissent?.. 96
  9. Les méchants peuvent-ils avoir de la prudence?............... 97
  10. La nature donne-t-elle à l'homme la vertu de prudence?...... 97
QUEST. XLVIII. Parties de la prudence en général..................... 98
QUEST. XLIX. Parties de la prudence en particulier. Comment la mémoire, l'intelligence, etc., sont nécessaires à la prudence. 1. La mémoire.. 99
  2. L'intelligence.. 100
  3. La docilité... 100
  4. L'esprit d'invention... 101
  5. La raison.. 101
  6. La prévoyance... 101
  7. La circonspection... 101
  8. La précaution... 102
QUEST. L. Prudence qui régit la multitude. 1. La prudence du souverain est distincte de toutes les autres espèces de prudence......... 102
  2. Prudence du sujet à l'égard du prince............................... 103
  3. Prudence domestique... 103
  4. Prudence militaire... 103
QUEST. LI. Vertus adjointes à la prudence.................................... 104
QUEST. LII. Don de l'Esprit-Saint qui correspond à la prudence. Le conseil. 105
  2. Ce don nous suivra-t-il dans le ciel?................................. 105
QUEST. LIII. Vices opposés à la prudence. 1. L'imprudence........ 106
  2. La précipitation.. 106
  3. L'inconsidération... 106
  4. L'inconstance.. 107
QUEST. LIV. La négligence... 107
QUEST. LV. Vices qui ressemblent à la prudence. 1. Prudence de la chair... 107
  2. Ce péché est-il grave?... 108
  3. L'astuce... 108
  4. Le vol... 108

5. La sollicitude des biens temporels........................... 109
6. Est-il permis de songer à l'avenir et d'y pourvoir d'avance?..... 110
QUEST. LVI. Précepte de prudence............................... 111

CHAPITRE V.

La justice.

QUEST. LVII. Du droit. 1. Le droit est l'objet de la justice.............. 112
   2. On divise le droit en naturel et en positif...................... 112
QUEST. LVIII. De la justice. 1. Définition........................... 113
   2. C'est une vertu *ad alterum*................................ 114
   3. C'est en elle que brille la plus grande splendeur de la vertu.... 114
   4. Quelle faculté de l'âme en est le siége?...................... 115
   5. Son objet spécial est-il de régler les passions?................ 115
QUEST. LIX. Vice opposé à la justice................................ 116
QUEST. LX. (Renvoi à la question LXVII.)........................... 117
QUEST. LXI. 1. Différentes sortes de justice........................ 117
   2. La justice distributive se sert-elle des mêmes poids et mesures que la justice commutative?................................ 117
QUEST. LXII. Vice opposé à la justice distributive. 1. L'acception des personnes.. 118
   2. Est-elle un plus grand péché dans les choses spirituelles que dans les choses temporelles?.................................... 118
   3. Ne peut-on commettre le péché de l'acception des personnes en rendant à quelqu'un des honneurs immérités?................. 119
QUEST. LXIV. Vices opposés à la justice commutative. L'homicide. 1. Est-il permis de couper les plantes et de tuer les animaux pour les employer à notre usage?.................................... 120
   2. Est-il permis de mettre à mort un malfaiteur?................. 120
   3. N'est-il pas permis quelquefois de se donner soi-même la mort? 121
   4. N'est-il pas permis quelquefois de faire mourir un innocent?.... 122
   5. Est-il permis de tuer celui qui vous attaque injustement?....... 124
QUEST. LXV. De la mutilation. 1. Est-il permis de mutiler quelqu'un?. 125
   2. Est-il permis à un père de frapper son enfant, à un maître son serviteur?... 125
   3. Est-il permis d'incarcérer un homme?....................... 125
QUEST. LXVI. Injustice dans les choses. Du vol et de la rapine. * Droit de propriété... 126
   1. Le vol est défendu... 128
   2. La rapine... 128
QUEST. LXVII. Injustices dans les paroles; devant les tribunaux. 1. Le juge peut-il prononcer une sentence conforme aux dépositions des témoins, mais contraire à la vérité qu'il connaît de sa science privée?... 129
   2. Est-il nécessaire que le coupable ait un accusateur?............ 129
   3. Le juge peut-il remettre à un coupable la peine qu'il a encourue? 129
QUEST. LXVIII. Des accusations injustes. 1. Une personne offensée est-

elle obligée d'accuser le coupable ?............................ 130
   2. Et si je ne puis prouver le crime dont je vous accuse ?......... 130
QUEST. LXIX. Péché d'injustice de la part de l'accusé. 1. L'accusé peut-il nier la vérité qui le condamnerait ?...................... 130
   2. Peut-il se défendre par la violence ?......................... 131
QUEST. LXX. De la part du témoin. 1. Sommes-nous obligés quelquefois de donner notre témoignage ?.............................. 131
   2. Combien faut-il de témoins ?................................ 132
   3. Peut-on refuser le témoignage de quelqu'un ?................. 133
   4. Quel péché est le faux témoignage ?......................... 133
QUEST. LXXI. De la part de l'avocat. 1. Est-il obligé de plaider pour les pauvres ?.. 133
   2. Peut-il défendre une cause qu'il sait être injuste ?............. 134
QUEST. LXXII. De la contumélie. 1. En quoi elle consiste............ 135
   2. Est-il permis de répondre à une parole outrageante ?........... 136
QUEST. LXXIII, LXXIV, LXXV, LXXVI. Autres injustices dans les paroles. 1. La détraction.. 136
   2. Le mauvais rapport.. 136
   3. La dérision.. 137
   4. La malédiction.. 137
   5. Est-il permis de maudire les créatures sans raison ?........... 137
QUEST. LXXVII. Injustice dans les ventes et achats. 1. Est-il permis de vendre une chose plus cher, de l'acheter moins cher qu'elle ne vaut ?... 138
   2. La chose vendue peut-elle offrir l'occasion d'une injustice ?..... 139
QUEST. LXXVIII. De l'usure. * A quel titre l'usure est-elle permise ?... 140
QUEST. LXXIX. De la restitution. 1. Quand nous avons violé le droit d'autrui, que nous ordonne la justice ?........................ 144
   2. A qui faut-il restituer ?..................................... 144
   3. Qui est obligé à restituer ?................................ 144
   4. S'il n'a plus le bien dont il a fait tort à autrui ?................ 145
   5. Ceux qui coopèrent à une injustice............................ 145
QUEST. LXXX. Vertus adjointes à la justice : la religion, la piété, l'observance, la véracité, la reconnaissance, la vengeance, l'amitié, la libéralité... 146
QUEST. LXXXI. La religion. 1. En quoi consiste cette vertu ?........... 147
   2. Elle diffère des vertus théologales............................ 148
   3. La religion est-elle autre chose que la sainteté ?.............. 148
   4. Pourquoi, dans le culte rendu à Dieu, se servir d'actes extérieurs ?... 149
QUEST. LXXXII. De la dévotion, acte intérieur de religion. 1. La dévotion est-elle un acte appartenant à la vertu de religion ?........ 149
   2. Quelle est la cause de la dévotion ?.......................... 150
   3. Quels en sont les effets ?................................... 151
QUEST. LXXXIII. La prière, autre acte intérieur de religion. 1. Pourquoi prier Dieu ?... 151
   2. Ne faut-il prier que Dieu ?................................... 152

3. Est-il permis de déterminer d'une manière précise ce que nous demandons à Dieu?... 153
4. Pouvons-nous demander les biens temporels?...................... 153
5. Faut-il prier pour les autres?... 153
6. Pour nos ennemis?... 154
7. Oraison dominicale.. 155
8. Qui est capable de prier?.. 156
9. Les saints?.. 156
10. La prière doit-elle être vocale?...................................... 157
QUEST. LXXXIV. Actes extérieurs de religion. 1. L'adoration........... 158
2. Cet acte appartient-il à la vertu de la religion?..................... 158
3. Est-il nécessaire de joindre l'adoration du corps à celle de l'esprit? 159
4. Faut-il, pour adorer Dieu, un lieu fixe et déterminé?............ 159
QUEST. LXXXV. Le sacrifice. 1. Est-il de droit naturel?................. 159
2. Tous les hommes sont-ils obligés d'offrir des sacrifices?....... 160
3. A qui peut-on offrir des sacrifices?................................... 160
4. Le sacrifice est-il l'acte d'une vertu spéciale?...................... 161
* QUEST. LXXXVI, VII.. 161
QUEST. LXXXVIII. Du vœu. 1. En quoi consiste essentiellement le vœu? 161
2. Quel est l'objet du vœu?... 162
3. Est-on obligé d'accomplir les vœux qu'on a faits?............... 163
4. Est-il bon de faire des vœux?.. 163
5. Ce que l'on fait, lié par un vœu, est-il meilleur que si le vœu ne nous y obligeait pas?.. 164
6. Qu'est-ce qui fait la différence des vœux simples d'avec les vœux solennels?.. 165
7. Est-il permis à tous de s'engager par vœu?....................... 165
8. Le vœu est-il susceptible de dispense?............................. 166
QUEST. LXXXIX. Du jurement. 1. Qu'est-ce que jurer?.................. 167
2. Est-il bon de jurer?.. 168
3. Quelles conditions doit réunir le jurement pour qu'il soit permis? 168
4. Est-il permis de jurer par les créatures?........................... 169
5. Le jurement a-t-il la force d'obliger?................................. 169
6. Quelle est l'obligation la plus grave, celle du vœu ou du jurement?... 169
* QUEST. XC... 169
QUEST. XCI. De la louange. 1. Faut-il louer Dieu de vive voix?....... 170
2. Pourquoi employer le chant pour louer Dieu..................... 170
QUEST. XCII. De la superstition. 1. En quoi elle consiste............. 171
2. Il y a plusieurs sortes de superstitions............................. 171
QUEST. XCIII. De la superstition proprement dite. 1. Peut-il y avoir quelque chose de coupable dans le culte que l'on rend à Dieu? 172
2. Quelque chose de superflu?... 172
QUEST. XCIV. De l'idolâtrie. 1. Elle était une superstition............. 173
2. L'idolâtrie est-elle un grand péché?................................. 174
3. Quelles furent les causes de l'idolâtrie?............................ 174
QUEST. XCV. De la divination. 1. Est-elle un péché?.................... 175
2. Un péché de superstition?.. 176

II.   32

3. Ses différentes espèces.. 176
4. Est-il défendu d'invoquer expressément le démon quand son secours et ses lumières sont à ce prix?................................ 176
5. Quoi de plus innocent que l'astrologie?........................ 177
6. Et la divination par les songes?.................................. 177
7. Par le chant, le vol des oiseaux?................................. 178
8. Du sortilége.. 178
* Épreuves du moyen âge, comme le fer rouge, l'eau bouillante... 179
QUEST. XCVI. De l'art notoire. Est-il permis?................... 179
QUEST. XCVII. Défauts de religion. De la tentation de Dieu...... 181
* QUEST. XCVIII. Du parjure.. 182
QUEST. XCIX. Du sacrilége.. 182
QUEST. C. De la simonie. 1. En quoi elle consiste................ 183
2. Est-il permis de recevoir de l'argent pour l'administration des sacrements?... 183
3. Quel est le juste châtiment du simoniaque?................... 184
QUEST. CI. De la piété.. 184
QUEST. CII, CIII, CIV, CV. De l'observance, du culte de dulie, de l'obéissance. 1. Qu'appelle-t-on vertu d'observance?............... 186
2. A qui devons-nous le culte de dulie?............................ 186
3. L'homme est-il obligé d'obéir à un autre homme?............ 187
4. Les inférieurs sont-ils toujours obligés d'obéir à l'ordre de leurs supérieurs?.. 187
5. Devons-nous obéir à Dieu en toutes choses?.................. 187
6. L'obéissance est-elle une grande vertu?....................... 188
QUEST. CVI. De la reconnaissance. 1. Ce que c'est que cette vertu?..... 188
2. L'homme est-il obligé de témoigner de la reconnaissance à ses bienfaiteurs?.. 189
3. Quelle doit être la mesure de la reconnaissance?............. 189
4. La reconnaissance nous oblige-t-elle à rendre plus que nous n'avons reçu?... 189
5. Lequel de l'innocent ou du pénitent rentré en grâce, doit le plus de reconnaissance à Dieu?... 189
QUEST. CVII. De l'ingratitude....................................... 190
QUEST. CVIII. De la vengeance. 1. Est-elle quelquefois permise?....... 190
2. Est-ce que la vengeance est une vertu?........................ 190
3. Comment faut-il se venger?...................................... 191
4. Si je ne vous ai pas offensé volontairement, avez-vous droit de vous venger en me punissant?.................................... 191
QUEST. CIX. De la véracité.. 192
QUEST. CX. Vices opposés à la véracité. Du mensonge. Son caractère essentiel... 192
QUEST. CXI. De l'hypocrisie et de la simulation. 1. Ce sont des espèces de mensonge... 193
2. L'hypocrisie est-elle la même chose que la simulation?..... 193
3. Est-elle toujours un péché mortel?.............................. 193
QUEST. CXII. De la jactance... 193

QUEST. CXIII. De l'ironie... 194
QUEST. CXIV. De l'affabilité... 194
QUEST. CXV. De l'adulation... 194
QUEST. CXVI. Défaut opposé, la dispute de mots..................... 195
QUEST. CXVII, CXVIII, CXIX. De la libéralité, son excès et son défaut. 195
QUEST. CXX. De l'équité... 195
QUEST. CXXI. Don de l'Esprit Saint qui correspond à la justice, la piété. 195
QUEST. CXXII. Précepte de justice.................................... 196

CHAPITRE VI.

De la force.

QUEST. CXXIII. 1. La force est une vertu............................. 199
   2. Quel est son objet?.. 199
   3. Son objet plus spécial c'est le danger de mort................ 200
   4. Il faut considérer aussi le motif du danger et le lieu où l'on s'expose. 200
   5. Faut-il plus de force pour donner l'attaque que pour la soutenir? 201
   6. L'homme ressent-il de la joie ou de la tristesse en pratiquant la vertu de force?... 201
   7. L'homme fort se sert-il de la puissance de l'irascible?...... 202
   8. La force est une vertu cardinale............................... 202
   9. Est-ce la plus excellente?..................................... 202
QUEST. CXXIV. Du martyre. 1. C'est l'acte de vertu le plus parfait... 203
   2. Il est de l'essence du martyre de souffrir la mort pour la foi chrétienne.. 203
   3. Ne peut-on être martyr qu'en faisant la confession de sa foi?.. 203
QUEST. CXXV. De la crainte, défaut opposé à la force. 1. La crainte est-elle un péché?... 204
   2. Un péché mortel?.. 204
   3. Peut-elle excuser ou diminuer le péché?....................... 205
QUEST. CXXVI. De la témérité, excès opposé à la force. 1. Est-elle un péché?... 205
   2. L'homme téméraire ne mérite pas le nom de fort............... 206
* QUEST. CXXVII.. 206
QUEST. CXXVIII. Vertus constitutives de la force..................... 206
QUEST. CXXIX. De la magnanimité. 1. Vers quel objet tend ta magnanimité? 206
   2. Comment concilier cette vertu avec l'humilité?............... 207
   3. Magnanimité et confiance..................................... 208
   4. La magnanimité produit la sécurité............................ 208
   5. Se sert-elle des biens de la fortune?........................ 208
QUEST. CXXX. Vices opposés à la magnanimité. La présomption....... 209
QUEST. CXXXI. L'ambition.. 209
QUEST. CXXXII. La vaine gloire.. 210
QUEST. CXXXIII. Défaut opposé, la pusillanimité..................... 211
QUEST. CXXXIV. De la magnificence................................... 211
QUEST. CXXXV. * De la *Parvificence*................................. 212

QUEST. CXXXVI. 1. Actes de force concernant la résistance, patience et persévérance.. 212
 2. L'homme peut-il par lui-même acquérir la vertu de patience et de persévérance?.. 212
QUEST. CXXXVII. De la persévérance............................ 213
QUEST. CXXXVIII. Vice opposé à la persévérance, la mollesse........ 213
QUEST. CXXXIX. Don de l'Esprit-Saint qui correspond à la force 214
QUEST. CXL. Préceptes de force................................. 214

CHAPITRE VII.

De la tempérance.

QUEST. CXLI. 1. La tempérance est une vertu..................... 216
 2. Vertu distincte des autres vertus............................ 217
 3. Quel est l'objet de la tempérance?.......................... 217
 4. Son objet principal?....................................... 218
 5. Comment modère-t-elle les sens?........................... 218
 6. Règle de la tempérance.................................... 219
QUEST. CXLII. Vices opposés : l'insensibilité et l'intempérance, excès et défaut... 219
 2. L'intempérance est dite un péché puéril...................... 220
 3. C'est le plus déshonorant de tous les vices................... 220
QUEST. CXLIII. Parties de la tempérance.......................... 221
QUEST. CXLIV. De la pudeur..................................... 222
 2. De quoi peut-on avoir honte?............................... 222
 3. Quelles sont les personnes qui inspirent le plus de honte?...... 222
 4. Il y a des gens qui n'ont point de honte..................... 223
QUEST. CXLV. De l'honnêteté. 1. Diffère-t-elle de la vertu?......... 223
 2. L'honnête est-il autre chose que l'agréable et l'utile?.......... 223
QUEST. CXLVI. De l'abstinence................................... 224
QUEST. CXLVII. Du jeûne, acte de l'abstinence.................... 224
 2. Précepte du jeûne.. 225
 3. Tous sont-ils tenus à jeûner?.............................. 225
 4. Le temps du jeûne ecclésiastique a-t-il été bien choisi ?........ 226
 5. Ne peut-on sans rompre le jeûne faire plus d'un repas?........ 227
 6. Heure du repas, un jour de jeûne.......................... 227
QUEST. CXLVIII. De la gourmandise.............................. 228
 2. Comment tombe-t-on dans ce péché?....................... 229
 3. Effets de la gourmandise.................................. 229
QUEST. CXLIX. De la sobriété. 1. Son objet....................... 229
 2. La sobriété est une vertu.................................. 230
QUEST. CL. De l'ivrognerie...................................... 230
QUEST. CLI. De la tempérance dans les délectations qui ont pour but de conserver l'espèce. De la chasteté................................ 231
QUEST. CLII. De la virginité. 1. En quoi elle consiste............... 231
 2. La virginité est-elle permise ?.............................. 233

3. Est-elle une vertu?... 235
4. Est-elle plus excellente que le mariage?..................... 236
QUEST. CLIII. Du vice de la luxure. 1. Toute union des deux sexes est-elle défendue?.. 236
 2. La luxure est-elle un péché?................................ 237
 3. Effets de la luxure... 238
 4. Différentes sortes de luxure................................ 238
 5. La fornication est-elle un péché?........................... 239
QUEST. CLV. De la continence...................................... 240
QUEST. CLVI. De l'incontinence.................................... 241
QUEST. CLVII. De la clémence...................................... 242
QUEST. CLVIII. De la colère, vice opposé à la clémence............ 242
QUEST. CLIX. De la cruauté.. 243
QUEST. CLX. De la modestie.. 244
QUEST. CLXI. De l'humilité.. 244
QUEST. CLXII. De l'orgueil.. 246
QUEST. CLXIII. Du péché du premier homme. 1. Péché d'orgueil...... 248
 2. Quel fut ce bien spirituel dont un désir immodéré perdit l'homme? 248
 3. Ce fut le plus grand de tous les péchés..................... 249
 4. Lequel, d'Adam ou d'Ève, pécha le plus grièvement?.......... 249
QUEST. CLXIV. Peines de ce péché.................................. 250
QUEST. CLXV. De la tentation qui le précéda....................... 253
QUEST. CLXVI. De l'étude, ou de l'honnête désir de savoir......... 253
QUEST. CLXVII. De la curiosité qui en est l'excès................. 254
QUEST. CLXVIII. De la modestie extérieure......................... 255
QUEST. CLXIX. De la modestie dans les ornements................... 256
QUEST. CLXX. Précepte de tempérance............................... 258

CHAPITRE VIII.

Vertus propres à certains états.

Quelles sont ces vertus... 259
QUEST. CLXXI. De la prophétie..................................... 260
 2. La prophétie n'a-t-elle pour objet que l'annonce d'événements futurs?... 261
 3. Le prophète distingue-t-il ce qu'il voit par ses propres lumières de ce que lui révèle l'inspiration divine?.................. 262
QUEST. CLXXII. Cause de la prophétie. 1. Dieu seul................ 263
 2. Est-ce Dieu lui-même qui parle aux prophètes?............... 265
 3. La nature donne-t-elle des dispositions à la prophétie?..... 265
 4. Peut-on être prophète sans mener une vie sainte?............ 265
 5. Le démon peut-il aussi être l'auteur de la prophétie?....... 266
 6. Le démon prédit-il au moins quelquefois la vérité?.......... 266
QUEST. CLXXIII. Manière dont se fait la connaissance prophétique. 1. Le ravissement de l'esprit est-il nécessaire?.................. 267
 2. Les prophètes comprennent-ils toujours ce qu'ils prédisent?. 268

QUEST. CLXXIV. Différentes sortes de prophéties...................... 268
QUEST. CLXXV. Du ravissement. 1. Il suppose l'idée de violence....... 269
    2. L'homme peut-il, durant cette vie, voir l'essence divine sans que son âme soit séparée de son corps?........................... 270
    3. Ravissement de saint Paul... 270
QUEST. CLXXVI. Don des langues. 1. Les apôtres parlaient-ils toutes les langues alors connues, ou étaient-ils compris de tous les peuples n'en parlant qu'une seule?.. 271
    2. Lequel est le plus excellent, le don des langues ou celui de prophétie?... 272
QUEST. CLXXVII. Don de la parole................................... 272
QUEST. CLXXVIII. Don des miracles.................................. 272
QUEST. CLXXIX. Les deux vies....................................... 273
QUEST. CLXXX. De la vie contemplative. 1. Quelle faculté de l'âme en est le siége?... 273
    2. Les vertus morales ont-elles quelque rapport avec la vie contemplative?... 274
    3. Les hommes qui embrassent cette vie s'occupent-ils également de toutes les vérités?.. 274
    4. La vie contemplative procure-t-elle à l'homme quelque délectation? 275
QUEST. CLXXXI. De la vie active. En quoi elle consiste............... 275
QUEST. CLXXXII. Comparaison de la vie active avec la vie contemplative. 1. Laquelle des deux vies est la plus excellente?......... 276
    2. La plus méritoire?... 276
    3. Ne peut-on unir l'action à la contemplation?..................... 277
QUEST. CLXXXIII. Des différents états en général................... 277
QUEST. CLXXXIV. De l'état de perfection. 2. En quoi consiste la perfection?... 279
    3. L'homme peut-il être parfait ici-bas?............................ 279
    4. La perfection consiste-t-elle dans l'accomplissement des préceptes ou dans l'accomplissement des conseils?....................... 280
    5. Quiconque est parfait est-il pour cela dans l'état de perfection et réciproquement?... 281
    6. Quels sont ceux qui sont dans l'état de perfection?............. 281
    7. L'état de perfection est-il plus dans l'évêque que dans le religieux? 282
    8. Le religieux, toutes choses égales d'ailleurs, l'ordre, la charge d'âmes, est-il plus parfait que l'archidiacre et le curé?......... 283
QUEST. CLXXXV. De l'épiscopat. 1. Peut-on le désirer?............... 283
    2. Le refuser?... 284
    3. Le quitter pour se faire religieux?............................. 285
    4. L'évêque peut-il s'absenter de son diocèse?.................... 285
    5. Posséder quelque chose en propre?............................. 286
QUEST. CLXXXVI. De l'état religieux. 1. Est-ce un état de perfection?.. 286
    2. Le religieux est-il tenu à tous les conseils évangéliques?...... 287
    3. Quelles obligations particulières faut-il s'imposer pour être dans l'état religieux?... 287
QUEST. CLXXXVII. Des choses qui conviennent aux religieux.......... 289

1. Les religieux peuvent-ils prêcher, enseigner, etc.? 289
2. Sont-ils tenus au travail manuel? 289
3. Peuvent-ils vivre d'aumônes? 290
4. Mendier? 291
5. Pourquoi portent-ils des habits si pauvres? 291

QUEST. CLXXXVIII. De la différence des religions. 1. Convient-il que les ordres religieux soient destinés aux travaux de la vie active? 292
2. Aux travaux de la vie militaire? 292
3. Qu'ils aient pour but de prêcher? 293
4. Les religieux ne devraient-ils pas préférer la vie solitaire à la vie de communauté? 293

QUEST. CLXXXIX. De l'entrée en religion. 1. Est-il bon d'entrer en religion, même avant de s'être habitué à l'accomplissement des préceptes? 294
2. Il est louable d'embrasser la vie religieuse sans prendre conseil de plusieurs et sans longue délibération 295

TROISIÈME PARTIE.

CHAPITRE PREMIER.

De l'incarnation.

QUEST. I. Convenance de l'Incarnation. 1. Du côté de Dieu 296
2. Du côté de l'homme 297
3. Si le genre humain avait un si grand besoin de l'Incarnation, pourquoi Jésus-Christ n'est-il pas venu plus tôt, et même au commencement du monde? 299
* Temps de l'Incarnation 300
4. Si l'homme n'avait point péché, Dieu se fût-il incarné? 306

QUEST. II. Mode d'union du Verbe avec la nature humaine. 1. Cette union s'est-elle accomplie dans la nature ou dans la personne du Verbe? 307
2. Elle s'est accomplie dans la personne 308
3. Ce ne fut pas une union morale, mais réelle 309
* Défauts des comparaisons dont les théologiens se servent pour expliquer cette union 312

QUEST. III. De l'union accomplie en ce mystère, du côté de la personne. 1. Est-ce une personne ou la nature divine qui a pris la nature humaine? 313
2. Le Fils pouvait-il seul s'incarner, ou aussi le Père et le Saint Esprit? 313
3. Était-il possible que plusieurs personnes prissent ensemble la nature humaine? 313
4. Est-il quelque raison particulière pour laquelle le Fils devait s'incarner plutôt que le Père et le Saint-Esprit? 314

QUEST. IV. De l'union accomplie, du côté de la nature humaine. 1. Pour-

quoi le Verbe a-t-il pris la nature humaine préférablement à toute autre nature?... 315
2. Convenait-il que le Verbe prît la nature humaine issue d'Adam?... 315
QUEST. V. Intégrité de la nature humaine en Jésus-Christ. 1. Le corps de Jésus-Christ était-il un corps semblable aux nôtres, composé de chair et d'os?... 316
2. Avait-il une âme semblable à la nôtre?...................................... 316
QUEST. VI. Ordre de l'union... 317
QUEST. VII. Grâce de Jésus-Christ. 1. Peut-on dire que Jésus-Christ avait la grâce habituelle?.. 318
2. Jésus-Christ eut-il toutes les vertus?....................................... 318
3. La foi et l'espérance?.. 319
4. Les dons de l'Esprit-Saint?.. 319
5. Le don de la crainte?... 320
6. Le don de prophétie?... 320
7. La plénitude de la grâce?... 320
8. Peut-on dire qu'en Jésus-Christ la grâce était infinie?..................... 321
9. Comment croissait-il en science et en grâce?............................. 322
QUEST. VIII. Grâce de Jésus-Christ en tant que chef de l'Église. 1. Jésus-Christ est le chef de l'Église, qui est son corps mystique....... 322
2. Jésus-Christ est, en un sens, le chef de nos corps........................ 323
3. Est-il le chef de tous les hommes, même des infidèles?.................. 323
4. Est-il, en tant qu'homme, le chef des anges?............................ 324
5. Quel est le chef de ceux qui font le mal?................................ 324
QUEST. IX, X, XI, XII. De la science de Jésus-Christ. 1. Avait-il, outre la science divine, une science humaine?............................. 325
2. S'il avait une science créée, c'était donc la vision intuitive?........... 325
3. N'avait-il pas aussi la science infuse?................................... 326
4. Jésus-Christ avait-il une science acquise?............................... 327
QUEST. XIII. Puissance de l'âme de Jésus-Christ. 1. L'âme de Jésus-Christ était-elle toute-puissante?.. 327
2. Avait-elle une puissance illimitée, au moins à l'égard de son corps?.. 328
QUEST. XIV, XV. Défauts de la nature humaine en Jésus-Christ. 1. Jésus-Christ avait-il le péché, ou au moins le foyer du péché?....... 328
2. Sa nature humaine était-elle exempte de passion?........................ 329
3. La vision béatifique ne l'empêchait-elle point d'éprouver la douleur sensible?.. 329
4. La tristesse?... 330
5. Éprouva-t-il la passion de la crainte, de l'admiration, de la colère?... 330
6. Le corps de Jésus-Christ était-il soumis aux mêmes défauts que le nôtre?... 331
7. Y avait-il pour Jésus-Christ nécessité de souffrir?....................... 331
8. Peut-on dire que Jésus-Christ ait contracté nos défauts corporels?. 332
9. A-t-il pris, sans exception, tous nos défauts?........................... 332

TABLE ANALYTIQUE DES MATIÈRES.

* Le corps du Sauveur était-il beau, ou d'un extérieur humble et abject?........ 333
QUEST. XVI. Conséquences de l'union quant à l'être de Jésus-Christ. Communication des idiomes........ 334
QUEST. XVII, XVIII, XIX. Des choses qui appartiennent à l'unité de Jésus-Christ sous le rapport de l'être, de la volonté et de l'opération. 1. Il n'y avait en Jésus-Christ qu'un seul être........ 335
 2. N'y avait-il en Jésus-Christ qu'une volonté et qu'une opération?........ 336
 3. Comment concilier ces deux opérations avec l'unité de sa personne?........ 337
 4. Les opérations de Jésus-Christ lui acquirent-elles des mérites pour lui et pour les autres?........ 337
QUEST. XX, XXI, XXII. Rapport de Jésus-Christ envers Dieu le Père. 1. En quoi Jésus-Christ était-il soumis à son Père?........ 338
 2. Convenait-il à Jésus-Christ de prier?........ 338
 3. Jésus-Christ a prié pour lui et pour les autres........ 339
QUEST. XXIII. Du sacerdoce de Jésus-Christ. 1. Peut-on dire que Jésus-Christ fût prêtre?........ 339
 2. Il fut l'hostie de son sacerdoce........ 339
 3. Le sacerdoce de Jésus-Christ a-t-il la vertu d'effacer entièrement nos péchés?........ 340
 4. Quelle est la durée du sacerdoce de Jésus-Christ?........ 340
QUEST. XXIII bis. De l'adoption de Jésus-Christ. 1. Jésus-Christ peut-il être appelé, comme homme, fils adoptif de Dieu?........ 341
 2. Convenait-il que Dieu eût des enfants adoptifs?........ 341
 3. Est-ce le Père seul qui adopte?........ 341
 4. Toutes les créatures peuvent-elles être adoptées?........ 342
* QUEST. XXIV. De la prédestination de Jésus-Christ........ 342
QUEST. XXV. De l'adoration due à Jésus-Christ. 1. Devons-nous rendre à Jésus-Christ le culte suprême de latrie?........ 342
 * Dévotion au sacré cœur de Jésus........ 343
 Culte des saints........ 346
QUEST. XXVI. Jésus-Christ médiateur entre Dieu et les hommes........ 352
QUEST. XXVII. Sanctification de la bienheureuse Vierge Marie.
 * Son immaculée conception. La thèse de saint Thomas est-elle authentique?........ 353
 1. Marie ne commit ni péché mortel ni péché véniel........ 354
 2. Elle n'eut pas le foyer du péché........ 354
 3. Elle reçut une plus abondante effusion de grâces que le reste des hommes........ 355
QUEST. XXVIII. Virginité de Marie. 1. Marie conçut-elle sans perdre sa virginité?........ 355
 2. Mit-elle au monde l'enfant Jésus sans perdre sa virginité?........ 356
 3. Conserva-t-elle une virginité perpétuelle?........ 356
 4. Avait-elle fait vœu de virginité?........ 357
QUEST. XXIX. Du mariage de la mère de Dieu. 1. Pourquoi le mariage

de la sainte Vierge?... 357
2. Fut-il un vrai mariage?.. 358
QUEST. XXX. De l'annonciation. 1. Était-il nécessaire que ce qui devait s'accomplir en Marie lui fût annoncé?................................. 358
2. De quelle manière convenait-il que ce mystère fût annoncé à Marie? 359
3. Quel ordre suivit l'ange en lui annonçant ce mystère?............. 360
QUEST. XXXI. Conception du Sauveur. 1. Le corps de Jésus-Christ fut conçu d'une chair issue d'Adam.. 360
2. Pourquoi, parmi les ancêtres de Jésus-Christ, l'Évangile nomme-t-il d'une manière spéciale Abraham et David?....................... 361
3. Convenait-il qu'il naquît d'une femme?............................... 361
4. Son corps a donc été formé de la substance de Marie?........... 361
QUEST. XXXII. Du principe actif dans la génération du corps de Jésus-Christ.. 362
2. Peut-on dire que le Saint-Esprit soit le père de Jésus-Christ?... 362
QUEST. XXXIII. Ordre de la conception de Jésus-Christ................. 363
QUEST. XXXIV. Perfection du fruit conçu................................... 363
QUEST. XXXV. De la naissance de Jésus-Christ. 1. Faut-il l'attribuer à sa personne ou à ses deux natures?... 364
2. Marie l'a-t-elle enfanté dans la douleur?............................. 364
3. Pourquoi voulut-il naître à Bethléem?................................. 365
QUEST. XXXVI. De la manifestation de Jésus-Christ. 1. Pourquoi ne se manifesta-t-il pas évidemment à tous les hommes?.................. 365
2. Quelle classe d'hommes devaient voir les premiers sa lumière?.. 366
3. Quel est l'ordre des temps suivant lequel se firent des différentes manifestations?.. 366
4. L'étoile des mages... 367
QUEST. XXXVII. Soumission de l'enfant aux observances légales. 1. Pourquoi la circoncision?.. 367
2. Le nom de Jésus?.. 368
3. La présentation?... 368
QUEST. XXXVIII. Baptême de saint Jean.................................... 370
QUEST. XXXIX. Baptême de Jésus-Christ. 1. Convenait-il que Jésus-Christ fût baptisé?.. 370
2. Circonstances qui accompagnèrent le baptême de Notre-Seigneur. 370
QUEST. XL. Du genre de vie que choisit Jésus-Christ. 1. Ne convenait-il pas qu'il se retirât dans la solitude plutôt que de vivre au milieu des hommes?.. 373
2. Ne convenait-il pas que sa vie fût de la plus grande austérité?... 374
3. La vie de Jésus-Christ fut pauvre et laborieuse..................... 374
QUEST. XLI. De la tentation de Jésus-Christ. 1. Pourquoi voulut-il être tenté?... 375
2. L'évangile rapporte-t-il dans un ordre convenable les trois tentations de Jésus-Christ?... 376
QUEST. XLII. De la doctrine de Jésus-Christ. 1. Pourquoi ne voulut-il prêcher qu'en Judée?... 377
2. Pourquoi Jésus-Christ ne craignait-il pas d'offenser les Scribes et

les Pharisiens en les reprenant publiquement?............... 378
3. Pourquoi n'a-t-il pas laissé sa doctrine par écrit?............. 378
QUEST. XLIII. Des œuvres de Jésus-Christ. 1. Avait-il besoin de faire des miracles?.. 379
2. A quelle époque de sa vie convenait-il qu'il en fît?............ 379
3. Les miracles qu'il fit prouvaient-ils suffisamment sa divinité?... 379
QUEST. XLIV. Principaux miracles opérés par J.-C. 1. Sur les substances spirituelles.. 380
2. Sur les corps célestes.. 381
3. Sur les hommes.. 382
QUEST. XLV. De la transfiguration. 1. Pourquoi voulut-il apparaître transfiguré en présence de quelques-uns de ses disciples........ 384
2. Les témoins de sa transfiguration furent-ils choisis à dessein?.... 385
3. Pourquoi, à la transfiguration, entendit-on la voix de Dieu le Père?.. 385
QUEST. XLVI. De la passion de Jésus-Christ. 1. Était-il nécessaire que Jésus-Christ souffrît pour racheter le genre humain?................ 386
2. La passion était-elle nécessaire pour que la réparation fût égale à l'offense?... 387
3. Convenait-il que Jésus-Christ nous rachetât par les souffrances de sa passion plutôt que par un seul acte de sa volonté?........... 388
4. Pour quelle raison voulut-il mourir sur une croix?............... 389
5. Quelles sont les souffrances que Jésus-Christ endura dans sa passion?... 389
6. Ces douleurs, le Sauveur les éprouva-t-il aussi vives que le reste des hommes?.. 390
7. Convenait-il qu'il fût crucifié entre deux voleurs?............... 392
QUEST. XLVII. Cause efficiente de la passion. 1. Faut-il l'attribuer aux bourreaux ou à Jésus-Christ lui-même?....................... 392
2. Convenait-il qu'il souffrît par obéissance?..................... 393
3. Peut-on dire que le Père l'a livré au supplice de la passion?..... 394
4. Ses persécuteurs le connurent-ils?............................ 394
QUEST. XLVIII. Manière dont la passion a opéré notre salut........... 395
QUEST. XLIX. Effets de la passion. 1. Elle nous a délivrés de nos péchés. 396
2. De la servitude du démon.................................... 397
3. Des peines dues au péché.................................... 397
4. Elle nous a réconciliés avec Dieu et ouvert l'entrée du ciel...... 398
5. Elle a mérité à Jésus-Christ d'être exalté..................... 399
QUEST. L. De la mort de Jésus-Christ. 1. Convenait-il que Jésus-Christ mourût?... 400
2. Pendant les trois jours que dura sa mort, sa divinité fut-elle séparée de son corps et de son âme?........................... 401
3. Comment sa mort nous-a-t elle procuré la vie?................. 401
QUEST. LI. De la sépulture de Jésus-Christ. 1. Convenait-il qu'après sa mort Jésus-Christ reçût la sépulture?........................... 401
2. Raison des circonstances qui accompagnèrent la sépulture de Jésus-Christ... 402

3. Pourquoi Dieu ne permit-il pas que son corps tombât en dissolution ?... 403
QUEST. LII. De la descente de Jésus-Christ aux enfers. 1. Dans quels enfers descendit Jésus-Christ ?.............................. 403
2. Combien de temps demeura-t-il aux enfers ?................... 404
3. Descendu aux enfers, Jésus-Christ délivra-t-il des âmes?... 404
QUEST. LIII. De la résurrection de Jésus-Christ. 1. Était-il nécessaire que Jésus-Christ ressuscitât ?.. 405
2. Pourquoi est-il appelé le premier-né d'entre les morts?....... 406
3. Est-ce Dieu le Père qui l'a ressuscité ?........................ 406
QUEST. LIV. Qualités de Jésus-Christ ressuscité. 1. Jésus-Christ ressuscité avait-il réellement un corps humain ?.................. 407
2. Avait-il un corps glorieux comme le nôtre après la résurrection générale ?... 407
3. Pourquoi conserva-t-il les cicatrices de sa passion ?........... 408
QUEST. LV. Apparition de Jésus-Christ ressuscité. 1. Pourquoi Jésus-Christ, ressuscité pour la justification de tous, ne se montra-t-il pas à tout le peuple ?.. 409
* Pourquoi n'apparaît-il pas encore aujourd'hui ?................ 409
2. Il apparaissait, disparaissait tour à tour aux yeux de ses apôtres. 410
3. Pourquoi apparut-il à quelques-uns sous une figure étrangère?.. 410
4. Jésus-Christ a-t-il donné des preuves suffisantes de sa résurrection ?... 411
* Autre preuve de la résurrection de Jésus-Christ............. 411
QUEST. LVI. Effets de la résurrection de Jésus-Christ. 1. Elle est la cause de notre résurrection corporelle et spirituelle................ 413
QUEST. LVII. De l'ascension de Jésus-Christ. 1. Jésus-Christ étant Dieu, comment a-t-il pu s'élever ?...................................... 414
2. Par quelle puissance s'est-il élevé ?........................... 414
3. Comment son ascension est-elle cause de notre salut ?......... 415
QUEST. LVIII. De la séance de Jésus-Christ à la droite de son Père. 415
QUEST. LIX. Du pouvoir judiciaire de Jésus-Christ. 1. Pourquoi attribue-t-on à Jésus-Christ le pouvoir de juger?......................... 416
2. C'est donc en sa qualité de Dieu qu'on lui attribue le pouvoir judiciaire ?... 416
3. Peut-on dire que Jésus-Christ a mérité le pouvoir judiciaire?.... 417
4. L'homme est jugé immédiatement après sa mort, pourquoi le juger une seconde fois à la fin du monde?...................... 417
5. Le pouvoir judiciaire de Jésus-Christ ne s'étend-il que sur les hommes ?... 418

CHAPITRE II.

Les sacrements.

QUEST. LX. Des sacrements. 1. Quelle idée faut-il avoir des sacrements?. 420
2. Que faut-il pour faire un sacrement ?......................... 422

TABLE ANALYTIQUE DES MATIÈRES. 509

 3. Changement dans la matière ou la forme.................. 423
QUEST. LXI. Nécessité des sacrements. 1. Les sacrements sont-ils nécessaires?.. 424
 2. Si l'homme n'avait point péché, est-il à présumer que Dieu eût établi des sacrements?................................... 425
 3. Existait-il des sacrements avant Jésus-Christ?................. 425
QUEST. LXII. Effet principal des sacrements. 1. C'est de produire en nous la grâce... 427
 * De quelle manière la produisent-ils?......................... 427
 2. En quel sens les sacrements contiennent-ils la grâce?.......... 429
 3. Contiennent-ils une vertu productive de la grâce?............. 429
 4. Pourquoi dit-on que cette vertu leur vient de la passion de Jésus-Christ.. 430
 5. Qu'appelle-t-on grâce sacramentelle?......................... 431
QUEST. LXIII. Autre effet des sacrements. 1. Ils impriment dans l'âme un caractère... 431
 2. En quoi consiste ce caractère?............................... 432
 3. D'où vient la puissance spirituelle qui est l'essence du caractère? 432
 4. Combien de temps durera-t-il?............................... 432
 5. Tous les sacrements impriment-ils ce caractère?............... 434
QUEST. LXIV. Cause des sacrements. 1. Dieu seul en est la cause principale.. 435
 * Jésus-Christ a-t-il établi lui-même la matière et la forme de tous les sacrements?... 435
 2. Un sacrement conféré par un ministre coupable de péché mortel est-il valide?... 436
 3. Est-il permis à un ministre coupable de conférer un sacrement?. 437
 4. Les anges peuvent-ils être ministres des sacrements?.......... 437
 * Tous les fidèles?... 438
 5. L'intention du ministre est-elle requise pour la validité du sacrement?... 439
 *. Sens de ces paroles : l'intention de faire ce que fait l'Église...... 440
QUEST. LXV et suiv. Nombre et nécessité des sacrements. 1. Était-il convenable qu'il n'y eût dans l'Église ni plus ni moins de sept sacrements?... 442
 2. Tous les sacrements sont-ils nécessaires?..................... 447

CHAPITRE III.

De la résurrection générale.

QUEST. LXIX (du supplément à la 3e partie). Lieu des âmes après la mort.
 1. Quels lieux habitent les âmes aussitôt après leur séparation d'avec le corps?.. 451
 2. Est-ce immédiatement après la mort?......................... 451
 3. Peuvent-elles apparaître aux vivants?........................ 452
 4. Quel lieu appelle-t-on le sein d'Abraham et les limbes?........ 453

QUEST. LXX. Qualités de l'âme séparée du corps. 1. Possède-t-elle encore les puissances qu'elle avait lorsqu'elle était unie au corps?.... 453
2. Un feu matériel peut-il la faire souffrir.................. 454
QUEST. LXXI. Des suffrages pour les morts. 1. Les suffrages des vivants peuvent-ils être utiles aux morts?........................ 455
2. Les œuvres d'un homme qui est en état de péché mortel peuvent-elles servir aux âmes des morts?....................... 456
3. Les suffrages appliqués aux morts ne servent-ils point aussi à ceux qui les offrent?.. 456
4. Quelles sont les œuvres des vivants les plus utiles aux morts?.... 457
5. Les indulgences?.. 457
6. De quelle utilité sont les funérailles?..................... 458
QUEST. LXXII. Invocation des saints. 1. Les saints connaissent-ils les prières que nous leur adressons?............................. 459
2. Nous pouvons donc les prier d'intercéder pour nous?.......... 459
QUEST. LXXIII. Des signes qui précéderont le jugement. 1. Pourquoi des signes précurseurs?....................................... 461
Signes dans le ciel. 461
QUEST. LXXIV. De l'embrasement du monde. 1. Quel besoin le monde a-t-il d'être renouvelé et purifié?........................... 461
2. Pourquoi cette purification se fera-t-elle par le feu?........... 463
QUEST. LXXV. De la résurrection des corps. Sur quels fondements repose le dogme de la résurrection?.................................. 463
QUEST. LXXVI. Cause de la résurrection. 1. L'humanité de Jésus-Christ. 466
2. Que veut dire le signal de la trompette?..................... 466
3. La voix de l'ange?... 467
QUEST. LXXVII. Du temps de la résurrection. 1. Elle n'aura pas lieu avant la fin du monde 467
2. Mais quand arrivera la fin du monde?........................ 468
QUEST. LXXVIII. Terme d'où se fera la résurrection. 1. Ce sera la mort de tous les hommes sans exception.............................. 469
QUEST. LXXIX et LXXX. État des corps ressuscités. Leur identité et leur intégrité.. 469
QUEST. LXXXI. Qualité des corps ressuscités....................... 470
2. Jouiront-ils de la vie animale?.............................. 471
QUEST. LXXXII. Conditions des corps glorieux. L'impassibilité........ 472
QUEST. LXXXIII. La subtilité..................................... 473
QUEST. LXXXIV. L'agilité.. 474
QUEST. LXXXV. La clarté... 474
QUEST. LXXXVI. Condition des corps des damnés après la résurrection.. 475
QUEST. LXXXVII. Connaissances de l'homme au jugement général...... 476
2. La conscience de chacun sera-t-elle révélée à tout le genre humain? 477
QUEST. LXXXVIII. Du jugement général. 1. Est-il certain qu'un jugement général réunisse tous les hommes?............................. 478
QUEST. LXXXIX. De ceux qui jugeront et seront jugés. 1. Jésus-Christ sera-t-il seul juge?... 479
QUEST. XC et suivantes. De la forme du juge. 1. Pourquoi Jésus-Christ

TABLE ANALYTIQUE DES MATIÈRES.

jugera-t-il revêtu d'une forme humaine?.................... 480
2. Ne convenait-il pas qu'il revêtît au lieu d'une forme glorieuse, une forme souffrante comme au temps de sa passion?............ 481
3. La seule vue de sa divinité ne suffira-t-elle pas pour procurer la joie?... 481
4. Les saints verront-ils l'essence même de Dieu?................. 482
5. Verront-ils Dieu avec les yeux du corps?....................... 484
6. La résurrection augmentera-t-elle le bonheur des saints?........ 484
7. Quelles sont, dans le ciel, les différentes demeures dont parle saint Jean?.. 485
8. Qu'appelle-t-on l'auréole des saints?......................... 485
9. Quelles seront les dispositions des saints à l'égard des réprouvés? 486

FIN DE LA TABLE DU SECOND ET DERNIER VOLUME.

CORBEIL, TYPOGRAPHIE DE CRÉTÉ.